Rule of Law: A Perspective from Philosophy

中央高校基本科研业务费专项资金资助出版

法治的哲学之维

第4辑

中国政法大学人文学院哲学系 编
本辑主编 文 兵 李 璐

当代中国出版社
Contemporary China Publishing House
2018年 · 北京

图书在版编目(CIP)数据

法治的哲学之维 . 第 4 辑 / 中国政法大学人文学院哲学系编；文兵，李璐主编 . -- 北京：当代中国出版社，2018.4

ISBN 978-7-5154-0844-6

Ⅰ . ①法… Ⅱ . ①中… ②文… ③李… Ⅲ . ①社会主义法制—建设—研究—中国 ②法哲学—中国—文集 Ⅳ . ① D920.0-53 ② D903-53

中国版本图书馆 CIP 数据核字(2017)第 330320 号

出 版 人　曹宏举
责任编辑　袁又文　王　争
责任校对　康　莹
装帧设计　古涧文化
出版发行　当代中国出版社
地　　址　北京市地安门西大街旌勇里 8 号
网　　址　http://www.ddzg.net　邮箱：ddzgcbs@sina.com
邮政编码　100009
编 辑 部　（010）66572264　66572154　66572132　66572180
市 场 部　（010）66572281　66572161　66572157　83221785
印　　刷　北京润田金辉印刷有限公司
开　　本　720 毫米 × 1060 毫米　1/16
印　　张　18.5 印张　2 插页　347 千字
版　　次　2018 年 4 月第 1 版
印　　次　2018 年 4 月第 1 次印刷
定　　价　56.00 元

《法治的哲学之维》丛书编委会

前　言

搞“法治中国”建设，需要一套理论指导思想、理论体系。怎么样完整清楚地说明它，还有很多思想理论上的困惑、含糊不清的东西，需要进一步说明，使之成为科学的、完整的理论体系。这个工作中央已经提出了。如果能把构建这个理论体系作为中国政法大学学科建设的一项长期的基本的工程，不仅对国家、社会来讲意义重大，而且对我们自己来讲，也同样意义重大。这项重大任务，如果真正举全校之力来做，我们法大没有哪个学科、哪个院可以做旁观者，都有可参与、可投入的领域，都有事可做。关键就是能不能形成共识，以推进“法治”为目标，携手发挥我们的力量。

我个人不是学法学的。“法学”、“法律”、“法制”、“法治”这四个词儿里面，前面三个词儿和我都不沾边。我未学过法学，也不懂法律，更不是在司法体制（法制）之内工作的人。但我认为第四个词儿——“法治”，是全党全国人民的权利和责任，我们搞文史哲的人，也有份儿，而且每个公民都有份儿，是我们大家共同的权利和责任。

如果用“屋里屋外”的比喻，我觉得很恰当。有些活儿要屋里面的人干，但有些事情屋外的人也管用。比如“拉拉队”。“拉拉队”不仅能够振奋士气，有时候还和对方的“拉拉队”有一拼。有一次，我和几位法学界的大腕在一块儿开会，他们就聊到这种感觉：搞法的人总说法治重要，有时候有点儿像王婆卖瓜，不大好意思。这时候，法学、法律、司法圈子以外的人出来挺法治，担当起公民的权利和责任，对于法治建设来说，也是不可或缺的。而这种工作，正好是我们“法治文化”研究范围内的事。所以我说，向法治内部研究越深越细，越是法学界的事；但是往外说，越开放越广阔，越是我们其他学科该做的事。

比方说，“中国特色社会主义法治理论体系”的来源，即它的思想根源是什么，这是一个很大的理论问题。过去有些人认为法治就是西方来的，所以法治理论体系就是学习、消化、吸收西方的东西，所以觉得法治化就是“西化”。但是，我们要走中国特色社会主义道路，要搞“法治中国”建设，不能总以西方的理论为根据。怎么办？于是有人就转向另一边，探讨中国本土的法治、中国化的法制。但如果只是去找中国的古代的，把这个当作唯一的根基，却又成了复古倒退！那么，中国特色社会主义法治理论体系来源究竟是什么？我认为，从哲学上讲，中国特色社会主义法治理论体系的来源，是三家，即中、西、马的融合。中国传统法文化作为土壤、根基；学习吸收西方的法治建设的重要经验和教训，让它们适合中国；而最重要的来源，当然应该是马克思主义中国化的历史经验和教训。

传统的马克思主义法学，就是过去苏联的“维辛斯基法学”。而维辛斯基法学理论的核心，就是认为法是阶级斗争不可调和的产物，法本质上只是阶级统治的暴力工具，是国家专政的暴力手段。按照这样的理论，就导致了像苏联和中国“文化大革命”那样的“无法无天”。以为法只是国家和政府用来治老百姓的工具，这样的体系，结果就把社会主义搞垮了。因为它违背历史规律、违背人民意志，违背人情、人性，败坏了“马克思主义法学”的名声和形象。

我们中国要搞中国特色社会主义的法治，没有马克思主义法学理论支撑是不成的。但是马克思主义的法学理论是什么，需要澄清。我现在只澄清一点：维辛斯基法学是错误的，是违背马克思主义的。

维辛斯基的法学错在哪里呢？它人为地把“国家”和“法”的两个定义混为一谈了。马克思主义在讲政治国家的时候，说它是阶级斗争不可调和的产物。“国家”就是政府、文职官员体系、军队、警察、监狱等等，这些代表政治国家。这些东西组成的国家，当然是阶级斗争不可调和的产物。但是，把对国家的定义直接搬到“法”上，以为法也是阶级斗争的产物和暴力统治的工具，就不是马克思主义的本意了。因为实际上，从马克思、恩格斯直到毛泽东、邓小平，我都没有见到讲过这种意思。

马克思讲，法是人类生活规律的一种体现、是一般生活规律的体现。可见不是有了阶级和阶级斗争，才有法。事实上，在有阶级和阶级斗争之前，人类的生活就形成了它的规则、准则、法律体系；在阶级和国家消灭之后，将来进入共产主义——没有阶级没有国家了，社会还是要有法的。所以不能将法和政治国家、阶级斗争捆在一起。法是代表人类生活基本规律、规则、规范体系的必要的层次，必要的方式。

所以说，如果站在马克思原有的思想高度上来看，马克思主义法学是应该与时俱进地探讨人类社会生活，回答法的问题的。这就有一个从理论上拨乱反正的问题。但是现在法学界还有人一说马克思主义法学，就是阶级斗争为纲，就是无产阶级专政工具。总是在这个范围里谈法，我们法治建设的很多内容就格格不入，就没办法讨论了。

比如法和民主的关系，民主和法治的关系。现在中央的文件里已经提出“坚持人民主体地位”。那么，坚持人民主体地位和依法治国是什么关系？在西方有一些说法，尤其像哈耶克那样的极右自由主义看来，民主和法治是两回事儿，甚至是互相冲突的；要民主就甭讲法治，要法治就甭讲民主。说到最后，他们认为法治和民主都是工具、都是手段，目的只是为了保证个人的自由。自由主义说是自由至上，如果违背自由，法治不应该要，民主也不该要，这就走向了极端的片面性。

历史教训告诉我们，现在应该认识到民主与法治不可分，不要把民主、法治只看成手段和形式，而且互不搭界。我们要搞的社会主义法治，就是以全体人民为主体的，人民民主的法治。“人民主体”说的是主体定位，是以全体人民为主体。人民主体的政治形式，就是民主。

民主是什么？现在很多人对民主的认识，还停留在第二次世界大战结束以前的状态。民主这个概念最初形成，意思就叫“多数决定”。在一个共同体内，作重大决策的时候，各种意见纷杂，最后怎么办？投票表决，多数人支持什么，就做什么，这是民主最初的含义。按照这个最初的含义，后来的两千多年里，不断发生“多数人暴政的情况”。早期的民主雅典把苏格拉底逼死了。最近的就是第二次世界大战期间希特勒搞的“多数人暴政”，发展成法西斯。第二次世界大战结束之后，基于这样的历史教训，以联合国决议的名义作出了一个规定，给民主增加了一条新的原则：“保护少数”。共同体内的事情，多数人决定了就按照他们的意见去办，但少数人有反对意见怎么办，你不能迫害少数人，要保护少数人。随着实践证明，如果少数人错了，少数人会改变，服从多数人的意见；如果实践证明少数人对了，那么多数人会改变意见，过去的少数就变成了多数。历史进步就是这么不断走来的。“保护少数”这条原则已经确立了半个多世纪了，但是很多人谈论民主的得失时，却还是只说“多数人暴政”，用来论证“民主不一定都对，民主是会犯错误的”。民主当然也会犯错误，但是只有民主才能改正它。“保护少数”这条民主的新基本原则，就是这样来的。如果因为民主会犯错误就否定民主，那么你就会犯更大的错误，这种觉悟不能没有。

同时，民主还有最重要的第三条原则：“程序化原则”。就是你怎么让多数决定，怎样保护少数？比如什么叫多数、怎么保证多数、怎么保护少数，遇到发生冲突时，怎么既坚持多数决定又保护少数，等等，有些很细致的环节，都要一一落实为程序。像“罗伯特议事规则”那样非常非常细：什么人主持会、发言时间多长、怎样投票、怎么计票，等等。这些非常非常细致的东西，必须都公开化、程序化，变成规则、变成程序，这也就是法治。所以民主的第三原则就是法治原则。

可见民主内在的、本质的要求，就是法治。真正的法治，健全的法治，一定是以民主为实质和核心的法治。离开了民主的法治，就真是暴力统治的工具，就是残暴的工具。动不动就动用警察、监狱来解决社会问题，就真是一种专制、暴力。如果依法治国，警察、监狱、司法都是真正以人民的利益为主，按照民主的原则多数决定、保护少数，把它程序化拿来执行，是维护民主的，这样的法治，就是我们追求的理想的社会主义法治。所以，我们要强调民主与法治不可分。

很多类似的问题，都是“构建中国特色社会主义法治理论体系”前提性、基础性和外围“保护带”的话题，真正需要我们来研究，来建设。

中国政法大学终身教授、博士生导师　李德顺

目 录

"法治中国"理论与实践

法治思维与法律语言

法文化史

后 记

“法治中国”理论与实践

论民主与法治不可分

——“法治中国”的几个基本理念之辩

李德顺

在越来越实证化的学理研究中，“民主”和“法治”常常被当作两个不同领域（分属政治学和法学）的问题，仿佛它们应该是彼此分开的。形成这种分立思考的主要原因，固然是理论和实践发展的深入和细化所必需，但也不能忽视它与两个不自觉的成见有关：一是由于民主在实践中推进的复杂性，使人们往往纠结于它的某些经验形式和操作环节，因而忽略了它的总体精神和基本原则的现实意义；二是对“法治”（rule of law）的理解，也由于过分突出了它的工具性质和形式化特征，从而忽视了它的主体性根基和目的性意义。

然而无论在东方还是西方，目前都面临着这样一些冲突与困惑：民主的合法性来自何处？怎样的民主形式才符合民主的本义？是否只有法律所承认的民主才是有效的民主？假如通过不合法的途径来推进民主，能否产生有效的民主？同样，法治的合理性根据何在？如果一切皆依现行的法律行事，是否会剥夺人民的某些权利，降低民主的效力？等等。面对这些问题，需要我们回到思想的起点和观念的本质，重新认识民主与法治之间的内在联系。在弄清问题的基础上，或许有可能重新构建当代应有的秩序和规范体系，赢得“法治中国”建设的成功。

一、民主的实质与样式

要把握民主与法治的内在联系，需要首先了解民主的精神实质和历史逻辑。

民主的一般含义，简单说就是实现“人民（或全体公民）当家作主”，或“民有、民治、民享”[①]。这一似乎已无可争议的“民主”理念，不仅有其逐步形

① 出自亚伯拉罕·林肯 1863 年 11 月 19 日在盖茨堡的演说。

成的历史过程，更有一套自我证成的逻辑体系，需要我们不时地加以复习。

作为起始的、本色的民主，是指实行“多数人决定原则”。这是传统民主的第一大原则，没有它就没有所谓民主。但是在古希腊城邦时期，雅典人曾用这一原则作出了处死苏格拉底的错误决定，这使民主受到了柏拉图等人的非议。直到20世纪，还出现了法西斯主义的巨大罪行。一再发生的历史教训，使人们逐渐注意到“多数人暴政”对民主的危害，并终于就“保护少数”的民主意义达成了共识，将其提升为民主的又一基本原则①。同时，历史还不断地证明，无论“多数决定”还是“保护少数”，民主的任何原则都不能仅仅停留于清醒的理智和善良的意愿，必须落实为社会生活中的制度设计、配套规则、议事程序等。有了稳定的形式，才能够持续稳定地实施民主，不至于使它流于随意任性的要求和夸夸其谈的空话。于是关于民主的共识又有了第三条——“程序化原则”。这一原则体现了民主内容的实证化、民主实质的形式化，是民主从理想变为现实的必经之途。

总之，今天说的“民主”，已是由著名的“民主三原则”（1. 多数决定原则；2. 保护少数原则；3. 程序化原则）所构成的整体，代表了民主的完整含义。离开了这个完整的涵义，我们在谈论“民主”时，就可能说的不是同一个话题。

要充分理解民主，还不能忘记它有两个必备的前提，即：（1）民主的主体相关性。即民主总是一定人群共同体（国家、政党、团体等）内部全体成员的权利和责任。不在一定共同体内，或虽是共同体成员却并非以此身份活动时，并不是该民主体系的主体；（2）民主的价值相关性。即民主只适用于共同体的价值选择。非关价值选择而纯属事实、知识、科学、真理的问题，并不是民主决定的对象；同样，纯属个人而非关共同体的价值选择，也不是民主所承担的事项。没有对民主的背景、对象、条件和界限的这两个基础性规定，有关民主的讨论就容易溢出边界，将这个公共话题引上各式各样的歧路。

“三原则”与“两前提”的结合，构成了现代民主理念的基础和内在逻辑。据此，我们可以有一个确定的语境来阐释民主的含义：民主，是在共同体或群体内部，人们之间平等结合，享有共同的权利和责任（义务），并就共同体的价值选择作出决策和评议的活动方式。这一界定，可以用来回答“民主是什么，不是什么”、“民主管什么事，不管什么事”、“我们为什么需要民主”和“怎样追求民主”等问题。只有完整地把握民主的含义，才能充分理解它的实质和意义。

许多现实的冲突和困惑，恰恰是未能完整把握民主的规定性，或者将其

---

① 见联合国《公民权利和政治权利国际公约》第27条。

肢解和虚化而发生的。例如，当下某些否定民主的言论，常以“多数人的无知”、“多数人的暴政”、“民粹主义”，以及“民主的结果并不一定正确”等为理由，根本否定民主的价值。这种偏见，恐怕是停留于20世纪中期以前的民主观念，对当代民主原则的发展缺少正视所致。如果今天仍对“多数决定”与“保护少数”之间如何实现统一和谐缺少建设性的关注和兴趣，却继续夸大民主主体内部的分歧，一味热衷于“精英”与“大众”、不同民主流派之间的分裂和对立，那么必将为颠覆民主、取消民主提供更多的口实和机会。

如果说，在“三原则”和“两前提”中包含的是民主观念的实质和精髓，那么在漫长实践过程中形成的各种民主样式，则是民主历史进程的逻辑演示：在“人民当家作主”这个“一级概念”之下，先后形成了“直接民主”（如选举制）、“间接民主”（如代议制）、“协商民主”[①]等若干基本类型，它们属于民主的“二级概念”；大量具体的运作方式和经验性规则，如“一人一票”、“三权分立”、两院制、多党制、人民代表大会制等，可以叫作“三级概念”；再继续下去，还有四级、五级、六级……。现实的情况是，随着国情和民族文化背景等方面的差异，越是往下一级细化，就越是呈现因人而异、因地制宜、因时而易的多元多样化面貌。仔细观察当代各国的情况可以发现，事实上，除了可以在一级概念上说明民主的一致性，在二级概念层面描述的某些民主形式“家族相似”以外，越是深入于具体的实践，就越是找不到全世界普遍适用的统一民主样式。

既然没有统一样式，那么如何评价某一民主体系之真假是非，判断它的优劣成败呢？按理说，判断的标准只应该是逐级向上地“纵向验证”，最终看其是否充分符合并实现了“人民当家作主”。例如：“三权分立”如何切实保障“人民主权”？多党和议会选举怎样避免沦为少数政客的博弈游戏，却将99%的大众隔离在外？人民代表大会制怎样充分代表全体人民的意志，使它真正名副其实？等等。但是，这一纵向标准显然尚未得到普遍的理解和应用。

从目前世界上关于民主优劣得失的争论看来，人们采用的仍然多半是“横向参照”的尺度，即看是否符合某一既定模式，或者干脆用某些外在标志和间接效果（如社会的经济发展和生活福利、国家的政治军事实力等功利效果），当作衡量民主真假成败的尺度。如目前划分“民主国家”与“非民主国家”的标准，主要还是由一些西方国家按自己的经验提出的，至于它们是否适合于东方国家的历史文化条件，则远非如想象的那样简单。再如，以东西

① 关于协商民主是否属于间接民主，抑或是独立的第三种民主类型，学术界尚有争议。这里暂不讨论。

方之间的比较为坐标，把东方国家走向法治完全看作是借鉴和移植西方经验的过程，致使有些东方国家的“民主转型”出现了“水土不服”和“东施效颦”、“邯郸学步”等种种不良反应；而一些自信到足以“输出民主”的国家，在遭遇到他国抵制的同时，却发现自己国内也面临着新的“民主困境”……

实践是如此，那么理论如何？理论界目前关于民主的讨论，大都集中于某一情境中的“共和主义与自由主义”、“共同体主义与个人主义”、“精英主义与大众主义”、“集权与分权”等主张之间的争论。这些分歧虽然貌似具有普遍性质，实际却都局限于二、三级及以下的概念层次。它们之间的分歧则表明，问题的真正焦点，在于一级概念的共识本身尚显抽象和空洞，未能提供切实有力的、足以解释和包容各种主张的共同根据和标准。这意味着，回到“一级概念”层次上来，重新理解和阐释民主的实质和根本标志，实为当今时代所必需。

二、法治是民主的根本形式

从构成民主基本内容的第三原则——“程序化原则”中，即可以知道，在民主的总体精神中，已经内在地包含了法治的要求。对于任何旨在追求真正民主的政治体系来说，事关民主的一切，即属于全体人民主体权利和责任的所有内容，都要通过相应的制度和体制，以规范化、程序化的形式固定下来，使之得到普遍、长期、稳定的实施和维护。就是说，民主必须法治化，法治是民主的必要的根本的形式。用当代中国的语言来表示：社会主义制度的特征，就是“民主其内，法治其外”，民主是“国体”，法治是“政体”，民主与法治不可分。

作为一项重要的历史经验，中国的历史实践已经证明，民主若不以法治为其必要的形式，就不能真正实现全体人民“当家作主”。没有法治的相应保障，民主终将成为一句空话，其结果不是演变成无序化的动荡，就是倒退回专制；而法治若不以民主为其实质和目的，就不能全面地保障人们享有平等自由的权利，反而会沦落为专制统治的暴力工具，法治也终将蜕变回人治。所以，我们今天特别需要强调民主与法治之间的内在统一，而不是从实质上将它们分离开来。

以往导致法治与民主相分离的原因多种多样。从法治的角度看，其中较有影响的，主要是两种简单化地看待法的态度：单纯的形式主义和工具主义。

形式主义法治观认为，法治只能保证“形式正义”或“程序正义”，不能体现“实质正义”。它说，法律若除去了它所附载的具体经济、政治、文化内容，所剩下的就只是一些空洞的、没有内容的形式，或空洞的、不体现任何实质的程序。这种印象，就像黑格尔说的“剥葱头”式体验：“用分析方法来研究对象就好像剥葱一样，将葱皮一层又一层地剥掉，但原葱已经不在了。”[①]这种方法完全看不到的是，对于葱头来说，“葱皮”也就是“葱肉”。就法律来说，它的形式本身确有其特定的、普遍性的内容，它的程序本身就是在遵循某种普遍性的实质。换句话说，法律的形式是有内容的形式，法治的程序是有实质的程序。

那么，什么是法所特有的普遍性内容和实质？——其实就是公民的权利与责任本身。规定并落实公民相应的权利与责任，是各种法律形式特有的普遍内容；在每一环节上体现当事人权利与责任的统一，本身就是司法程序的意义。这些内容和实质作为法律所特有的规则规范，不会随着案件的经济、政治或其他实务性质而改变，不会因案件的结束而消失。因此可以说，法治，在实质意义上，就是落实全体公民的权利与责任的规范之治。而“法律不能体现实质正义”的说法，无形中将公民的普遍权利与责任，当作了非实质性的、空洞无物的东西。以这样的观点看待法治，当然不能深入理解法治与民主的内在关联。

工具主义法治观认为，法律只是治国理政的手段，它要完全服务于政治的目的。被脱离了民主而谈论的法治，多半被当成仅仅是用来管束人们的工具。那么法治是由什么人来管束什么人呢？在专制制度下，法被统治者当作是管束人民的工具；与之相反，主张个人本位的现代自由主义者，则把法治着重解释成是用来管束政府（公权力）的工具。其前提，是自由主义同时也把民主看成是工具。如哈耶克就说：“民主本质上是一种手段，一种保障国内安定和个人自由的实用手段。它本身绝不是一贯正确和可靠无疑的。”[②]韦森将此视为哈耶克的核心观点之一，强调民主只是“一种手段，而不是最终目的”。[③]可见，无论专制主义还是自由主义，在把民主和法治都仅仅当作工具这一点上，是彼此相通的。二者之间的区别，只在于这个工具要以谁为目的，为什么人服务，由谁用来对付谁而已。这种以手段掩盖目的的工具主义思维，显然无法超越社会分化和对立的现实，所以它总是离不开“被统治者与统治者”、“多数人与少数人”之间的对立和选边站队。这其实是过去中国“以阶级斗争为纲”和国际上意识形态“冷战”时期所形成的思维定式。

在以现代化和全球化为特征的时代，我们如何超越这种分裂思维呢？这里有一个很值得注意的中国式经验，就是要从理论上首先实现法治与民主的内在统一。当中央接受了法学家的建议，将“以法治国”（rule by law）正式改成“依法治国”（rule of law）的时候，意味着我们已经达到了这样一种觉悟：

---

① [德]黑格尔：《小逻辑》，贺麟译，北京：商务印书馆1980年版，第413页。

② 参见[英]弗里德利希·冯·哈耶克：《通往奴役之路》，王明毅等译，北京：中国社会科学出版社1997年版，第71页。

③ 参见韦森：《良序社会运行的基本原理》，载《中国证券期货》2014年第8期。

“法”不再仅仅是“工具”，而是“根据”了。“根据”的含义，不仅包含着目的，也包含着基础和标准的意思。按照“法是一切行为的正当根据”来理解法治，其用意就不仅在于回答“由谁来治理，怎样治理”国家的问题，更在于保持“无论谁来治理，怎样治理，都必须以宪法和法律为根据”的初始原则。这里体现的是以民主为实质和灵魂的逻辑：承认人民主体的地位，把依法治国看作是全体人民自主管理国家的有效组织形式和行为方式，把法治看作是现代化的中国所需要的政治文明。这样的法治，作为全体人民期待的，一种理性、有序、公平、安全的基本生活方式，同时也具有了目的性的地位。因此说，法治是保持手段与目的统一、国家社会主体统一的一项必要原则。相反，如果离开了民主强调法治，则很容易重新把法治完全工具化，那将无法从根本上防止社会的分裂和对抗。

因此就当代中国的情况来说，我们特别需要纠正两个由来已久的成见：

一个是把法治看作“外来”的异己之物。这种成见不是用中国社会自己的发展趋势和条件去说明为何需要法治，需要什么样的法治，而是把法治仅仅当作产生于西方的“新鲜事物”，因此对它形成了极不相同的立场和态度：或者以为，法治化就是追随西方，简单地模仿甚至照搬人家的现成的模式；或者相反，以为只有古代德治才是正统的中国模式，法治不过是道德堕落的产物，因此能不要时就尽量不要法治。可见脱离了当代中国人的生存发展状态和社会进步需要，就注定不能理解和尊重当代中国人自主探索现代法治的意义。

另一个是以为法治的主体只是“治国者”，即执政党和政府，而人民群众只是治理的对象。因此在法治问题上只讲政府和人民之间的对立，不讲它们之间的合作。显然，“猫鼠关系”这种思路完全适用于专制国家，却不适用于建设民主制度的国家。对于任何一个真正追求“人民当家作主”的国家来说，在理论和实践上，都不应将政府与人民当作是两个对立的主体，而应该将政府作为人民中的一部分，置于人民队伍之内，并依法规范其作为执行人民意志机构的权利与责任，在实践中形成良性的互动。政府与人民之间能否切实做到建设性的积极合作，将意味着社会主义的新型民主法治能否成功。

显然，这既是一个应有的目标，也是一场深刻的、决定性的历史考验。

三、兑现人民的法治主体地位

对于“法治中国”建设来说，“坚持人民主体地位”是不可动摇的首要标志。在一定意义上，法治的实质就是要全面地兑现并保障人民当家作主。因此在理论上首先就要弄清楚：谁是“人民”？怎样是“当家作主”？

“人民”究竟是谁？在这个问题上的思想混乱是不容忽视的。有人觉得，

“人民主体”无非是对“人民主权”口号的重复，而在提出“人民主权”口号的西方，如今已经不时兴谈“人民”了。所以不如干脆抛弃这个抽象概念，代之以“公民”、“国民”、“阶级”、“阶层”、“精英”、“大众”之类。而在实践中，则往往越是在具体的场合，越是找不到“人民”。因为当谁都说自己“代表人民”时，也就谁都不是“人民”了。这些疑惑显然来自对“人民”范畴的表面化理解。

如果以严肃的态度考察“人民”范畴的来历和本义，我们会发现，在中国和欧洲的古代，人是曾经按照其社会地位的不同，而被分别称作“人”与“民”，或“市民与非市民”、“公民与非公民”等的。那时连“人民”这个整体概念也未形成。偶尔出现的“人民”之称，也主要是指代社会的底层和弱势群体。就是说，“人民”曾经是指被神和权势所疏远、怜悯、驾驭的微不足道的芸芸众生而已。

但是，欧洲 17 世纪以来的启蒙运动，从两个方面完成了伟大的转变：一是将“人”和“民”统一为一个整体范畴，力图克服对人的一切歧视和冷漠，开始全面地向“以人为本”回归；二是将人民确立为世俗社会至高无上的唯一主体，从而形成了人类价值体系的最高或终极主体的理念：“人民至上”。这就使现代意义上的“人民”范畴得以形成。从此以后，“人民”概念所表达的，不是现实人们之间各种身份（人种、等级、分工、品德等）的差别，而是作为社会生活和历史发展主体的整体形象，是现实的“人”和“人类”的代称。这个称呼意味着，人类对自己的认识正在回归社会历史的真实面貌，并且达到了一种新的觉悟：“任何一种解放都是把人的世界和人的关系还给人自己。”[①]不是神或者别的什么，而是持续存在着的人民整体，才是全部人类文明一切价值的最神圣、最崇高、最权威的主体。有了这样的觉悟，尽管“人民”也曾遭受各种各样的误解、轻视和屈辱，但迄今为止，世界上还没有哪个国家的宪法或法律，敢于哪怕仅仅是在字面上抹掉“人民”。

那么对于人民来说，怎样才是“当家作主”？这是人民主体就位的标志问题。一般来说，任何主体都必须是一定权利与责任统一的担当者，权责统一意味着主体的自我担当和自我约束。而任何权利与责任的分离，同时也就意味着主体的消解。一切没有权利的责任和不负责任的权利，在实践中都不可能得到真正的保证。既然“人民”是代表尘世间最高主体的名称，那么就意味着，在国家政治层面，人民或全体公民，只有成为国家公共权利与责任的统一担当者，才能算是人民主体真正就位。近四十年来，中国的法治理念经历了从“权力本位”走向“权利本位”的转变，是一个突破，意味着朝着确立人民主体地位的方向前进了一大步。但在现实中，我们仍然难以避免出

①《马克思恩格斯全集》第 1 卷，北京：人民出版社 1960 年版，第 446 页。

现“权”与“责”相互脱节甚至分离的情况。这与理论上将“权力”与“权利”过度分离有关。

在传统观念中，“权力”（power）往往是“公权力”的同义语，并多半与国家政府所享有的支配和强制力量联系在一起；而“权利”（right）则更多与公民个体的普遍“利益”（interest）相关，似乎特指公民追求和维护自己利益的力量（因此有人主张在汉语中直称其为“利权”）。这一观念大体符合西方一些国家民主法治的历史经验。但它被普遍化凝固化以后，却也产生了种种与民主背道而驰的后果。例如：看待“公权力”时，人们只强调其“权力”性质，却忽视了它隐含的利益和相应的责任（义务）①；考虑权力制衡时，也只是就权力说权力，注重权力体系内部的分配、平衡和博弈，却忽视了一点：与权力相对应的义务和责任，是制衡权力更有力的因素。与此相应，在涉及公民的“权利”时，往往只注重其中的利益（interest），却忽视了其中的权力（power）。似乎公民在合法地“让渡”自己的权力之后，就不再享有权力。这就势必忽视了公民在公共事务中行使自己权力的作用（如“用脚投票”），不能理解诸如因公民抛弃（不合作）而导致苏联解体那样的历史教训；当然也就淡忘了公民在享有权利同时，也必须担当相应的责任；等等。可见，权力（power）与权利（right）之间的过度分化，难免会导致事实上的偏见和误区。

而在中国语言文化的情境中，“权利”一词兼有“权”和“利”双重含义即“权利（right）= 权力（power）+ 利益（interest）”。按照这样的表达来界定这里的概念关系，显然很有利于我们来阐述两点新的认识：

（1）任何主体都有自己的权利，任何权利都是一个利益与权力的整体。在公民和政府之间，尽管具体权利的内容和范围、结构和比重有所不同，也不应无视之；

（2）在政府与全体公民之间，也存在权利公平的问题，并且只有在它们彼此一致或相互包容的情况下，民主才是真实可行的，公平也才是可以期待的。

在“权责相悖”成为当代民主法治建设主要障碍的情况下，这一理解方

---

① 笔者曾对“义务”和“责任”作了如下区分：“义务”（duty）是从认定人们的共同身份（如国籍、公民、职位等）出发，着重于规定人们必须从事某种行为的出发点和理由，并通过法律或道德条文加以确定；而“责任”（responsibility）本质上是伴随着兑现权利而出现的，其特点是从行为后果的方面反馈于人，要求行为者必须担当、承受其行为引起的变化：你有权利做什么事，就有责任承担其后果。“责任”概念意味着，无论行为者自己是否有意，也无论社会是否对此有相关的规定，他对责任的承担，客观上都是不能取消或回避的。这是完整或广义的“责任”概念。这样看来，“义务”与“责任”二者之间可以找到的形式上的区别，往往就在于是否有明确的社会规定。因此不妨说：“责任”是与行使权利相对应的、成文和未成文的义务，“义务”则仅指在法律上有明文规定，或在道德上已形成广泛共识的责任。——以上参见李德顺：《公平是一种实质正义——罗尔斯正义理论的再思考》，载《哲学分析》2015 年第 5 期。

式应该有积极的启示。它可以告诉我们的是：宪法法律体系的完善和法治目标的实现，都有赖于对主体权利与责任的全面化、精准化界定。无论对于政府来说，还是对于公民来说，清楚地了解并自觉地担当起一切合法的权利与责任，不仅是人民主体到位的鲜明标志，也是法治所要营造的理想境界。

（李德顺，中国政法大学终身教授、博士生导师、人文学院名誉院长；此文为东亚法哲学大会论文）

论全面依法治国的几个问题

常绍舜

全面依法治国是十八届四中全会提出的建设社会主义法治国家的重要方针。要全面依法治国，必须以唯物辩证法为指导，既要注意全面性，又要注意重点性，还要注意处理好法治与其他治国手段以及与从严治党的关系。

一、全面依法治国应以“五位一体”总体布局为指针

全面依法治国就是党领导人民在国家活动的所有方面都依法治理，并且要贯彻始终。国家活动所包括的内容是很多的，但基本就是五个方面：经济建设、政治建设、文化建设、社会建设、生态建设。这也就是党的十八大报告提出的社会主义建设必须抓好的“五位一体”总体布局的内容。全面依法治国首先要抓好这五方面的治理工作。

第一是要依法治理好社会主义经济建设。经济是国家的基础，因而是依法治国的基本任务。依法治理经济建设包括治理生产力和生产关系两个方面。其中治理生产力又是第一位的，其主要任务是保证劳动者、劳动对象和劳动资料三者之间的协同运行，以生产出质优量多的物质生产和生活资料。第二位是治理好生产关系，使所有制关系、生产中的人们地位关系、产品分配关系相互协调，使生产、分配、交换、消费等环节相互配合与适应。我国目前在依法治经方面的主要任务是：依法全面深化经济体制改革，核心是处理好政府与市场的关系问题；依法实施创新驱动发展战略，特别要注意提高原始创新、集成创新和引进消化吸收再创新能力，更加注重协同创新；依法推进经济结构战略性调整；推动城乡发展一体化，解决好“三农”问题；全面提高开放型经济水平，提高抵御国际经济风险能力。目前最为重要的就是依法确保“供给侧改革”方针的顺利实施，落实好“去产能、去库存、去杠杆、降成本、补短板”五个要求。依法治理经济建设的目的是要最大限度地满足全体人民物质生活需要，为社会主义社会人的全面发展奠定好物质基础。

第二是依法治理好社会主义政治建设：政治事务是国家的核心事务，它体现着国家的本质，关系到人民群众的最高利益，因而必然成为依法治国的

核心对象。在我国，政治事务主要由党的领导、人民民主、统一战线、民族区域自治、政府行政五大领域构成，其中党的领导是政治事务的核心内容。就目前而言，依法治理社会主义政治建设的主要任务是：依法支持和保证人民通过人民代表大会行使国家权力，依法健全社会主义协商民主制度，依法完善基层民主制度，全面推进依法治国，依法深化行政体制改革，健全权力运行制约和监督体系，依法巩固和发展最广泛的爱国统一战线，坚持中国共产党的领导地位。当前最为重要的是要依法搞好政治领域的反腐倡廉以及简政放权工作，努力提升政权机关的工作效率，更好地为广大人民群众服务。

第三是依法治理好社会主义文化建设：文化是民族的血脉和人民的精神家园，对社会发展起着指引、带动、鼓舞、激发和提供智力支持的作用，所以必须依法治理好。文化的内容包括科学教育和社会意识两大方面。社会意识又包括社会心理和社会意识形态两部分，每个部分都是内容与形式的统一。社会心理是文化的低级层次，主要包括人们的情感、情绪、愿望、要求、风俗、习惯、成见、自发倾向和社会风气等内容，社会意识形态则是文化的核心内容，主要包括政治、法律、道德、艺术、科学、哲学和宗教等观点和学说。当前依法治文的主要任务是：进一步贯彻好科教兴国战略，加强社会主义核心价值观体系建设，全面提高公民的科教素质和道德素质，丰富人民群众精神文化生活，增强文化整体实力和竞争力。我国文化建设有两个基本方针：其一是“两为”方针，即“为社会主义服务，为人民服务”的方针；其二是“双百”方针，即“百花齐放，百家争鸣”的方针。这两个方针既反映了社会主义文化建设的方向，也反映了发展社会主义文化的路径，必须依法予以保证。总之，要坚持社会主义先进文化前进方向，树立高度的文化自觉和文化自信，扎实推进社会主义文化强国建设。

第四是依法治理好社会主义社会建设：社会是人际关系之网。国家的政治、经济、文化活动都是在社会中进行的。社会乱而无序，国家事务无法正常开展和运行，所以依法治社是依法治国的重要保障。依法治社主要是治理好几个方面关系：一是个体之间的关系，二是群体之间的关系，三是个体与群体之间的关系，四是个体、群体与国家之间的关系，五是国家组织之间的关系。要把所有这些关系纳入法制轨道，保证其依法依规运行，防止相互损害。当前依法治社的主要任务是：以保障和改善民生为重点，加快推进社会体制改革。具体有以下几方面：依法办好人民满意的教育，推动实现更高质量的就业，千方百计增加居民收入，统筹推进城乡社会保障体系建设，提高人民健康水平，加强和创新社会管理。依法治理社会的目标是构建社会主义和谐社会，保证全体人民和谐稳定的生活。

第五是依法治理好社会主义生态建设：建设生态文明，是关系人民福祉和民族未来的长远大计，生态文明是社会主义文明的最高形式。面对资源约束趋紧、环境污染严重、生态系统退化的严峻形势，必须依法治理好生态。在当前情况下，我国依法治理生态的主要任务是：优化国土空间开发格局，全面促进资源节约，加大自然生态系统和环境保护力度，加强生态文明制度建设。依法治理生态的目标是为人民群众创造优良生存条件，保证人与自然和谐发展。

总之，全面依法治国就是指要治理好国家活动的各个方面及其每一方面的始终。其中“五位一体”总体布局是对我国社会主义现代化建设的高度概括，因而全面依法治国必须紧密围绕之进行，并应以“五位一体”总体布局的实施情况作为衡量社会主义法治建设效果的根本标尺。

二、全面依法治国的核心内容是依法治经

全面依法治国并不是各个方面平均用力的过程，而是有重点的用力过程，全面依法治国的核心内容是依法治经。依法把经济活动治理好了，治理国家活动的其他方面就有了可靠基础，对此可从以下几个方面进行说明。

首先，从法与经济的关系而言，依法治国的核心是依法治经。历史唯物主义认为，人类社会是建立在经济活动的基础之上并随经济活动的发展而发展的。经济活动包括两方面内容：其一是人们改造自然的活动，这是人类社会存在和发展的最终基础；其二是人们改造自身关系的活动，即改造生产关系的活动，这是人类社会存在和发展的直接基础。但在阶级社会里，社会经济的发展并不是孤立地进行的，而是需要上层建筑的各种因素为其提供条件和保障，而法则是社会经济发展最重要最直接的保证，法的最根本的社会价值也正在保护社会经济关系的结构及其变化，以推动社会生产力的不断发展。

其次，从我国社会主义初级阶段的中心任务而言，依法治国的核心也是依法治经。我国目前尚处在社会主义初级阶段，这一阶段的主要矛盾是落后的生产力同广大人民群众日益增长的物质文化生活需要之间的矛盾，由此决定这一阶段中心任务是发展生产力、改善人民生活，而为了实现这一任务，我们党制定了社会主义初级阶段的基本路线——“以经济建设为中心，坚持四项基本原则，坚持改革开放”的路线。事实说明，党的基本路线是我国社会主义初级阶段的生命线、发展线，我们必须像邓小平同志所说的那样：坚持党的基本路线一百年不动摇。而要从根本上保证党的基本路线的贯彻和实施，就必须有完善的社会主义法治作保障。事实说明，只有当以经济建设为中心的党的基本路线作为一种法的意识深入人心，成为社会主义初级阶段法的核心思想和根本目的，成为社会主义初级阶段法律制度的基本内容时，我们党的基本路线才能得到彻底贯彻，我国社会主义初级阶段的中心任务才能实现。

再次，从我国社会主义市场经济的发展需要来说，依法治国的核心亦是

依法治经。中华人民共和国成立已经60多年了，在这段时间内，由于主客观方面的原因，相当一部分时间实行的是计划经济体制，计划经济从本质上说是人治经济，生产目的、过程、结果的分配都由领导者的意志和对情况的认识来决定，而政企不分则是计划经济体制在目前的残余形式。从20世纪80年代起，我国逐渐走上了社会主义市场经济的道路，而社会主义市场经济从本质上说是法治经济，它只有在法律的保障下才能建立起来，也只有在法律保障下才能不断获得巩固和发展，因此，依法治国必须突出依法保障和促进社会主义市场经济体制的巩固和发展，才能最终实现其目的——保证我国社会主义现代化建设的成功。

最后，从腐败发生的根源来说，依法治国的基础亦是依法治经。我国近年普遍发生的腐败现象的原因多种多样，其中最根本的原因是经济因素：一方面，私有制经济的迅速发展造成了私有观念的泛滥，少数干部甚至将人民给予的权力也视为私物，大搞权钱交易；另一方面，对私营经济活动缺少必要的法制约束，因而往往造成其行贿等违法经营活动，甚至一些国企经营管理者亦如此，从而使腐败现象广泛滋生。因而欲根治腐败，必须把法治的核心重点放到治理经济上来，只有经济活动纳入了法治的轨道，依法把经济治理好，才能有效治理腐败问题，使官员做到不能腐。

总之，改革开放以来的实践证明，只有努力搞好依法治经，才能进一步搞好依法治政、依法治文、依法治社、依法治理生态。经济治理不好，生产难以发展，政治难以稳定，文教卫生事业难以繁荣，腐败现象也难以有效遏制。

三、全面依法治国要处理好法治与政治、德治、思治的关系

全面依法治国是党中央领导全国人民确定下来的大政方针，是实现中国梦的根本保证。但全面依法治国并不是一个孤立的过程，它只有与政治、德治、思治等手段密切合作，才能充分发挥功能，实现既定目标。

政治即依靠政权进行治理。没有政权就无法治理国家，所以政治是治理国家的最高手段，也是最终手段。政治要求人们的一切行为都要符合政权性质的要求，至少不能与政权的性质相违背，否则就会被制裁或取消。法律也要在政治的指导下才能制定出来，并加以实施，如果违背政治的要求，就会被废止或修改。习近平总书记指出：“法治当中有政治，没有脱离政治的法治。……每一种法治形态背后都有一套政治理论，每一种法治模式当中都有一种政治逻辑，每一条法治道路底下都有一种政治立场。”[①] 总之，法治与政治是不可分

① 《习近平关于全面依法治国论述摘编》，北京：中央文献出版社2015年版，第34页。

的。政治在治国中的作用主要表现为确定国家的性质、基本制度以及发展的方向和路线，并依靠强力机关来保障，这在国家处于危机时期表现得尤为突出。忽视政治在治国中的作用，依法治国会失去根本保障并迷失方向。

德治也是治国手段中不可或缺的内容。习近平总书记说："治理国家、治理社会必须一手抓法治、一手抓德治，……实现法律与道德相辅相成、法治和德治相得益彰。"① 何谓德治？通俗地说，就是指统治阶级（特别是统治阶级中的大小官吏）以自己的道德和风范来感化人民，以达到治理国家的目的。孔子曰："君子之德风，小人之德草，草上之风，必偃。"② 这里所讲的就是德治的作用。孔子还说："其身正，不令则行，其身不正，虽令不从。"③"苟正其身也，于从政乎何有？不能正其身，如正人何？"④ 这里所谓"正其身"，无疑对人民群众的行为也有着表率的作用。我们党提出的社会主义核心价值观是社会主义道德的核心内容，我们各级党政干部在党中央领导下努力践行这一价值观体系的要求，则是社会主义德治的核心内容。

所谓思治（亦称心治），就是指统治者以最能反映和代表本阶级利益的思想体系去教化和引导人民，使其自觉地按统治者的思想体系来约束自己、指导自己的行为，从而达到大治天下之目的。中国封建社会之所以能持续二千余年，欧洲资本主义所以至今垂而不死，其重要原因皆在于此，只不过中国封建统治者搞思治靠的是孔孟之道，而欧洲资产阶级靠的是"自由、平等、博爱"的思想罢了。社会主义国家的思治则是以马克思列宁主义、毛泽东思想和中国特色社会主义理论体系来教育人民，引导人民从中国实际出发建设社会主义，最终实现共产主义的伟大理想。思治之所以必要，主要是由于人们的一切行为归根到底要靠思想去支配，这是人与动物重要区别之所在。思乱必导致行乱，而行乱又必然导致世乱，这是已为千百年历史所揭示的基本事实。因而我们搞治国理政，思治是绝对不可或缺的。

法治只有在与政治、德治、思治构成的整体大环境中才能充分发挥治国功能。其中，政治为法治指引方向，脱离政治的引导，法治会走上歧途；德治则为法治提供助力，如果广大民众都能遵守道德行事，则违法现象就会大大减少，正如孔子所说："道之以德，齐之以礼，有耻且格。"⑤ 意思是讲，以德导民，以礼化人，则国民就会知道什么事该做和不该做，从而遵守法律；思治则可以使人发自内心自动守法，这样就可以使法的作用得到深化。当然，心治也是最难的，所以明代的王阳明才说："破山中贼易，破心中贼难。"总

①《习近平关于全面依法治国论述摘编》，北京：中央文献出版社 2015 年版，第 30 页。

② 出自《论语·颜渊篇》。

③ 出自《论语·子路篇》。

④ 出自《论语·子路篇》。

⑤ 出自《论语·为政篇》。

之，要真正做到全面依法治国，就必须充分发挥政治、德治和思治的协助作用。把全面依法治国与政治、德治和思治对立起来，甚至认为政治、德治和思治可有可无的观点是十分片面的。

四、全面依法治国的保障是从严治党

习近平总书记在庆祝中国共产党成立95周年大会上说："治国必先治党，治党务必从严。"[①] 这就科学地说明了治党对治国的关键保障作用。

我们国家是中国共产党领导下的社会主义法治国家。国家生活的各个方面都是在党的领导下运行和前进的。党的领导能否始终保持先进性，能否始终代表最广大人民群众的利益，直接关系到社会主义法治建设的成败，是社会主义法治建设取得成功的关键，因而必须搞好从严治党。

从严治党对全面依法治国的保障作用主要表现在如下几方面：

（一）从严治党有利于保障全面依法治国的正确方向

依法治国是党领导人民在社会主义条件下建设社会主义事业的重要途径，是保障每个公民自由全面发展的有效手段。从严治党有利于依法治国保持这一正确的前进方向，纠正"宪政"、"三权分立"等错误方向，为广大人民群众服好务，为中国特色社会主义建设服好务。

（二）从严治党有利于全面保障依法治国队伍的纯洁

依法治国是需要建设好队伍的，只有以科学立法、认真司法、严格执法、模范守法的队伍为依托，依法治国的方针才能得到贯彻和落实。事实说明，从严治党有利于全面保障依法治国队伍的纯洁性，从而促进立法、司法、执法、守法队伍建设，推动依法治国事业的不断发展。

（三）从严治党有利于保障广大群众行使依法治国的主体功能

依法治国的主体是中国共产党领导下的广大人民群众，只有人民群众依法治国的积极性充分调动起来了，依法治国事业才能不断前进。从严治党有利于进一步加强党与群众的联系，充分发挥广大人民群众的依法治国主体作用，推动依法治国不断迈上新台阶。

总之，全面依法治国是一个系统的辩证的过程，必须以辩证法为指导，坚持全面性与重点性相结合、整体与环境相结合，才能不断推进我国全面进入法治社会，成为法治国家，走上人类共同的法治文明大道，完成"两个一百年"发展目标，并实现伟大的"中国梦"。

我们国家是中国共产党领导下的社会主义法治国家。国家生活的各个方

---

①《习近平在庆祝中国共产党成立95周年大会上讲话》，载2016年7月2日《人民日报》第2版。

面都是在党的领导下运行和前进的。党的领导能否始终保持先进性，能否始终代表最广大人民群众的利益，直接关系到社会主义法治建设的成败，因而是社会主义法治建设取得成功的关键，因而必须搞好从严治党。

（常绍舜，中国政法大学人文学院退休教授）

“法治中国”命题的理论逻辑及其展开①

王 旭

引子：法治的实践与理论

党的十八届三中全会正式提出“推进法治中国建设”的重大实践命题，并将这个命题通过十八届四中全会的政治决断具体化为190项法治建设措施。十八届五中全会在公报中进一步提出“运用法治思维和法治方式推动发展”。②近两年来，法学界对于“法治中国”命题的理论化做了诸多理性、富有成效的探索，③成为当代中国法学史上一次难得的法治理论语境化、中国化与具体化的集体努力，丰富、发展了中国法治实践命题的理论根基。

总结前人的工作，“法治中国”的理论化主要集中在如下方面：（1）法治中国的本体论。在此问题上，学者们普遍认可，法治中国的内涵是对法治国家、法治社会等概念的逻辑发展，也是对依法治国理论的发展；④（2）法治中国的历史（演化）论。着眼于探讨其历史脉络与现实语境。很多学者也同意，法治中国有一个中国法治轨道演进的历史脉络，绝非横空出世，同时在今天

---

① 本文得到笔者主持的2015年北京市社会科学基金青年项目“宪法解释程序机制完善研究”（批准号15FXC039）支持。

②《中共中央关于全面深化改革若干重大问题的决定》第九部分即以“推进法治中国建设”为标题。作为姊妹篇，《中共中央关于全面推进依法治国若干重大问题的决定》具体提出了改革、建设措施。

③ 例如《法制与社会发展》2013年第5期率先开辟专题组稿20篇予以全面、深入研讨。之后学术界也屡有严肃、深入地探讨“法治中国”内涵、体系与实现路径的作品问世，如张文显：《法治中国的前沿问题》，载《中共中央党校学报》2014年第5期；张文显：《建设中国特色社会主义法治体系》，载《法学研究》2014年第6期；汪习根：《论法治中国的科学含义》，载《中国法学》2014年第2期；马长山：《法治中国的建设与出路》，载《法制与社会发展》2014年第3期，等等。

④ 例如：葛洪义：《法治中国的逻辑理路》，载《法制与社会发展》2013年第5期；韩大元：《简论法治中国与法治国家的关系》，载《法制与社会发展》2013年第5期；付子堂：《法治中国的一个中心、两个基本点》，载《法制与社会发展》2013年第5期；周叶中：《法治中国内涵的思考》，载《法制与社会发展》2013年第5期；汪习根：《论法治中国的科学含义》，载《中国法学》2014年第2期。

提出也有特殊的语境，对中国全面深化改革具有特殊的战略意义；[①]（3）法治中国的体系论。学者们提出，法治中国并非一个孤立的概念，而是意味着一种复合的法治发展体系，是从社会主义法律体系向社会主义法治体系的一种制度演化与价值升华，包括统领概念、理论纲要、思想体系和总目标形成的完整理论整体；[②]（4）法治中国的实践论。此种进路集中关注法治中国的具体实现路径。很多学者的问题意识也投向了法治中国的具体制度变迁和落实的问题，提出了法治中国的动力机制、如何进行实践操作，如何避免陷入实施中的价值淆乱等问题。[③]

本文以为，上述种种前人的学术努力，最大的贡献就在于为我们清晰地勾勒出思考“法治中国”理论逻辑的三个结构性概念：历史、价值与实践。我们可以看到，既有的理论思考都没有跳脱出这样三个维度，是在这三个维度上的具体展开与深化。那么，本文在此基础上，不着眼于对什么是“法治中国”给出词典式的定义，而是做一种知识论上的二阶观察：既然“法治中国”是一种体系化的历史话语、价值话语和实践话语，那么它在提出及发展过程中，“历史”、“价值”和“实践”如何保持一个逻辑的结构，成为互相支持、互相证明的整体？靠什么样的核心问题将这三个概念和思考层次连接为一个严密的逻辑整体？

通过这种思考，本文进而希望提炼出一种内涵历史、价值与实践的中国“抽象法治观”。本文认为，“法治中国”命题是对新中国法治实践集大成的概括，包含着中国法治实践一以贯之的问题思考，它必须以理论的逻辑来予以清晰呈现，这是学者的根本使命。本文主张，这种理论化以中国法治的实践（问题）为前提和中心，首先应该是一种历史与实践统一的逻辑：“法治中国”命题一定是对实践中的问题予以提炼和回应，但找到这个问题又不能“抽刀断水”，中国六十余年的法治实践具有连续性，只有深入历史的脉络才能清晰呈现问题本身。我们或可以总结这个历史就是一条“实现主权结构与治权结构双重法治化”的实践线索，“法治中国”在当前历史阶段的核心任务就是实现治权结构的法治化，也即对中国混合民主宪制内部如何有效治理的回答；

---

① 例如：郑成良：《法治中国的时空维度》，载《法制与社会发展》2013 年第 5 期；夏锦文：《法治中国概念的时代价值》，载《法制与社会发展》2013 年第 5 期；杨清望：《论法治中国概念的现实意义与理论意义》，载《法制与社会发展》2013 年第 5 期。

② 例如：张文显：《法治中国的前沿问题》，载《中共中央党校学报》2014 年第 5 期；姜明安：《以五位一体的总体布局推进法治中国建设》，载《法制与社会发展》2013 年第 5 期；葛洪义：《法治中国的逻辑理路》，载《法制与社会发展》2013 年第 5 期；马长山：《法治中国的建设与出路》，载《法制与社会发展》2014 年第 3 期；杨春福：《法治中国建设的路径探寻》，载《法制与社会发展》2013 年第 5 期。

③ 黄文艺：《对法治中国概念的操作性解释》，载《法制与社会发展》2013 年第 5 期；陈云良：《加快法治中国建设可走的四条捷径》，载《法制与社会发展》2013 年第 5 期；孙笑侠：《法治中国的三个问题》，载《法制与社会发展》2013 年第 5 期。

其次应该是一种价值与实践统一的逻辑，“法治中国”要实现的治理格局必然具有明确的价值目标，特定的价值推动着“法治”的具体实践，“中国”在这里也不仅仅意味着地理空间和政治主权的叙事，而包含着一种特定的价值意象，是一种经过法律治理而呈现的现代“价值中国”，寄托着国人对正派国家与良序社会的道义期望。因此，“法治中国”的理论逻辑根本上由实践（问题）、历史（问题提出及具体表现的时空约束条件）和价值（问题及回答的评价标准）三重维度构成，理解它们的相互关系也就成为我们理解“法治中国”命题的关键。

一、“法治中国”：历史与实践的逻辑统一

“法治中国”命题并非横空出世，而是有着自己的历史方位，有一以贯之的问题意识，又在不同的历史阶段有重点的考虑。从这个意义上说，我们可以把新中国成立以来到“法治中国”命题的提出，将法治根本目标划分为主权结构法治化和治权结构法治化。

（一）“法治中国”的历史成就：实现主权结构的法治化

“法治中国”的历史动力首先来自实现主权结构的法治化，也就是作为主权者的人民，与其代表者之间通过法律而拟制为意志统一体，[①]它体现为法律对民主的一种担保和承诺功能。这是建国以来相当长历史时间里中国法治的核心问题意识，也就是要在新的历史条件下回答执政和建国的正当性，而非具体治理的有效性。

由于对中华帝国专制传统和建国后政治生活灾难的深重反思，重视法律首先是从“承认法律对于民主具有保证作用”开始的，防止人民民主主权的结构或者蜕变为某种个人或集团一言九鼎的寡头政治、僭主体制，或者滑向某种失控的民粹主义和大众政治狂欢。

众所周知，废除了国民政府“六法全书”的新中国并没有立刻建立起自己的宪法法律体系。这其中一个原因是中华帝国传统依靠意识形态进行秩序正当性建构，以及社会对政治精英集团及领袖个体依赖的惯性，[②]显然使得开国者们不在意通过成文宪法建构国家并通过专业的法治体系来形成秩序。

中共八大出现了强化法律制度功能的新气象。这次全会提出国家主要任

① 无论是卢梭以公意为核心的直接民主下全体主权者与政府的关系，还是以潘恩、密尔等理论家为实现大规模民主而提出的代议制理论，其核心关怀也都是如何解决主权人民—治权政府或主权人民—主权代表者之间的稳定关系，实现正当、高质量的民主体制。参见［法］卢梭：《社会契约论》，何兆武译，北京：商务印书馆 2009 年版，第 112—119 页。C Hobson. Revolution, Representation and the Foundation of Modern Democracy. European Journal of Political Theory7(2008)。但相似的问题意识不意味着相同的问题，中国的民主结构有更为特殊的地方，后文详叙。

② See K Lieberthal. Governing China: From Revolution through Reform. Norton & Co. Inc. :1995:1.

务"从大规模的群众运动走向稳定正规的法制建设",在决议中提出"我们目前在国家生活中的迫切任务之一,是着手系统地制定比较完备的法律,健全我们国家的法制"。

这种"从群众运动走向法制建设"背后的真实逻辑在于,党在执政后必须解决如何确保一种中国式的混合民主宪制结构能够稳定的存在。

在新中国成立之前,党作为无产阶级的先锋队和"人民的参谋部"(彭真语)以政治精英的引领和代表功能取得了革命的胜利,但如何确保建国后人民当家作主的地位与全心全意为人民服务的宗旨,这是要解决的第一重主权结构问题,也就是在人民—党之间要寻找一个均衡结构,在回答"黄炎培之问"中,毛泽东主席已经找到了"民主监督"的道路,[①]但中国的特殊就在于,新中国以人民代表大会为核心的国家机构的建立,使得人民—国家(机构)之间也产生了代表关系,中国的民主宪制构成了一种党与国家功能上互相融合,但形式上又有一定差异的混合体制,它们共同代表、统一于人民的意志。于是党—人民—国家这样一种复合主权结构如何实现均衡,实现三者意志的统一,[②]就成为中国民主体制必须解决的关键问题,这是呼唤法律的关键,正如彭真深刻论述到的:"虽然党是代表人民,全心全意为人民的,但党员在十几亿人民中只占少数,我们不仅有党,还有国家。党和国家要做的事,讲内容,当然是一个东西,讲形式,那就不仅有党,还有国家。党的政策要经过国家的形式成为国家的政策,并且要把在实践中证明是正确的政策用法律的形式固定下来。……一经制定,就要依法办事。凡是关系国家和人民的大事,光是党内作出决定也不行,还要同人民商量,要通过国家的形式"。[③]

也就是说,主权结构的均衡在本质上就是意志的同一性,在中国的体制里,法律正扮演了一个沟通党、人民与国家三者意志、最终取得共识的形式理性:人民的意志通过民主集中制成为党的政策,党的政策又通过执行成为国家政策,国家政策复次通过立法程序最终成为三者共同遵守的规则与形式,从而实现了三者意志的统一,解决主权结构均衡的问题。

然而,20世纪60年代到70年代中期,这个三元的主权结构事实上成为党的领袖或高层集团的一元领导体制,导致了党和国家民主政治生活的极大不正常,法律无法成为这个均衡结构里的基准性、共识性力量,所以以邓小

---

① 黄炎培:《八十年来》,北京:文史资料出版社1982年版。

② 从学理上说,代表制的关键在于"民主的同一性原理",也就是被代表的人与代表在意志上不发生任何背离,无论是卢梭对于立法者寻找公意的强调还是哈贝马斯"守法者也是立法者"之命题,都是要解决这个意志同一性的关键问题。参见H Lindahl. Constituent Power and Reflexive Identity: Towards an Ontology of Collective Selfhood, in: The Paradox of Constitutionalism- Constituent Power and Constitutional Form. Edited by M Loughlin, N Walker. Oxford University Press, 2007。

③ 彭真:《不仅要靠党的政策,而且要依法办事》,载《彭真文选(1941—1990)》,北京:人民出版社1991年版,第493页。

平同志为核心的党中央领导集体开始重新建立这个以法制为基准的三元主权结构。

随着改革带来的世俗化利益追求、权利意识勃兴以及公权力在改革过程中日益扩张，对于党和国家以集体的名义做出的行为是否要受到法的约束，法究竟是一套传统中国法家所言之“治民之术”还是具有更高的正当性基础，就开始新一轮的论辩，[①]历史地来看，十六大形成的“坚持党的领导、人民当家作主和依法治国的有机统一”重要论断，最终在一种中国式的混合民主宪制里成功建构起法治对民主的承诺和担保功能，构成了今天中国的第一政法原理和基础规范，[②]目前阶段，“法治中国”命题正在此基础上继续前进。

（二）法治中国的当前要义：实现治权结构的法治化

“党的领导、人民当家作主和依法治国三者的有机统一”，也可概括为“党领导人民依法治国”命题，可以说是一个“政道”的问题，描述的是一个混合的民主宪制，其根本正当性究竟何在。

然而，“党如何领导人民依法治国”，如何将法治从一种侧重强调对民主的承诺和担保功能转化为对一个民主结构内部有效治理的保障，这样一个“治道”的问题[③]，却在当前历史阶段更为紧要。

所谓治权结构也就是党、人民和国家如何通过具体的法律治理实现并始终保持意志的统一，从而不断增进共同福祉。具体而言，“法治中国”的核心要义在于：使人民复杂、真实的利益偏好能够通过正当程序成为党的意志和政策，这种政策又能准确地通过立法程序转化为国家法律，而这种真正体现公意的良法又能被高效实施、严密监督，最终使一个超大型民主国家在不断提升公共福祉的过程中实现善治。

那么，为什么会发生这种任务的转变，它又包含什么要素？这是本部分要探讨的两个问题。

1. 为何转向治权结构的法治化

转向治权结构的法治化具有历史的必然性，是实践的推动，具体而言有三个原因：

第一，“党领导人民依法治国”是一种本质揭示的本体论思考方式。本体论的思考是一种拟制的思维，从西方绝对王权时期将君权假定为“神授”，到

---

① 在法学界就体现为20世纪90年代“法治与人治”、“以法治国”与“依法治国”、“法制与法治”、“权利本位还是义务本位”的诸多基础范畴之间的辩论。

② 凯尔森认为法秩序的有效取决于一种思维的拟制，也就是基础规范（“要遵守宪法”）这种架构的存在，那么中国政法结构的基础规范就可表述为“要坚持党领导人民依法治国”。参见Kelsen. The Pure Theory of Law. University of California Press, 1967:7。

③ 语出牟宗三哲学。政道对应着政权，处理的是主权统治的正当性问题，治道对应的是治权，处理的是主权具体行使的问题。参见牟宗三：《政道与治道》，桂林：广西师范大学出版社2004年版，第1页。

启蒙哲学将人权推定为"天赋",再到19世纪议会民主理论将立法者拟制为"全能的上帝",归根结底都是卡尔·施密特所言"是一种世俗化了的神学概念"。[①]这种思维方式是对现象的高度理论抽象,并且具有不言自明的推定有效性和讨论问题的起点。经过三十多年法治建设,依法治国也成为了当今中国这种不言自明的共识,法治对民主的担保功能已经实现,接下来就是这种法治能否成为更为具体的治理国家方案,不断提高民主政治生活的质量。

第二,"党领导人民依法治国"也是一种宏观描述的整体论思考方式。整体论的思维方式假设了一个没有利益分歧、内部秩序高度一致的"整体的人民"和"整体的国家",这正是自卢梭、西耶斯以降"人民主权说"的影响,[②]但实际上近四十年的改革开放已经让今天中国的国家、社会、个体都呈现出价值偏好、利益诉求高度多元的形态:"整体的人民"内部已经形成了明显不同的利益阶层,[③]城市/农村,东部/西部等种种二元代码区隔出不同的人群,依照美国历史学家泰勒的标准,中国已经成为一个社会功能分化、职业人格多样、社会整合机制多元的"复杂体系"[④];在国家机构内部,中央与地方之间,立法机关与行政、司法机关之间,都有着明显不同的理性考虑以及部门、地方利益[⑤]。因此在这个历史时期,如何保证局部的法律、政策、措施等法治方案始终维系"党—人民—国家三者意志的根本统一",防止公意被地方化、部门化、权贵化从而最终空心化就成为不容回避的问题。

第三,"党领导人民依法治国"还是一种表达政治伦理的价值论思考方式。它更多提出了一种现代中国的理想生活和规范秩序,但现实情况却是我们通过法律的治理体系还处在一种粗放型、经验化,尚未成熟和定型的状态,[⑥]我们立法、执法、司法的治理能力,也即对制度的执行能力,与确保三元主体的意志统一,还有相当的距离。将复杂、多元的人民意志通过以商谈、合议为中心的程序设计转化为政策,再将这种政策落实为法律并有效执行,既化解风险社会对于民主机制的挑战,[⑦]又妥善处理复杂社会各种利益的有效平衡,还要能

---

① [德]卡尔·施密特:《政治的神学》,刘宗坤等译,上海人民出版社2014年版,第49页。

② 卢梭强调全体人民共同行使主权,立法者只能帮助判断公意、建议立法的逻辑,提出了这种整体人民观。

③ 例如季卫东注意到从1998年政府工作报告开始,"弱势/强势群体"概念就已经在社会主义中国成为正式的用语,表明人民内部利益的巨大分化。参见季卫东:《法治中国的条件》,北京:法律出版社2014年版。

④ See J Tainter. The Collapse of Complex Societies. Cambridge University Press, 1990:189.

⑤ 例如郑永年很早就会用"行为联邦制"来描述中央与地方之间选择性分权而造成的地方竞争与差异化发展。参见郑永年:《行为联邦制》,北京:东方出版社2013年版。

⑥ 参见习近平:《〈中共中央关于全面深化改革若干重大问题的决定〉的说明》,载《〈中共中央关于全面深化改革若干重大问题的决定〉辅导读本》,北京:人民出版社2013年版。

⑦ 风险社会对民主的基本挑战表现为民主决策如何运用科技对风险的判断以及民主参与如何尊重科学判断等问题。参见 J Kasperson, R Kasperson. The Social contours of Risk(1): Publics, Risk Communication and the Social Amplification of Risk. Oxford Press, 2005。

够应对多元治理规则所带来的社会离心力挑战，尤其是通过法律遏制公权力不受控制所引发的上层分利同盟和腐败更是还需进一步努力。对此《中共中央关于全面深化改革若干重大问题的决定》（以下简称《决定》）有清醒认识。①

2.“治权结构法治化”的具体要素

那么，中国治权结构的法治化包含什么要素，我们可以从《决定》中的一段关键性文字来提炼：“全面推进依法治国，总目标是建设中国特色社会主义法治体系，建设社会主义法治国家。这就是，在中国共产党领导下，坚持中国特色社会主义制度，贯彻中国特色社会主义法治理论，形成完备的法律规范体系、高效的法治实施体系、严密的法治监督体系、有力的法治保障体系，形成完善的党内法规体系，坚持依法治国、依法执政、依法行政共同推进，坚持法治国家、法治政府、法治社会一体建设，实现科学立法、严格执法、公正司法、全民守法，促进国家治理体系和治理能力现代化”。

从这段纲领性的文字里，我们可以提炼出“法治中国”所包含的治权结构由法治道路、法治体系和法治目标三个部分组成：

第一，法治道路的民族底色。“中国特色社会主义法治道路”是自晚清变法170多年以来，中国大规模的法治建设第一次明确法治文明必须坚持自主性和主体性，法治事业从整体上纳入到了“中华民族伟大复兴”的中国梦之中。法治变革实际上是中国由帝国进入现代世界文明的动力，也是以儒家为代表的传统治理方式在制度上解体的标志，②“法治中国”强调的民族主义底色恰与170年前的变革开端形成了鲜明对比，当时对于法治建设在政治精英的一种普遍共识是：“大抵今日环球各国大势，孤则亡，同则存。故欲救中国残局，惟有变西法一策……必改用西法，中国吏治、财政积弊乃能扫除，学校乃有人才……孔孟之道乃能久存”。③

对于“法治中国”来说，传统“孔孟之道”不仅不会因为不移植西法而无法久存，相反强调对于传统治理进行“制度性复活”，将其镶嵌到法治体系之中，因此“依法治国与以德治国相结合”就成为法治中国必须坚持的原则，这正是坚持传统文化与社会主义中国新政法传统相统一的表现。

第二，法治体系的均衡战略。“全面推进依法治国”是对十五大以来“依法治国方略”的新发展。“全面”意味着作为一种治权结构，它必须强调治理体系内部不同主体和不同环节的协同性、互相作用和均衡发展。

从法治的对象来看，十五大确立“依法治国基本方略”之后，由于中国政府的规模、权力和与公民生活的密切影响，我们的突破口主要是打造“法

---

① 参见《中共中央关于全面深化改革若干重大问题的决定》第一部分第五自然段对法治实施现实水平的评价。

② 干春松：《制度化儒家及其解体》，北京：中国人民大学出版社2013年版，第5章。

③ 张之洞：《张文襄公全集》（影印本），北京：中国书店1990年版，第171卷，第23页。

治政府”，将“法治政府”列为“法治国家”的关键。[①] 然而现实情况告诉我们光有依法行政是远远不够的：在中国的治理格局中，执政党依法决策，立法机关产生良法，司法机关公正司法同样重要。[②] 因此，“共同推进、一体建设”正是强调“法治的同心圆效应”：以法律为圆心，执政党、政府、其他国家机关和公民都必须环绕法律治理展开行为，接受法律的调整，这是对传统法治单边突进思维的重大突破。

从法治的环节来看，过去的“有法可依”强调的是法律体系的重要性，这正是一种将万能的上帝拟制为“万能的立法者”之政治神学思考方式，但“法治中国”更强调立法、法的实施、法的监督与保障、守法及党内法规完善全环节的联动效应，从而将“法治中国”从外观上展现为一个完整的中国社会主义法治体系。

第三，法治目标的双重表达。从十一届三中全会确立法制建设的十六字方针开始，中国对于法治的目标更多是设定为一种“法的内在价值”。[③]“科学立法、严格执法、公正司法、全民守法”是内在价值观的体现，然而，“法治中国”更进一步的发展就是明确提出了“治理体系和治理能力现代化”这样一个“法的外在价值观”，而治理体系与治理能力也就是国家内部各项存量、增量的机制体制总和及其执行能力，[④] 也就是说“法治中国”并非就法治本身设计实施路径，而是在一种全局观的支配下，从最大程度实现国家制度的绩效和功能这个角度来理解法治的价值。

二、法治中国：价值与实践的逻辑统一

法治中国的内在理论脉络遵循着历史与实践的逻辑统一：它是对不同历史阶段新中国主权结构和治权结构法治化的集大成。那么我们接下来就要进一步思考，“法治中国”要实现民主国家的有效治理，那就必然有特定的价值

① 十五大之后，行政是最先形成最高层纲领性文件的部门，国务院 1999 年即发布《关于全面推进依法行政的决定》，2004 年国务院又发布《全面推进依法行政实施纲要》，明确提出了依法行政的建设目标与六项基本原则。其内容的权威性、体系性、实操性及目标明确性都超越了司法的阶段性改革纲要和立法部门。

② 例如过去十年愈演愈烈的“信访不信法”正是司法能力与公信力羸弱而对法治的破坏。周强：《全面深化涉诉信访改革，努力提高诉讼服务水平》，载《人民法院报》2014 年 12 月 13 日。

③ 所谓法的内在价值，也就是法本身具有的一些要素构成了法的理想性，而法的外在价值更多是一种工具性价值，法成为实现它之外其他价值的一个条件或环节。现代西方法治理论相当多的学者也都强调的是法的内在价值，例如 F Fuller 提出的法的八项内在道德，J Raz 对于法的权威价值之说明，Dworkin 基于人的内在尊严而发展出的“平等的法”理念，参见 Fuller. The Morality of law. Yale University Press, 1969; J Raz. The Authority of Law. Oxford University Press, 2009; Dworkin. Justice for Hedgehogs. Harvard University Press, 2011。

④ 施芝鸿：《准确把握全面深化改革的总目标》，载《〈中共中央关于全面深化改革若干重大问题的决定〉辅导读本》，北京：人民出版社 2013 年版，第 30—31 页。

目标，也就是说，"法治中国"的"法"并非仅仅秉持一种形式主义的法治观而纯粹转向一种法律实证主义，还必须看到"法治中国"所追求的"生机勃勃与秩序井然的现代中国"需要靠实质的道义力量来推动，各种具体的法治实践更需要接受根本的价值法则评判，这正是《决定》第一次明确提出"良法是善治之前提"的理论深意，"法治中国"要通过一种价值的力量及其实现呈现一个以宪法为统帅的"良法之治的中国"，因此"法治中国"还在实践中蕴含着道义逻辑，它是价值与实践的逻辑统一。

（一）《宪法》中作为"价值"的中国

《宪法》究竟预设了怎样的"法治中国"价值图谱，需要我们从文本出发，看看"法治中国"究竟在宪法上如何理解，《宪法》对"中国"在价值上是如何期待的。

《宪法》序言第七自然段有一条表达国家目的的"方针条款"："把我国建设成为富强、民主、文明的社会主义国家"，很显然，这里蕴含着宪法上述三个关键价值的明确宣示以及对国家形象的直接表达。"富强"是一种绩效主义的表达，在当前阶段直接表现为对全面建成小康社会的追求；"民主"则是人民当家作主的根本要求，在当代中国它是"选贤与能"和"商谈慎议"的结合，是一种现代政治生活理性化的价值追求；文明则在本质上是序言首段"中国各族人民共同创造了光辉灿烂的文化"这样一种"文化中国"的价值凝聚，本质上推演为一种当代国人心灵道德秩序和伦理组织生活之重构。①

《宪法》第六条"社会主义公有制消灭人剥削人的制度，实行各尽所能、按劳分配的原则"体现着以平等的社会主义根本价值追求；第三十三条"国家尊重和保障人权"则可以解读出以自由为重要追求的主张。而第五十一条"中华人民共和国公民在行使自由和权利的时候，不得损害国家的、社会的、集体的利益和其他公民的合法的自由和权利"则又体现出对和谐（秩序）价值的重要追求。

从宪法文本构建的"价值中国"来看，一个具有理想生活形态的中国至少包括"秩序井然的中国"（和谐）、"公平正义的中国"（平等）、"生机勃勃的中国"（自由）、"小康独立的中国"（富强）、"选贤慎议的中国"（民主）、"礼兴乐盛的中国"（文明）这六重意象。可以说"法治中国"对治理体系与治理能力现代化的追求从根本上就是要建构这样一个多重叠合的"价值中国"。②

---

① "以道德自律取代宗教以涵养理性"和以礼制为核心将人纳入人伦关系之中正是中国传统文化的两个要义，参见梁漱溟：《中国文化的命运》，北京：中信出版社 2013 年版，第 54、146 页。

② 以宪法文本为基础，分析"国家"、"中国"的含义，学术界主要是从政治意义上理解，例如作为政治共同体（主权）的国家，相对于社会的国家，相对于地方的国家等等。似乎也可以通过宪法解释按照"对现代中国理想生活的期望"这样一个维度去勾勒作为价值共同体的国家。之前研究如韩大元：《简论法治中国与法治国家的关系》，载《法制与社会发展》2013 年第 5 期。

（二）价值与实践统一逻辑的展开

1.“秩序井然的中国”：和谐及其整体主义

从西方学理上看，很多思想家也将“秩序”视为国家的理由。例如现代国家主权理论的奠基人博丹在《主权论》中基于民族国家建构与有效整合政治权威的需要就明确提出“国家的目标从来不是自由，而是秩序”，并以此论证一种“绝对而永恒的主权”。[①]马基雅维里、霍布斯同样从一种自然欲望的力学出发，放逐了古典实践哲学所强调的“城邦美德”与奥古斯都以来将共同体正当性奠定于神性的传统，去论证一种基于强力所带来的“人的自我保存”与“共同繁荣”秩序之必须。[②]即便作为现代自然权利理论代表人物的洛克，也在《政府论》中基于“上帝要求人们生存下去”的神学预设，将“维护社会”作为第一个自然法则，向自然状态下的人提出“免于侵犯其他人的权利和互相伤害”的戒律。[③]

秩序的价值在“法治中国”语境下有特殊的意义。一方面这是基于中华帝国礼制传统对“正名”与“定分”维护的文化惯性，另一方面也与近代中国在天下体系崩溃后“人民陷于一盘散沙”，国家主权备受倾轧的历史记忆有关，所以通过法律实现国家有效的制度供给能力，以创造一种可以持续的绩效就对于中国来说显得尤为重要，秩序供给成为制度供给的基础和关键，[④]这样一种思路其实与弗朗西斯·福山近来将“国家能力”作为现代国家有效建构的环节有暗合之处。

联系党的十八届三中全会“全面深化改革”的主题，在一个转型与改革的时期，法律对秩序的保障就显得更为紧要。中国改革带来“生机勃勃”，但也带来个体、集体、阶层在财富、地位、话语等各种社会资源的巨大差异，政府部门也极容易以经济发展为名从一种“生产型政府”而蜕变为“掠夺型政府”，[⑤]所以通过法律框架，尤其是设计财产权体系以明确产权，确保有序流转；设计财税体系遏制政府开支滥用与保证充足公共服务；设计社会保障体系落实底线安全，防止秩序失控——实现这三大治理体系的法治化，才能实现对利益的有效平衡、协调，对各种冲突进行理性的管理和调控，确保改革顺利进行。[⑥]

2.“公平正义的中国”：平等及其社会主义

从柏拉图考虑城邦德性、防止成员堕落而提出资源的平等享有，亚里士

---

① 参见 Bodin. On Sovereignty. 北京：中国政法大学出版社（影印本）2003 年版，第 1 页。

② See H Schweber. The Language of Liberal Constitutionalism. Cambridge University Press, 2007:17–19.

③ See J Locke. The Second Treatise of Civil Government. New York, 1956:357–358.

④ 林尚立：《建构民主：中国的理论、战略与议程》，上海：复旦大学出版社 2012 年版，第 150 页。

⑤ [美] 加尔布雷西：《掠夺型政府》，北京：中信出版社 2003 年版，第 127 页。

⑥ 林尚立：《建构民主：中国的理论、战略与议程》，上海：复旦大学出版社 2012 年版，第 151 页。

多德提出的“分配与矫正的正义”，到中世纪阿奎那主张“只有基于匮乏才能产生私有”，[①]再到各种社会契约论版本无不将自然状态下的人拟制为“自由而平等”的人，[②]直到当代左翼自由主义者罗尔斯、德沃金对资源、机会等平等的强调，可以说平等的理念在西方也是源远流长。

然而，中国宪法所理解的平等首先是一种基于生产资料公有（国有）的社会主义分配正义，而非原子式的自由人平等享有私有财产的理念，也不同于欧洲宪法学上基于社会自治、国家辅助而产生的“社会国”原则。[③]因此“法治中国”所要追求的治理格局首先要建立国家按照一定的平等原则，通过立法对资源、权利进行公正分配，并在此基础上确保个体权利的自由行使。改革开放的红利没有完全为全体国人所共享，部门利益、地方利益空心化公共利益造成资源和财富的畸形集中，并隐约在经济和政治上开始形成上层分利同盟，这已经为《决定》所洞悉，所以我们才能理解一方面《决定》强调“要形成以人大为主导的立法格局”，防止部门利益的侵夺；另一方面“加强重点领域立法”，提出“加快完善体现权利公平、机会公平、规则公平的法律制度”。

3.“生机勃勃的中国”：自由及其权利主义

延续中华帝国的传统，新中国成立后相当长一段时间仍然将国家治理的合法性建立在意识形态和个人权威之上，这种模式往往依靠动员、运动、发动群众等方式编织一个庞大的党政军制度架构，并通过政策和指令治理社会。改革开放在本质上也就是要将国家治理的合法性由一种教义的意识形态转化为更为务实的世俗主义绩效，包括承认个人的自由、充分的权利，以及整个社会对义利观的重新调整，它不但催生了法治的社会土壤，也使得个体开始学会为权利而斗争，权利本位开始在中国成为一种查尔斯·泰勒所言之“社会想象”。政府的职能全面收缩而更加强调将分散的权利诉求和差异化的利益冲突通过法律程序予以尊重、调和。“法治中国”在这样一个逻辑上进一步扩展治理的秩序，这表现为《决定》全面呼应了三中全会确立的“充分发挥市场在资源配置中的决定作用”，以实现经济自由和产权保障。

4.“小康独立的中国”：富强及其绩效主义

从学理和历史来看，英国古典经济学鼻祖斯密基于18世纪君主专制国家战争纷扰的现实就深刻揭示出“君主的使命在于富国裕民”，洛克等人基于劳动分工理论提出保持社会的持续繁荣也正是建立政治社会的关键。

---

① See S Fleischacker. A Short History of Distributive Justice. Harvard University Press，2004; P Garnsey. Thinking About Property: From Antiquity to the Age of Revolution. Cambridge University Press，2007.

② See E Baker. Social Contract: Essays by Locke, Hume, and Rousseau. Oxford University Press, 1962:10.

③ 社会国原则在“二战”后德国以个人自治和人的尊严为道德基础的理论及模式转变，参见M Stolleis. History of Social law in Germany. Springer, 2014:157。

追求富强也一直是近代中国的主题，以李鸿章、张之洞、严复等人为代表，开始修正传统儒家国家"不越其本位，干涉经济"的教义，严复在了解英国通过重商主义走上富强的道路经验之后，评价董仲舒的义利观时明确提出："此其用意之美，然而于化于道皆浅，几率天下祸仁义矣。"[①]

除了对于国家和个体追求财富的道德基础加以正当化，近代中国追求富强还有一个现实原因就是基于战争形势带来的军费开支庞大的现实刺激，严复谈道："国既日富，则其为守愈严，而武备之修，遂亦远迈古者。国之强弱，必以富庶为量。"[②]

那么，今天"法治中国"背景下提出的协调推进"全面建成小康社会"、"全面推进依法治国"，[③]自然有了更深的含义，那就是要实现法治对国家富强，小康目标的基础性保障作用，并最终让每一个国人受惠，让富强与人尊严的生活相结合。

5."礼兴乐胜的中国"：文明及其伦理主义

财富和权利往往也可能是社会道德的堕落与倒退，[④]在学理上这尤其体现为对市民社会与资产主义文明的反思。例如，康德的法权哲学里之所以强调法律与国家的重要，就在于他认为人不可能完全按照内心的道德律令进入一种自由的理性状态，黑格尔反思"市民社会蕴含的败德风险"，[⑤]韦伯也针对冒险和投机的"贱民资本主义"有过批评，[⑥]舍勒则提出无产阶级必须超越资产阶级"内部狭隘的市民精神"，展现出更优越的文明因素和精神气质。[⑦]

强调一种心灵秩序和道德人格对于治理的基础作用更是中国以儒家为代表的礼制传统。孔子提出"以德、礼养民为重，政刑为助"，而方法就在于将调整人际关系的礼具体为"以身作则，以道诲人"。他说"上好礼则民莫敢不敬，上好义则民莫敢不服，上好信则民莫敢不用情"。[⑧]可见教化、纯化人心比重刑规范行为更为重要。即便与法家有相当亲缘关系的荀子，也以礼制作为规范行为的关键。他指出"先王恶其乱也，故制礼义以分之，以养人之欲，给人之求"。[⑨]这种"礼"的核心在于一种道德人格通过一种"有别"的分等异

---

①［清］严复：《原富》，载《严复文集》第四册，北京：线装书局2007年版，第858页。

②［清］严复：《原富》，载《严复文集》第四册，北京：线装书局2007年版，第899页。

③《习总书记首谈"四个全面"意味着什么》，2014年12月16日新华网。

④［法］卢梭：《论人与人之间不平等的起因和基础》，李平沤译，北京：商务印书馆2007年版，第93—98页。

⑤［德］黑格尔：《法哲学原理》，范扬等译，北京：商务印书馆2010年版，第37页。

⑥［德］韦伯：《新教伦理与资本主义精神》，于晓、陈维刚等译，北京：生活·读书·新知三联书店1987年版，第190页。

⑦［德］舍勒：《资本主义的未来》，曹卫东等译，北京师范大学出版社2014年版，第90页及以下。

⑧ 见《论语·颜渊篇》。

⑨ 见《荀子·礼论》。

级制度发挥限制人欲的作用，而与法家将规范仅仅建立在械数、威慑之上大异其趣，[①] 故荀子斥责法家思想为“寡廉鲜耻，伤仁害义”。作为最高等级的君主则必须有最高的道德人格。[②]

那么，法治中国将“依法治国与以德治国”镶嵌为一个制度整体的做法则可以看作是一种“法令”与“王制”的合体，通过这种综合治理实现一种普遍的人文精神和理想人格。

6.“选贤慎议的中国”：民主及其共和主义

新中国法治的演进一直强调对民主的担保功能，这体现了中国的国家治理走向一种理性主义，告别纯粹的威权。只是，“法治中国”所理解的民主并非仅仅是一种选举民主，而是要将一种“天下意识”和“为公”思想发展为协商民主。《决定》为此提出“加强社会主义协商民主制度建设，推进协商民主广泛多层制度化发展，构建程序合理、环节完整的协商民主体系”，这种思想既与西方自 20 世纪 70 年代以来的慎议民主[③]和更久远的公民共和主义传统[④]有暗合之处，更有中国自己的思想资源，例如黄宗羲指出“缘夫天下之大，非一人之所能治，而分治之以为工。故我之出而仕也，为天下，非为君也；为万民，非为一姓也”，[⑤] 他进而说道“天子之所是未必是，天子之所非未必非，天子亦遂不敢自以为是，而公其非是于学校。是故，养士为学校之一事，而学校不仅为养士而设也……三代以下，天下之是非一出于朝廷”。[⑥]

协商民主不仅仅强调通过共同意志形成的“公意”，更强调达成“公意”过程实质理由和偏好的沟通、论证，在这个过程中修正不具有共同善的偏好，实现对良好公共生活的最佳保障。因此，法律必须通过培育资政能力和公民精神，建构有效政治协商的制度平台和具体程序，与选举民主相配合，实现国家治理的理性化。

三、“法治中国”：挑战及其应对

前文通过历史与实践、价值与实践双重逻辑线索从“法治中国”的历史

① 深入分析参见萧公权：《中国政治思想史》，北京：新星出版社 2010 年版，第 78 页。

② 见《荀子·正论》。

③ 概览性的作品如 Christopher F Zurn, Deliberative Democracy and the Institutions of Judicial Review. Cambridge University Press, 2007。

④ 强调公民美德作为政治参与的共和主义传统，参见 I Honnhan. Civic Republicanism. Routledge, 2002: 15, 77。

⑤ [明] 黄宗羲：《原臣》，见《黄宗羲全集》第 1 册，杭州：浙江古籍出版社 1995 年版，第 4—5 页。

⑥ [明] 黄宗羲：《学校》，见《黄宗羲全集》第 1 册，杭州：浙江古籍出版社 1995 年版，第 10 页。

任务、基本要素与价值体系三个方面构建了“法治中国”的理论逻辑，法治中国的建设就是按照一定的价值图谱，实现“党领导人民依法治国”，保证党、人民、国家三者意志的始终统一。但是，任何理论都是有其限度的，会面临其他理论和具体实践上的挑战，那么，法治中国理论面临的挑战是什么，又如何从其自身理论逻辑出发予以有效应对，从而保障“法治中国”建设的顺利进行，这是本文最后要尝试回答的问题。

（一）三个基本挑战

1. 主权结构内部的张力

“党如何领导人民依法治国”的关键就在于必须在具体实践中始终保持党、人民和国家机构三者意志的根本统一，我们首先需要认识一下这种三元混合民主体制的主权结构有什么特征，然后再看看其内部存在怎样的张力。

（1）双重代表与半契约结构

在这双重代表制中处在根本地位的是党与人民的关系，这种代表制迥异于西方，它有三个特征：

第一，这种代表制的历史动力来自于文明竞争。《宪法》宣称的“国家一切权力属于人民”标示着“全体人民”是真正的主权者，而人民之所以选择中国共产党作为主权代表者，与契约理论不同，并非是一种“自由而平等”的文明类型内部个体出于保持自然权利的自然欲望而走出自然状态，[①]而是一种文明（中华文明）被另一种文明（资本主义文明）所压迫的结果，正是在文明的竞争中落败并有被征服的危险，所以在人民内部成长起来的先进力量（工人阶级），它代表着一种确保文明持续进步繁荣的方向、规律和力量，理所当然引领整体文明建构新的共同体。

第二，这种代表制的正当性建立在道义感召的“认同”基础上。与契约论将主权者建立在平等个体“同意”——纯粹是一种出于自然欲望的自然力学[②]——的基础上不同，中国共产党对于人民主权的代表来自于一种对历史使命主动承担、进而以“牺牲”和“服务”为道义感召，而取得了一种实质正当性。为了承担历史使命，中国共产党延续了儒家学说中修身正己、克己奉公的王道：通过“改造”提高“修养”，成为楷模，继而秉持“服务”乃至“牺牲”作为最高的政治道德。这种“舍生取义”、“正人先正己”的政治道德在立宪之后就进一步转化为共产党自身的宪法义务，根本上解决了党与宪法的关系，从而取得了制宪者——人民的道义认同：“中国共产党是我们国家的领

---

① 例如：霍布斯对自然欲望的理解是对“和平”的渴望；卢梭对自然欲望的理解则是对“自由”的渴望。

② 自然欲望本身建立在一种唯意志论的基础上，背离了古典时代以美德建立主权者正当性的传统，其道德基础值得检讨，见 N Southwood. Contractualism and the Foundations of Morality. Oxford University Press，2010。

导核心。党的这种地位，绝不应当使党员在国家生活中享有任何特殊的权利，只是使他们必须担负更大的责任。中国共产党的党员必须在遵守《宪法》和一切其他法律中起模范作用。一切共产党员都要密切联系群众，同各民主党派、同党外的广大群众团结在一起，为宪法的实施而积极努力”。①

第三，这种代表制在立宪后形成一元统治原则和二元统治形式的特征，构成一种典型的混合体制。按照民主理论家潘恩的说法，统治原则关系到统治权的来源，统治形式关系到统治权的分享，②那么在新中国宪法颁布之后，则一元的人民主权被党和国家权力机关分别代表，形成一种混合宪制。混合宪制有其优良的性质。它在西方古典时期就已经引起关注。亚里士多德就认为纯粹的君主制、贵族制或民主制都容易走向堕落，相反汲取了它们各自相应元素形成的一种混合权力结构才最能维护城邦的共同善。③

中国体制的特点在于：党与人民之间是一种非契约产生的代表关系，因为这种代表基于道义而产生，先于宪法，因而是一种政治代表；人民与国家权力机关（人民代表大会）之间却是一种契约产生的代表关系，基于宪法规定而授权，而宪法是人民的同意，因而是一种法律代表，而党基于人民的先锋队地位，属于主权者的一部分，自然又对人民代表大会具有领导地位。从而整个中国的民主体制可以说是一种“双重代表制下的半契约结构”。④

（2）双重代表制的内在张力

这种内在张力体现为三个方面：

第一，如何避免例外政治。“例外政治”的本质是“必要性可以取消法律”。⑤对“例外状态”的判断和宣告在一些理论家看来是主权者的根本象征。⑥然而，法治秩序作为一种规范体系的集合，在概念和正当性上都必须对例外状态保持警惕，必须要取消例外，确保稳定的预期。在中国语境里，这尤其体现在如果我们要建立起法治本身的权威，就必须要有效约束包括主权的政治代表者在内的所有政治力量，尤其是在承认政治代表领导法律代表的情况下，如何避免政治代表频频打破法律规范的稳定秩序，这是一个值得重视的问题。在“法治中国”的具体语境里就是《决定》所讨论的“改革与立法的关系”，在“立法要主动适应改革”与“改革要于法有据之间”，究竟如何拿捏分寸，二者之中谁又需要优先考虑，这些问题构成了对法治有效性的重大挑战。

① 刘少奇：《关于中华人民共和国宪法草案的报告》，参见王旭：《五四宪法的中国道路及其历史影响》，载《浙江学刊》2014 年第 6 期。

② [美] 潘恩：《人的权利》，田飞龙译，北京：中国法制出版社 2011 年版，第 129 页。

③ See Aristotle. Politicals. 3.7–8(1279a22–80a6).

④ 陈端洪很早就提出了这种党与人大的双重代表制说法（参见陈端洪：《宪治与主权》，北京：法律出版社 2007 年版），但他以代表的目的为区分标准，而我则以代表产生的时点为标准。

⑤ [意] 阿甘本：《例外状态》，薛和平等译，台北：麦田出版公司 2011 年版，第 131 页。

⑥ [德] 卡尔·施密特：《政治的概念》，刘宗坤等译，上海人民出版社 2004 年版，第 21 页。

第二，如何建立有效的问责制。政治代表基于道义而取得正当性，那么，对它如何实现法律监督？法律代表是否还要受到法律的监督？问责制本质上表现为一种"公共理由的公共阐明"，它意味着接受委托行使公权力的人，必须对于其所做的行为在一个公共的领域通过实质理由陈述向委托人进行合理的说明，否则就要承担相应的政治和法律责任。[①]但是，超越于法律与契约逻辑的主体如何接受问责，具体程序如何设计，这同样是法治中国的具体实践操作需要回答的问题。

第三，党与人大的意志如何始终统一于人民的意志？混合体制在理论上一个难题正在于如何在职能交叉的情况下尊重不同主体的运行逻辑？[②]正是这样一个问题的关键，所以《决定》深刻讨论了党与人大的关系，文章最后还有讨论。

2. 实用主义诱惑

"法治中国"面对的第二个挑战就是如何调和多元价值体系。文章前面提出了六重价值，但它们之间并非完全和谐无碍，而是有可能在具体的法律实践中发生激烈的冲突，引发施密特所谓之"价值的内战"。可以说改革开放近四十年也是这些价值不断冲突，又不断试图调适的历史。例如，权利主义的勃兴和富强价值的强调必然会冲击到平等的理念，1988 年宪法修改"坚持城市土地所有权国有但允许土地使用权的流转"正是这种价值冲突的表现；又如我们鼓励"生机勃勃的自由"，但如何在这个过程中协调不同的自由，确保自由不会冲撞秩序，确保"井然有序的中国"，这正是十八届三中全会和四中全会两个决定成为"姊妹篇"的原因，这个原因背后是一种深层次的历史焦虑。

在这种情况下，如果不能拿出一套客观、可操作的价值协调方案，那么"法治中国"就有可能滑向实用主义，演变为"头痛医头脚痛医脚"的策略行动，法律对待价值冲突采取一种"应急式反映"，对最激烈的社会问题予以优先解决，而将隐患暂且按下不表，最终也就会演变为一种完全凭借现实的实力、利益和情势而采取的实用主义，法治的道义原则无法真正实现。

3. 多元主义挑战

"法治中国"面对的第三个挑战来自多元主义。"国家治理体系"概念的提出意味着多元主体和手段参与国家生活的开始。[③]这必然给法律治理带来更多的活力，但也带来多元主义消解必要权威，法律整合政治共同体能力下降

---

① See M Bovens. Analyzing and Assessing Accountability: A Conceptual Framework. European Law Journal, Vol.13,No 4, July 2007.

② 美国正是议会民主制与现代贵族制（司法审查）的结合，因此司法是否要尊重立法的民主逻辑，违宪审查反多数的正当性何在？正是一个学术上广泛讨论的问题。参见 M Hansen. The mixed constitution versus the Separation of Powers. History of Political Thought, 2010, 31(3)。

③ 施芝鸿：《准确把握全面深化改革的总目标》，载《〈中共中央关于全面深化改革若干重大问题的决定〉辅导读本》，北京：人民出版社 2013 年版，第 31 页。

的风险。不同的主体参与到治理之中，往往有不同的治理规则，既有国家的法律，也有法规、规章和大量的行政命令等规范性文件，还有党内法规体系；既有国家的硬法，还有社会组织、行业群体等形成的乡规民约、章程、手册等软法，如何将这些不同的治理规则予以统一、协调，保证法律秩序的统一，保证人民意志的统一，这些都是对法治中国的挑战。同时，不同治理主体，国家与社会之间，中央与地方之间，执政党、立法、司法与行政之间，彼此都有不同的治理逻辑和治理程序，如何保证按照统一的法律规则来评价、协调和引导它们的治理行为，这也是法治中国亟需解决的问题。

（二）一个基本的应对思路：基于合宪性控制的治理有效性

“基于合宪性控制的治理有效性”是化解上述三个问题的基本思路。也就是说无论是化解主权结构的内部紧张，还是协调不融贯的价值秩序，抑或给多元主义体系建立底线共识与规则，最终都必须回溯到中国的《宪法》依据及其具体实施之上来。

“法治中国”的建设显然已经通过《决定》明确了这样一个思路，中央第一次以全会的名义明确“坚持依法治国首先在于坚持依宪治国，坚持依法执政首先在于坚持依宪执政”。这个正确论断的提出背后有深刻的理论逻辑加以支撑。

1.《宪法》是双重代表制的共同规范平台

《宪法》序言明确“本宪法……具有最高的法律效力。全国各族人民、一切国家机关和武装力量、各政党和各社会团体、各企业事业组织，都必须以宪法为根本的活动准则，并且负有维护宪法尊严、保证宪法实施的职责”。因此,《宪法》既消除了例外政治的土壤，也确立了党和人大活动的依据与范围，更明确了党应该按照宪法的规定尊重人大的职权，善于依据宪法通过人大的法定程序使党的意志成为国家意志，进而善于通过人大实施党对国家和社会的领导；而人大也要遵守《宪法》序言所明确的党的领导地位，对重大政治决断的法律化应该得到党的认可。党与人大也要在《宪法》的平台下有必要的政治区隔，尊重各自的运行逻辑，并在此基础上实现制度模拟和互相完善：《宪法》序言既规定了坚持中国共产党的领导,《宪法》第五十七条也规定了全国人大是最高国家权力机关，因此,《宪法》首先实现了党与人大制度的相互承认；同时《宪法》对于人大制度地位、职能、工作程序的具体规定，也意味着执政党的政治行为和政治逻辑与人大制度的运行必须保持必要区隔，需要彼此尊重各自的运行方式和逻辑，在这个基础上实现二者的互相学习和制度模拟，[①] 最终共同服务于“国家一切权力属于人民”的宪法目标。

---

① 例如中共十八大首次提出“党代会代表提案制”就可以理解为是党内民主对以人大为典型的代议民主制的一种模拟。而人大制度在决策后的执行、监督机制等方面也应该向党内民主的有益经验学习。

2. 宪法解释是平息“价值内战”的关键

从学理上看，任何一个国家的宪法价值都不是完全融贯的，但我们可否解决价值的客观比较问题，这有不同的主张。一种主张是价值相对主义的，例如凯尔森就否认有客观的价值秩序，从而他认为法律不可能解决价值冲突的问题，[①]而德沃金则提出“价值的互相构成和一体性原理”：“因为价值是结成整体的价值而非分离的价值，这个方案必须在一个更大、相互支撑的信念网络中发现每一个价值的位置，这个信念网络实现了价值间的支持性联系，并将这些联系置于一个更大的关系中”，因此，编制一张没有实质冲突的“价值无缝之网”是有可能的。[②]他提出，价值的冲突其实源于我们在概念上将价值作了截然分立的理解，例如认为自由必然排斥平等，平等肯定牺牲自由，而没有看到其实在具体的道德实践和法律实践中，价值之间还有彼此支持，彼此构成的另一方面，例如“有平等的自由”是否会比“无平等的自由”更优越，“自由”离开平等是否也失去了自由的本质？因此关键要通过运用一种“教义性法概念”，通过各种法律解释与推理的实践理性，在具体情境中实现价值的深度融合与彼此构成。[③]

如果以这样一种实践哲学的立场来看，具体法律实践中重大的价值冲突往往可以通过回溯到《宪法》文本的规范体系中，通过解释方法的运用，调整承载特定价值的规范之文义、范围、目的等，使之与冲突的价值相互协调，相互包容，并明确某种价值在个案中优于另一种价值的具体条件。因为价值难以比较往往是因为其过于抽象，所以只有尊重宪法文本，通过宪法解释的途径和机制，才可以将并不自明、高度抽象的宪法条款及其价值在具体实践情境中予以明确。《决定》提“完善宪法解释机制程序”正是这样一种关键思路形成的制度性契机。

3. 宪法实施的监督机制是化解多元主义挑战的基础

治理主体、治理依据和治理方式的多元只要在宪法的框架秩序之下都可以进行合宪性控制与审查。《决定》提出“一切违反宪法的行为都必须予以追究和纠正”和“完善全国人大及其常委会宪法监督制度”的判断，进而具体明确了“加强备案审查制度和能力建设”的安排，正是这样一种思路的反映。多元的治理行为和治理依据如果都可以纳入宪法的监督范围，就可以通过宪法的一元性和最高性对之进行有效控制。不同治理主体固然分享不同的治理逻辑和程序，但也都必须在宪法规定的地位和范围内行为，宪法监督机制的有效激活必然是对多元主义的有效克服。

---

① Kelsen. General Theory of Norm. Clarendon Press, 1991:6–13.

② Dworkin. Justice in Robes. Harvard University Press, 2006:167.

③ Dworkin. Justice in Robes. Harvard University Press, 2006:169.

强化全国人大及其常委会实施宪法的职能，[①]在修宪历史和理论上曾有过三种方案：一是设立一个全国人大的宪法监督专门委员会，其宪法地位与其他专门委员会相同；二是设立一个全国人大常委会内部的宪法监督委员会，类似于法制工作委员会的性质；三是设立一个与全国人大并行的宪法监督委员会。本文以为，从不修改现行宪法并考虑现实性与可操作性，第一种方案和第二种方案较为可行。其中第二种方案的优点在于可以对现有的法规备案室进行改造，但缺点在于其宪法地位比较低。第一种方案则能将宪法监督置于一个更加权威、有力的地位，且有专门委员会的制度成例可资利用。因此，从监督的权威性、专业性考虑，第一种方案更加可取。但它面临的一个技术弊端则是全国人大自己享有立法权，由其自身来审查自我的立法，是否符合公正法理？为此，可以考虑设计非人大代表组成的宪法监督委员会，这样既在体制上仍然保持于全国人大之内，避免过大政治动荡，且遵守《宪法》的基本规定，也可以防止出现“自我审查”的弊端，且可以在人员遴选的开放性、多元性，程序设计的科学性等方面有更多的想象空间。[②]

结　语

“法治中国”命题是中国现代治理最为伟大的共识，来之不易。本文对它的理论逻辑按照历史、实践和道义的维度进行了体系化思考，并在此基础上对于它可能存在的挑战和应对作了初步研究。学术研究仅是书生管见，但任何伟大的实践者都应该珍惜这来之不易的共识，在具体的实践中不断推动目标的点滴实现。

（王旭，中国人民大学法学院教授）

① 关于具体三种设计方案的修宪史回忆见王汉斌：《新中国法制建设访谈录》，北京：中国民主法制出版社 2012 年版。

② 一个较新、全面的研究成果见王旭：《论我国宪法解释程序机制：规范、实践与完善》，载《中国高校社会科学》2015 年第 4 期。

我国人民陪审员制度改革的再思考

刘　峥

陪审制度是国家审判机关吸收非职业法官参加审判活动，与法官共同行使审判权的制度①。从世界范围看，公民参与审判的形式主要有陪审团和参审制。这一制度虽然源自国外，但在引进我国以后，经过一百多年的演进积淀，已经逐步成为政治民主嵌入司法制度中的重要表征，且其中诸多要素还呈现出鲜明的“中国特色”。2005 年 5 月 1 日，全国人大常委会制定的《关于完善人民陪审员制度的决定》（以下简称《决定》）正式施行。其后，最高人民法院、司法部、财政部等部门或单独或联合出台了一系列文件。2010 年 6 月，最高人民法院还制定发布了《关于进一步加强和推进人民陪审工作的若干意见》（以下简称《意见》）。十年来，虽然该项制度在实践中仍然存在着陪审员代表性不足，常驻编外法官陪而不审、审而不议等问题，但必须承认，人民陪审制度也确实是获得了长足进步。党的十八大和十八届三中全会、四中全会的决定中均提及人民陪审员制度，足见其成色和分量。2015 年 4 月，经中央全面深化改革领导小组第 11 次会议通过，最高人民法院、司法部制定了《人民陪审员制度改革试点方案》（以下简称《试点方案》）。5 月，上述两家单位又出台了《人民陪审员制度改革试点工作实施办法》（以下简称《实施办法》），指定了北京等 10 个省（自治区、直辖市）共 50 个中级、基层法院作为改革试点法院，推行有别于《决定》的一系列新举措，标志着人民陪审员制度又进入新的发展时期。随着该项制度在司法实践中的深入展开，所涉诸多理论与实务问题的探究也更具实质性和针对性。

一、人民陪审员选任的广泛性和代表性

我国的人民陪审员制度作为人民群众直接参与国家事务管理的表现形式，是民主政治、依法治国的重要体现，是我国民主法制建设发展的一个重要表

① 英美法系国家实施的陪审制是由公民和职业法官分别承担不同的审判功能，陪审团负责认定事实，法官负责法律适用的一种司法方式；大陆法系国家的参审制是由公民与法官共同组成合议庭，在法庭上具有相同的职权，共同认定事实和适用法律的一种审判方式。

征，同时又是审判制度现代化不可或缺的组成部分。司法裁判是对权利义务关系的设定和重申，由于人民陪审员制度的全面施行，有利于让人民陪审员以及那些虽然没有直接参加但看到有人代表他们参加审判的其他民众养成权利义务观念。法治和法律的精神经由陪审制度的施行而渗透到普通民众的精神中去，并由此塑造着国民品格和行为范式。这种国民品格和行为范式又将反过来滋养规则和民主的习惯，并捍卫着社会治理规则和民主运行生态。这才是现代法治社会赖以维系的根基和支柱。实现人民陪审员制度的广泛性和群众性，应着重关注以下三个方面：

首先，在条件许可的情况下扩大人民陪审员的数量规模。一定的数量规模是做好人民陪审工作的基础，也是体现该项制度广泛性、民主性的重要标尺。2010 年《意见》要求：“各基层人民法院根据本辖区案件的数量及特点、人口数量、地域面积等因素，按照人民陪审员选任名额不低于本院现任法官人数的 1/2 的比例，并在经费保障、培训条件许可的前提下，适当扩大人民陪审员的选任数量。”2013 年，最高人民法院提出，要在 2 到 3 年内将全国人民陪审员数量翻一番，即“倍增计划”，用了不到两年时间，从 8.7 万名增至 20 万名左右。新出台的《试点方案》及《实施办法》对《决定》确定的选任程序作出了较大改变，即由原来的“符合担任人民陪审员条件的公民，由所在单位或者户籍所在地的基层组织向基层人民法院推荐，或者本人提出申请”变更为“两次随机抽取”，即试点法院先从符合条件的选民或者常住居民名单中，随机抽取本院法官员额数 5 倍以上的人员作为人民陪审员候选人，建立人民陪审员信息库；然后由法院会同同级司法行政机关对人民陪审员候选人进行资格审查，征求和听取候选人和相关组织的意见；在此基础上，再从候选人名单中随机抽取确定人民陪审员人选并提交同级人大常委会任命。人民陪审员选任工作每五年进行一次。如人民陪审员人数低于法官员额 3 倍，可以适当进行增补。其实，这一选任程序与日本《裁判员法》规定的选任程序大体一致，也与英美国家陪审团成员的选任方式颇为相近。采用随机方式选任陪审员，尽管对陪审员的资格和条件有所限制，但选任陪审员是根据选民名单和常住人口登记，这就决定了大多数的公民都有可能成为陪审员参与案件审判，使司法体现最广大民众的生活经验和法律意识。

其次，不断完善陪审员队伍的整体结构。有学者说，“陪审制度是一种‘草根民主’，它的民主就在于担任陪审员的是一般民众，而不是有特定身份的人；它的‘草根性’在于它通过普通老百姓参与审判，平衡精英化的法官对法律的垄断，防止法律的过度精英化”[①]。人民陪审员制度尽管是司法民主的重要标志，但审判工作毕竟是一项专业性要求极高的活动，且现行法律赋予

① 周永坤：《人民陪审员不宜精英化》，载《法学》2005 年第 10 期。

人民陪审员在审判过程中与法官具有同等权利。因此，在人民陪审员选任中，应注重考虑吸收社会不同行业、不同性别、不同年龄、不同民族的人员。严格意义来说，人民陪审员的广泛性和专业化之间并非存在绝对的矛盾和冲突，可以在扩大选任规模和严格选任标准的前提下得到协调和平衡，慎重把握人民陪审员选任“专业性和大众性”之间的综合权衡，既要防止人民陪审员“精英化”，又要杜绝过分追求“大众化”现象的发生。其实，这是所有实行参审制的国家所共同面对的司法民主与司法职业化的悖论。在人民陪审员选任中，一方面，要准确把握《决定》中规定的选任资格条件，吸收社会各行各业的普通民众进入人民陪审员队伍，以大众的道德水准和日常经验对案件事实和各类证据进行综合分析和准确把握，弥补法官法律职业思维的局限和不足；另一方面，也要适当兼顾到审判工作所涉专业技术知识的实际需要，从相关专业领域岗位中选任一定数量的专业人员，以利于从专业角度准确认定案件事实和适用法律。在《试点方案》和《实施办法》中，虽然没有专门规定选任专门人员的程序，但也没有排斥专门人员进入人民陪审员队伍。《实施办法》还规定：“人民法院可以根据人民陪审员专业背景情况，结合本院审理案件的主要类型，建立专业人民陪审员信息库。”2011 年 8 月，最高人民法院考虑到海事法院审判工作的专业性和特殊性，发布了《关于海事法院人民陪审员选任工作的意见（试行）》，就海事法院人民陪审员选任、使用问题作出了专门规定。近年来，“专家陪审”在德国、丹麦、瑞典等国家中悄然兴起，主要是针对一些需要金融、财会、专利等专门知识的案件审理，引进专门人员参与案件审理，以帮助法官更好地认定案件事实。瑞典《司法程序法》规定，瑞典的上诉法院在审理刑事案件时可以实行专家参审制。当然，这些专门人员也必须经过相应程序进入参审员的名册。德国还有一种较为特别的制度设计，即基于少数案件类型的特殊性，《德国法院组织法》中规定，在商事纠纷和劳动纠纷中，引进相关领域的专门人士参加到审判组织之中。据笔者考察了解，德国劳动法院是专门处理劳动纠纷案件的审判机构，无论管辖该劳动纠纷的法院审级如何，其审判一律组成由参审员参加的审判组织，即使是联邦劳动法院也不能完全由职业法官进行审理，即由职业法官与参审员组成，职业法官担任审判长，参审员有雇主和雇员的代表。此外，在德国地方法院的商事庭组成具有一定特殊性，即参加商事法庭的参审员一般由法院辖区内的当地工会以及商会专家向法院推荐，任期 3 年，可以连选连任不受限制。按照《德国法院组织法》规定，这些商事法庭的参审员必须是年满 30 岁的德国人，并且应当是在法院商事法庭所在辖区内居住或者有营业场所，经过商事注册的商人、股份有限公司董事、有限公司执行业务的股东或者其他法人董事。在湖海地区商事法庭的参审员可以从有航海经验的专门人员中选任。据商事法庭的法官介绍，在参与案件审理阶段，这类专业人士的参审员与职业法官在职权和表象上看均没有差异，包括诉讼程序的准备阶段和审判阶段，以及作出最终裁判的阶段，即使在法庭着装上也同职业法官相同（穿法袍）。根据我国实际情况，人民陪审员的选任，应当综合考虑现有诉讼制度、基层管理模式和公民对此项制度的可接受度等因素，提出切实可行的选任程序和条件，那种完全照搬英美国家选择陪审团组成人员的“海选方式”，不仅选任成本高、效率低、难度大，而且在实践操作中也会面临诸多协调上的难点，即使一定数量的人被自然选取出来，但会有相当比例的人根本就不能正常参加到陪审工作中去。我们知道，一种制度的生发、形成直至成熟，除了理性设计和历史偶然的因素，制度本身在实践中与其适用的政治社会人文土壤的相互作用、彼此妥协也许更有决定性的意义。在实践中，不少试点法院根据当地实际情况，还是依靠党委、政府、人大的权威和力量，采用开会动员、发布公告、自愿报名、资格审查、随机抽取、提请任命等程序，而并没有采用《试点方案》中规定的“两次随机抽选”的方式。因为许多地方法院在当地的政治框架中，恐怕还没有这样的能量，可以顺畅地调动如此多的行政资源和社会力量，即便法律和政策已经作出了明确的规定。这就是我国制度改革过程中常常出现的“中国式尴尬”，值得深思。

当然，笔者只是提倡不必刻意排斥专门人员进入人民陪审员队伍，更不是赞同大规模采用“专家陪审”的方式。因为如果人民陪审员队伍大量充斥着各领域的专门人士，就显然违背了陪审制度的本质要求和价值底线。在司法实践中，尽管专家所具备的专业优势在一定程度上克服了法官知识的局限性，但每一个专家总会对专业知识中的分歧保持自己独特的观点，而对与之相反的观点予以排斥。在此类案件的事实认定上，法官大多对人民陪审员有过多的依赖，陪审员的专业偏见可以轻易地对合议庭的意见产生决定性的影响，有时甚至比无知还要有害，从而有碍司法公正和效率。况且，当案件的处理涉及的一方当事人与陪审员具有相同或相似的社会角色时，“专家陪审”容易对这一方当事人倾注过多的同情，从而偏离审判中立之精神。如医疗专家审理医患纠纷、环保专家审理环境纠纷、企业主审理劳资纠纷，等等。在专业分工越来越精细的情况下，即使在相同专业领域里，一个人也不能系统地掌握所有的知识和信息。我们在感叹人类智慧无比伟大的同时，每个人都不得不承认自身认识上的巨大局限性，正所谓“隔行如隔山”。鉴于此，我们审理每一类专业案件时，都希望有相关领域的专家参与陪审工作几乎是不可能实现的。在当今纷繁复杂的案件中，笔者认为，大力推行“专家证人”制度，完全可以缓解“专家”与“陪审员”之间的价值冲突。修订不久的我国《刑事诉讼法》第192条第二款和《民事诉讼法》第79条均作出类似的规定，即可以申请法院通知有专门知识的人出庭，就鉴定人作出的鉴定意见或者专业问题提出意见。实际上，这些有专门知识的人能够帮助法官和当事人对专业问题作出适当的理解，澄清不当的认识，使案件事实认定具有广泛的科学性和充分的客观性，保证案件判决的公正、合理。

最后，健全人民陪审员退出、替换机制。《决定》对此已有相关规定，对于本人申请辞去人民陪审员职务或无正当理由，拒不参加陪审工作等情形的人民陪审员，应按照法定程序适时提请免职，并及时增补必要数量的人民陪审员。据了解，近年来，极少数地方法院曾经提请当地人大常委会对个别违法犯罪的人民陪审员予以免职，而对那些长期不参加陪审工作的人民陪审员却并没有启动免职程序。其实，对这一问题的处理也一直让制度设计者颇感纠结。长期以来，一些法院出于工作上的便利，将少数比较积极的人民陪审员固定在某一审判业务庭或者人民法庭，称之为“驻庭陪审员”和“编外法官”，以此缓解“案多人少”的矛盾。加之随机抽取机制的欠缺，导致人民陪审员之间参与陪审案件数量存在不均衡的现象。一方面，一些法院将人民陪审员定位于缓解法院审判力量不足的补充，对整个陪审员队伍也怀有别样的情感，人民陪审员自身在潜意识里觉得他们所做的是在给法院提供帮助；另一方面，那些不能正常参加陪审工作的人民陪审员缺乏参与陪审的机会和渠道，并非其拒绝参与陪审工作，加之自身工作繁忙也就乐得清闲。在这种情况下，如果严格执行人民陪审员退出、惩戒机制确实也是有失公允。为了改变这一状况，《试点方案》《实施办法》规定了人民陪审员退出和惩戒机制。在《决定》规定的基础上，相关内容显得更为具体、完备。一是因年龄、疾病、职业、生活等原因难以履行陪审职责，向人民法院申请辞去人民陪审员职务的。年龄一般是指70周岁以上的；疾病是指患重病、受到重伤害，并达到足以让人民陪审员无法正常履职的程度的；职业是指调离原选任所在地、在校学生、从事隐秘封闭工作、单位因公长期派驻外地等的；生活是指家庭和生活环境发生重大变故，需要照顾、养育共同生活的亲属，从事陪审工作会对自己或他人带来明显损害等情形的。二是被依法剥夺选举权和被选举权的。三是因犯罪受到刑事处罚、被开除公职或者纳入失信被执行人名单的。四是人民代表大会常务委员会组成人员，人民法院、人民检察院、公安机关、国家安全机关、司法行政机关的工作人员，以及执业律师、基层法律服务工作者等从事法律服务工作的人员。五是其他不宜担任人民陪审员的情形，应该包括从事不当行为，不符合“品行良好、公道正派”标准的，如参加邪教组织、非法传销组织或者有其他严重违法行为的[①]。《实施办法》还结合人民陪审员工作的实际，明确了需要惩戒的七种事由，经所在法院会同同级司法行政机关查证属实的，除按程序免除其人民陪审员职务外，可以采取在辖区内

① 贺小荣、何帆、危浪平：《〈人民陪审员制度改革试点工作实施办法〉的理解与适用》，载《人民法院报》2015年5月22日。

公开通报、纳入个人诚信系统不良记录等措施进行惩戒；构成犯罪的，依法移送有关部门追究刑事责任。上述各种规定进一步说明，担任人民陪审员是国家法律赋予人民群众参与行使审判权的一种权利，同时也必须要遵守法律和职业规范确定的相关义务。

二、“随机抽取”方式确定人民陪审员参与审判活动

目前，世界上绝大多数国家，无论是实行英美法系陪审团制还是大陆法系参审制，民众参与案件审理基本上是采用随机抽取模式，其主要目的在于通过“随机”方式临时确定案件的陪审员，以实现陪审员参与审判的广泛性和中立性，防止司法腐败、增强监督功能、促进司法公正。虽然上述各国的陪审员参与案件审理，均采用随机抽取或抽签方式，但各国的具体做法也不尽相同。德国的参审员随机参与案件审判的方式较为独特。遴选委员会根据本司法辖区内所需参审员的总数，通过一定程序确定编制参审员名册。一旦列入名册，参审员的任期原则上是四年，可以连选连任，但连任不得超过两届。法院根据往年的情况推测全年将受理的案件数量，确定全年正式开庭的日数。法院会公开召开参审员会议，参审员在全年参加各个正式开庭日期的顺序将在这次会议上通过抽签方式决定。一般地，每一个参审员全年开庭的次数不能超过 12 个正式开庭日。这一规定大大地限制了少数参审员常驻法庭参加审判的可能性，也为其他参审员参加审判提供了更多的机会。如果在实践中出现参审员确实不能如期出席法庭审判，或者其他有延请候补参审员的必要情形，经合法程序，可以由候补参审员出庭组成参审法庭。在具体案件中，除非依照法定程序和法定事由申请参审员回避，否则，德国的当事人对参审员的选择余地是相当小的。韩国、日本等国实行的却是个案抽选制，与德国的参审员选取有所差异。在这些国家，当案件需要实行陪审审判时，法院从陪审员预定候选人名册中随机选取候选陪审员。随后，法院召集被选定的候选陪审员 / 裁判员，法官、法院书记官，以及辩护人应当出席参与陪审员 / 裁判员选任的过程，法院认为必须时，可以允许被告人出席选任过程。各方采用询问的方式，候选陪审员不得拒绝陈述或者作虚假陈述。经过消极事由、免除事由、回避申请等选取程序后，法院从候选陪审员中随机选出正式陪审员 / 裁判员和预备陪审员 / 替补裁判员。而实行陪审制度最为典型的美国实行 12 人的陪审团制度，就没有前置的确定陪审员名册。法官根据具体案件的情况确定候选的陪审员人数。然后，按照 1968 年《联邦陪审员挑选和服务法案》中规定的陪审员挑选的随机性原则，由陪审团专员通过计算机程序从地方居民的纳税登记表、汽车驾驶执照登记表或选民登记表中随机抽出候选陪审员名单，同时签发召集通知。这样，可供选择的候选人人数众多且涵

盖了该司法辖区内各行各业的公民。接着通过较为严格的陪审员预先审核程序，即由法官或在法院的允许下由当事人或其律师对候选的陪审员进行询问，通过询问来检验其是否能够担任本案陪审员的程序。

我国的人民陪审员制度更接近于大陆法系国家的“参审制”，具有一个经过遴选、有一定任期的、相对固定的陪审员群体。在《决定》出台之前，人民陪审员没有固定任期，而《决定》第9条规定：“人民陪审员的任期为五年。”立法者、司法人员、人民陪审员多数赞同应该有任期且认为通过立法机关任命的方式确定五年任期较为合理，也具有极大的权威性和荣誉感。实际上，我国也是采用了个案抽取制，与其他国家相比，只是其个案陪审员的选任程序相对简略，没有对候选陪审员进行询问、审核的程序，检察官、当事人、律师也没有参与选取个案陪审员的权利。我想，这一做法也是出于对尊重传统、运作成本、民众接受度、规则的强制性等因素的考虑。《决定》规定采取随机抽取的方式确定参与陪审具体案件的人民陪审员。《实施办法》中规定，参与合议庭审理案件的人民陪审员，应当在开庭前通过随机抽取的方式确定；人民法院还可以根据案件审理需要，从人民陪审员名册中随机抽取一定数量的候补人民陪审员，并确定递补顺序。这一规定的程序价值在于在前述选任广泛性的基础上，通过这一机制，保证参与具体案件的人民陪审员具有更大的不确定性，使更多的人民陪审员有机会参与案件审理，同时增高候选人民陪审员，既是需要扩大选任范围，又可以节约诉讼成本。如果仅要求人民陪审员选任环节具有广泛的代表性，而忽视个案随机抽取确定人民陪审员参审，仍然难以实现人民陪审员制度所要求的广泛性和代表性。当下，各级法院特别是基层法院普遍面临“案多人少”的压力，不少法院出于审判工作高效便利的考虑和惯性思维，认为采用随机抽取方式费时费力，总是倾向于选择那些空闲时间较多、配合程度高、社会阅历较为丰富的陪审员参加审判。久而久之，随机抽取陪审员的形式不断弱化而逐渐代之以相对固定的模式，少数人民陪审员长期驻扎在法院参与案件陪审现象也不可避免，也就演化为实质上的“编外法官”。长此以往，这部分陪审员与职业法官朝夕相处，在频繁反复的陪审中，思维方式、道德标准日渐与职业法官趋同，从而变成“法治观念太强，司法性格太重，守经有余，权变不足”[①]，最终丧失人民陪审员作为法律外行在认识视角和价值观念上的独特优势，也与设置人民陪审员制度的初衷渐行渐远。为了解决这一突出问题，结合《决定》实施后出现的实际情况，《意见》曾就随机抽取问题作出了专门规定，即参加案件审理的人民陪审员，应当采取随机抽取的方式来确定。人民法院应当在开庭前采取适当方式，从

---

① 马英九：《法律人的“希波克拉底之誓”》，载陈长文、罗智强：《法律人，你为什么不争气？——法律伦理与理想的重建》，北京：法律出版社2007年版。

人民陪审员名单中随机抽取确定人民陪审员。如案件审理确有需要，可以在相关地域、行业、专业等类型的人民陪审员范围内随机抽取。这是坚持“随机抽取”原则的基础上作出的相对灵活的折中性规定，即采用随机抽取与合理配置相结合的方式。

无论采取哪种适用方式，我认为，保证“随机抽取”机制有效运行应具备以下几个方面的基础：一是可供选择的人民陪审员数量基础，在“倍增计划”实现后已有相当大的改观。据统计，全国现有人民陪审员 21 万余名。在这一轮试点工作中，50 个试点法院的人民陪审员数量定会有增无减。二是提高人民陪审员的“可用性”，就是在选任环节上更多的考虑法院审理案件的实际情况，充分考虑陪审员的年龄、工作经历、时间精力、社会阅历、责任心和积极性等综合性因素，合理改善陪审员队伍的构成，从而保证人民陪审员能够正常参与案件审理。三是严格限制每个陪审员年度内参与案件审理的最高数额。《实施办法》规定，人民法院应当结合本辖区实际情况，合理确定人民陪审员每人每年参与审理案件的数量上限，并向社会公告。四是强化参与陪审的强制性义务。《决定》规定了“人民陪审员所在单位或者户籍所在地的基层组织应当保障人民陪审员依法参加审判活动”。除此之外，《实施办法》规定了一系列约束措施，除了选任时听取公民所在单位、户籍所在地或者经常居住地的基层组织的意见，还对一年内拒绝履行陪审职责达三次等情形时，作出免除其人民陪审员职务、在辖区内公开通报、纳入个人诚信系统不良记录等惩戒措施。这些措施实际上也是对人民陪审员参加陪审工作的制度约束，旨在强调陪审是公民的一项基本权利，而依法参与审判更是人民陪审员的一项法定义务。因此，人民陪审员无正当理由拒绝参与案件审理的，除了免除其陪审员职务以外，还应当承担相应的法律后果。增强公民的陪审意识，并以制度强制的形式强化硬性约束甚至惩罚，也是许多国家和地区的通行做法。

三、人民陪审员参与审判“有职有权”

《决定》赋予了人民陪审员在审判案件时具有与法官相同的职权，对事实认定、法律适用独立行使表决权；如果人民陪审员同合议庭组成人员产生分歧的，应当将其意见写入笔录，必要时，人民陪审员可以要求合议庭将案件提请院长决定是否提交审判委员会讨论。立法上对人民陪审员地位的平等宣示和人民陪审员法定权利的有效行使以及权责分配的综合平衡，决定了人民陪审员在司法审判中的角色定位，但在司法实践中却面临着职权行使体现出的双重性，即形式上的广泛性和实质上的有限性。当下，对人民陪审员制度引发争议的一个根本原因在于人们对于人民陪审员能否有效参与审判，能否实质影响审判过程和结果充满质疑，就是理论界常常诟病的司法实践中出现的“陪而不审”、“审而不议”等现象。

首先，人民陪审员的参审范围。现代社会日益复杂化、动态化，许多具体问题的解决不能从法律中找到现成的答案，特别是在涉及群体利益、公共利益和人民群众广泛关注的案件中，所涉纠纷事实常常会出现真伪不明的情形，需要司法在一定程度上进行政策性或者道德性的评断，甚至在法律原则和法律精神的框架内解释或创造规范，以解决法律滞后性、僵化性的缺陷，促进裁判结果得以执行的实效性。既然司法的权力已经扩大到解释或创造规范的程序，那么就必须加强对司法的民主监督，承认和扩大公民对审判活动的参与。在参与案件陪审的过程中，由于人民陪审员的特殊身份和生活背景，他们总是从实体和程序两个维度，注重从社会公众认识角度和普遍伦理标准等方面对案件进行分析、判断，力图对职业法官说明论证其事实确信之结论和理由，与职业法官形成思维与知识上的优势互补，并对不同道德观和社会价值进行现实主义的判断和调和，保证裁判结果更加符合法律规则和社会主流价值观念，从而得出最为理想的裁决结果。

2010 年 1 月，最高人民法院发布了《关于人民陪审员参加审判活动若干问题的规定》，对人民陪审员参审案件的范围作出界定，即“涉及群体利益、涉及公共利益、人民群众广泛关注以及其他社会影响较大的案件，应由人民陪审员和法官共同组成合议庭进行审理，适用简易程序审理的案件和法律另有规定的案件除外”。这是对《决定》中较为模糊的“社会影响较大案件”的分解细化，旨在遏制司法实践中普遍呈现的陪审案件范围和陪审工作领域不当扩展的趋势。《试点方案》提出，“扩大人民陪审员参审范围。合理界定并适当扩大人民陪审员参审案件范围，充分发扬民主，提高司法公信力”。同时，明确“涉及群体利益、社会公共利益的，人民群众广泛关注或者其他社会影响较大的第一审刑事、民事、行政案件，以及可能判处十年以上有期徒刑、无期徒刑的第一审刑事案件，原则上实行人民陪审制审理。”在这里，并没有将可能判处死刑的案件纳入其中，但如果此类案件涉及群体利益、社会公共利益，人民群众广泛关注或者其他社会影响较大的，也可以适用人民陪审制审理。《实施办法》又将参审范围作了进一步的扩展，即“人民法院受理的第一审案件，除法律规定由法官独任审理或者由法官组成合议庭审理的以外，均可以适用人民陪审制审理”。这一规定实际上从制度层面将参审案件范围扩张到无限大，似乎与我国司法实践中陪审制度的运行现状颇为接近，但与设立陪审制度的价值诉求不甚一致。难道这就是所谓“理想屈从于现实”的样本？世界上实行陪审制度的国家和地区参审案件的范围主要限于刑事案件，而且是重大的刑事案件，如法国、德国、日本、韩国等国均是如此规定。对陪审制度适用范围加以限制，将有限的司法资源用于少数最为重要的刑事案件，目的就是要确保这些重大案件最大限度地实现社会公平正义。况且，刑事犯罪活动一般都侵害公共秩序和私人利益，具有普遍性、整体性、共享性、不确定性等特点，这就更需要增加裁判的社会认同度。日本《裁判员法》还规定，即使属于应适用裁判员制度的案件，如果因裁判员及其亲属的人身受到侵害的威胁，裁判员害怕而不能履行职务的时候，可以作为例外，由地方法院决定仅同法官组成合议庭进行审理。目前，该项制度改革试点所实施的参审案件范围过大，既耗费不必要的司法成本，又偏离了陪审制度的本质要求。笔者建议，有关部门应根据试点情况，及时做好跟踪评估、监督指导，为下一步制度完善作出合乎理性的改革意见。

其次，人民陪审员参审案件的职权调整。十八届四中全会规定，逐步实行人民陪审员不再审理法律适用问题，只参与审理事实认定问题。《试点方案》明确，人民陪审员参与审理案件事实认定问题，不再对法律适用问题进行表决，审判长应当将案件事实争议焦点告知人民陪审员，引导人民陪审员围绕案件事实认定问题发表意见，并对与事实认定有关的证据资格、证据证明力、诉讼程序等问题及注意事项进行必要的说明，但不得妨碍人民陪审员对案件事实的独立判断。这一规定实际是对参审制度的重大改造，从外形上看，仍是大陆法系国家参审制的做法，陪审员参与到审判组织之中，但其职权行使模式又沿用了英美国家的陪审团做法，陪审员仅判断证据的真伪和事实的真相。这一创新举措在司法实践中可能并不能完全实现改革者的初衷。因为在具体个案中，事实问题和法律问题往往难以截然分开，尤其是在民事诉讼和行政诉讼中。因此，世界上绝大多数国家的陪审团制度仅适用于刑事诉讼。即使是刑事诉讼领域，陪审员也面临着复杂的要件解构和证据审查。法国、西班牙、俄罗斯等大陆法系国家主要通过问题列表制度加以解决。[①] 当前，我国诉讼制度中并没有问题列表的规定。在司法实践中，人民陪审员可能难以进行要件事实认定，也不可能在复杂案件辨析事实与法律的界限。为了便于人民陪审员正常履职，《试点方案》和《实施办法》又给审判长增加了一项职责，即将事实问题与法律问题界定分割，交由人民陪审员来加以判断并作出必要说明。这一做法确实为人民陪审员依法履职提供了便利，但又自然让审判长的主观判断嵌入案件事实认定之中，难免会让人民陪审员产生一种权威趋从的心理，从而一定程度上影响了其对认定事实的自主判断。在大陆法系国家，陪审员/参审员在一定程度上依赖于职业法官的意见也是一种常见的现象。从我国司法实践来看，人民陪审员在审理过程中的态度总体上是较为谨慎和负责的，也具有主观上的积极性和参与热情，他们能够在庭审过程和庭后评议中适当地表达自己的观点并对案件审判发挥着较为积极的影

① 问题列表制度，就是在陪审团审判中，审判长依照法律规定将案件进行细化分解，要求陪审团作出“是”或“否”的回答，以决定被告人行为是否构成犯罪，是否有减轻刑罚的情节等。

响。然而毕竟人民陪审员与法官不可避免地存在事实上差异，即使法院对人民陪审员行使权利给予一定保障和尊重，即使法官不会故意刁难或左右陪审活动，人民陪审员在庭审中也不一定能够充分具备完全独立作出判断、与法官发挥同等作用的现实条件和心理状态。

当然，《试点方案》本身就规定了人民陪审员和法官共同对案件事实认定负责。在司法实践中，由于各自职业立场、知识背景等因素，法官与人民陪审员对于事实认定的分歧也是经常发生。如果意见分歧，应当按多数人意见对案件事实作出认定，但是少数人意见应当写入笔录。这就让有的人担心人民陪审员会因为人数占优而推翻法官的专业意见。《实施办法》又作了后续规定，即如果法官与人民陪审员多数意见存在重大分歧，且认为人民陪审员多数意见对事实的认定违反了证据规则，可能导致适用法律错误或造成错案的，可以将案件提交院长决定是否由审判委员会讨论。从这一意义上，这种机制有利于法院实现对审判权力的有效控制，体现了职权主义诉讼模式下权利行使的要求。其实，为了避免对重大案件的明显误判，日本《裁判员法》也有类似的程序性控制，即合议庭多数意见判定被告有罪时，持多数意见者必须有一名是法官，否则只能按无罪处理。我国试行的这一创新举措仍然值得高度关注，并期望在未来的立法修订中作出更为慎重的抉择。

再次，保障人民陪审员依法履行职责。陪审机制运作过程中司法权力的分配与协作，往往是通过陪审模式的不同设置而得以体现的。探索人民陪审员在审判过程中如何能够独立、不受干涉地发挥作用，是完善人民陪审员制度的关键因素。我国现行法律对陪审法庭中人民陪审员与职业法官的构成比例并无相应规范，也没有专门的混合合议庭评议规则。在司法实践中，往往是承办法官根据案件具体情况和法官工作量来决定陪审法庭的人员组成，审判组织中最多有两名人民陪审员参加。合议庭不是以一致裁决而是“少数服从多数”的议决方式来决定评议结果。由于人民陪审员的绝对数较少，不具有独立裁决的心理优势和专业优势，影响了人民陪审员作出独立的评议判断。在大陆法系国家则采用数量较多的参审员 / 裁判员参与审理，如德国参审制分为两种类型：一是 3 名职业法官和 2 名参审员组成的审理较严重刑事案件的 5 人法庭；二是由 1 名职业法官和 2 名参审员组成审理较轻的一些重罪的 3 人法庭[①]。日本裁判员模式中，合议庭由职业法官 3 人和裁判员 6 人组成，由于裁判员在合议庭中占有 2/3 的票数，裁判员的意见对认定事实和量刑都具有极大的影响力[②]。这一机制能够保证陪审员具有足够的独立性和主体性，也使职业法官难以对人数较多的陪审员进行控制，从而有效实现陪审制度的内

① 宋冰编：《读本：美国与德国的司法制度及司法程序》，北京：中国政法大学出版社 1999 年版，第 169 页。

② 何家弘主编：《中国的陪审制度向何处去》，北京：中国政法大学出版社 2006 年版，第 135 页。

在价值。《实施办法》规定，适用人民陪审制审理第一审刑事、民事、行政案件的，人民陪审员在合议庭中的人数原则上应当在 2 人以上。这样，有人民陪审员参加的合议庭组成，理论上就有以下这几种构成模式：一是“2 名人民陪审员 +1 名法官”；二是“2 名人民陪审员 +3 名法官”；三是“3 名人民陪审员 +2 名法官”；四是“3 名人民陪审员 +4 名法官”；五是“4 名人民陪审员 +1 名法官”；六是“4 名人民陪审员 +3 名法官”；七是“6 名人民陪审员 +3 名法官”。由于“人民陪审员可以对案件的法律适用问题发表意见，但不参与表决”，这样，上述组成模式也会存在以下几个问题：一是合议庭中只有 1 名法官，实质对法律适用问题就只能由其独立决定，也是另一种形式的“形合实独”；二是对于第一审重大案件，如果合议庭内的法官数是双数的，又不能形成对法律适用问题的多数意见，评议结论将难以达成。这些问题，既要在人民陪审员制度改革试点过程中进行及时总结提炼，又应结合人民法院开展的审判权运行机制改革完善加以研究解决。除此之外，还要健全人民陪审员提前阅卷机制，探索庭前会议制度，完善人民陪审员参加合议庭评议程序和表决程序，切实保障人民陪审员在审理过程中依法行使权利。

最后，加强对人民陪审员的管理和保障。按照权利与义务相均衡的原理，同等权利应当承担同等义务。虽然最高人民法院和有关部门已经制定发布了一系列规范性文件，但对于人民陪审员的义务规定却是模糊不清的，导致实践中对人民陪审员缺乏硬性的监督制约措施。基层人民法院应会同同级司法行政机关对人民陪审员进行动态考核，建立健全考核管理制度，着重就陪审案件的数量、出庭率、陪审能力、审判纪律、审判作风等内容进行考核，并在每年年终前，由人民陪审员所在法院将考核结果书面通知人民陪审员本人及所在单位、户籍所在地或者经常居住地的基层组织，并将有关考核情况报送相关机关。此外，完善人民陪审员履职保障制度。人民陪审员参与审理案件，毕竟需要花费一定时间，支出一定费用，政府给予补助也是理所当然。《决定》规定，人民法院为实施人民陪审员制度所支出的补助和必要的开支，列入人民法院和司法行政机关的业务经费，由同级政府财政予以保障。《实施办法》对加强人民陪审员制度履职保障机制建设作出了一系列新的规定，如宣誓制度、个人信息和人身安全保护、经济保障、培训，等等。此外，最高人民法院与财政部联合下发了《关于人民陪审员经费开支有关问题的通知》，要求地方政府财政统一拨付经费，并单独列支、单独管理、专款专用。陪审经费强调由政府财政予以保障，符合我国财政管理体制，又是防止由于法院支付补助而可能影响人民陪审员与法官、法院之间关系的结构，并最终可能间接地影响人民陪审员对案件的裁判行为。

（刘峥，最高人民法院法官、法学博士）

“乡土社会”的生活传统与法治的实践基因

辛　锋

一、法治，作为集体行动权威规范的实践方式

法治是人类社会的基本活动和方式，是社会治理的基本活动和方式。关于法治是什么，可以看到很多说法。例如，将法治理解为依法律而治，视之为法治的基本精神；将法治的要义理解为树立宪法的权威。再如，法治社会的真谛在于公民的权利必须保护，政府的权力必须限制，与此背离的就不是法治社会，等等。总体说来，强调的是法律规范对社会的控制，突出法律的权力影响力。强调法律的控制和权力影响力是否是现代法治的要义，是一个需要考察的问题。

（一）法律，作为人类生活与社会治理的权力规范体系

法律作为权力规范体系，是维系一切社会生活秩序所必需的基本规范，只是在人类历史进程和具体历史事件中的权力影响力不同而已。法律的权力影响力，一方面取决于法律的性质与效力，另一方面取决于人们对法律的认同与服从，依法而治或法治的程度，不过是两者之间的合作或博弈程度。关于人治和法治之争，似乎法治就是依法而治，“人治”就是不依法而治。

对此，费孝通先生指出，“统治如果是指社会秩序的维持，我们很难想象一个社会的秩序可以不必靠什么力量就可以维持，人和人的关系可以不根据什么规定而自行配合的。如果不根据法律，根据什么呢？望文生义地说来，人治好像是指有权力的人任凭一己的好恶来规定社会上人和人的关系的意思。我很怀疑这种‘人治’是可能发生的。”他强调，“所谓人治和法治之别，不在‘人’和‘法’这两个字眼上，而是在维系秩序时所用的力量，和所依据的规范的性质”。①

维系秩序时所用的力量和所依据的规范的性质作为识别法治的标志，首先是关于法治的主体问题，即谁是维系和实现法律的权力影响力的人们；其次是他们对法律规范的主体态度，即服从行动是出于服从者的自愿。对此，

---

① 费孝通：《乡土中国》，北京：人民出版社 2008 年版，第 59 页。

亚里士多德对法治的含义作过说明，他提出，“法治应该包含两重含义：已成立的法律获得普遍的服从，而大家所服从的法律又应该是本身制定的良好的法律。”[①] 这一主张奠定了法治的要义或基本传统，“以服从为前提”，并且是“良好的法律”。“良好的法律”是服从者的主体态度，这个态度与马克斯·韦伯关于“合法统治”与作为权威标志的“最低程度的服从愿望”是一致的。没有“最低程度的服从愿望”，或者没有“良好的法律”，就没有权威、合法统治和法治。

在人类社会与法治实践中，核心的问题是规范的权威性问题，也就是社会服从的主体渊源问题。近代英国政治哲学家威廉·葛德文在《政治正义论》一书中，对“权力”和“服从”的三种具体形态作过归纳说明。归纳说明的尺度是人的主体选择是“理性”、“信任”还是“强力”，表达的是权力的属性与人的主体态度。对于“强力的权威”与“强力的服从”，他说，“一个人的命令一经发出就是不能被忽视而不受惩罚的；他的要求伴随着一种制裁，违者将受惩罚。这是恰好同政权观有关的那种权威。把依靠强力的权威同来自崇拜和敬服的权威混为一谈；把遇到野兽的情况下我改变自己的行为同由于更优越的智慧而改变自己的行为混为一谈，是违背政治正义的”。他强调，“把这两种权威混为一谈所造成的后果，比起直接和彻底的奴役更加容易引起人格的堕落”。[②]

从亚里士多德对“法治”含义的说明和威廉·葛德文对“权力”和“服从”区别的分析可以看到，“良好的法律”是法治的前提，“普遍的服从”是法治的权威性以及法律的权力影响力的合法来源。所以，法治不是对任意的法律的服从，也不是人的任意存在状态。因为法律有“善法”与“恶法”之别，社会治理有“善治”与“恶治”之分。所以，亚里士多德强调要把“善法”与“恶法”区别开来，葛德文强调不能把“强力的权威”与“崇拜和敬服的权威”混为一谈。如果说“善法”与“恶法”涉及的是法律规范的主体价值取向不同，“善治”与“恶治”则关涉的是人的主体境遇，得到尊重还是被奴役的存在状态不同。显然，“恶治”与“恶法”是人和社会不幸的遭遇。人类社会需要法治，实现有秩序、有尊严的私人生活和公共生活。当然，在法治文明进程中，恶法与恶治可能是需要的，但不是法治的基本目标和基本形式。

法治作为人类生活与社会治理的基本活动和方式，法治之可能，既是社会生活的需要，又是社会的选择与行动。所以，一个社会的生活环境、生活方式和文化传统，必然影响着一个社会的法治状况，选择什么样的规范，以怎么样的权威性方式发挥作用，便有了什么样的社会生活秩序。

---

① ［古希腊］亚里士多德：《政治学》，吴寿彭译，北京：商务印书馆1965年版，第199页。

② ［英］威廉·葛德文：《政治正义论》第1卷，何慕李译，北京：商务印书馆1980年版，第156页。

（二）法治，作为人类生活与社会治理的权威实践方式

法治作为人类生活与社会治理的基本活动和方式，是一个实践理性的课题，是集体理性和集体行动逻辑的权威性实践活动。作为集体理性，涉及的是人们共同行动规范的合理性问题；作为集体行动逻辑，涉及的是共有价值的权威实践形式。它们是法治的要件，法治的要义是对集体行动所需要的规范——法律的、伦理的——的权威性认同与服从。所以说，法治作为现代社会基本的治理方式，是由规范的权威性维系的有秩序的共同行动和生活秩序。

法治作为权威规范的实践方式，它的权威性不取决于规范本身的属性，甚至不取决于它对社会的控制效力。如果只是着重于规范的属性和控制效力，极大可能呈现出葛德文所申明的"强力的权威"与"强力的服从"关系，它是一种奴役与被奴役的对抗关系，属于恶治范畴的治理形式。正义理论以及权威理论，恰恰是对这种关系的批判与扬弃。所以，厘清权威与权力的区别，说明它们作为命令与服从关系其合法性的来源，成为权威理论的一个重要课题。对此，马克斯·韦伯指出，"权力意味着在一种社会关系里哪怕是遇到反对也能贯彻自己意志的任何机会，不管这种机会是建立在什么基础之上"。统治意味着"命令得到服从"，但"任何一种真正的统治关系都包含着一种特定的最低限度的服从愿望"。[①]

无论权力、权威，还是法律、法治以及道德，都是"以服从为前提"的，但是，它们之间的界别在于是否是建立在服从者有"最低限度的服从愿望"的自觉选择基础上的，这是其合法性的唯一来源和判断标准。权威不同于权力的标志，法治不同于法律的标志，尤其是作为自律的道德规范，它们的效力以及维系效力的力量来源是不同的，在于人们对它们的认同与服从的性质和程度不同。对此，美国社会学家、"社会交换论"的代表人物彼得·M. 布劳在谈到"合法化"时说，"稳定的组织权力要求合法化。当然，人们可以被强制着工作和服从命令，但对权力的强制性使用会引起抵抗，有时是主动的反抗"。他强调，对权力的集体赞同则使该权力具有了合法化，"只有具备合法性的权力才能获得心甘情愿的服从"。[②]

"最低限度的服从愿望"是个体态度的说明，"集体赞同"是共有价值的表达，"合法化"则是"个体态度"和"集体赞同"的结果，对权威的社会认同与服从则是共同体的共同行动，并通过每一成员的具体行动实现它。法治之可能，一方面是它满足社会生活的需要，另一方面又体现为人们的社会生活。也就是说，社会生活是法治的权威注释者，而不是看法学家、政治学

①［德］马克斯·韦伯：《经济与社会》（上），林荣远译，北京：商务印书馆 1997 年版，第 81、238 页。

②［美］彼得·M. 布劳：《社会生活中的交换和权力》，李国武译，北京：商务印书馆 2008 年版，第 278—279 页。

家、社会学家们等有什么样的学说主张，或者立法专家作出怎么样的制度设计，政治家发出怎么样的政治宣言。相比而言，一个基层法庭法官的司法判决，对说明一个社会的法治更有权威性。所以，从社会生活的基层，从社会有机体的内部，发现法治的基因，才能合理的说明现实生活中法治的状况以及可能有的有效样式。

二、“乡土社会”生活传统与法治的“路径依赖”问题

（一）“中国国情”、“社会特色”中的“路径依赖”问题

关于“中国国情”、“社会特色”措辞的事实与价值判断，即是关于我们社会传统的家底与社会生活秩序的基因问题，以及它们在当下社会生活中的实际影响和现实作用。关于“中国国情”的措辞，无外乎两种情形，一是对当下社会特色的现实说明，二是对当下社会特色成因的历史解读。在对当下社会特色的现实说明和历史解读，特别是对社会特色成因的分析中，清晰可见的是，那些作为历史传统的因素，纵然是与文明进程不一致的，却又是人们习以为常的东西，在引导着人们的选择与社会进步的样式，而社会改革并不能有效地阻隔它的作用，摈弃它的影响，这也正是“国情”和“特色”措辞中关于它的消极影响的应有之意。当这些具有消极影响的传统元素始终伴随在我们的现实生活中，作为一种具有惯性的力量存在着，具有稳定的生活实践基础和持续的现实影响力时，这种情形犹如“路径依赖”理论所诠释的社会现象和事实。

道格拉斯·诺思的“路径依赖”理论，揭示了社会生活中存在着类似于物理学中的惯性问题，这种惯性体现为制度变迁、社会转型的路径与机制，体现为历史传统对现实的稳定影响，包括对人的主体性的影响，对人们付诸行动所付出努力的实效的影响，存在着既定的，与人们付出努力的目标无关的事实后果。所以，“路径依赖”意味着制度变革、社会变迁呈现同质化现象，体现为人的同质化和社会同质化。同质化现象一方面说明历史与现实之间有共同的渊源，一方面又说明社会变革与进步处于固化状态。对社会转型和制度变革来说，这是一种消极停滞状态。无论是否采用诺思的“路径依赖”理论分析这一现象的机理，它都是客观存在的事实。

综观我国改革开放以来的法治化进程，来自“传统”的消极影响是显而易见的。只是，这个“传统”是什么？它如何实现其现实影响、制约作用等问题是需要作一番考察辨析的。比如说儒家思想作为传统文化的重要内容，它对现代社会生活以及法治实践有怎么样的消极影响呢？显然，不是儒家先知与他们遗留的经典著述自发作用的结果，而是在后世人的认知与实践传承中，受到历史进程中不同时代不同的人们的不同实践需要的价值拿捏。所以，

在经过漫长历史环节的复杂转化中，儒学在当下社会有怎么样的影响作用，决定性的环节应该是当下社会生活实践中的人们作出如何的选择和接受怎么样的影响。路径依赖理论所揭示的核心问题之一，就是关于依赖者的自我选择的责任问题与自我强化的影响力的后果问题。显然，它有益于我们反思传统文化的现实影响以及当下社会的生活实践传统对现实的影响力的缘由与机理。事实上，活生生的现实生活实践传统比抽象精神形式的儒家思想的影响大得多。对此，无论是实践改造还是学术研究都应该充分认识到这一点。

对照当下法治实践的现状看，费孝通先生“乡土社会理论”所勾画的传统生活样式，是关于中国社会传统生活习惯通俗而真实的表达。说它是“通俗”的，是因为它表达的是我们习以为常的生活；说它是“真实”的，是因为它表达的是我们真情实感的生活。所以说，乡土社会的生活习惯客观上成为法治的实践基因，当然，它是作为法治实践中遇到和需要解决的现实危机，是制度变革需要着力解决的难题。法治实践和制度变革，需要对传统生活样式进行变革，培育与法治实践和制度变革合宜的生活。事实上，法治实践和制度变革也意味着实现生活实践传统的变革与转型。

（二）“乡土社会”的生活传统与法治的实践发轫

中国传统文化历史悠久，内容形式丰富多彩，是中国社会现代化之路的基石与文明图景的底色或特色。那么，它在现实层面上是如何表达和实现的，在大众生活的层面有怎样的普遍影响力和实效呢？长期以来，一个基本的共识是，“乡土社会”是我们社会生活实践的基本传统与特色。费孝通先生在《乡土中国》中所诠释的乡村社会学说体系，成为考察乡土社会生活传统的代表性理论样本。

综观《乡土中国》各篇看，“差序格局”、“礼治秩序”、“长老统治”和“名实分离”等是该书的主题和基本线索，由此勾画出中国社会生活传统的基本轮廓。其中，乡土社会治理型式是一个基本的课题。作为治理型式，是关于治理的结构、关系和方式的综合表征与实践模式。它不仅是由一定的思想、理论诠释的，而且是由丰富生动的日常生活实践渲染的。一个社会的治理型式，与它有怎么样的生活实践是别无二致的，生活实践既诠释和演绎着它的治理型式，也是治理型式的发轫。所以，从乡土社会的生活传统，考察当下法治实践的现实基础和性质，是一个需要认真对待的课题。

1.“差序格局”与公私观念的实践拿捏

集团意识、价值共识是人们社会生活所必需的。但是，乡土生活必然导致集团意识、价值共识达成的困难，一方面是乡土社会生活空间的限制，比如说，乡土生活是分散的、封闭的、自我的状态，所以，人们价值观上的公益考量是十分有限的。除了生活空间的限制，还有文化价值观念等其他方面的浸染。比如说，“各人自扫门前雪，莫管他人瓦上霜”，这类俗语生动地说明了乡土社会价值观的基本导向以及人际关系的格局。

关于乡土社会人际关系的格局或组织结构、社会秩序，费孝通先生做了形象的比喻，他说，“西洋的社会有些像我们在田里捆柴，几根稻草束成一把，几把束成一捆，几捆束成一挑。每一根柴在整个挑里都属于一定的捆、扎、把。每一根柴也可以找到同把、同扎、同捆的柴，分扎得清楚不会乱的。在社会，这些单位就是团体”。[①]他把这种人际关系称之为“团体格局”。“团体是有一定界限的，谁是团体里的人，谁是团体外的人，不能模糊，一定分得清楚。在团体里的人是一伙，对于团体的关系是相同的，如果同一团体中有组别或等级的分别，那也是先规定的”。[②]他把中国社会的人际关系称之为“差序格局”，“好象把一块石头丢在水面上所发生的一圈圈推出去的波纹。每个人都是他社会影响所推出去的圈子的中心。被圈子的波纹所推及的就发生联系。每个人在某一时间某一地点所动用的圈子是不一定相同的”。[③]

“差序格局”是以个体自我为中心，以亲缘、地缘关系为纽带，随人己关系不同而变换价值尺度和行为规范，这就是乡土社会人际关系的基本特性或组织结构和社会秩序的格局。当个体从作为的原始感情出发，以自我价值为尺度时，从自然人到社会角色的转换出现障碍，社会协作出现危机。在公共生活与团体行动中，为了一己之情、一己之利，必然抱有“搭便车”的心态——希望他人付出辛苦，希望自己可以坐享其成。所以，“私”成为个体在所有社会关系结构的核心价值导向。对此，费孝通先生举例说，苏州河很美，有“东方威尼斯”的美誉，但家家都在河里洗菜、洗衣、洗马桶，倾倒垃圾，把苏州河搞得臭气熏天。或许人们不以为然，但又习以为常地认为苏州河是“公家”的，既然是公家的东西，人人都可以占便宜，而不需要尽义务、负责任。

在传统社会中，公与私、私人身份与社会角色等关系处于混沌状态，因为缺乏边界和理性，彼此之间是无法实现理性转换的。所以，是非善恶的价值判断与实践中常常出现乱象，也就是顺理成章的事情了。因此，很难形成公共生活所需要的“集体意识”，即使达成价值共识，也会在执行过程中被拿捏以致被曲解或篡改。

2.“礼治秩序”的旧俗与公共伦理的危机

公共生活和集体行动是由一定的人际关系所构成的社会系统，社会范围内的分工协作与公共（职业）伦理是维系社会行动体系的两个重要因子。对此，费孝通先生指出，维系乡土社会“差序格局”的规范是“礼”、“礼俗”，它是社会公认的合式的行为规范，是长期生活习得的“传统”，是社会所积累

① 费孝通:《乡土中国》，北京：人民出版社 2008 年版，第 26—27 页。

② 费孝通:《乡土中国》，北京：人民出版社 2008 年版，第 27 页。

③ 费孝通:《乡土中国》，北京：人民出版社 2008 年版，第 28 页。

的经验，是乡土社会公认的权威规范。因此，人伦差序、人情世故不仅成为人际关系的基本规范和价值尺度，成为公共生活规范选择的原则和集体行动逻辑的起点，也成为解读传统文化典籍的语言逻辑常识，而这种解读又反过来强化了乡土社会生活中"礼治秩序"和"差序格局"的稳定影响作用。对此，费孝通先生特别分析了《论语》等历史典籍关于"忠"和"君臣关系"的历史解读，他强调，"'忠臣'的观念可以说是后起的，而忠君并不是个人与团体的道德要素，而依旧是对君私人间的关系"。[①] 是否可以说，将《论语》等历史典籍关于"君臣关系"解读为私人间的关系，是后世乡土社会"差序格局"生活传统的渲染与功利主义的需要所致，这个问题是值得深刻反思的。

显而易见的是，乡土社会的"礼治秩序"旧俗与社会生活的公共伦理的危机，不仅在传统生活中存在着，在当下的现实生活中同样普遍存在着，根本的问题在于它的"私人性"的深刻作用，一种不受节制的、无孔不入的影响力，因为它不仅迎合了人之常情，更重要的是，维系这种人之常情的是一个社会关系的网络。对此，费孝通先生指出，"在差序格局中，社会关系是逐渐从一个一个人推出去的，是私人联系的增加，社会范围是一根根私人联系所构成的网络，因之，我们传统社会里所有的社会道德也只在私人联系中发生意义"。[②] 在社会生活中，道德和法律的实施与权威作用，都因之得看所施的对象和"自己"的关系而加以程度上的伸缩。所以，"传统的道德里不另找出一个笼统性的道德观念来，所有的价值标准也不能超脱于差序的人伦而存在了"。[③] 可以说，只有"私人的道德"，没有"公共道德"。由于传统的社会结构是由一个个通过私人关系的道德规范维系着的"小圈子"连接而成的，这样的社会就变成了"熟人社会"。

"熟人社会"是由人与人的私人关系构成的，人情世故是社会交往的基本规则，"礼治"是社会生活的基本秩序，"熟人社会"也即是"礼治社会"。费孝通先生指出，"在乡土社会的礼治秩序中做人，如果不知道'礼'，就成了撒野，没有规矩，简直是个道德问题，不是个好人"。[④] 而打官司则是一种可羞之事，如果需要"折狱"以及需要法律制裁，是因为有人破坏了传统的规矩。所以，"一说起'讼师'，大家会联想到'挑拨是非'之类的恶行。作刀笔吏的在这种社会里是没有地位的"。[⑤] 可以说，法治只是维持礼治秩序的补充，并且常常出现礼俗、人情世故与法律、公共伦理规范的冲突。

礼俗、人情世故是乡土社会生活秩序的特质，不是说其他社会没有人情

---

① 费孝通：《乡土中国》，北京：人民出版社 2008 年版，第 41 页。
② 费孝通：《乡土中国》，北京：人民出版社 2008 年版，第 34 页。
③ 费孝通：《乡土中国》，北京：人民出版社 2008 年版，第 42 页。
④ 费孝通：《乡土中国》，北京：人民出版社 2008 年版，第 67 页。
⑤ 费孝通：《乡土中国》，北京：人民出版社 2008 年版，第 66 页。

世故，而是说，一个社会之所以能维系，只是靠人情世故不可靠，而且需要规范的合理性，或者叫制度理性，不仅仅是法律，还有道德，特别是职业伦理。这里有两个必要的转换，一是人的身份从私人性到社会角色的转换；二是规范从私人伦理到公共伦理的转换。转换的意义是将两者区隔开来，也就是“公私分明”的意思。事实上，在现代社会，道德比法律更重要，因为凡事情闹到需要法律起作用的程度，或者说，社会冲突放任到每每出乱子的程度才被社会所重视，这个社会就会常常出乱子。

对此，费孝通先生强调，“法治秩序的建立不能单靠制定若干法律条文和设立若干法庭，重要的还得看人民怎样去应用这些设备。更进一步，在社会结构和思想观念上还得先有一番改革。如果在这些方面不加以改革，单把法律和法庭推行下乡，结果法治秩序的好处未得，而破坏礼治秩序的弊病却已先发生了”。[①] 从如今的现实生活看来，乡土社会礼治秩序的弊病还在蔓延，法治秩序的好处尚未得到充分实现，社会生活所需要的法律和公共伦理的作用与权威性常常受到限制。

3. “长老权力”与必然的“注释”及其后果

费孝通先生在《乡土中国》中谈到一个观点：西洋是法治的社会，我们是“人治”的社会。这个看法流行至今。在文化界，对“人治”的批判，涉及对“德治”的质疑，质疑的一个重要判断是：“德治”是“人治”的理想形式。这个质疑或许不是“德治”以及道德规范本身的特点所致，就像中国历史上也有“法治”实践，却不是法治社会。事实上，无论德治和法治有怎么样的实践价值以及影响力，取决于人们在社会生活中多大程度接受其约束有关，也就是说，与人们在实践中怎么使用它有关。事实上，在道德规范作用受限的社会情景中，法律规范的权力影响力也同样会受到限制。费孝通先生强调，“所谓人治和法治之别，不在人和法这两个字上，而是在维持秩序时所用的力量，和所根据的规范的性质”。[②] 如果道德和法律都因之得看所施的对象和“自己”的关系而加以程度上的伸缩，或许这才是“人治”的重要标志。所以说，不是道德和法律决定人们的社会生活，而是社会生活决定着人们如何对待道德和法律。

费孝通先生在总结中国传统社会的治理与权力种类时，着重论述了“长老统治”与“长老权力”，与此相关联的是“家族”的存在和影响作用。对此，梁漱溟先生的《中国文化要义》有过进一步的反思，他说，“中国的家族制度在其全部文化中所处地位之重要，及其根深蒂固，亦是世界闻名的。中国老话有‘国之本在家’及‘积家而成国’之说；在法制上，明认家为组织单位。

① 费孝通：《乡土中国》，北京：人民出版社 2008 年版，第 169 页。
② 费孝通：《乡土中国》，北京：人民出版社 2008 年版，第 247 页。

中国所以至今被人目之为宗法社会者，亦即在此"。[①]在他看来，与西方人的公共生活相比，"中国之不像国家"。他引用了其他学者的一些观点，如"家族本位是中国社会特色之一"，"家族是社会生活的中心"等，以佐证他的看法，中国是一个伦理本位的生活，"家族"、"家族本位"是它的基本表现形式。

家族、家族制度作为现实生活，是孕育"长老权力"以及"长老统治"的传统文化资源，是"礼"、"礼治"维系的社会关系与权力结构，是礼治社会的基本标志。对此，费孝通先生说到，"在长老权力下，传统的形式是不准反对的，但是只要表面上承认这形式，内容却可以经注释而改变。"所谓"注释"，是"维持长老权力的形式而注入变动的内容"。[②]一方面，表面的"无违"，意味着"长老权力"、"长老统治"的权威合法性是不容许直接被挑战的，如此以来，既符合了"孝"道，又维护了"礼治秩序"。所以，"理性支配着人们的活动——这一切是现代社会的特性，也正是乡土社会所缺的"。[③]因此，通过"注释"注入变动的内容，对"长老权力"、"长老统治"进行理性的修正与补充，这是"注释"的合理性所在。但"注释"又导致"挟天子以令诸侯"。"挟天子以令诸侯的结果，位与权，名与实，言与行，话与事，理论与现实，全趋向于分离了"。[④]当"注释"成为权威体系默认的"潜规则"，"名实分离"成为共同行动的逻辑结果，不仅意味着长老权力的失灵，意味着正式规则的缺位，意味着"注释"成为乡土社会的"第五种权力"，[⑤]也就意味着"失范"、"越轨行为"作为常态为社会体系所接受和认同，这是一场危险的集体游戏。

美国社会学家罗伯特·K. 默顿对"失范"及"越轨行为"的研究发现，"越轨行为"是由一个共同体的社会结构与文化结构两个方面的冲突给个体行为带来压力造成的。其中，"文化结构是指普遍适用于某一特定社会或群体之成员的指导行为的规范性价值标准。社会结构是指一整套把这一社会或群体之成员以各种各样的方式联系在一起的社会关系。失范被看作是文化结构的瓦解，尤其是当文化规范和目标与社会结构赋予此群体成员实现这些目标的能力严重脱节时。在这方面，文化价值标准可能有助于产生与这些价值自身的要求相违背的行为。……当文化和社会结构结合不当，即其中之一所要求的行为和态度与另一个相违背时，就会出现规范崩溃和毫无规范的危险"。[⑥]

---

① 梁漱溟：《中国文化要义》，北京：人民出版社2005年版，第15页。

② 费孝通：《乡土中国》，北京：人民出版社2008年版，第100页。

③ 费孝通：《乡土中国》，北京：人民出版社2008年版，第94页。

④ 费孝通：《乡土中国》，北京：人民出版社2008年版，第101页。

⑤ 费孝通先生在《乡土中国》中归纳过四种权力，它们分别是：横暴权力、同意权力、长老权力和时势权力。

⑥［美］罗伯特·K. 默顿：《社会理论和社会结构》，唐少杰、齐心等译，南京：译林出版社2006年版，第303页。

时至今日，我们社会仍然困扰于“人治”与“法治”的纠葛之中，并不是我们没有合理的法律和道德规范体系，也不是哪个人不懂法律，不懂得法治的重要性，而是法律和道德缺乏权威性，根源在于生活实践本身有怎么样的习惯和文化传统。人们所实有的生活习惯和文化传统，共同体所具有的社会结构与文化结构的性质和作用，是法治的根本基础。所以，法治实践，固然需要立好规矩，树立规矩的权威性，重要的是有合宜的生活实践。

以上谨是围绕法治的要义与“乡土社会”的生活传统，探讨法治的实践基因。“乡土社会”生活传统虽然不是当下中国社会生活实践和社会治理活动的全貌，但它却是在当下社会生活中有深刻存在和影响的客观方面。不仅在公共生活、社会治理活动中存在着，在商业领域、经济活动等其他领域都有不同程度和形式的表现，成为我们当下社会的共同话题和难题。对此作出初步的说明，为法治建设寻求一条合宜的思路，这是本文写作的主旨。

（辛锋，中国政法大学哲学系副教授）

实现共同善的良法善治：工具主义法治观新探

郑玉双

引 言

自2014年《中共中央关于全面推进依法治国若干重大问题的决定》（以下简称《决定》）出台以来，法治成为现阶段政治和法律实践的重大时代性命题。《决定》提出“法律是治国之重器，良法是善治之前提”，特别强调了良法善治在法治建设中的地位。如何对法治和良法善治进行理论定位并将《决定》的内容转化为制度性实践，需要建构一种法治观。法治观是对法治的价值立场和实践意义进行理性构建的观念体系，其包含了对法治是什么、法治在政治社会实践中的角色等问题的回答。然而，学者们在法治观的内容上有不同主张，进而影响到他们对良法善治和法治之间的关系的判断。张文显教授提出法治是从以法而治向良法善治的转型，因此要让法律止于至善，让社会臻于至善。[①] 姚大志教授提出良法善治是超越于法治的政治理念。[②] 同时也有学者对前述观点提出了批评和澄清，比如周安平教授提出，将善治优先于法治的做法会使得法治的一些特征变得模糊不清。两者的关系不是善治优于法治，而是法治才是最大的善治。[③] 这些理论争议背后反映了法治观的分歧，因此构建一种有说服力的法治观显得非常必要。

在既有的学术讨论中，我国学者从不同角度构建了各种立场的法治观，如形式法治观、实质法治观、权利法治观和市民社会法治观等，但工具主义法治观在国内学界一直没有得到足够的关注。学者对法律工具主义作出了大量的批判，进而间接地导致学界对工具主义法治观的批判和拒绝。[④] 然而，通

---

① 参见张文显：《和谐精神的导入与中国法治的转型——从以法而治到良法善治》，载《吉林大学社会科学学报》2010年第3期。

② 参见姚大志：《善治与合法性》，载《中国人民大学学报》2015年第1期，第46—55页。

③ 参见周安平：《善治与法治关系的辨析》，载《法商研究》2015年第4期，第73—80页。

④ 自谢晖教授发表《法律工具主义评析》一文以来，我国学者对法律工具主义的批判不断进行。参见谢晖：《法律工具主义评析》，载《中国法学》1994年第1期，第50—56页；蔡玉霞：《论法律工具主义》，载《理论观察》2004年第4期，第62—64页；倪虹：《法律工具主义的特征、危害及其克服》，载《河北经贸大学学报》（综合版）2015年第3期，第42—44页；刘小平、杨金丹：《中国法律信仰论的内在悖论及其超越》，载《法商研究》2014年第2期，第42—50页。

过对法治的概念结构和法治观的观念要素进行探讨，可以发现两点。第一，对法律工具主义的批判并不是在法治的概念语境下进行，因此对法律工具主义的否定不能等同于对工具主义法治观的否定；第二，法治实践强烈地体现出以法律作为治理方式进入共同体善政结构的教义性特征和政治道德意义，在元理论层面为工具主义法治观创造了可辩护空间。通过将法治观提炼为价值立场、方法论主张、道德证成和政治意义四个要素，可以分析得出，工具主义法治观能够更好地呈现法治实践在共同体繁荣和福祉中的多维价值处境，并为良法善治在法治实践秩序中的定位提供更为清晰的理论说明，从而成为解释和推进法治实践的合格理论。

一、工具主义法治观之批判与重构

（一）批判工具主义法治观的三个层次

学界对工具主义法治观的批判和误解主要由法律工具主义所引发。然而，工具主义法治观与法律工具主义之间虽然存在着朴素的重叠共识，但在理论诉求和价值阐述上存在着较大的差异。二者之间的共识在于都将法律视为一种实现目的的工具性手段。但法律工具主义强调的是法律的功能性角色，而工具主义法治观则关注以法律作为治理手段在法治实践中的实现方式和价值处境。尽管如此，对法律工具主义的批判在一定程度上也可以视为对工具主义法治观之基本立场的质疑。按照学界的既有讨论，对工具主义法治观的批判存在着“批判梯度的上升”，体现为三个层次。

第一，对法律的手段性和工具性功能的实践后果的担忧。在实践后果上，法律的工具化会导致统治者任意利用和操纵法律以实现非正义的目的，破坏了社会成员对于法律的价值认同和信仰诉求。①

第二，对法律的工具性价值的理论质疑。这种批判在批判梯度上提升，针对法律工具主义的价值论立场的批判，在一定程度上也对工具主义法治观带来挑战。批判者认为工具主义法治观将法律视为只具有工具价值的手段和工具，不能体现法律在现代国家实践中的独特地位②；也不能准确地解释法治的价值形态，以及彰显一些为法律所独有的具体价值，比如程序正义。③

第三，对工具主义法治观的命题式否定。这种批判处在批判梯度的最高层次，是从命题意义上对工具主义法治观所包含的法治概念、价值立场和潜

① 参见郑成良：《法律工具主义很危险》，载《共产党员》2010年第14期，第14页；刘小平、杨金丹：《中国法律信仰论的悖论及其超越》，载《法商研究》2014年第2期，第47—48页。

② 参见陈景辉：《法律的内在价值与法治》，载《法制与社会发展》2012年第1期，第9页。

③ 参见雷磊：《法律程序为什么重要——反思现代社会中程序与法治的关系》，载《中外法学》2014年第2期，第320—321页。

在方法论立场的全方位批判。在西方学界，其代表性学者是塔玛纳哈。塔玛纳哈认为法治的工具主义命题基于实用主义的哲学立场，将法律视为实现所欲求的社会目标的工具，法律可以按达成这一目的所需要的任何方式加以形塑，这种法治观是对法治的威胁和侵蚀。[①]国内学者对工具主义法治观的批判在一定程度上也试图以命题的形式展开，比如张骐教授以价值理性和工具理性的二元对立对工具主义法治观的思维方法和理性立场的批判。[②]但由于既有讨论主要关注的是法律工具主义，而并未将工具主义法治观的基本立场完全展开，因此这恰恰是工具主义法治观在命题意义上进行重构、在理论争议平台上“转守为攻”的机遇。

（二）法治概念与法治观的四个要素

从前述工具主义法治观所面对的批判来看，一种成功的法治观需要对法治的本质和法治观的性质作出澄清。然而，法治的本质是什么，法治观包含着哪些内容，本身就是需要解决的理论难题。按照法理学家富勒的经典界定，“法治是规则治理之事业”，政治共同体通过法律规则而非专断意志来规范社会事务。[③]然而，这一界定无法给法治的概念增加太多的实质性内容。按照沃尔德伦的建议，法治是一个本质上有争议的概念。[④]法治既是规则治理的状态，也是规则治理的德性要求。[⑤]法律的治理实践涉及大量的价值判断、法律概念的争议和政治道德价值的排序，因此需要对法治的实践形态和要求作出诠释。根据德沃金对概念和概念观的区分，法治观是对法治的概念作出理论说明的观念体系。[⑥]法治不是一个自然意义的概念，而是社会实践中的解释性概念。在法治实践中，不同的价值发挥作用并且相互之间可能存在冲突，因此法治观要对展现法治之要旨的价值意义提出最佳的说明和理论构想。[⑦]

这种全备的理论构想包含四个紧密相关的追问：（1）法律之治理如何在政治实践中呈现其价值结构；（2）如何对法律之治在社会实践中的价值处境和制度结构进行反思评判；（3）法律之治何以在现代社会中获得如此重要的

① 参见［美］塔玛纳哈：《论法治——历史、政治和理论》，李桂林译，武汉大学出版社 2010 年版，第 101 页；Brian Tamanaha. Law as a Means to an End: Threats to the Rule of Law. Cambridge University Press, 1988；马斌：《塔玛纳哈“工具主义命题”的反思与证伪》，载《上海交通大学学报》（哲学社会科学版）2016 年第 1 期，第 60—68 页。

② 参见张骐：《法治视野中的中国传统思想初论》，载《北京大学学报》（哲学社会科学版）2003 年第 5 期，第 99 页。

③ 参见［美］富勒：《法律的道德性》，郑戈译，北京：商务印书馆 2005 年版，第 113 页。

④ Jeremy Waldron. Is the Rule of Law an Essentially Contested Concept (in Florida)?. Law and Philosophy, 2002, Vol. 21, No.2, 137–164.

⑤ 参见徐继强：《论作为法律之德的法治》，载《环球法律评论》2009 年第 2 期，第 65 页。

⑥ 参见［美］德沃金：《法律帝国》，李冠宜译，台北：时英出版社 2002 年版，第 75 页。

⑦ 参见［美］德沃金：《身披法袍的正义》，周林刚、翟志勇译，北京大学出版社 2010 年版，第 14 页。

道德分量；（4）法治在社会共同体事业中如何能够更为全备地体现出其政治意义和文化特征。从这四个追问中可以提炼出法治观构建的四个要素：价值立场、方法论主张、道德证成和政治意义。

这四个要素相互之间存在逻辑关联，有机地形成一个理论体系，通过对法治的实践样态进行观念构建而对法治的概念进行重塑。价值立场是对法律治理之价值实现形态的价值论和目的论说明，是分析法治概念的理论起点。[①] 方法论主张是在方法论意义上寻求对合法性的价值结构和制度性特征进行解析的视角。价值立场和方法论主张相互结合而展现法治价值的元理论形态和技术蓝图，而道德证成则追问社会共同体成员承诺法治价值和实现这一技术蓝图的道德动机。法治观的政治意义之维则超越法治的技术图景而进入法律治理背后的整体的社会权利和文化塑造之中。[②] 因此，法治观的四个要素从整体上体现了法治价值的元理论处境、在社会实践中的实现方式和在共同体繁荣中的道德和政治意义。法治观是否成功，取决于它对这四个要素所作出的界定是否能够最佳且融贯地呈现出法治的整全实践结构和价值形态。

（三）工具主义法治观之重构

按照法治观构建的四个要素，工具主义法治观可以提出相应的理论主张。这些主张不是外在强加的，而是从人的共同实践的内在本旨和道德准则出发，对内嵌于社会实践的法律治理的工具形式所作的解释性构建和价值诠释。[③] 法律是实现目的的手段，但法治并非实现任意目的的技术性过程，而是进入社会实践的丰富价值平台的多维度规则形态。我们可以将工具主义法治观的立场重述为：法治是国家通过法律这一工具性手段的治理而促进共同体成员实现共同善的制度性实践。

具体而言，工具主义法治观的四个要素分别是：（1）在价值立场上，主张法律具有工具性价值，是实现共同善之制度性手段；（2）在方法论上持守教义性视角，把法律之治化约为规则之治，主张规则的治理体现了社会实践的某些根本特征；（3）在道德证成意义上，主张法律的价值或规则治理的意义来自于共同善，即社会中每个成员的福祉和完满的最为基本和重要的那些方面；（4）在政治意义上，主张法治具有规范的政治意义和社会政治意义，规范的政治意义体现为作为法治的理想社会诉求的良法，而社会政治意义则体现为在国家治理秩序中共同善得以促进和实现的善治。如果工具主义法治观在这四个要素上能够获得辩护，那么前述对工具主义法治观的批判就可以

---

① See Martin Krygier. Four Puzzles About the Rule of Law: Why, What, Where? And Who Cares?. in James E. Fleming ed., Getting to the Rule of Law. New York University Press, 2011:68.

② 参见［英］拉兹：《公共领域的伦理学》，葛四友译，南京：江苏人民出版社 2013 年版，第 440 页。

③ See John Finnis. Natural Law and Natural Rights. Oxford University Press, 1980:272–273.

得到有效的回应。

共同善这个概念在工具主义法治观的构建中处于核心地位，也是诠释法治实践的价值结构和政治文化形态的理论原点。共同善是共同体中每个个体的繁荣和福祉的最基本方面，具有实践理性内涵。[①]共同善提供了人的行动的基本依据，构建了道德推理和法律推理的价值基础，也塑造了政治和法律实践的话语空间。社会共同体的道德原则，是共同体成员实现和促进共同善的实践理性要求的结果。[②]而法律制度和相应的政治文化进程，比如中国特色社会主义法律体系的建立、法治中国的时代命题，是作为共同善之价值追求的共同福祉和繁荣的地域落实和文化表达。因此，工具主义法治观的建构，首先要从哲学上对法治实践的共同善价值理论进行分析。

二、工具主义法治观的价值立场

（一）内在价值与工具性价值

在法治观的观念体系中，价值立场追问的是在一个社会共同体将法律视为最重要的公共方案的情形中，法律的价值呈现为何种样态。很少有人会反对法律能够实现某些目标和理想，但很多理论家反对法律的工具价值，这反映了法律的价值论的一个经典难题，即法律具有内在价值还是工具性价值。周安平教授主张法治既具有工具性，又具有价值性。[③]这是对法治的现实意义的描述，但并非是对法治价值的概念区分。法律价值的概念要回答的是，在社会运作和合作过程中法律规则之治理的善好（goodness）是社会合作的内在构成性部分，还是促进社会合作和繁荣的工具性途径。这两种概念观是在一个概念阐释的竞争平台之上的。前者主张法律的价值是内在构成性的[④]，而后者主张法律只具有工具性价值。但伦理学中关于内在价值和构成性价值的激烈争论使得法律价值的定性也变得模糊不清。

哈佛大学哲学教授科斯嘉德在对康德伦理学进行重构的过程中，提出了一种解决内在价值和工具性价值之概念争议的理论方案。她认为我们首先应当区分内在价值—外在价值和内在价值—工具价值这两组概念，它们分别指向了价值被定位和重视的方式。[⑤]内在价值和工具价值之对比体现出价值是事物自身就内在地具备的，还是在达到一定条件下才能体现出来的。按照康德

---

① 参见［美］格里塞茨：《实践理性的第一原则》，吴彦译，北京：商务印书馆 2015 年版，第 96—97 页。

② See John Finnis. Natural Law and Natural Rights. Oxford University Press, 1980:126-127.

③ 参见周安平：《善治与法治关系的辨析》，载《法商研究》2015 年第 4 期，第 80 页。

④ 参见陈景辉：《法律的内在价值与法治》，载《法制与社会发展》2012 年第 1 期，第 18—19 页。

⑤ 参见［美］科斯嘉德：《创造目的王国》，向玉乔、李倩译，北京：中国人民大学出版社 2013 年版，第 263 页。

的主张，只有好的意志（good will）是具有内在价值的，而实现好的意志的其他手段、条件、情感等，都是实现好的意志的工具性和条件性途径，因此只具有工具性和外在性的价值。[①]

科斯嘉德关于内在价值与工具性价值的康德式重构为我们解决法治的价值难题提供了有益的方向。现代社会以法律体系规范社会生活的方方面面，关乎人类社会进步和人的发展的重要事务，都以法律的形式获得确认和管理。然而，对法律的概念分析并不需要预设对法律内容的全面掌握，而是需要关注法律实践这种独特的社会实践的概念内核。[②]首先，法律是一种公共行动标准，是组织社会生活的最重要的方式。现代国家的建立，比如中华人民共和国的成立，伴随着的是以宪法或宪法性文本为中心而构建的法律体系及相应的历史实践。

其次，尽管历史、政治和文化等因素会影响法律实践的模式，法律实践是一种综合性的权威实践，法律对国家范围内的社会成员主张正当权威。[③]这意味着社会生活中的重大事务都应该以法律的形式加以管理和治理。至此，我们看到了法律出现的一种道德意义上的合法性环境，即在一个共同体之中，法律在存在价值分歧的环境之中出现，法律是解决前法律社会的无效率、静态、任意性等问题的最优方案。[④]共同体成员把一种公开可获取的公共规则系统嵌入社会生活之中，为公共生活提供了区别于道德论辩、协商一致、诉诸神明等手段之外的独特机制，使得共同体事业变成规则治理和引导的事业。

（二）作为价值基础的共同善

既然法律的治理是嵌入共同体生活的工具性治理，那么提供这种工具性的内在价值基础是什么？康德将好的意志作为唯一的内在价值，这一立场忽视了共同体成员之合作与共同福祉的重要性。菲尼斯所提出的共同善理论既能保护了个人的福祉与完满作为内在价值的源头，又能将个人的尊严、福乐和成就等融合于共同体的意义平台。[⑤]共同善是社会中每个成员的福祉和完满的最为基本和重要的那些方面，共同善构成了人的实践选择和行动的意义来源，也是共同体得以存续的价值基础和驱动力。[⑥]共同善体现出人的繁荣的非工具性的价值面向，因此是内在价值，这超越了康德所提出的好的意志的内

---

① 参见［德］康德：《道德形而上学原理》，苗力田译，上海人民出版社 2012 年版，第 6 页；［美］科斯嘉德：《创造目的王国》，向玉乔、李倩译，北京：中国人民大学出版社 2013 年版，第 270 页。

② See John Finnis. Natural Law and Natural Rights. Oxford University Press, 1980:9.

③ 参见［英］拉兹：《法律的权威》，朱峰译，北京：法律出版社 2005 年版，第 28 页。

④ See Scott Shapiro. Legality. Harvard University Press, 2011:170.

⑤ See John Finnis. Natural Law and Natural Rights. Oxford University Press, 1980; John Finnis. Human Rights and Common Good. Oxford University Press, 2011.

⑥ See John Finnis. Natural Law and Natural Rights. Oxford University Press, 1980:85.

在价值的唯一性，而对人的社会和政治实践的价值融贯性作出了更好的说明。

尽管在不同的时代和文化空间下共同善表现为不同的形式，但可以以非穷尽性的方式对基本的共同善加以列举。菲尼斯举出了几种具有基础意义的共同善，它们分别是生命、知识、实践合理性、审美、游戏体验和友谊等，这些善构成了人类幸福和福祉的组织架构，并且为其他更为多元和细致的善提供源泉，比如艺术和文学、体育运动、科学技术和政治生活等。[①]生命是构成社会的精神主体，也是社会得以维存和发展的载体。知识作为对自然世界和价值世界的探究的理性认知和秩序建构，既充实了生命的神圣性和尊严，也使得实践合理性成为必需。

共同善的多样性和基础性表明了人的自由选择的可能性和必要性，并且提供了人类社会的道德推理和法律推理的结构和秩序。也就是说，人类所从事的共同体的合作和发展事业及其创造的物质和文化条件，归根结底都是在实现和促进每个个体的共同善。[②]在这个过程中，我们发展出各种层次和形式的道德标准，比如公正行事，己所不欲勿施于人等。同时，共同善提供了人的道德选择和行动的目标和依据，同时也为人类合作和行动的秩序提供了理性的空间划分依据。现实的社会秩序可以被具体化为四层：第一层，自然秩序；第二层，逻辑和认识论的秩序；第三层，存在论的秩序，即人们实践、行动和存在的秩序；第四层，创造的和文化的秩序。[③]

法律的治理是政治权威的公共决定投射在第四层秩序的人类创造和文化秩序。法律之治在第四层秩序表现为诸多教义性特征，即法律自身包含着被赋予特定意义的词汇、可以被援引以作出论证和裁判的规则、诸多的技术性惯例和程序。[④]基于这些特征，法律具有了工具意义的自主性，法治成为一种对社会生活加以技术性和规则化处理并以规则提供行动理由的自主实践，具有明显的第四层次的秩序意义，比如程序正义、公正审判、行动的可预测性等。法律之治是存在于共同体第四层秩序中的实践图景，它既是一种工具性价值图景，也是一种动态的教义性图景。因此，共同善提供了法治的工具价值意义的元平台，在价值立场上为工具主义法治观提供了支持，也为法治的教义性特征塑造了秩序空间。

---

① See John Finnis. Natural Law and Natural Rights. Oxford University Press, 1980:86–90.

② See John Finnis. Natural Law and Natural Rights. Oxford University Press, 1980:154.

③ See John Finnis. Natural Law and Natural Rights. Oxford University Press, 1980:136–138; John Finnis. Natural Law and Legal Reasoning. in Robert George ed., Natural Law Theory: Contemporary Essays. Oxford University Press, 1992:139–140.

④ See John Finnis. Natural Law and Legal Reasoning, in Robert George ed., Natural Law Theory: Contemporary Essays. Oxford University Press, 1992:141.

三、工具主义法治观的方法论主张

（一）法治观的方法论之争

在确立了法律的工具性价值之后，法治观构建的理论进程就转到方法论问题上。法律理论中的方法论指的是在概念分析中进行理论建构的方法，主要存在描述性和规范性、自然主义和建构主义等立场的争论。[①]而法治观中的方法论要素则主要解决如何对法律之治在社会实践中的价值处境进行反思评判的问题。换言之，把法律视为一种实现社会目的和引导人们行动的手段，体现了一种独特的社会实践之价值，还是只是人类普遍道德实践的一个组成部分，抑或只是价值无涉的强制性权力实践形式？法治观的构建，在方法论意义上寻求对合法性的价值结构和制度性特征进行解析的视角。

根据对规则之治的实践形态的理解，理论家采取了从形式或实质来理解法治之价值处境的不同方法论立场。按照塔玛纳哈的区分，法治观的形式理论从薄弱到浓厚包括三类：以法而治、形式合法性和民主 + 合法性，而法治观的实质理论从薄弱到浓厚也包括三类：个人权利、尊严权和 / 或正义、社会福利。[②]形式理论主要关注法律获得其治理资格的形式，比如以法而治是一种极端形式的工具主义立场，即一个规则只要具备法律的名号就是法律。而实质理论则更多地关注法治的内容和承诺，比如社会福利观即主张法治要对政府施加积极作为的义务，要帮助人民让他们生活得更美好、改善他们的生存条件等。[③]

然而，尽管塔玛纳哈所做的分类具有有益的参考意义，而且一些法治观的划分都以此为标准，但这六种立场并非都是方法论主张，而且形式与实质之划分对构建法治观的方法论维度来说会产生误导。比如持实质法治观立场的英国政治学家 T.R.S. 艾伦主张“法治这一术语似乎主要意味着由基本原则与价值组成的体系，它们一起给予法律秩序以某种稳定性和连贯性”。[④]法治由基本原则和价值组成这一主张体现了浓厚的实质观，而法律秩序的稳定性和连贯性要求则是典型的形式要求，并且后者并不必然要求背后的原则和价值的支撑。因此，形式和实质之划分不能担当法治观之区分标准。

在形式与实质之对立以外，教义性与政治性视角这一对概念更能体现出

---

① See Jules Coleman. Methodology. in Jules Coleman & Scott Shapiro ed., The Oxford Handbook of Jurisprudence and Philosophy of Law. Oxford University Press, 2002.

② 参见［美］塔玛纳哈：《论法治——历史、政治和理论》，李桂林译，武汉大学出版社 2010 年版，第 117 页。

③ 参见［美］塔玛纳哈：《论法治——历史、政治和理论》，李桂林译，武汉大学出版社 2010 年版，第 145 页。

④ 参见［英］T. R. S. 艾伦：《法律、自由与正义》，成协中、江菁译，北京：法律出版社 2006 年版，第 30—31 页。

法治观建构的方法论意义。[①] 教义性视角关注法律实践的内部价值结构使得这种实践区别于其他实践的那些重要的方面，而政治性视角则关注法律实践与政治价值和法律的社会实践效果的关联程度。法治评估和法治指数的设计等是从政治性视角安置法律的工具性价值的政治实践方式，而教义性视角则从法律的工具价值自身出发对其价值结构进行规范性考察。根据法律的工具性价值与共同善之间的函数关系，法律之治包含着法律的动态的教义性图景，因此教义性视角是对法治实践进行理论构建的内在方法论要求，我们应当对法治的教义性特征进行探讨。

（二）法治的教义性特征

对法治的教义性特征的探讨着眼于法律实践的工具性价值结构在整体社会实践中的独特位置，可以体现为两个方面：第一，人类社会的哪些重要特征，决定了我们要诉诸一种公共规范机制进行社会治理；第二，法律治理所具有的独特特征，比如以法律规范作为公共实践的标准，以公开且中立的司法裁决解决冲突等，与人类社会的复杂特征之间存在怎样的概念关联。通过这两个方面的探讨，可以反思法治自身如何应对其具体实践过程中面对的诸多挑战和质疑，比如法律中的不确定性问题。

法治的教义性特征的第一个方面是，既然规则之治是社会共同体得以维持和繁荣的必要手段，那么它与其他的治理状态，比如道德之治和运气之治，有着怎样的不同？从亚里士多德到阿奎那，再到当代的哈特、拉兹和菲尼斯等法哲学家都尝试对这个问题作出回答。规则之治是规则作为实践行动之理由的状态[②]，它典型地表现为国家通过技术性立法将行动理由呈现给实践主体，同时存在着独立的裁判机关对理由的适用作出裁决。从这个角度来说法治呈现为一个重要的教义性面向，即法律规则成为行动理由应遵循的一些基本原则，比如规则应当是可理解的、明晰的和可预测的，法律规则应具有公开性和一般性。[③]

第二个方面是这些原则背后的制度和伦理预设。如拉兹所言，前述原则得到理解与贯彻的细节方式以及它们的实际效果都是随国家而不同的。法治是一种对于某类社会才是有效的或好的信条，这类社会要满足对于法治的制度与文化预设，即具有那些法治要取得成功所依赖的制度与文化。[④] 从这个面向来看，法治不仅仅体现为对法律规则之治确立一些可以进行实证评判的标

① 参见郑玉双：《合法性与法治：教义性视角的考察》，《南京师大学报》（社会科学版）2014年第2期，第78页。

② 参见［美］科恩：《作为理由之治的法治》，杨贝译，载《中外法学》2010年第3期。

③ 参见［美］富勒：《法律的道德性》，郑戈译，北京：商务印书馆2005年版，第二章；Jeremy Waldron. The Concept and Rule of Law. Georgia Law Review. 2008,43(1), 19–32。

④ 参见［英］拉兹：《公共领域的伦理学》，葛四友译，南京：江苏人民出版社2013年版，第431页。

准，或者富勒所提出的"内在道德"，而是更体现为法治的工具性价值所要求的原则性和忠实性。这种原则性和忠实性体现为公开的、公共的司法，由一个独立的司法机构立足于公共颁布的、前瞻性的、有原则的立法作出有理据的判决，也体现在立法机构之上，立法机构要制定可忠实地适用的法律，即制定的法律在表达上要相当清晰，在目的上要融贯和一目了然。[①]通过在立法和司法中贯彻并忠实于这些原则，法律之治成为共同体繁荣的必要条件，法治的政治和道德意义即转化为对权力的限制、对技术理性和实践智慧的依赖以及对法律机制设计背后的各种价值的尊重，而这些都体现了法治的工具性价值。

工具主义法治观的教义性特征从两个方面需要回应法治所面对的各种批评。一种意见认为，法律作为不同于道德规范的工具和手段，具有有限性，在理论上存在恶法出现的可能性，因此实行法治并不必然保证实现善的结果。[②]也有意见认为，法治与法律的可争辩性是相冲突的，法律以语言为载体，因为语言的不确定性和开放结构，以及社会现实的复杂可变，因此法治并不能很好地应对这种难题，或者法治是不可能实现的。[③]这些疑问，来源于法治的教义性特征，比如法治实践要求法律具有明晰性和可预测性，因此法律语言就必须是抽象的，而且法律不能为了迎合现实的需要而改变自身规范的意义。

然而，通过维护法治的教义性特征可以回应这些挑战。首先，法治的要求是社会成员参与到共同合作事业的时候能够得到理由的有效指引，以体现合作事业的程序性和实质性主张[④]，因此通过法治保障人们追求共同善的实践是符合实践理性的，既体现了法律的工具性价值，又能将共同体的合作事业导向善。[⑤]其次，根据麦考密克的主张，法律解释是以某些被归属于整个材料及其各个组成部分之原则或价值为基础对潜在无序中的隐含秩序所作出的新的想象和描述。[⑥]如果我们把法律作为一项通过解释来实现有效指引的事业，那么法律的可争辩性特征反而彰显出法治在促进人类繁荣上的重要工具性价值。

---

① 参见［英］拉兹：《公共领域的伦理学》，葛四友译，南京：江苏人民出版社 2013 年版，第 435 页。

② See Andrie Marmor. The Rule of Law and Its Limits. Law and Philosophy, Vol. 23, No. 1, 1–43.

③ 参见［英］麦考密克：《修辞与法治》，程朝阳、孙光宁译，北京大学出版社 2014 年版，第 18 页。

④ 参见［美］科恩：《作为理由之治的法治》，杨贝译，载《中外法学》2010 年第 3 期，第 356 页。

⑤ See Jeremy Waldron. The Concept and Rule of Law. Georgia Law Review. 2008,43(1), 31.

⑥ 参见［英］麦考密克：《修辞与法治》，程朝阳、孙光宁译，北京大学出版社 2014 年版，第 39 页。

四、工具主义法治观的道德证成维度

（一）法治的道德证成模式

法治观包含着对法治为什么在现代社会中如此重要的说明。现代社会要忠实于法治的美德，意味着法治成为衡量和评价政治实践的一项独立的道德标准，并区别于基本自由和平等等价值。有三种证成模式对此加以说明，它们分别是：（1）实践效果模式；（2）正当性模式；（3）共同善模式。实践效果模式主张法治之所以重要，是因为通过公共规则的治理能够让我们的社会更加有序和发展，社会成员利益得到合理保护。然而实践效果模式却与法治的价值立场存在紧张，这一难题在关于良法的讨论中表现得尤为明显。比如，我们会从法律的技艺性和实践效果来评判一部法律的好与坏，然而这在一定程度上会与立法的初衷相冲突。以刚刚获得通过的刑法修正案九对“嫖宿幼女罪”的废除为例。显然，这一罪名的设置是为了对尚不具有性自主能力的14周岁以下的幼女的身心健康和福祉进行保护，并且该罪名的设置在很大程度上获得了刑法学者的认可。[①]但在实践之中，该罪名却成为很多罪犯逃避更重刑罚的保护伞，从而使得嫖宿幼女罪的法律规定陷入名义上是良法、实际上是恶法的尴尬局面。[②]因此，实践效果模式必须转化为法治观的政治意义中的社会政治维度的价值评估，才能在法治观的理论建构中被妥善地安置。

正当性模式没有从法律实践的社会和文化效果中寻找法治的道德资源，而是从法律之治背后的政治道德原则中确立法治的道德依据。正当性证成模式往往与更为实质的方法论主张关联在一起，比如将民主、权利和社会福利等政治价值注入法治观的方法论要素之中，从而将法治纳入更为深层的以基础性政治道德价值为根基而建立的政治实践网络之中，法治也具备了对政治实践进行反思和评估的道德评价地位。哈贝马斯支持将民主注入法治的证成模式，他主张“法律的正统性必须依赖沟通安排：作为合理商谈的参与者，依法成立的联合必须能够审查有争议的规范是否得到或能够得到可能受其影响的人们的同意”。[③]德沃金将权利纳入实质法治观之中，通过把法律理解为一种建构性解释的实践，把法治视为道德权利之治。按照他的主张，“法治是依据有关个人权利的合格公共观念进行治理的理想，在法治与实质正义之间不作区分，作为法律理想的组成部分，它要求规则手册中的规则表达和实施道

---

① 参见劳东燕：《强奸罪与嫖宿幼女罪的关系新论》，载《清华法学》2011年第2期，第33—47页。

② 参见周永坤：《嫖宿幼女罪之法理学与法社会学思考》，载《暨南学报》（哲学社会科学版）2014年第10期，第18—25页。

③ 参见［德］哈贝马斯：《在事实与规范之间》，童世骏译，北京：生活·读书·新知三联书店2003年版，第127页。

德权利”。[1]法律之治是道德权利被保护和实施的治理，因此民主权力应该受到限制，法官应该按照对道德权利的最好理解来适用法律和裁判。

然而，法治的正当性证成模式仍然在法治观的价值立场和方法论意义上陷入困境。民主和权利等政治价值的确为法治实践提供了道德资源，但这种道德资源并不能胜任道德证成的角色。民主诉诸于共同体成员的同意或代议而产生法律治理的制度依据，然而这种依据只带来形式合法性，与法律治理自身的合法性具有相同的道德处境，因为民主实践本身在道德证成链条中也处于悬置状态，如塔玛纳哈所指出的，“民主是一种愚钝且笨拙的机制，它不保证产生道德上良善的法律，除了维护公民个人的政治自由之外，也许最强有力的辩护理由在于，它与当前能够想象的任何其他制度相比带来的危险性都更小”。[2]而德沃金将权利确立为法治之道德根基的做法克服了民主模式所陷入的证成悬置状态，但权利模式削弱了法治的教义性特征。德沃金的法律解释理论强烈地支持将道德价值纳入法官的法律推理之中，然而将法治的道德意义的最终确立押在解释和适用法律的法官身上，一方面使得激烈的权利争议在法官的裁判中再次被呈现出来而增加了法官作出道德判断的负担，另一方面损害了法律作为公共行为标准的确定性角色以及民主决定的权威。

（二）基于共同善的证成

要克服实践效果模式和正当性模式的证成困境，需要回到工具主义法治观的价值立场和方法论主张上。法律是实现特定目标的手段和工具，具有工具价值，因此法律之治的道德辩护力量似乎应当来自于它所实现的目的或善，而非法律自身。然而，根据共同善的性质以及法治在社会共同体的实践秩序中所处的层级，法律不单是实现目的的纯粹工具性手段，而是具有诸多教义性特征的自主性实践。因此，工具主义法治观面临着独特的道德证成处境。以共同善为核心对这种处境进行分析，可以呈现出作为制度性价值实践的法治新面貌，从而为法治获取新的道德辩护力量。

按照菲尼斯的主张，人类追求共同善的复杂工程要能够进行，要么通过协商一致，要么通过权威。而由于资源的有限、人的自私以及成本巨大等问题，协商一致是无法实现的，因此诉诸权威是唯一的选择。[3]这意味着人类社会必然要通过政治的形式来实现协调、组织和发展，也就是说，需要以权威机构作为主体对社会生活加以管理并对以共同善作为依据的利益加以协调。在共同善的基础上，产生了政治权威机构所应追求的政治共同善，即旨在保

① 参见［美］德沃金：《原则问题》，张国清译，南京：江苏人民出版社 2005 年版，第 6—7 页。

② 参见［美］塔玛纳哈：《论法治——历史、政治和理论》，李桂林译，武汉大学出版社 2010 年版，第 130 页。

③ See John Finnis. Natural Law and Natural Rights. Oxford University Press, 1980:232.

护人权与法律权利、公共和平与公共道德，换言之，其旨在维护一种更容易促进美德的社会环境。[①]法治在第四层秩序上以动态的方式反映了这种权威决定的样貌，并以法律规则的形式落实这些政治共同善的要求。

根据工具主义法治观，法治的道德证成被分解为两个方面：规则之治最大限度地保护和促进共同善的实现；在共同体成员经由规则而实现共同善的过程中，法治彰显政治共同善的要求。工具主义法治观没有将生命、友谊和尊严等共同善的道德成分直接注入法治的道德资源之中，因而并未挫败法律的工具性。但在创造规则、引导人们行动和塑造人们的实践推理的意义上，作为共同善之实践的法治使得每个个体的共同善紧系于以规则为中心的共同生活之上。因此，法治的道德证成既保护了法律的工具性价值，也维持了法治的教义性特征。

法治实践的道德证成一方面对法治的教义性特征提出规范要求，比如立法应当积极回应共同生活的变迁以保护共同善，并且应当保持足够的确定性和稳定性，司法要在法律的可争辩性和不确定性面前作出专业性的回应。另一方面，在共同体的实践中道德证成也部分地被融入进法治的规范实践之中，成为内显的制度性道德话语，比如宪法对于人格尊严和人权的规定以及关于基本自由和权利的设置，既彰显了共同善作为法治实践的价值根基地位，也为立法实践和法律推理提供话语资源。其次，法治传统也成为社会成员的共同善得以实现和促进的共同成就的一部分，它产生了一种强健的反身性责任机制，治理主体和被治理者形成一种强有力的忠实关系和共同体责任观念，共同参与到社会共同体的繁荣和福祉事业。[②]

五、工具主义法治观的政治意义：良法善治

前面部分从价值立场、方法论和道德证成三个方面，在理论意义上为工具主义法治观进行了辩护。然而，法治是在第四层秩序的规范治理，虽然具有教义性特征，但法律同时也是对第三层秩序中共同体成员的共同善追求、社会治理方案和文化秩序的制度性回应。因此，完整的法治观应该包含法治与第三层秩序的意义关联，也即法治的政治意义。它指的是，法治作为一种以规则进行治理的制度性实践，在整体的社会共同体事业中如何能够更为全备地体现出其道德价值和文化特征。这种价值已经超越法治的教义性视角而进入法律治理背后的整体的社会权利和文化建构之中。法治与共同体的制度与文化相互依存和塑造，如拉兹所言，法治创造了一种合法性文化，即尊重

① 参见［英］菲尼斯：《自由主义与自然法理论》，吴彦译，张文显、杜宴林主编：《法理学论丛》第 8 卷，北京：法律出版社 2015 年版，第 141 页。

② See John Finnis. Natural Law and Natural Rights. Oxford University Press, 1980:272–273.

法律的文化，即使人们会有所损失也愿意遵守它，在这样一种文化中，人们习惯于以法律术语来衡量他们的情景以及与他人的关系。①

良法善治是法治的政治意义的最佳体现。善治的本质是好的治理，治理是在第三层秩序之中被理解、确认和阐释的人类行动和存在。治理的秩序是一种权力实践的动态平衡秩序，即国家权威以实际的制度能力和规范力量对社会利益格局予以管理、调整和促进的过程。②治理的本旨在于共同善的实现，也即人的福祉和完满。基于此，共同善既构成了国家治理的目标，也提供了治理的内生性约束。善治就是实现和促进全部社会成员的共同善的治理。③共同善在第三层秩序中对善治的内在约束表现为多种形式，比如效率、透明、公正和尊重等。这些约束在第四层秩序中被创造性地转化为体现实践理性和共同善之价值的法律规则。虽然法治与国家治理共享着诸多秩序表象，比如国家治理在法律框架内进行或者呈现为法律现象，宪法提供了国家权力实践的基本法律依据，善治的评价标准之一即是法治，但二者在不同的秩序空间之内发挥作用，因此也就呈现出不同的认识论意义和秩序特征。

然而，法治与善治的秩序二分并不意味着二者在概念上必须分离，相反在共同善的基础上所作出的秩序划分反而为法治与善治的概念关联创造了更为丰富的空间，并使得二者的关联不只呈现为政治意义，更夯实了法治的教义性特征。工具主义法治观既强调了法治的教义性特征，即法律作为一种自主的公共推理平台在第四层秩序所具有的制度性、公共性、可争辩性和实践合理性，也彰显了法治临界于第三层秩序的弱政治性和文化依赖性。在从教义性视角转化为政治性视角的过程中，法治被赋予了更多概念内核之外的重要面向，良法善治可被视为法治的理想社会诉求和丰富政治意涵，是对法治的教义性意义的巩固。比如，关于国家治理现代化的讨论和建设可以为以制度性机制解决当代中国宪法实践中的宪法疏离问题提供全新的契机。

良法作为法治的理想社会诉求，是在第三层秩序和第四层秩序中沟通法律实践并对之进行重塑的复合性动态标准。它体现为两个重要的特征，一是良法的评价标准依赖于对共同善的理解，良法表达了社会共同体追求基本善的积极诉求，但同时不会对法治形成强规范意义的约束和衡量。二是良法的评价标准具有依赖性和多元性。④我们可以从三个方面理解这两个特征，一是

① 参见［英］拉兹：《公共领域的伦理学》，葛四友译，南京：江苏人民出版社 2013 年版，第 440 页。

② 参见魏治勋：《“善治”视野中的国家治理能力及其现代化》，载《法学论坛》2014 年第 2 期，第 32—45 页。

③ 类似的主张也参见俞可平：《善治与幸福》，载《马克思主义与现实》2011 年第 2 期，第 1—3 页。

④ 参见［美］萨默斯：《美国实用工具主义法学》，柯华庆译，北京：中国法制出版社 2010 年版，第 254—255 页。

良法的标准塑造了社会心理学的法律面向，参与构建了社会文化和社会道德观念。二是良法的积极诉求对法律的治理产生了有限的积极激励。三是良法是法治的工具性价值的外显性回应，法律的治理在实践过程中形成了相对独立的内在价值，从而使得法治在现代社会中显得格外重要。[①]

相应地，善治也因法治在第四层秩序的实现而展现出第三层秩序的存在意义，它是政治权威通过权力和社会治理使共同体成员更好地参与到共同善事业之中的状态。善治体现为两个重要的方面，一是善治所提出的治理能力要求，二是善治所内生的制度性结构。善治首先意味着国家具备高超的治理能力，因此国家要致力于在经济、政治、环境保护和文化等各个领域探索和实现治理的现代化和科学化。而制度性结构则体现为治理的稳定性和机制化，因此善治不只是对治理主体所提出的价值性要求，也是治理者和被治理者共同所处的制度、文化和效益上的卓越状态。公正审判、立法的完善、公民对于法律的忠实等法治成就必然会投射到第三层秩序之中，从而丰富了善治的内涵，因此法治对于国家治理具有根本意义和决定作用。[②]在这个过程中，法治提供了最为重要的公共推理平台和资源，因此，良法必然是善治的前提。

结　语

根据上述分析，通过对“法律是实现目的的手段”这一功能性主张背后的价值网络进行探究和重组，我们可以对工具主义法治观进行重构和辩护。法律是实现目的的手段这一观点表明了法律的工具性价值的哲学立场，通过对康德关于内在价值和工具性价值之主张的重新解读并结合菲尼斯对于共同善的社会实践的分析，可以完整地展现法律的工具性价值。在方法论意义上，法律作为一种手段表明了共同体通过法律这种公共合作方案来解决共同善事业的分歧，而法律的这种规范性指引产生了教义性空间，即法律参与者要对法律的指引和背后的价值考量进行论辩性考察。共同善的社会实践为规则之治的道德证成和政治意义提供了理论资源，因此规则之治的功能性图景能够妥善地安置在社会整体的实践结构之中。

首先，可以回应学界因对法律工具主义的担忧而对工具主义法治观产生的审慎反对和拒绝。工具主义法治观并不支持统治者可以为了不正义的目的任意利用和操纵法律，也不会产生批判者所主张的实践危险和损害。相反，作为法治实践之重要结构性要素的统治者（包括立法者和司法者）被放置进

① See Leslie Green. Law as a Means. in Peter Cane ed., The Hart-Fuller Debate in the Twenty-First Century. Hart Publishing, 2010: 178.

② 参见莫纪宏：《国家治理体系和治理能力的现代化与法治化》，载《环球法律评论》2014 年第 1 期，第 9 页。

一个反思性责任机制之中，法治重塑了统治者和被治理者之间的责任关系。在第四层秩序中，治理者和被治理者同时受制于法治的教义性特征，反身性责任机制使得治理者不能按照意志和说服来管理社会生活，而是以可预期和可遵循的规则来约束双方。

其次，工具主义法治观呈现出法治与共同善的深层关联，祛除了工具主义这个词汇本身所承载的消极色彩和被误用的危险。共同善提供了实践推理的基本理由，为人们参与公共生活的决策和交往方式建立了价值根基。为了促进人们更好地实现知识、生命和社会性等善，法律的治理使得人们的生活世界从第三层秩序的决断、慎思和道德分歧状态进入了第四层秩序的规范世界。尽管法律不能解决所有的分歧和合作难题，但通过法律所提供的公共平台，共同体成员能够接受公开确定的规则指引而参与到良善生活的构建之中。

最后，工具主义法治观也使得国家的政治实践和相应的制度建设更符合实践理性。国家对于良法善治的强调，体现了法律的工具价值。国家推动的司法改革、立法文明建设和治理的现代化等都是通过制度实践在第三层秩序的意义上实现善治，为法治提供制度性动力。通过调整利益格局和完善权力实施机制，国家治理促使社会共同体的第三层秩序和第四层秩序的良性互动，使得良法善治在现代化政治实践中得以实现。在这个过程中，法治的工具意义得到制度性贯彻，共同体的繁盛得以实现。

（郑玉双，中央财经大学法学院讲师）

关系社会的秩序原理及其治理变革

蒋余浩

引言：没有权利装置的利益表达

许多传统中国文化的研究者认为，西方的权利理念和装置（如自由主义法哲学大师德沃金的主张："个人权利是个人手中的政治护身符"，权利制度"代表了多数人对尊重少数人的尊严和平等的许诺"[①]）不是实现人的尊严的有效手段，反而"导致相互适应的弱化，损坏共同体的具体责任，而这些责任对什么是合适的行为起界定作用"。在他们看来，作为一种替代性选择，传统中国所谓"权利"是由社会给予的，"这些权利是通过教育而得到弘扬的，教育的目的是让个人认识到自己对于个人间和对整个社会的和谐具有重要性。"[②]

但是，这种阐释即使增强了我们的文化自信心，但却不能消除一个来自实践经验的困扰：在一方面，中国人面对庞大的政治权力，难以找到与之抗衡的有效手段，最有力的保护只能寄希望于政治权力内部（如贤能而实施仁政的统治者及其官僚）；在另一方面，日常生活中，对私人利益的执著经常表现出恶性放大，而不是主动克制的态度。日本的中国法制史专家寺田浩明教授分析认为，中国人的生存状态是一种"推过来挤过去的动态过程"[③]，但在"退让"与"抵抗"之间没有一条清晰的界线。也就是说，正因为缺乏明晰的权利界定，中国人的利益交涉极易徘徊在"对权力的依附"和"个体间的角力"之间，而依托于道德理想的制度安排也经常贬值成"防君子不防小人"的一把空锁。

倘若用上述言论来解释传统易于激起谴责的话，那么，把眼光投射到

---

① [美] 德沃金：《认真对待权利》，信春鹰、吴玉章译，北京：中国大百科全书出版社 1998 年版，第 6、269 页。

② [美] 郝大维、[美] 安乐哲：《先贤的民主：杜威、孔子与中国民主之希望》，何刚强译，南京：江苏人民出版社 2004 年版，第 142 页。

③ [日]寺田浩明：《权利与冤抑——清代听讼与民众的民事法秩序》，见 [日]滋贺秀三等：《明清时期的民事审判与民间契约》，王亚新、梁治平编，王亚新等译，北京：法律出版社 1998 年版，第 212 页。

当前的社会生活，则容易引发更多的共识：在当代中国，利益表达经常以信访洪峰、群体抗争、拆迁钉子户、跳楼讨薪、自杀式维权等极端方式呈现出来。缺失有效的权利装置，导致底层社会的生存状态极为脆弱、艰辛。同时，当前社会中，公权力以强大的管理权限主导公共事务，对于利益交涉机制的创新缺乏动力和信心，也已陷入不可持续的境地。例如，2010 年用于内部保安的预算达人民币 5140 亿元；2009 年、2010 年，公共安全财政支出增长幅度保持在 10% 以上，增幅超过军费，实际金额与国防开支相差无几；[①]而“大综治、大调解”的维稳体制，确立了一种特殊主义的工作作风（根据具体情况相机地处理问题），一方面淡化依法行事的刚性要求，另一方面又强化了权力机构的机变性质。很难期望这种高成本、低效率的治理模式能够持久。

本文希望就中国秩序原理及其变革展开思考。我的认识前提是，法制现代化运动在基层社会遭遇的大规模抵抗（如“信访不信法”的行动和“法制本土资源”的思潮），已说明了源于西方的权利理念和装置并不适合中国社会；但保守者所声称的“重建乡土秩序”也未必能满足中国人日益高涨的（现代）权利保护要求。[②]本文主张，中国人的利益表达确实需要纳入适当的制度途径，而这种制度必须适宜中国的社会秩序特性及其现代变迁，因此研究者应当具备一种超越“西方现代 / 中国传统”二分法的眼光。

一、关系社会的特征

中国社会被认为是一种“以关系为本位”的社会，人际关系以及相应的角色责任，共同将整个社会编制为一个严密的质体。关系网络对于个人利益的表达以及社会资源的有效配置，都具有显著的积极作用。

（一）关系、责任、人情

梁漱溟先生认为，中国人在日常交往中“不把重点放在任何一方，而从乎其关系，彼此相交换；其重点实在放在关系上了”。[③]这个论断指明了中国社会浓郁的关系主义特征，如金耀基指出：“在中国，个体乃是一个从具体、等差的关系角度出发去设想‘旁人’的关系性存在。”[④]在关系网络中，个人能够通过种种“私人”途径，将意见传递出去，从而实现利益。费孝通先生表述

① 清华大学社会学系课题组：《以利益表达制度化实现社会的长治久安》，见 http://www.aisixiang.com/data/33573.html。

② 这种抵抗在理论界的反映，是出现了所谓“法治本土资源”的反思思潮。有关观点的综述可以参见田成有：《传统法文化与法治现代化》，贵阳：贵州人民出版社 1999 年版。

③ 梁漱溟：《中国文化要义》，香港：集成图书公司 1974 年版，第 94 页。

④ 金耀基：《儒家学说中的个体和群体》，见《中国社会与文化》，香港：牛津大学出版社 1992 年版，第 10 页。

中国人的关系网是一种“差序格局”:“好像把一块石头丢在水面上所发生的一圈圈推出去的波纹。每个人都是他社会影响所推出去的圈子的中心。”[①] 如同波纹交错的图案一般，个人处在层层密织的关系网内，通过与他人网络的交错，不断向远处辐射影响力。

个人在不同的网络中拥有不同的角色身份，不同的角色身份又赋予个人不同的责任，中国人的日常交往的支配原则因此是“植基于角色与角色之间和谐关系”。[②] 需要注意，中国人所理解的“责任”，不同于现代法律学上的概念。按照分析法学，法律责任的对应物是“权力”，接近于“服从”或“职责”的涵义。[③] 而中国人的责任的对应物，则是所谓根据社会角色而应当表现出的行为和态度。在其中，非常需要重视的是对“人情”的考虑。人情不是权力那种具有从上到下发号施令的支配性力量，而是一种伦理系统，通过当事人心照不宣的默会，规定和引导个人在其关系网络内的交往行为。与权力突出的“单向性”不同——当然，现代民主理论也重视将权力的正当性建立在相对自愿的“承认”之上——人情在规范层面上以“报”(互惠)、沾光或“面子”为基础，具有显著的“双向性”或曰“多边性”。故而，在当事人(往往不限于个体，还包括了家庭、家族、朋友圈等)之间，并不存在泾渭分明的“权利 / 义务”或“权力 / 责任”的界分意识，尤其不能依据数量标准来判断“施”与“报”是否对等。当然，也不能以为这种人情和面子不具有规范力，例如“受人滴水之恩，必当涌泉相报”这句俗语，既说明了“报”是一种“当为”的责任，又说明了“报”能否当“施”应该根据具体情形来认识。当事人的尺度把握，完全依赖一种“只缘身在此山中”的分寸感。[④] 更会令人感到玄妙的地方是，这种分寸感在一定的社会圈子中又很容易就能引起人共鸣。也就是说，这种分寸感并不能说是完全属于当事人的主观范畴，在他的周遭，依然存在某种对之进行评价的“尺度”。由于社会秩序的这种特性，自黑格尔、韦伯(Max Weber)以来的西方学者，并不十分恰当地认为中国是一种奉行“特殊主义”的社会，即擅长于在具体情境中处理相互关系和问题，但却无法生成具有普遍效力的规则和制度。

以上只是静态地辨析了关系社会中的若干范畴，还需要留意的是,“关系”并不是固定不变或者仅仅被动式的加诸于个人之上。经验中，个人可以根据自身的归属性特点，如地域(籍贯)、亲族、婚姻、结拜、同事、师传、同学

① 费孝通:《乡土中国》，上海：观察社 1947 年版，第 24 页。

② 韩格理:《天高皇帝远：中国的国家结构及其合法性》，见《中国社会与经济》，张维安等译，台北：联经出版事业公司 1990 年版，第 109 页。

③ [美] W. N. 赫菲尔德:《司法推理中应用的基本法律概念》(下)，陈端洪译，载《环球法律评论》2007 年第 4 期。

④ 参见阎云祥:《礼物的流动》，李放春译，上海人民出版社 1997 年版。

等等，能动地构建关系网络。因此，在中国人看来，“拉关系”是一门达致成功的深奥“学问”，更是一种重构秩序的“社会工程”（金耀基语）。

（二）关系的制度功能

关系社会的特性规定了中国的治理模式。传统中国，以明清时期为典型，存在着二元秩序结构：一个秩序的核心是以皇权和官僚制为主体的帝国组织体系，其运作遵循正式的规章典范和律令（即负责韩非所谓“信赏必罚”的过程），另一个秩序的核心是以村庄为主要形态的庞大的地方共同体，通过乡规民约进行自治（即形成王阳明“南赣乡约”所谓“凡尔同约之民，……共成仁厚之俗”）。两个秩序并行，但相互之间既非异质，亦非完全卓然独立，宗法制度和儒家伦理同样贯穿二者，是连接二者的纽带。[①]关系的织网联结着整个社会。

北宋王安石曾试图撕裂关系网络，推行任法不任情的治理模式。在围绕阿云案的争论中，王安石认为：“舍法以论罪，则法乱于下，人无所措手足矣！”主张通过法律解释推敲阿云行为的性质。但是，就帝国的治理传统而言，王安石的这种见解不及他的反对者司马光有影响。司马光提出区分“有司之职”和“君相之事”，前者是“执条据例”，后者是“原情制义”。他指出：“谋杀为一事，为二事，谋为所因，不为所因”这类法律问题的细节，“乃文法俗吏之所争，岂明君贤相所当留意耶？”[②]在司马光看来，关系社会的特征已经决定了，帝国治理更需要明德教、谙风俗、理解人情世故的通达之士，明辨律法的刀笔吏只能作为等而下之的辅弼：“使为士者果能知道义，自与法律冥合；若其不知，但日诵徒、流、绞、斩之书，习锻炼文致之事，为士已成刻薄，从政岂有循良？非所以长育人才、敦厚风俗也。”[③]

即使新中国的建立，在意识形态上发生天翻地覆的变化，但在乡土社会中，很大程度依然借助既有关系网络，通过自下而上的认可、参与及宣示忠诚，完成国家权力的扩张。例如，一方面打击地主、乡绅等旧地方精英，清除宗教和家族等传统基层组织，破坏旧有的“权力网络”，另一方面通过“诉苦”、群众公审（马锡五审判方式）、土地改革、识字运动、合作社运动，培

① 参见季卫东：《调解制度的法律发展机制》，载强世功编：《调解、法制与现代性》北京：中国法制出版社2001年版，第12—13页；干春松：《儒家观念与传统中国地方社会秩序的建构》，《东吴学术》2013年第3期；张中秋：《传统中国的法秩序及其构成原理与意义》，《中国法学》2012年第3期。费孝通先生称这种二元秩序结构为“双轨政治”，详见费孝通：《乡土重建》，《费孝通全集》第5卷，呼和浩特：内蒙古人民出版社2009年版，第34—52页。

② 见蓝德彰：《宋元法学中的“活法”》，高道蕴、高鸿钧、贺卫方编：《美国学者论中国法律传统》，北京：中国政法大学出版社1994年版，第342、344页。

③ 转引自邓广铭：《北宋政治改革家——王安石》，北京：生活·读书·新知三联书店2007年版，第92页。

养新式地方精英，改建基层的关系网络。[①] 乡土社会的风俗和人情非但没有被破坏殆尽，反而以新的形式坚毅地生长着，其后虽经若干过激的反传统举措，但网络中的互惠、差等、角色、责任、人情，却依然发挥着支配人们日常生活的重要作用。一位人类学家指出，社会主义社会的建设，与其说是通过国家权力改变了村庄，不如说特定村落的社会关系渗入到国家言说中："国家权威被有效地用来加强社区成员间相互依存和成为表征性（也可说是象征性）的社群主义道德观。" [②]

在改革开放之后，经历激烈运动冲击的中国人，很快恢复了网络编织的高超技艺。傅高义（Ezra F. Vogel）发现："1978 年后经济焕发生机，以商业为目的而利用'关系'便日益盛行。'关系'包括的范围极广，从一面之缘到近亲知交，人们充分利用各式各样的关系。"[③] 他还观察到，在传统社会，关系原本还蕴含着超越直接经济交易的某种意味，但在市场发展过程中，金钱和短暂的利害关系就占据主流位置。转型时期的这种状况，一方面使得"拉关系"成为令中国人十分厌烦又不得不然的一种日常活动，另一方面（如下文所见）增强了权力寻租的机会。

对关系的制度功能不能简单否定。如很多观察者所见，那种能动的关系编织技术，在资源严密控制的体制下，能够实现生产性的资料配置：在价格双轨制下，"拉关系"可以为民营企业找到受控制的指标；[④] 在金融管制条件下，关系能够帮助资金从国有企业"漏损"到非国有部门，实现有效增值。[⑤] 近三十年来，中国社会的高速发展甚至已经挑战了西方关于现代法治与经济增长之间关系的经典论述：根据新制度经济学，明晰的产权制度（绝对主义私有产权）、中立的合同执行机制（司法独立）、明确稳定的自由交易规则（有效排除行政干预的市场体系），是激励经济增长的制度性条件，但在转型社会中，许多学者相信，与其通过严格的法律设计杜绝制度漏洞，从而削减关系网络中的沟通契机，不如给私人运作机制留出空间，方便资源的有效配置。[⑥]

---

① 郭于华、孙立平：《诉苦：一种农民国家观念形成的中介机制》，载《中国学术》2002 年第 4 期；强世功：《法制与治理——国家转型中的法律》，北京：中国政法大学出版社 2003 年版，第 60—72 页，以及第二章；应星：《村庄审判史中的道德与政治：1951—1976 年》，北京：知识产权出版社 2009 年版。

② 朱晓阳：《罪过与惩罚——小村的故事：1931—1997》，天津古籍出版社 2003 年版，第 283 页。

③ 傅高义：《先行一步：改革中的广东》，广州：广东人民出版社 2008 年版，第 340 页。

④ 参见樊纲：《灰市场理论》，载《经济研究》1988 年第 8 期。

⑤ 参见卢峰、姚洋：《金融压抑下的法治、金融发展与经济增长》，载《中国社会科学》2004 年第 1 期。

⑥ See Donald C Clarke. The Execution of Civil Judgments in China. The China Quarterly, No. 141, 1995.

二、关系秩序的弊端

不过，当前大量结构性腐败蔓延的事实也说明，关系网络在消除权力寻租机会方面非常不力。实际上，关系网络或者差序格局的概念本就隐含着两个方面的内容：其一，亲疏有别的人际关系（横向）；其二，等级严密的纲纪和人伦（纵向）。二者不能加以清晰区分。人类学家阎云翔教授认为，由己推人的横向交往关系，不能完全确定个人在社会中的处身位置，因为在上下尊卑有序的观念笼罩下，个人首先要服从纵向的等级关系，以此为基础才能编制自身的横向关系。波纹交错的横向关系虽然为个人提供了丰富的交涉机会，而且经常能打通上下等级之间的通途，形成传统中国社会非常活跃的流动性，但是，由于从一开始就服从于等级秩序的逻辑，高流动性的社会交往非但没有带来自由平等的观念意识，反而强化了上下尊卑有序的等级结构。[①]一言以蔽之，关系网络容易与权力等级短路苟合。

在权力的关系网络中，各方当事人所拥有的资源极大的不对称，加上信息交流上的重重障碍，如何保障相类似的个案得到同等对待，成为难以解决的问题。而且，在当前的制度条件下，公权力在社会资源的掌控上拥有绝对优势，这种情形不可避免地促使个体对之趋之若鹜。由于关系网络的功能，公权力既有大量被局部渗入、腐蚀的机会，又存在着严重的被质疑为“不公正”的危险：

其一，裴文睿教授曾指出，西方自由主义那种带有本体论、道德论色彩的权利观，实质是对政府借助利益权衡或者多数决定原则限制个人利益的警惕，设置诸如通过司法保障少数人权利等制度装置，正是考虑到了詹姆斯·麦迪逊关于“最大的危险在于集体权力的滥用”的真知灼见。[②]而在传统以及当代中国，政府一方面必须控制住国民经济的要害，以“有产政府”的形式抵制资本大户对公权力的侵扰，另一方面又必须负担起赈济生民的政治责任（如肇始于《尚书·五子之歌》的“民本思想”：“皇祖有川，民可近，不可下，民惟邦本，本固邦宁”，以及当代“权为民所用”的新民本主义），从思想到制度都以父爱主义为基础。当代有学者赞赏：在中国政治传统中，虽然参与各方在地位、所拥有的资源及影响力等诸方面均不平等，但由于有“大道之行，天下为公”的公益性政治理念为主导、有“防民之口，甚于防川”的基本言论保障、有集思广益的理性探讨精神，各方能够展开非对称性的政治协

---

① 阎云翔：《差序格局与中国文化的等级观》，载《社会学研究》2006 年第 4 期。

② Randall P Peerenboom. Right, Interests and the Interest in Rights in China. Stanford Journey of International Law，31：359 (1995), 360–364.

商。[①]然而，需要冷静面对的是，即使信任公权力的父爱取向，也需要考虑：第一，决策者多大程度能充分且理性地关注民众呼声（由于信息不对称、政府自我利益以及官僚之间相互推诿的习气等制约因素的存在）？第二，个人诉求能否进入公共领域接受监督和检验（而不是满足于通过基于关系网络的暗箱操作来影响公共决策）？第三，如何保证决策者公平、平等、全面、合理地对待不同的利益主张（而不是仅对过激行为作出反应或过度反应）？

在当代中国社会，高度活跃的市场行为与资源控制力高度集中的集权体制纠缠在一起，造成现实中频繁上演的腐败和营私的故事，并培养出特殊利益集团，阻碍进一步的制度变革。例如，双轨制下市场价往往在调拨价的两倍以上，有关系获得计划轨指标的人，可以在市场上倒卖指标而获得100%以上的利润，1987至1988年全国租金总额约占国民收入的20%至40%。[②]关系网络虽然为企业家提供了制度创新的空间，帮助了经济的增长，但却无助于促成对国家权力的理性限制。相反，从关系网络中获利的人，要么期望继续这种游戏，要么害怕改变规则之后的“秋后算账”，更倾向于抵制理性化治理方式的实施。[③]

其二，关系作为社会交往的支配原则，导致法律规定、制度安排、责任设置、甚至包括双方协议一致的契约条款等外在制约，都处于不断被相对化、情境化的状况之中。亲缘、地缘、师生、金钱交往、权力结构格局等种种因素，都能够成为影响公共决策的因素，由此导致：（1）在博弈过程中表现出的不确定性、不稳定性以及与权力的微妙纠葛，一方面将决策的理性化、科学化要求弃若敝履，另一方面强化了权力左右逢源、折冲尊俎的投机性质，难以形成公共服务精神；（2）强化特殊主义或情境主义的决策意识，很难形成一种明确稳定的正义观念和责任机制，决策的形成过程过多采取非正式的反复博弈，利益表达固然力图躲避公众的审视，决策者也完全无法对最终的结果负责；（3）更重要的是，在这种文化中，没有通畅的、具备公共性质的制度途径声张民权，个人命运悬于权力的一念之间，在不得已中要么努力寻找接近权力的机会（“对权力的依附”），要么以身体为本钱，直接进行肉搏，以期达到扩大事态、舆论施压的目的（“角力”）。

在当代中国，至少从近年不断涌现的热点个案来看，既有被屈打成招、

---

① 储建国：《非对称协商：中国的一种共和传统》，见 http://www.gongfa.com/html/gongfazhuanti/zhengdangxing/20090115/219.html。

② 吴敬琏、黄少卿：《创新或是寻租：中国转型时期的制度环境与企业家行为》，吴敬琏、江平主编，梁治平执行主编：《洪范评论》（7辑），北京：中国法制出版社2007年版，第141页。

③ 这是诺贝尔经济学家斯蒂格利茨针就俄罗斯转轨经验得出的看法，其中的教训应当引起我们关注。参见 Karla Hoff，Joseph E Stigliz. After the Big Bang？Obstacles to Emergence of the Rule of Law in Post-Communist Societies.Working Paper 9282, NATIONAL BUREAU OF ECONOMIC RESEARCH, 1050 Massachusetts Avenue.Cambridge, MA 02138, October 2002。

个体忍受压抑的冤狱，又有引身自焚、激烈执守个人利益的维权，似乎恰印证了寺田浩明揭示的那个“生存困境”：“总让步不是办法，这也是那个世界里的常识。于是，归属于自己的正当利益之不稳定性和事实状态上的模糊性，反而在另一个方面促成了人们不愿让步、不能让步的倾向。”① 在现代社会的艰巨治理任务中，那种“依附”与“角力”的悖论，足以放大成为对于公权力本身的不满，近年来思想界频频发出“合法性危机”的警告，正是对当代政治社会面临紧急状况的忧虑。②

三、超越两分法的制度设计思路

寻求关系网络的治理创新，必须超越那种“传统 / 现代”、“礼治 / 法治”的两分法思维图式，必须思考如何既不盲目地否弃活生生的优良传统（尤其是公权力关注民生的传统），又能适应新形势的变化（如社会复杂性剧增、公民权利意识高涨、公共治理任务加重等）？换言之，如何在现代条件下思考关系网络中的权利 / 制度装置？

（一）协商民主理论的启示

许多学者近年提出协商民主（deliberative democracy）的制度方案，力图超越自由主义与传统主义的思想认识争议。协商民主理论所应对的，正是如何在复杂、多元、高风险的人类社会中实现民主治理这个难题。③ 中国社会实践中存在着丰富的交涉资源，而通过协商民主式的制度建构，有望提升社会信息交流、意见表达的公共品质，形成个体之间、社会与公权力之间良性互动的格局，从而突破自由主义、传统主义对“原子化个人”或“父爱型政府”各持一端的强调。

协商民主理论要解决的是④：（1）政治的正当性问题。如何保证政治权力真正由“民”当家作主？（2）民主的认识论问题。在现代社会高度分化的状况下，如何保证绝大多数公民对于公共问题有一个基本的理性共识？（3）偏

---

① ［日］寺田浩明：《权利与冤抑——清代听讼与民众的民事法秩序》，见［日］滋贺秀三等：《明清时期的民事审判与民间契约》，王亚新、梁治平编，王亚新等译，北京：法律出版社 1998 年版，第 213 页。

② 如当代政治儒学家提出“合法性缺位”。参见蒋庆：《关于重建中国儒教的构想》，见 http://www.tianya.cn/publicforum/Content/no01/1/207403.shtml；基层研究者指出农民从“中央政策很好，地方政策好狠”，到对中央权威产生质疑的心理变化。欧博文、李连江：《中国农村的民众抗争活动及其影响》，载熊景明、关信基编：《中外名学者论 21 世纪初的中国》，香港中文大学出版社 2009 年版。

③ 何包：《协商民主：理论、方法和实践》，北京：中国社会科学出版社 2008 年版，第 17 页。

④ 本文关于协商民主理论的理解，来自以下两部著作：Any Gutmann，Dennis Thompson. Why Deliberative Democracy?. Princeton University Press, 2004; Bruce Ackerman, James Fishkin. Deliberation Day. Yale University Press, 2004。

好变化问题。应当允许个人通过学习而进步，那么，如何应对个体决策的变动问题？（4）多元性问题。不同个体的决策之间必然不会协调一致，如何考虑这种冲突和分歧？

虽然理论流派繁多，但依然具备共同性：协商民主是建立在公民或其代表对政策主张进行理由陈述的基础上，理论核心在于“知情的公共审议”（informed and public deliberation）。这个基本的关注点决定了协商民主的四个基本主张：第一，在提出利益主张或政策要求的同时，根据充分开放的相关信息进行理由陈述（以知情权的保障与说理责任的要求，确保公民对公共事务的理性参与）；第二，保证该理由必须是其他公民“可理解的”（comprehensible），即理由陈述必须公开进行，理由本身具有一定的公共性——理由不能局限在私人或者小集团的关注点上（以言论自由的保障与公共讨论的要求，确保公民对公共事务的理性学习）；第三，协商过程必须服从一定的“时间限制”——因为公共政策具有某种时效性的特点，不能够旷日持久地反复辩论。这一特点也决定了政策之间必须保持效力上的持续性，同时要求公民及其代表的理由说明必须具备内在连贯性，而观点的适当修正，也应当得到合理说明；第四，协商必须保持动态性。这一点与第三点的时效性紧密相关，决策由于时间限制而必须及时做出，但是决策的理由却应该保持公开和开放，决策过程中的冲突和分歧更应该保留，以便决策者及其支持者不断地接受批评者的挑战，在实践应用中不断自我反思、自我修正（第三、四点共同构成公权力信赖原则与公民自我责任的要求，以此确保公共决策的动态稳定与及时修正）。

（二）制度变革的思路

可以提出以下几点构想：首先，充分发掘内在于社会关系网中的实践资源，尤其关注社会大变革形势之下出现的社会利益多元化、公民权利意识日益高涨的现实，通过建设和完善信息公开以及信息交流的程序性制度，保证各种利益诉求得到公正、公开、平等、充分的表达机会，形成具有活力的公共意见交流平台。

其次，公权力保持中立、低调的姿态，即通过加强公共财政的预算审议和执行监督、制定规范公权力运作的程序性法律规则，确定公权力的边界，重新定位公权力的性质，确保公权力对公共议论平台的维护功能。

再次，完善公共决策过程中“问责”机制的建设。设定权责相对等的制度结构，不但要设置“谁决定，谁说明”的义务，更重要的是强化“谁说明，谁就有权决定”的责任意识，将激励机制导入问责制度中，形成一种“真正经过民主审议的决定即获合法性”的决策氛围。

最后，建立程序性的批评机制、反馈机制和行政（执行）机制，既为广泛的参与和协商提供机会，又保证决策执行实现开放性与稳定性的辩证统一。

兼顾保护弱势群体发言机会和决策时效性的要求，通过设置程序性的公开和反思机制，把进一步的讨论留给公众，以人民群众自身辨别是非曲直的能力保障协商民主制度的合法性。

总而言之，在中国这种以关系为本位、正处于全面转型的复杂社会中，自由主义偏重于张扬个人权利、限制公共权力，而传统主义偏重于弘扬集体价值、依托公共权力，两类主张都有相当大的局限性。就治理变革而言，只有将保障权利而限制权力的安排与促进权利而规范权力的装置相配套，这样才能既杜绝权力寻租的机会，又有效回应老百姓具体而微的利益诉求。不过，无论如何，就当前公权力控制社会资源的范围过于宽泛的事实而言，对如下这一点的强调必须得到优先考虑：应当把公权力克制在营建和保障那种能培养公民自主能力和自我责任的公共领域的职能上，而不是放任公权力在关系网络中游走，既完成不了艰巨的现代化治理任务，又徒给权力寻租莫大机会。

（蒋余浩，清华大学公共管理学院博士后研究人员）

法治思维与法律语言

法律规则与法律原则辨

刘叶深

在当代法理学家中，德沃金对中国法学的影响有目共睹：他的作品被大量翻译出版，他的观点得到广泛讨论。他的法律原则理论、法律解释理论得到了最多的关注，法律原则适用方式和建构性解释已经成为相关研究不可回避的经典命题。但同时，德沃金的理论又是异乎寻常地复杂：他在40年间抛出了很多的概念和命题，但少有承前启后的衔接性说明；他的很多表述和命题充满了真知灼见，但又模棱两可，甚至有些让人捉摸不透。因此，对德沃金的任何研究都是尝试性的，德沃金本人也在不断地抱怨别人误解了他的本意。

因此，研究德沃金的法律理论既具有重要性，又具有疑难性。这一描述同样适用于对他法律原则理论的研究。一方面，德沃金的法律原则理论引起了我国学者的极大关注，几乎达到了“人人皆引德沃金”的程度，而且在一些观点上很多学者都达成了共识，形成了法律原则研究的一般模式。当前法律原则研究的一般模式是在司法裁判的框架下思考法律原则在法律推理中发挥的独特作用，即作为法律规范，法律原则与其他规范在适用方式上有什么不同。应该说，这种“一般模式”把焦点放在司法实践的难题之上，具有一定的实践价值，而且也能够在德沃金的文本中找到观点上的呼应与支持，确实可以作为一种对德沃金观点的解读。另一方面，我们要看到，由于德沃金理论的复杂性，这种解读似乎还不能令人十分满意。这种“一般模式”是以忽略（或者一带而过）德沃金的“法律规则与法律原则具有质的差别”这一观点为代价的。在一定程度上，这种忽略也是回避德沃金理论的疑难之处。

本文将从德沃金这一普遍被忽略的观点入手，说明该观点的难解之处，其充分体现出德沃金观点的疑难性。经过分析我们将看到，“一般模式”在说明“质的差别”时都不能令人十分满意。笔者认为，试图理解“质的差别”的关键是正确理解德沃金意图处理的问题是什么。因此必须重新设定（或者还原）德沃金的理论目标——挑战法律实证主义的法律概念理论，在新的框架下对“质的差别”进行建构性解释，从而揭示出德沃金理论对法理学的革命性贡献。

本文的第一部分概括当前法律原则研究的“一般模式”，着重关注在引用的过程中被有意忽略了的德沃金的观点；第二部分将简要地展现德沃金法律原则理论的一些要点，我们将看到，被“一般模式”忽略的部分（“质的差别”）也是德沃金理论的疑难之处，同时，假如给予合理解读，也将是最具启发性的地方；第三部分将向大家推荐笔者自己对“质的差别”的解读——当然因为德沃金理论的复杂性，这种解读也仅仅是一种尝试，其说服力还需留待检验。最后是一个简短的总结。

一、当前法律原则研究忽视了什么?

（一）当前法律原则研究的一般模式

当前法律原则研究的一般模式认为，法律规则和法律原则都共享一个上位的概念，即法律规范。因此，对法律规则与法律原则差异的研究是一种规范分类学研究。我们称其要处理的问题为“分类学问题”[①]。

在“分类学问题”下，主要探讨的是分类标准。各家的表述虽然各有不同，但几乎一致把确定性 / 模糊性作为法律规则与法律原则的区分标准。他们认为，法律规则是具有确定性的规范，一旦规则中规定的条件得到满足，法律规则就会指向一个确定的结果；而法律原则相反，并不能确定地决定出一个法律答案，它可能指向多个均具有合理性的答案。

对于这一区分标准，各家从不同角度给予了说明和解读。例如，法律原则具有模糊性的原因之一是法律原则大多用语抽象，当这些抽象的原则运用到个案时，只能排除一部分答案，但是剩下的答案依靠法律原则是无法区分的。又如，某些学者更强调法律原则具有价值维度，而价值往往是充满争议的，例如，什么是“善”，可能会存在很多的答案，这是法律原则适用时具有不确定性的根源[②]。

确定性 / 模糊性这一差别导致法律规则与法律原则二者的适用十分地不同。一般认为，法律规则的适用似乎是直截了当、不加思考的，由于其具有

---

① 表达过这样观点的论著包括颜厥安：《法与实践理性》，北京：中国政法大学出版社 2003 年版，第 57 页；庞凌：《法律原则的识别与适用》，载《法学》2004 年第 10 期；舒国滢：《法律原则适用的困境：方法论视角的四个追问》，载《苏州大学学报》（哲学社会科学版）2005 年第 1 期；陈景辉：《原则、自由裁量与依法裁判》，载《法学研究》2006 年第 5 期；王夏昊：《法律原则的适用方式》，载《学习与探索》2007 年第 2 期。其他没有明确表达这一观点的论著，大多也隐含地将该观点作为进一步讨论的前提。

② 参见舒国滢：《法律原则适用的困境：方法论视角的四个追问》，载《苏州大学学报》（哲学社会科学版）2005 年第 1 期；陈林林：《基于法律原则的裁判》，载《法学研究》2006 年第 3 期；陈景辉：《原则、自由裁量与依法裁判》，载《法学研究》2006 年第 5 期。

确定性，适用与否，很容易判断；而法律原则的适用则不这么简单，由于其结果的不确定性，需要在多个答案间进行衡量，最终决定出一个相对合理的答案。法律原则的这种适用方式被称为“衡量”或者“权衡”①。由此，得出的一个结论是法律原则更多地与自由裁量权联系在一起，法律原则赋予法官更多的判断权，而法律规则一般对法官有着更为严格的约束。②

基于这一结论，很多学者还有很多有价值的发挥。例如，过多依赖于原则可能会对依法裁判造成危害，进而导致对法律体系稳定性的冲击③；在如何限制法律原则的适用、约束法官的自由裁量权的问题上，要求适用法律原则前要先“穷尽规则”，将法律原则的作用仅限于弥补漏洞④；也有人详细规定了法律原则适用应遵循的规则，以约束自由裁量权⑤。

我们可以将这种“一般模式”概括如下：

表 1　国内法律原则研究的一般模式

	法律规则	法律原则
区分标准	确定性	模糊性
差异的原因	具体	抽象
	不具有价值维度	具有价值维度
适用的方式	直接适用	权衡或者衡量
效果	严格约束自由裁量权	赋予法官很大的自由裁量权

（二）德沃金被忽视的观点

在法律原则研究的一般模式中有一个鲜明的特点：非常倚重德沃金在《认真对待权利》中对法律原则的论述。这并不奇怪。德沃金对法律原则的论述发前人所未发，极大地改变了这一领域中的论辩方向，甚至可以说，在德沃金之后我们已经无法摆脱他的论述而直奔主题了。但令人奇怪的是这些对德沃金的引用并不十分妥当。

首先，法律规则与法律原则本来是法理学中一对普通的概念，法律原则更为抽象，适用起来结果更不确定，这是一般的常识，本不需要德沃金赞同

① 参见王夏昊：《法律原则的适用方式》，载《学习与探索》2007 年第 2 期；陈景辉：《原则、自由裁量与依法裁判》，载《法学研究》2006 年第 5 期。

② 参见陈景辉：《原则、自由裁量与依法裁判》，载《法学研究》2006 年第 5 期。

③ 参见陈景辉：《原则、自由裁量与依法裁判》，载《法学研究》2006 年第 5 期；葛洪义：《法律原则在法律推理中的地位和作用：一个比较的研究》，载《法学研究》2002 年第 6 期。

④ 参见舒国滢：《法律原则适用中的难题何在》，载《苏州大学学报》（哲学社会科学版）2005 年第 1 期；陈林林：《基于法律原则的裁判》，载《法学研究》2006 年第 3 期。

⑤ 参见王夏昊：《法律原则的适用方式》，载《学习与探索》2007 年第 2 期；梁迎修：《法律原则的适用：基于方法论视角的分析》，载《华中师范大学学报》（人文社会科学版）2007 年第 6 期。

即可成立。而且这一常识在德沃金写作相关文章之前已经流传甚广，但是，人们更愿意引用德沃金对常识的重复，而对此前的文献毫无兴趣。

其次，德沃金关于法律原则的观点在"一般模式"中被肢解、曲解，有些部分被有意忽略了。例如：1. 德沃金从没有说过，法律规则与法律原则之间的区别是确定性 / 模糊性。德沃金并没有重复这一简单、现成的区分标准，这不能不让我们深思。2. 德沃金认为法律规则具有"要么适用，要么不适用"（all-or-nothing）的特点，很多对德沃金的引用直接将其等同于"确定性"，认为这是德沃金式的晦涩表达。3. 德沃金确实把自由裁量权与法律原则问题联系在一起分析，但是，与"一般模式"相反，德沃金认为法律原则的存在恰好否定了自由裁量权的存在，而不是法律原则为自由裁量权留下了更大的空间。4. 德沃金认为，法律规则与法律原则之间存在着逻辑的差别，而不是程度上的差别。在一般模式中，这一重要论断或者被忽略不谈，或者被一带而过，根本没有认识到确定性 / 模糊性之别不是逻辑的差别。

模糊性可能是由法律原则用语的抽象性带来的，但是，抽象与具体仅仅是相对的概念，原则被具体化可以成为规则，规则背后的抽象理念可以形成原则。有些规范可能属于中间层次，不是极端地抽象，也不是十分地具体。更可能的情况是从规则到原则形成了一个连续区间，我们很难说从哪个点开始规则停止、原则启程。这恰好是程度之别，而不是逻辑的差别。另外，即使确定性不是由用语的抽象性带来的，而是由个案的具体情形带来的。但是，在某些个案中，即使抽象的规范也能够产生确定的后果，有时针对具体的规范，照样可以争论不休。这种以个案为转移的确定性 / 模糊性的结果只能是某个规范可能是原则，也可能是规则，这全由其适用的对象而定。因此，规范种类并没有质的规定性，也没有逻辑上的差别。

在"一般模式"中，"逻辑的差别"这一观点被有选择地忽略了，因为它确实令人困惑，与既有的理解很难衔接；德沃金的其他观点被有想象力地与传统的观点相结合，成为支持既有常识的论据。这种重整的后果使我们失去了德沃金试图带给我们的重要东西。

二、德沃金法律原则理论中的疑点

（一）德沃金法律原则理论一览

德沃金关于法律原则的基本论述都记录在《规则模式 I》这篇论文之中。其中很多观点对于研习法律原则的人来说，都是耳熟能详。所以，在这里我仅仅勾勒德沃金法律原则理论的一些要点和值得关注之处，不作详细的复述。在此之前，需要说明的是，在《规则模式 I》之后，德沃金又对自己早期的理论给出了进一步的说明，澄清了不少可能的误解，这些后来的观点极为重要。

但本节仅限于勾勒早期的基本观点。

在《规则模式I》中，德沃金明确指出，自己所要处理的问题是法律的概念问题，即"什么是法律"的问题①。继而，他勾勒出法律实证主义对这个问题的回答，包括"规则论"、"自由裁量权论"、"规则之外无义务论"②。然后，德沃金才展开他关于法律规则/法律原则差异的阐述。最后，他又回到对法律实证主义的讨论，分别论证了法律原则对法律实证主义形成的挑战，以及法律实证主义的两种回应方式（"把法律原则看作法律外的规范"、"改造承认规则以包含法律原则"）的缺陷③。我们可以看出，德沃金的法律原则理论主要针对的是法律实证主义，假如他的理论不能击败法律实证主义，或者不能与实证主义有所不同，他的理论从根本上说就是失败的。

德沃金认为，法律规则与法律原则的差异是一种逻辑的差别④。逻辑的差别在这里的意思是质的差别⑤，与它们相对的是程度的差别⑥。换句话说，法律规则与法律原则具有不同的质的规定性，一种性质在量上的增加或者减少并不会导致另一种质的规定性；也不会因为外在环境的变化，一种质的规定性变成了另外一种质的规定性。例如，水和油之间就存在着质的差别，不通过特殊手段水是无法变成油的；但"甜"与"微甜"之间只具有程度的差别，增加程度，后者可以转化为前者，或者与"苦"的东西相比（比较环境发生了变化），"微甜"也可以被称为甜。

那么，法律规则与法律原则具有什么不同质的规定性呢？德沃金认为有三方面差异：适用方式、例外可否被完全列举、是否具有重要性维度。德沃金认为这三方面可以相互地推论出来⑦，因此三者表达的是同一事情的不同方面。我们通过下表可以一览德沃金法律原则理论的要点：

---

① See R Dworkin. Taking Rights Seriously. Cambridge, Massachusetts: Harvard University Press, 1977:14–16.

② See R Dworkin. Taking Rights Seriously. Cambridge, Massachusetts: Harvard University Press, 1977:17.

③ See R Dworkin. Taking Rights Seriously. Cambridge, Massachusetts: Harvard University Press, 1977:29–30.

④ See R Dworkin. Taking Rights Seriously. Cambridge, Massachusetts: Harvard University Press, 1977:24.

⑤ 德沃金把"质"与"逻辑"等同使用是有理由的。因为，逻辑与本体论有着紧密的联系，逻辑在运用的同时预设了本体论上的判断，虽然这些判断不是唯一的。而在本体论层面上不同的事物之所以不同，恰恰对应着它们质的不同。参见"Logic and Ontology", in Stanford Encyclopedia of Philosophy。感谢熊明辉教授提醒我关注这一联系。

⑥ 与德沃金针锋相对，拉兹提出法律原则与法律规则之间的差异是程度之别。参见 J Raz. Legal Principles and the Limits of Law. The Yale Law Journal, Vol.81, 1972: 838, 842; H L A Hart. The Concept of Law. (2nd edition), Oxford: Oxford University Press, 1961:260–262。

⑦ See R Dworkin. Taking Rights Seriously. Cambridge, Massachusetts: Harvard University Press, 1977:26.

表 2　德沃金法律原则理论要点一览表

<table>
<tr><th></th><th>法律规则</th><th>法律原则</th><th>差别的性质</th></tr>
<tr><td>适用方式</td><td>要么适用，要么不适用</td><td>权衡</td><td rowspan="3">质的差别</td></tr>
<tr><td>例外</td><td>其例外可完全列举</td><td>其例外不可完全列举</td></tr>
<tr><td>重要性维度</td><td>无重要性维度</td><td>具有重要性维度</td></tr>
<tr><td>理论目标</td><td colspan="3">反对法律实证主义的法律概念理论</td></tr>
</table>

（二）疑点重重

这些观点虽然经常被人引用，但是存在着很多令人不解的地方。可以说，德沃金区分法律规则与法律原则的三个方面都是有问题的。

第一，什么是“要么适用，要么不适用”（all-or-nothing）？为什么它与权衡有着质的区别？德沃金认为，当规则规定的事实出现时，规则提供的答案就必须被接受或者被拒绝，没有其他的选择，这就是“要么适用，要么不适用”[①]。仿佛这种适用方式是与规则的语言形式（“事实＋结果”）联系在一起的[②]。但是，德沃金列举的原则也可以被表现为规则这种“事实＋结果”的语言结构，例如，德沃金所列举的“任何人不能从自己的错误行为中获益”原则就可以表述为“当某个错误的行为被实施后，通过该行为得到的利益应该被剥夺”这一规则。法官面对这一“规范”（我们姑且不论称其为规则还是原则）时，通过与其他规范的权衡，或者在该案中适用该规范，或者否定该规范在个案中的适用，没有其他的选择。这说明权衡根本不是与“要么适用，要么不适用”对立的；确切地说，权衡是过程，“要么适用，要么不适用”是结果。

第二，规则的例外为什么可以完全列举出来？一个原则在个案中可能受到另一个原则的限制，进而导致该原则不能适用，后一个原则可以作为前一个原则在该案件中的例外。而且这一例外很难被事先预测到，因为该例外可能是由法官根据多变的案情确定的，我们很难以例外的形式事先作出无遗漏的安排。按照“一般模式”的理解，规则更为具体，通常比原则更详细地规定了自己的例外情况，但是，这并不意味着规则在适用的过程中不会出现冲突，导致其中一个规则被作为另一个规则的例外。与原则相比，规则的例外更不容易出现，但“不容易”仅仅是程度之别，而不是德沃金所说的质的差别。

第三，法律规则真的没有重要性维度吗？德沃金认为，法律原则具有重要性维度，在个案的适用中，某一法律原则通过与另一法律原则较量重要性，胜出或者败北；相反，法律规则不具有重要性维度。但是，真的是这样吗？

---

① See R Dworkin. Taking Rights Seriously. Cambridge, Massachusetts: Harvard University Press, 1977:24.

② 陈林林：《基于法律原则的裁判》，载《法学研究》2006 年第 3 期。

两个法律规则在个案中也会存在冲突，这样的冲突怎么解决？当然，在法律体系内存在着制度化的方法，包括效力等级、新法优先于旧法、分则优先于总则等等。但是，这些方法并不能解决所有的问题，例如，效力等级等方面完全相同的两个规则在个案中还是会产生冲突。这些“剩余”冲突不也是依靠规则各自的重要性来决定的吗？除此之外还有别的办法吗？所以，我们只能说，法律规则重要性维度在法律适用中起作用的机会没有法律原则多，但这并不构成质的差别。

有人可能会对我上面的分析提出质疑：规则例外不能被完全列举的原因在于，列举该例外时要借助法律原则，因此，其实是法律原则的例外不能被完全列举，而不是法律规则；法律规则因其重要性在个案中发生的冲突其实是它们背后的法律原则在冲突，而不是法律规则本身的冲突。但是，这种质疑只能说明，在法律规则冲突的解决过程中，法律原则间的冲突会被牵涉进来，但不能否认作为“开端”的法律规则之间存在着关涉重要性的冲突。为什么法律原则的冲突的出现就“取替”了法律规则的冲突？在个案中，两种冲突为什么不能都存在呢？所以，这种质疑不尽合理。

质的差别不能确立，这对德沃金法律原则理论的目标（挑战法律实证主义的法律概念理论）具有很大的影响。因为，德沃金的论证似乎是：用来说明法律规则，哈特的理论是没有问题的；但是，对另外一种规范类型——法律原则的说明却是不成功的。但是，我们看到，这种“新型”规范与哈特能够成功说明的法律规则并没有质的差别，所以，哈特的理论并不排除一部分法律原则属于法律，例如，立法确立的原则（如我国《民法通则》中的“公序良俗”原则）、司法先例曾经引用过的原则等等。至于其他的原则，哈特认为其属于法律外规范，否定其具有法律资格。假如德沃金试图挑战哈特的理论，区分法律原则和法律规则是没有用处的，更重要的是提出标准区分不同的原则，以对抗哈特对法律内原则 / 法律外原则。我们可以将此称为“原则再分类问题”①。但德沃金对此没有答案。

三、两种规则理论

通过前面两节的讨论，我们可以看到，法律原则研究的“一般模式”忽视德沃金法律原则理论中的一个重要论断，即法律规则与法律原则之间具有逻辑的 / 质的差异。同时，在德沃金的理论中，这一观点颇为难解，疑点重

---

① 我们后面将看到，德沃金对抗法律实证主义的策略不是“原则再分类”，或者说这根本不是他所关心的问题。而拉兹和哈特在各自的论文中将这种思路“强加”给德沃金，参见 J Raz. Legal Principles and the Limits of Law. The Yale Law Journal, Vol.81. 1972:848–851；H L A Hart. The Concept of Law. (2nd edition), Oxford: Oxford University Press, 1961:264。

重。“一般模式”忽视这一难解的论断，引用德沃金的理论来为对法律原则的传统理解助阵，有避重就轻之嫌。

在“一般模式”之外，很多学者也质疑到“质的差别”这一论断，有些人认为两者的差别在于法律规则具有合法形式[①]，而法律原则没有，有人认为，法律规则其实是法律稳定性这一法律原则的体现[②]，有人认为法律规则与法律原则分别代表了不同类型的法律理由[③]。但是，这些区分标准要么不能符合德沃金关于原则的表述，要么不适合去挑战法律实证主义的法律概念理论（否则不能实现德沃金的理论目标）。

笔者下面将推荐一种对法律规则和法律原则差异的解读，并尽力提供理由支持它。在接下来笔者将径直展示自己的观点；对这一解读感到困惑的人或许能够被后面几节提供的理由所说服。同样，笔者的理由具有两个方面：1. 这一解读符合德沃金的基本论述；2. 这一解读能够有效地挑战法律实证主义的法律概念理论，实现德沃金的理论目标。

（一）法律原则理论实质上是另一种规则理论

我的基本观点[④]由两部分组成：1. 德沃金的法律原则理论不应被看作在法律实证主义意义上的规则之外，又向法律概念中增加了另外一种规范——法律原则；2. 他的法律原则理论应该被看作对“什么是规则”这个问题给出了与哈特完全不同的哲学回答，换句话说，他提供了另外一种规则理论来替代哈特的“规则实践理论”。

我们在前面讨论过，法律原则研究的“一般模式”认为，法律原则是不同于法律规则的另一种类规范，即这是关于规范分类的研究，其中包括分类标准、差异的程度等问题。我们可以将其统称为“分类学问题”。但德沃金的法律原则理论并不是要解决“分类学问题”，他也并不试图提供一个外延更广的法律概念（“法律规则 + 法律原则”），借此来否定哈特更窄的法律概念（只包括“法律规则”）。换句话说，他并不是要提供一个更复杂的法律效力标准（“法律实证主义标准 + 道德标准”），借此来否定法律实证主义的单一标准。德沃金攻击法律实证主义的法律概念理论的方法是在同意后者的效力标准和概念外延的前提下，对这一效力标准给出完全不同的哲学说明，即对法

---

① See Schauer. Prescriptions in Three Dimensions. Iowa Law Review, Vol.82. 1997:912–913. See also Larry Alexander & Ken Kress. Against Legal Principles. in A. Marmor (ed.), Law and Interpretation: Essays in Legal Philosophy, Oxford: Clarendon Press, 1995:280–281.

② 参见王鹏翔：《规则、原则与法律说理》，载《月旦法学教室》第 53 期；王鹏翔：《论基本权的规范结构》，载《国立台湾大学法学论业》2005 年 3 月。

③ 参见范立波：《原则、规则与法律推理》，载《法制与社会发展》2008 年第 4 期。

④ 还可参见两种虽然不同、但很有启发性的观点：Timothy Endicott. Are There Any Rules?. The Journal of Ethics, Vol.5, 2001: 201–203; Michael Moore. Legal Principles Revisited. in Educating Oneself in Public: Critical Essays in Jurisprudence. Oxford: Oxford University Press, 2000:227–229。

律的效力标准的说明无法离开“道德”这个概念，进而否定法律实证主义坚持的“法律与道德没有必然联系”结论。

表 3 其他解读与本文推荐的解读比较

	试图解决的问题	效力标准	法律概念外延
其他对德沃金的解读	分类学问题	比法律实证主义更复杂	比法律实证主义更广
本文推荐的解读	哲学说明问题	与法律实证主义相同	与法律实证主义相同

既然德沃金的目标是要为法律规则提供一种不同于哈特的哲学说明，那么，这种说明是什么呢？答案是德沃金针对哈特的“规则实践理论”提出了一种“规范性规则理论”。这种理论认为，像哈特那样，将规则看作包含人们主观态度、行动的一致性实践是错误的，根本上误解了规则的本质；由于规则是法律得以成立的基本要素，这一误解进一步造成了对法律的效力标准（承认规则）本质的误解，“法律与道德没有必然的联系”这一错误的结论就源于这一系列误解。

德沃金认为，对规则进行正确的理解必然离不开“客观价值”这一概念[①]。“客观价值”是对价值本质的一种说明，即价值既不是人的主观偏好，也不是某一具体社会环境的产物，而是人类共享的、任何人都无法否认的、与人类共生的东西。我们的任何具体的价值，如善良、勇敢、效率，都内在地、隐含地预设了“客观价值”。规范（规则）是具有规范性的实在，离开了“客观价值”，其规范性本性就难以得到合理的说明。将价值理解为个人偏好，或者人类一致性实践都对价值本质的误解，进而也无法说明“规范性”这一概念以及其衍生出的权力、义务、责任等概念。因此，假如我们把规则看作是一个“规范性概念”，那么，对规则的说明必然要牵涉客观价值，必然要否定哈特的“规则实践理论”。我们将在下文中具体说明为什么借助“客观价值”对规则的理解要优于哈特的“规则实践理论”，这里仅仅概括地说明。

（二）此种解读符合德沃金的基本论述

1. 符合德沃金对法律原则理论的最新诠释

德沃金在《法袍下的正义》中明确讲到，他所关心的理论问题并不是分类学问题。他并不主张，在法律规则之外，法律还应该包含其他种类的道德规范。所以，德沃金说，“追问某些道德原则是不是法律”本身就是问了一个错误的问题[②]。而且德沃金认为，很多的学者（如斯科特·夏皮罗、哈特、朱尔斯·科尔曼）都把自己的理论看作是解决“分类学问题”的，并依据这一点展

① 对这一概念最为详尽的讨论，参见 R Dworkin. Objectivity and Truth: You'd Better Believe It. Philosophy & Public Affairs, Vol.25, No.2, 1996。

② See R Dworkin. Justice in Robes. Cambridge, Massachusetts: Harvard University Press, 2007:4-5.

开对自己的批评，他们一开始就误入了歧途[①]。

当然，产生这些广泛的误解责任并不全在于批评者，德沃金的法律原则理论在论述上存在着模棱两可之处，容易让人误以为他要处理“分类学问题”。例如，在《规则模式 I》（1967 年）中，德沃金有如下的表述：

> “我认为，实证主义是一种规则的模式或者规则体系的模式，它认为存在着单一的识别法律的基本检验标准，这使我们忽视了那些不是规则的标准所具有的重要地位。”[②]
>
> “与规则相同，（他们都）把原则和政策集合体看作同样意义上的法律；把它们看作约束社会中官员的标准，控制他们作出的关于法律权利和法律义务的判决。”[③]

相同的表述在《规则模式 I》中还可以找出很多。这些表述似乎表明德沃金对法律实证主义的法律规则没有异议，但其忽略法律原则是法律实证主义的错误所在。德沃金在《法袍下的正义》中承认自己早期的表述容易带来这些误解，也使得近 40 年的法哲学浪费了太多的笔墨[④]。但德沃金认为，相隔 5 年后（1972 年）发表的《规则模式 II》就已经消除了这种误解。

2. 符合《规则模式 II》中的相关论述

在《规则模式 II》中，德沃金认为，对《规则模式 I》的批评都是建立在一个错误的基础上，即这些批评者没有看到社会规则（social rules）与规范性规则（normative rules）这一重要区分。

“社会规则”实际上是哈特所持有的规则理论的代名词，该种理论认为，规则与习惯的区别在于，人们对规则持有一种一致的“内在观点”，它包括两方面内容：（a）人们把规则作为行动的理由；（b）对偏离规则的行为提出批评[⑤]。“内在观点”实际上是规则下的行动者主观态度。此外，再加上外在行为上的一致就构成了规则得以成立的“实践条件”，因此拉兹称哈特的规则理论为“规则的实践理论”[⑥]。也就是说，这种规则理论认为，规则可以化约为人的

---

① See R Dworkin. Justice in Robes. Cambridge, Massachusetts: Harvard University Press, 2007: 232–235.

② See R Dworkin. Taking Rights Seriously. Cambridge, Massachusetts: Harvard University Press, 1977:22.

③ See R Dworkin. Taking Rights Seriously. Cambridge, Massachusetts: Harvard University Press, 1977:38.

④ 参见 R Dworkin. Justice in Robes. Cambridge, Massachusetts: Harvard University Press, 2007:246. 注释 6。

⑤ See H L A Hart. The Concept of Law. (2nd edition), Oxford: Oxford University Press, 1961:86–88.

⑥ See Joseph Raz. Practical Reason and Norms. Princeton University Press, 1990: 49–53.

态度和行为组成的社会事实[①]。

德沃金认为，哈特的规则理论根本上是错误的，他提出了另外一种规则理论（参见上文），其代名词是“规范性规则”[②]。针对哈特的理论，这种规则理论强调，说明规则必须借助“客观道德”，而且“客观道德”是不能被化约为事实的，即使“社会实践”这种事实也不可以。

当我们确立了这一区分，而不是眼睛盯着“分类学问题”，才会发现很多针对《规则模式 I》的批评都是不准确的、没有力量的。我们下面讨论其中两个[③]。

第一，萨特若斯（Sartorius）的批评[④]：法律与道德之间是存在界限的，这一点应该不会引起质疑，即使哈特的承认规则有缺陷，但是经过些微的改造还是可以包含德沃金提出的原则的。德沃金的回应直截了当：我并不是说法律与道德之间不存在界限，但是我不同意这一界限是由社会规则确定的；相反，我认为这一界限是由特定的或者某些规范性规则确定的[⑤]。借助我们前面确立的关键区分（“社会规则”指代规则实践理论；“规范性规则”指代客观道德观照下的规则理论），我们可以看到，德沃金反对的不是法律的界限，而是法律实证主义对这一界限的本质的解读（“实践”），他主张借助“价值”对这一界限进行哲学上的说明。

第二，同样源于萨特若斯的批评：用制度性支持不是可以很好地说明法律原则吗？并非所有的原则都是法律，只有那些得到制度支持的原则才能够被称为法律[⑥]，这难道不对吗？德沃金认为，制度性是法律的重要属性，这不假；但是，用本质上是社会规则的承认规则来说明制度是不成功的。因为，当某人援引某一制度来支持自己的论点时，仅仅说该制度代表着“很多人的一致态度”这一事实是不够的，他还要引用政治理论，来说明为什么这一制度具有合理性，应该被服从。这不可避免要从社会事实转向政治价值。[⑦]

3. 符合《规则模式 I》中的相关论述

用上述证据来说明，我的解读符合德沃金的基本论述可能并不能使所有人信服。因为，比较集中代表德沃金法律原则理论的文章是《规则模式 I》，

---

① “实践”一词在这里被当作一种事实看待，这与传统哲学对“实践”的理解是有差异的。参见 J Finnis. Fundamentals of Ethics. Clarendon Press, 1983, ch.1。

② See R Dworkin. Taking Rights Seriously. Cambridge, Massachusetts: Harvard University Press, 1977: 51.

③ 另外两个是源于自由裁量权、规则原则的区分的，限于篇幅，不做讨论。

④ See R Dworkin. Taking Rights Seriously. Cambridge, Massachusetts: Harvard University Press, 1977: 59.

⑤ See R Dworkin. Taking Rights Seriously. Cambridge, Massachusetts: Harvard University Press, 1977: 59–61.

⑥ See R Dworkin. Taking Rights Seriously. Cambridge, Massachusetts: Harvard University Press, 1977: 65.

⑦ See R Dworkin. Taking Rights Seriously. Cambridge, Massachusetts: Harvard University Press, 1977:67–68.

《规则模式 II》毕竟时隔5年，他可能暗中改变了早年的观点。因此，仅凭其符合后期观点就断然认为这一解读符合《规则模式 I》是武断的。这里我要说明，尽管德沃金早期观点较为模糊，但是社会规则 / 规范性规则这一区分在《规则模式 I》中已经可以推断出来，用德沃金的话说，“我不认为我后期的论证与早期的论证存在重要的差别”[①]。我们通过德沃金早期对规则与原则的三个区分标准来展示这一点（参见上文）。

（1）适用方式的差别

规则的适用方式是“要么适用，要么不适用”，原则的适用方式是“权衡”。这意味着规则之间不可能发生冲突，不可能因冲突而需要“权衡”。这一点经常遭人诟病。但是，我们只要牢记德沃金这里讲的并不是两种类型的规范，而是两种规范（规则）理论，德沃金的理论就不是荒诞不经的，反而显示了他对法律实证主义精确的概括力。

按照哈特的“规则实践理论”，两个规则仅仅是两个社会事实，即两个不同的一致性实践。两个既存事实之间是不可能存在矛盾的。要理解这一点我们可以设想，我在t时间说“张三很善良”，又在t时间说“张三不善良”，假如把这两个说话行为看作纯粹事实，它们并没有什么矛盾的，即一个人说了自相矛盾的话并不是不可能的，也不违背物理学上的任何定律。[②]但是，当我们把它们看作规范性判断，那么，矛盾就出现了，我们必须要做出“权衡”以判断哪个言说更正确。也就是说，按照哈特的规则理论，规则不可能发生冲突，这明显违背常识；只有按照“规范性规则理论”，规则冲突才可能发生，才能很好地说明常识。德沃金对这一点的观察非常敏锐。

（2）列举例外的差别

规则是可以完整地列举出它的例外的，而原则没有办法做到这一点。这一点本来也是疑点重重。我们再试图用社会规则 / 规范性规则区分来理解它。按照哈特的理论，规则是由实践（一致性态度与行为）构成的，这些实践可以相当复杂，例如，划定哪些规则具有优先权，哪些规则只具有“替补”作用，这就确定了前一规则作为后一规则的例外。尽管实践可以如此复杂——甚至延续几百年，但终究是有限的，因此，这些“例外”也是有限的，所以，德沃金说，（哈特所说的）规则的例外是可以完整地列举出来的。

而按照“规范性规则理论”，规则（即德沃金所说的“原则”）并不等同于人的实践，它是一种客观的价值，与有限的实践有着重要的差别，它在适用于将来的案件时，可能会产生与过去不完全相同的优先排序，因此德沃金意义上的规则（即“原则”）的例外是不能被完全列举出来的。

---

① See R Dworkin. Justice in Robes. Cambridge, Massachusetts: Harvard University Press, 2007: 22.

② 与此相对照，“我在t时间说了张三是善良的”与“我在t时间没说张三是善良的”作为纯粹事实是矛盾的。

（3）重要性维度差别

规则不具有重要性维度，原则具有重要性维度。为什么会这样呢？有些规则不是在个案中比另一规则更重要而被适用吗？按照哈特的规则理论，两个规则即两组实践，或者说两个社会事实，事实之间是无所谓价值重要性的。就像我们无法说作为事实的“士兵的队伍前进”与“士兵的队伍后退”哪个更有价值，我们只有结合具体情景和价值才能够作出判断（追击/溃败）。也就是说，哈特的规则理论根本无法说明规则的指引是价值指引，也无法说明不同的指引在个案中要凭借各自的“重要性”予以选择、判断。这一司空见惯的性质只有借助“规范性规则理论”（即“原则”）才能够得到说明。

（4）质的差别

法律规则与法律原则之间存在着质的差别，这是德沃金对上述三个标准的定性。我们曾经寻找过各种各样的标准来确立质的差别，似乎都不成功。借助社会规则/规范性规则的区分，我们认识到，德沃金所要确立的差别并不是两种类型的规范之间的差别，而是两种性质截然相反的规则理论，这两种理论相互排斥，无法相互化约。哈特的理论认为，规则是由一致性实践组成的，实质上是一种社会事实，这也是“法律与道德没有必然联系”命题的根源所在。而德沃金针锋相对地认为，不借助道德，规则将无法得到准确的理解，特别是将误解规则所具有的规范性以及产生权利、义务的能力，因此，法律与道德有着必然的联系。这两种理论得出的结论相互否定。在这个意义上，它们之间存在着质的差别。

（三）规范性规则理论优于规则实践理论

对这个问题的回答直接关系到德沃金的理论是否能够形成对法律实证主义的挑战。我们可以从以下三个方面看到规则实践理论的缺陷。

1. 不存在一致性实践，仍然可以存在规则

德沃金举了一个素食主义者的例子①：素食主义者主张，“每个人都不应该杀生取食”。尽管在他所在的社会中并没有形成一致性的实践，即只有很少人才认同这一规则，但我们不能否认该规则是存在的。有人可能会反驳说，这里根本不存在所谓的规则，存在的仅仅是个人的信念。但是，这是对该素食主义者的主张的误解，他并不认为自己的主张只对自己适用，他认为，该主张应该适用于社会中的所有人，其他人并不认同这一规则是因为他们没有认识到该规则所体现的价值；假如认识到该价值后，自然会形成对该规则的普遍认知。

2. 即使存在一致性实践，规则也不以之为存在条件

规则一般都伴有一致性实践，即社会中很多人都会对该规则表示主观赞

① See R Dworkin. Taking Rights Seriously. Cambridge, Massachusetts: Harvard University Press, 1977: 52–53.

同的态度。这给人留下了一种错误的印象，似乎规则离不开一致性实践。但德沃金认为，这种“伴生”虽然较为普遍，但并不意味着一致性实践就是规则存在的条件。他认为，只要区分惯习性规则（conventional rules）和偶合性规则（concurrent rules）就可以清楚地看到这一点[①]。

惯习性规则之所以可以作为人们的行动理由部分原因[②]在于一致性实践的存在，例如，为什么“右侧行驶”会成为规则，部分的原因在于所有人都右侧行驶导致某人的左侧行驶会给交通带来很大的麻烦；假如所有人都左侧行驶，那么右侧行驶就会被认为是错误的。可见惯习性规则的作用主要在于协调人们的行为，使各种行为不至于相互冲突。只要两种协调方式可以达到同样的协调效果，到底应该选择哪种，惯习性规则再所不问，我们称惯习性规则的这一特点为“任意性”[③]。

偶合性规则作为人们的行动理由是源于该规则所追求的价值，而不是人们的一致性实践。例如，“不得杀人”这条规则之所以成为行动理由，不是因为很多人都认可这条规则，而是由于人的生命作为重要的价值不容无正当理由地剥夺。尽管很多人认可这一点更增加了我们作出这种价值判断的信心，但是，共识的存在并不是我们认可这条规则的理由。

现在我们的问题是法律仅仅是惯习性规则吗？法律仅仅是协调人们的行为，使彼此不相冲突吗？看来答案是否定的[④]。我们不会说，因为都可以实现行为的协调，法律“禁止盗窃”与法律“允许盗窃”是完全一样的。我们知道两者存在很大的差别：前者体现了个人财产自主的价值，后者违背了该价值。法律恰恰是追求各种价值的，而非仅仅是协调行为，这从“大多数的法律规则并非是可以随意做相反的规定”就可以看出来。法律之所以经常伴随一致性实践，源于众人价值判断上的偶然相合，这并不意味着“一致性”是规则存在的条件。

3. 即使实践发生分歧时，规则也可以存在

通过前面的分析，我们看到，一致性实践并不是规则存在的条件，而客观价值对于规则的存在是最为关键的。那么，在价值观点出现分歧的时候，规则是不是还存在呢?

按照哈特的社会规则理论，人们之间没有形成一致性实践，规则就是不

---

① See R Dworkin. Taking Rights Seriously. Cambridge, Massachusetts: Harvard University Press, 1977: 53–54.

② 惯习性规则也要依赖于价值，例如在右侧行驶的例子中该规则就保障了“交通便利”这一价值。所以，我们只能说惯习性规则作为行动理由“部分原因”在于一致性实践。

③ Andrei Marmor. Legal Conventionalism. in Jules Coleman (ed.), Hart's Postscript: Essays on the Postscript to The Concept of Law. Oxford: Oxford University Press, 2001:203–204.

④ 哈特对这一问题的回答是肯定的，参见 H L A Hart. The Concept of Law. (2nd edition), Oxford: Oxford University Press, 1961:256。

存在的。但是，按照德沃金的观点[①]，价值观点上的分歧并不意味着客观价值不存在。确实，在分歧的情况下，人们各自持有不同的价值观点，相互矛盾，相互争论，没有办法确定一个最终的答案。但这种分歧只是关于“客观价值在个案中如何实现”的分歧，并不否认客观价值的存在；相反它反而预设了客观价值的存在。

有人可能会问：分歧时强调客观价值的存在，或者否认客观价值的存在，这里有什么差别吗？关键的差别是否认客观价值就误解了道德争论的本质。之所以不同的道德观点会被称之为“分歧”，而不仅仅是“差异”，根本原因在于双方都要为自己的道德观点提供理由支持，并且尽力提供更有说服力的论据，以否定对立的观点。这一过程完全是诉诸理由、符合理性的。但与此相对照，在有些不同于道德的领域中，人们仅仅将“不同”看作是“差异”而不是“分歧”，并不认为需要彼此进行争论，也无需诉诸进一步的理由。例如，有人认为苹果好吃，枣不好吃；另一人对两者的看法恰好相反。一般情况下，我们并不会认为两人需要提供太多的理由来支持各自的观点，并反驳对方的观点。我们会觉得，这仅仅是口味而已，并不存在一个客观的标准来衡量这一领域。假如认为在道德观点出现分歧时，客观道德存在与否无关重要，就错误地将道德实践看成了像口味那样的差异，根本地误解了人类的这一重要的生活领域。

只要当人们认为该种客观价值需要在全社会的范围内普遍推行时，分歧中预设的这种客观价值就可能会给我们带来规则。因此，在这个意义上，实践上的分歧态度并不能否认规则的存在。

4. 小结：只有客观价值才能说明规则的规范性特征

规则具有规范性特征，这一点法律实证主义者与德沃金都举双手赞成。哈特在反对奥斯丁的法律概念理论时强调的也是后者的观点不能妥当地说明法律的规范性[②]。对这一特征的哲学说明催生了他的“规则实践理论”。但是，我们看到人们遵守规则并不是因为他人一致性的实践（“别人这样做，我也这样做”），也不是因为自己的主观态度（“我想怎样做，就怎样做”），根本上，规范性是来源于客观价值这一道德行动的最终标准。因此，哈特的规则理论是有缺陷的，德沃金也正是针对这一缺点展开了对法律实证主义法律概念理论的挑战。

这里有两点值得说明：（1）只有“借助”客观价值才能够说明规则的规范性特征，这并不意味着所有的规则（包括法律规则和道德规则）都是“符

① See R Dworkin. Law's Empire. Oxford: Hart Publishing, 1986: 78–85.

② 参见 H L A Hart. The Concept of Law. (2nd edition), Oxford University Press, 1961，第二章。

合”客观价值的[1]；（2）德沃金总是强调哈特的法律概念无法说明法律实践的真实状况，无法说明法官的义务，其根本就在于法律实践必须被看作是规范性实践，从规范性中才能产生权利和义务，总之，这些质疑最终都集中在“规范性”这一特征上。

结　论

国内关于法律原则的讨论已经形成一种模式，讨论者都是从法律规则与法律原则分类的角度去研究两者在法律推理中的不同角色。这种理论模式一方面无一例外地引用德沃金的相关论述，一方面忽视德沃金的一些重要观点。这种悖反都是源于我们不理解德沃金的理论对手是法律实证主义的法律概念理论，把自己的问题意识塞给了阅读对象。

我们主张，准确解读德沃金的思想要满足以下两个条件：（1）符合德沃金的基本表述；（2）较好地实现挑战法律实证主义法律概念理论的目标。在这两个条件约束下，我们认为不能从分类学的角度去理解法律规则和法律原则，而应当将它理解为提出一种不同于哈特的规则实践理论的规则理论，即规范性规则理论。这番探究告诉我们，在研习西方法哲学理论时，应该不仅仅从自己原有的问题、角度出发，实现相同概念的“简单对接”，还要反思阅读对象针对的理论问题，依据问题脉络，对阅读对象进行“建构性解释”，澄清其模糊之处，提炼其正确观点。如此才能够进入“语境”，实现同情地理解，法哲学研究才能够既不脱离传统理论脉络，又不沦为“法哲学史研究”。

（刘叶深，北方工业大学文法学院法律系副教授；本文部分内容曾以《法律原则与法律规则：质的差别》为题在《法学家》2008 年第 5 期发表）

① 这当然需要更多的理论说明，参见 Joseph Raz. Authority, Law and Morality. Monist, Vol.68. 1985: 300–305。

从“法律”的统治到“法律人”的统治

——“法律人”观念一个检讨

吴 彦

引言：从浙大法学院迁址说起

浙江大学光华法学院的成立，受到了全国法律学人的普遍关注。这在很大程度上归因于它所做出的一些“制度创新”。例如“教授委员会”的机构设置，这多少让人看到了教授治校的一线曙光。然而在某种意义上人们却忽视了光华法学院成立背后禀受的一种基本观念。这种基本观念不仅促成了法学院的迁址，也在某种意义上规定了法学院发展的基本方向。自浙大四校合并以来，原来的杭州大学的学科系统——人文学院（哲学系、社会学系、历史系），法学院，经济学院——还保持原样，一直在西溪校区之中，未曾搬迁。因此仍沿袭文科院校的固有传统。但是，2007 年光华法学院的成立，根据学校的决定，将法学院迁址至原之江大学的百年老校区，单独成立一个“学科特区”。这里的路程距西溪校区大约四五十分钟的公交车路程，距浙大新址紫金港校区则更远些。这一地理“优势”俨然使得法学院成为一个独立的“天堂”。幽雅的环境，典雅的建筑，浓厚的传统更为此增添了魅力。但是，在所有这些让人羡慕不已的地利人和之外，人们却很少思考这样一个问题：我们所做的这些事情所指向的那个目的在多大程度上可能偏离我们最初的预期？这样一种通过地理上的区隔而产生的学科“支离”，进而造成的教育“支离”在多大程度上可能偏离我们法律教育的目的？甚至于我们要进一步追问：当下中国被普遍或被默认的法学教育的目的是什么？以及内在于这种法学教育观念的根由是什么？

这一系列的问题要求我们必须重新思考法学院迁址的象征意义，并探明潜在于其背后的基本观念。在我看来，这种基本观念就是“法律人”观念，以及与此观念联系在一起的“法律职业论”。这种理论认为，法律具有其自身的内在逻辑，它既与道德严格区别开来，又与政治严格区别开来；因此法学就是一门独立的自主性的学科，既区别于伦理学，又区别于政治学；因此法律的实践就是根据法律的一种自主性的实践，作为法律实践主体的人的行动就必须仅只根据法律，而不能根据任何道德或政治的要素；因此法律教育的目的就是培养仅只根据法律逻辑进行思维的人，即培养“法律人”。这样，法律的统治在根本意义上就变成了法律人的统治。因此，创造一个独立的法学院，一个独立于所有其他学科（政治学、伦理学、美学等等）的法律学科就不仅是可能的，也是必要的，这既是培养法律人所需要的，也是法律职业化所要求的。

因此，我们从光华法学院迁址这一事件背后探察到一种潜在于这一表象之下的基本观念——“法律人”的观念。这一观念不仅影响到光华法学院的迁址，而且在更为一般的层面上影响到我们当下法学教育以及法律实践的基本目的和方向。因此对于这一观念之根据和理由的批判性探讨不仅有助于我们理解当下中国法学的某些基本预设，而且也有助于我们理解当下中国法学的基本思想状态，尽管对于后者的分析和探讨明显超出了本文的范围。因此，本文将仅只聚焦于分析“法律人”观念的基本前提以及其所可能带来的基本后果。以期为我们理解和反思当下中国法学之思想状态提供一条可资依凭的道路。

下面，我将首先分析存在于当下中国法学思想中的“法律人”观念，尤其是分析其主要代表之一孙笑侠教授的论述。[①] 其次，在这一分析的基础上，我将在这样两个层面上批判性地检视法律人观念所依赖的基本前提以及由此而导向的基本论争：第一个层面是法律与人的关系层面，这一层面所展现出的是这样一种被型构起来的二元对立图景——法律的统治—人的统治；第二层面是法律普遍主义与法律特殊主义之间的对立和紧张，在这一层面我将揭示“法律人”观念的法律普遍主义前提，即法律人的观念在某种意义上以普遍性法律观念为前提。最后，我将阐明这种普遍主义的法律人观念所忽视的一个根本前提：即人总是实性的（concrete），情境性的（context），并且总是生存于某个特定的政治共同体（political community）之中。也就是说，法律人的观念在某种意义上以法律的观念为前提，同时，法律的观念在根本意义上以中国人 / 中国人的生存秩序的观念为前提。并且，如果说中国人 / 中国人的生存秩序的观念要建立在如下两种要素——一是我们生存其中的这个政治共同体的意志决断（政治决断），二是蕴涵在生存活动本身之中的法理（道德判断）——的基础之上的话，那么当下中国法学自我反思和重构的基本要求就必须重新考虑某些已经被我们遗弃了的东西，一是政治的自我主张，二是具体的道德判断，或者说内在于具体生活中的法理。因此，从某种更为基本的

① 孙笑侠教授的论述给我们提供一个比较全面的关于法律人和法律职业的图景。参见孙笑侠：《法律家的技能与伦理》，载《法学研究》2001 年第 4 期；孙笑侠、李学尧：《论法律职业共同体自治的条件》，载《法学》2004 年第 4 期；孙笑侠编：《法律人之治——法律职业的中国思考》，北京：中国政法大学出版社 2005 年版。

层面上看，重新思考法律、政治与道德之间的关系也必将占据我们思考法律问题的核心。

一、法律职业论与“法律人”观念

在当下中国，法律职业论和法律人观念兴起于20世纪90年代，其主要的代表人物有贺卫方、孙笑侠，以及其他部门法学的诸多学者。可以说这一理论的兴起正处于中国构建法治国家、确立法律自主性的大潮之中。因此从某种意义上看，这一理论正应合了当下中国主流法学话语的基本旨趣：建构中国的“法治国家”，确立法律的权威，使法律成为不受任何其他政治或经济因素干涉的自主系统。或者说，通过各种不同方式和途径确立起“法律自主性”。对此，我们亦可把这种占支配地位的法学话语称为追寻“法律自主性”的话语。由于这种话语又同“现代化”问题、“法治”问题内在地联系在一起，因此同时，亦可把他们称为“法制/法治现代化话语”。

对法律职业论的一个最简洁的表达可以用孙笑侠教授的一句话加以概括：“法治就是法律家之治。”在《法律家的技能与伦理》一文中，孙笑侠先生这样说道：

> “法律家是经过专门训练的职业化的专门人士，他们的语言、知识、思维、技能以及伦理都与普通人不同，总之，他们是具备了一定职业资质的人。一国完备的法律交给不同资质的人员，则有完全不同的实际效果。假如完备的法律交由行政官或只具备行政官素质的官吏（尽管名义上他们被称为“法官”）来适用，那么，这种情形肯定不能称为法治。正因为这个道理，法治国家才要求受过严格专业训练的人士来充任法官，法治国家才出现法律人才进入高级行政官行列的普遍现象。就这个意义上讲，法律家之治是法治的重要标志。我们甚至可以说，法治就是法律家之治。”①

同时，根据孙笑侠教授的进一步界定，这一由法律家所构成的“法律家共同体”包含这样一些基本的特征：

> “（1）法律职业或法律家的技能以系统的法律学问和专门的思维方式为基础，并不间断地培训、学习和进取。
>
> （2） 法律家共同体内部传承着法律职业伦理，从而维系着这个共

① 孙笑侠：《法律家的技能与伦理》，载《法学研究》2001年第4期，第4—5页。

同体的成员以及共同体的社会地位和声誉。

（3） 法律职业或法律家专职从事法律活动，具有相当大的自主性或自治性。

（4）加入这个共同体必将受到认真考查，获得许可证，得到头衔，如律师资格的取得。”①

从总体上看，孙笑侠教授的“法律职业论”正是近30年来中国主流法学思想所主要致力于实现法治目的——或法律相对于政治的独立性——的理论进路之一。无论是“私法路向”的对于法律自身之内在独立性的强调——法律根植于生活本身而不是政治意志；或是“程序路向”的“去政治化”处理——用“形式”取消任何实质性的争论；还是“职业人路向”的对于与法律打交道的人的“去人格化”的思维处理，所有这些进路都共同致力于法律的自主性或自治性，尤其是相对于政治的独立性。这一共同的目的指向在很大程度上是反抗、反思之前的“阶级斗争法学”的整体性效应的结果。20世纪80年代以来的中国法学最为基本的处境是：法制/法治现代化话语的空前繁荣。这既在于继承近代中国人一直以来的基本情感诉求——现代化，同时也反映了80年代以来的法学对于之前几十年法学发展基本状况的不满与否定，尤其是反对和反思“文革”时期占据支配地位的“阶级斗争法学”。从这种意义上看，80年代以来的法学思想的基本性质以及基本的精神气质（ethos）在最为根本的意义上是在对“阶级斗争法学”的批判、否定和反思的基础上建立起来的。换句话说，近30年来的中国法学思想的基本性质内在地为“阶级斗争法学”规定着。②

因此，法律与政治的关系问题，或法律与国家的关系问题，甚或理性与意志的关系问题就成为建国以来中国法学思想演进的一条最内在的线索。贯穿于西方法学思想演进的自然法与法律实证主义关于法律与道德的争论在建国以来的中国法学思想中并不占据核心的位置。相反地，同样内在于自然法与法律实证主义论争的法律与政治的关系问题③对于我们而言则更为真实、迫切和本质。如果说80年代以来的法学思想在关于法律与道德的问题上是一种

① 孙笑侠：《法律家的技能与伦理》，载《法学研究》2001年第4期，第7页。

② 当下中国法学界对于“阶级斗争法学”未曾给予足够的重视，在我看来，理解我们这个时代的法学思想状况在很大程度上依赖于理解我们诞生于其中的这个时代的法学的基本状况和性质。因此，它要求我们首先必须严肃而认真地对待“阶级斗争法学”，阐释其基本的性质，而排除任何意识形态的先行判断。

③ 以此视角处理西方法律思想演进的一本重要著作是罗门的《自然法》。参见 Heinrich A Rommen. The Natural Law：A Study in Legal and Social History and Philosophy. translated by Thomas R Hanley, Liberty Fund, 1998; 中译本见［德］海因里希·罗门：《自然法的观念史和哲学》，姚中秋译，上海三联书店2007年版。

法律实证主义立场的话，那么，从法律与政治的关系视角看，我们则应把80年代以来的法学思想视为是“自然法主义”的。即试图把法律构建为是超越于人之任意性意志之上的，并用以对抗政治/国家，驯化政治/国家，使政治/国家“法律化”的工具。因此，像凯尔森这样的政治/国家的驯化者（国家的法律化），哈特这样的法律的主权者命令论的批评者很自然就成为80年代之后法学输入和法学建构活动中被借鉴的核心人物。

因此，从这一意义上看，孙笑侠教授的“法律职业论”也内在地参与到这样一种整体性的思潮之中。在我看来，“法律职业论”在90年代之后的兴起，一方面是基于其与现实的紧密联系，可直接和有效地被运用到政治政策之中。“司法统一考试”取代“律师资格考试”的政治政策几乎就是在这一理论的倡导下实行的。另一方面，“法律职业论”相对于“私法路向”和“程序路向”等理论来讲更为精致，它是在回应“私法路向”和“程序路向”诸理论遭遇困境和倍受批评的基础上被建构起来以维护法律的自主性的。也就是说，“法律职业论”试图通过把“法律自身的自主性”转化为施行法律的“人的自主性”进而来实现其目的。

这样，这一从“法律的自主性”向“法律人的自主性”的转化达致了如下一些深具理论和现实意义的主张：1. 法律必须有某些专业性的人——法律人——掌握；2. 这些专业性的人所具有的思维必须是区别于日常人思维的法律思维——技能性的（提供技术）和伦理性的（提供义务）；3. 有一个独立的机构——法学院——对这些人施行统一的法学教育，其目的就是要培养法律人；4. 有一套统一的持业资格标准，以便使这些受过教育的符合资格标准的法律人能参与到实际的社会运作过程之中——即“统一司法考试”之创设。在所有这些主张之中，最核心的观念显然就是“法律人”和“法律人的教育”。无论是教育机构的设置，还是考试制度的设计，其基本目标和根据就是培养“法律人”——一种区别于日常生活中的人的专业性的人。从某种意义上看，这种观念正迎合了当代世界的一种基本发展趋向：分工的不断细化，以及与其相伴随的专业化和职业化。同样的，在法律领域中，掌握法律知识的人就更有可能主张法律上的“正义”，或者说他们更有“技能”掌握如何获得“正义”的手段，甚至是定义“正义”的手段。对于他们来说，正义只是法律的正义，只有在“实在法”中才有正义。正义感只是日常生活中的人所具有的关于行为之“当为”和“不当为”的一种模糊判断，而“实在法”会在另一个层面上作出一种更“正确”的判断。因此，重要的不是我们是否拥有一种正义感，而是我们是否知道/习得了法律的具体规定，因此，重要的不是任何外在于法律的东西（如正义、道德等），而是一种“技能”，一种法律的技能，一种如何进行法律推理的技能。在这里，“法律的技术”是首要的。

因此，法律职业论和法律人观念秉受了关于法律以及关于人类的某些基本预设。对此，我们必须进行更为深入的探究。

二、“法律人”观念之前提——法律普遍主义

从某种意义上讲，“法律人”的观念是当下中国法学思想之基本特性最生动的表现。因此，我们可以通过对这一观念的进一步分析而获得某些潜在的更本真、更迫切的问题。在我看来，法律人观念所集中表现出的问题在这样两个具有内在关联的层面上呈现出来：第一是法律与人 / 人的生活的关系层面；第二是法律普遍主义和法律特殊主义之间的冲突和紧张的层面，即法律所关涉的人 / 人的生活是关于所有人类的（human being）的问题，还是关于特定时空下的具体的人（human being in context）的问题。下面，我就在这样两个层面上对法律人的观念进行进一步的剖解，以探明在法律人观念中所预设的基本前提：即法律的普遍主义。

从第一个层面上看，首先，我们必须探明法律职业论是如何达致从“法律的自主性”向“法律人的自主性”的转化的，其预设的前提是什么。在我看来，法律职业论所设想的法律人的自主性是通过将“法律思维”区别于“日常的道德性 / 情感性思维”而获得的。因此，“法律的逻辑”与“日常的道德性 / 情感性逻辑”的区分和对立是这里的关键。关于这一对立，我们亦可以在西方法律哲学（尤其是近代启蒙运动的法律哲学）中的“理性与情感”（reason vs. emotion）或“法律与道德”（law vs. moral）的对立中找到其最初的原形。我们可以看到，从某种历史逻辑的意义上看，这种将理性 / 法律置于情感 / 道德之上的叙事是通过如下这样一种推理获得的：首先，尤其是在康德哲学那里，“理性”作为先天的（a priori）、永恒且必然地把握世界的能力 / 活动，是与“情感”这一经验性的（empirical）、现世的且偶然的感受力区分开来的。并且，“理性”作为人之区别于“低人”的能力以及作为使经验得以可能的诸条件使“理性”在使人成为人的意义上成为某种优先性的能力 / 活动。其次，尤其是通过霍布斯—休谟（Hobbes-Hume）一路的道德哲学对于古典道德哲学（亚里士多德）的批判，道德的基础在根本意义从原来的“理性”转化为“情感”。也就是说，道德在根本意义上被认为是与具体情景之中的人的现世感受（sense）相关联。[①] 在此意义上，当人们谈论道德问题的时候，他们不再谈论那些与理性行动相关联的东西，而是谈论死亡恐惧，荣誉感以及道德感（moral sense）等内在的“观念物”。对他们而言，理性只是某种消极的被动的能力，它只能关涉于达致目的的手段，而目的本身则是由活跃的情感（如

① See David Hume. A Treatise of Human Nature. China Social Sciences Publishing House,1999: 455-476.

死亡恐惧、道德感等等）决定的。自此，像“节制”这样一种对于人之激情（passion）的中道性活动就从现代道德哲学的视线中隐退了。这一转化对于近代法律哲学产生了深远的影响，道德的偶然性被不断地加以强调，以至于古典法律哲学中的法律—道德的原初关联性被切断。由此，法律为了摆脱道德的偶然性以及为了实现其自身的永恒性而进一步与道德决裂，而从与“情感”和“经验”相对立的“理性”中寻求出路。自此，“法律/理性”与“道德/情感”的对立便成为近代哲学摆脱和批判古典哲学一个基本后果。而对于法律的理解从根本意义上开始摆脱道德和情感的话语，并与其相对立。

正是在这种意义上，我们可以看到，法律人的自主性所预设的一个基本前提就是：法律自身的自主性。也就是说，“法律人的自主性”以“法律的自主性”为前提。因此在这里，“法律人的自主性”主张的关键就是“法律”对于“人”的“驯化”——把“日常的道德/情感的人”“驯化”为“法律的人”。所以，“人的驯化”，或者说，“人的法律化”，把人/人的生活按照法律的逻辑进行规训就是法律职业论最内在的理论逻辑。

在此，不是人或人的生活成为法律的目的，而是法律成为人或人的生活的目的。对此，法律职业论可能有一个反驳：其所致力于的是一个分工的观念，法律人的培养只是为了那绝大部分人的生活，而不是所有人都去学习法律，成为法律人。基于社会分工和专业化的要求，法律人只是承当其专业范围内的事情。但是，在我看来，无论是少数还是多数，无论是专业的还是日常的，“法律职业论”所设想的“法律人”与“日常人”所共同致力于的都是这样一个目的：法律的统治，而不是人的统治。[①] 用法律这样一个自主性的系统对于所有人实施按照法律逻辑的统治。在此，人的日常生活逻辑，以及日常行为的规则不再被视为是优先的。相反，法律的逻辑才是优先的。这样，通过型构“法律的理性—道德的情感性”，“法律的逻辑—日常生活的逻辑”这样一些二元对立结构，法律职业论在法律与人的关系上达致了这样一个结果——“人的法律化”。并且，当这一问题被扩展至“中西”层面上的时候——中国的日常道德生活与西方的法律理性生活——则衍生出“西方化”、“去中国化”的问题。或者说，中国的本土法律资源与舶来的西方法律资源的紧张和冲突的问题。

那么，在法律与人的关系这一问题上，“人/人的生活的法律化”这一过

① 人治（rule of man）和法治（rule of law）这一对立结构的建构正是法制/法治现代化话语最为基本的理论旨趣之一。首先通过将“人治”等同于“文革”时期的“阶级斗争法学”而对其加以拒斥；其次通过历史的叙事，将接受西方法治之前的整个古代中国的治理方式等同于“人治”而对整个古代中国的治理方式进行拒斥。这应和了百年来中国的基本情感诉求，即激进的反“封建”。因此，从“传统”到“现代”，从“文革”到“后文革”的历史叙事就成为某种主张之正当性的基本根据。

程是如何在历史中展开的，其内在的逻辑是什么？对此，韦伯（Marx Weber）曾将其视为是理性化的除魅过程，杜克海姆（Emile Durkheim）将其视为是从“机械团结”到“有机团结”的过程，藤尼斯（Ferdinand Toennies）将其视为是从“共同体”（community）到“社会”（society）的过程，梅因（Henry Maine）将其视为是从“身份”到“契约”的过程，同时在中国社会中，我们亦可将其把握为是从“人情”到“法理”的转化过程。在所有这些论述之中，我们可以立刻发现这样一种普遍的趋势——即“形式化的普世化”。这也引出了上文提到的第二层面上的问题——法律的普遍主义与法律的特殊主义。

为什么我将其称为是“形式化的普世化”，而不是直接将其称为“普世化”？因为在我看来，存在两种普世化的基本形态：一种是形式化的普世化，一种是实质的普世化。在此，“人的法律化”观念所依赖的西方普世主义话语在其最内在的本性上是通过形式化来达致其普世化的效果的。这一思维样式在亚里士多德关于“形式”（form）与“质料”（material）的区分中便已呈现出来。在康德的先验哲学进路中，把权利 / 正当（Recht）与伦理（ethics）做某种形式与质料的对应处理后而达致的先验的形式主义进路为后世的“新康德主义者”——罗尔斯、哈贝马斯——开辟了一个广阔的重构空间。罗尔斯后期的“政治建构主义”以及“万民法”就是通过“权利 / 正当的先在性”观念——即先于道德善这样一些经验性和质料性的规定——而达致的。因此，从这一意义上看，“形式化”是西方法律普遍主义话语最内在的特性，同时也构成了当下中国法学思想最基本的特征。例如，在当下中国民法的体系构设中，我们几乎可以用这样四个最基本的前提性概念——“权利”、“义务”和“人”、“物”——通过某种形式化的处理就可把整个民法体系型构出来。同时，季卫东教授的“法律程序主义论”90 年代之后在法学界中的持续影响也进一步验证了“形式化的普世化”观念对于当下中国法学思想的潜在支配。

因此，法律人的观念在这样一系列的过程中激进地表达着当下中国法学思想的基本状态：人的法律化——法律的形式化——人的形式化。在这里，人不再是实性的（concrete），不再是情境性的（context），不再是中国的（Chinese），而是被拉扯到一个非人的冷漠的形式化了的法律世界之中。从总体上看，这是一种人的异化。因此，这迫使我们去重新思考“我们中国人”，而不是“人”；重新思考“我们中国人的法律”，而不是“法律”；重新思考“我们中国人的法学教育”，而不是“法学教育”。

三、人类具体生活与法律特殊主义——“法律人”观念之批判

对于法律人观念的探讨和分析已经把我们带到这样一个更具根本性的问

题：在今天，我们怎样做中国人？作为我们中国人，我们应当如何去“是/成就”（sein/being）——成就我们的生活、我们的生活秩序？在我看来，对于所有这些问题的思考、回答和决断构成了反思和决断我们应当培养什么样的法律人以及应当如何培养法律人的前提性条件。同时，这也构成了我们应当制定什么样的法律以及应当如何施行这些法律的前提性条件。

对于上述这些更具前提性、根本性和迫切性问题的思考已经开始成为晚近思想界思考的核心。邓正来先生所提出的“中国法律理想图景”，刘小枫先生对于德国法学家卡尔·施米特（Karl Schmitt）的引介，甘阳先生基于列奥·施特劳斯（Leo Strauss）的政治哲学而提出的“政治教育”观念，以及强世功基于施米特的理论而提出的“立法者的法理学”都在不同的层面上对这些问题作出了回应。[①]但是对此，主流的法学界却远未曾作出足够的回应和充分的思考。即使是像晚近围绕“物权法违宪”问题的大范围争论，尤其是围绕“宪法（公法）—民法（私法）”的争论，几乎整个的辩论和探讨都还是局限在“法律的”范围之内，而仍然未曾把潜在的支配性的“政治—法律”问题提升到探讨的层面之上。

或许在此，对于80年代之前生存状态的恐惧和用话语型构出来的那种恐惧和不安是我们当下所置身的这个时代的法学思想把“政治—法律”问题视为意识形态而加以排斥的根本缘由。然而，在很大程度上，对于“法律之外的问题”的内在忽视和漠视也是法律职业论所倡导的法律人观念的一个必然结果。人总是根据其成长过程中所接受的教育而型构起来的“基本视野”或者说“知识结构”来看待其在日常生活中所遭遇到的事物和事件的。法律人观念所禀受的就是“专业化”这一在当下中国教育中最盛行的思考模式和教育模式。在他们看来，法学教育就是一种专业化的特殊教育，培养特殊的法律人才。

然而，当我们开始思考我们自身的生存处境，当我们开始反思我们所置身其中的社会秩序的基本性质时，并且当我们开始询问我们自己是什么，开始向我们所置身其中的社会秩序提出要求并反思这些要求之时，法律这一关涉到我们自身之基本生存秩序的问题就不再是那些法律人所独有的，不再是他们的话语所垄断的。因此，这迫使我们反思法律人观念，乃至由法律人观念所表征的当下中国法学的基本思想观念所预设的那个基本前提：即普世主义的法律话语。在他们看来，形式化和理性化的法律是社会整合最为基本的

---

① 可参阅邓正来：《中国法学向何处去——建构“中国法律理想图景”时代的论纲》，北京：商务印书馆2006年版；刘小枫：《现代人及其敌人——公法学家施米特引论》，北京：华夏出版社2005年版；甘阳：《政治哲人施特劳斯——古典保守主义政治哲学的复兴》，载［美］列奥·施特劳斯：《自然权利和历史》，北京：生活·读书·新知三联书店2003年版；强世功：《立法者的法理学》，北京：生活·读书·新知三联书店2007年版。

形式，它超越所有道德的和政治的论争，而成为某种中立性的普世共享的原则或规则的基础。人们尽管生活在他们各自的狭小的"圈子"之中，但是，他们却共同生活在"法律"这一共同的平台之上。并且，"法律"，正如康德所表明的，是所有理性存在者（rational being）所共同享有的，因此，任何特定的政治共同体都必须以此为基础规定他们所有的可能行动。

然而，事实确真是如普世主义法律话语所述说的那样吗？人确真可以超越他的特定性而达致他的普遍性，超越他的存在（being）而达到他的本质（essence），超越他置身其中的特定共同体而达致一个普遍性的世界？或许亚里士多德已经为此提供了一条确当的线索：人在本性上是城邦性动物（man is by nature an animal intended to live in a polis）。也就是说，人基于其本性必然生活在某一个特定的城邦之中，这一方面意味着人将脱离"神"和"动物"而被置设在一个共同的"类"（human being）之下，另一方面则意味着人将通过"城邦"而成为某个特定的"族类"。人不是生活在一个普遍的宇宙秩序之中（cosmo-polis），而是生活在某个特定的城邦秩序之中。城邦的习俗、传统和精神气质成为人之存在的基本背景（context）。每个特定的城邦所遵循的都是某种特定的存在方式，每个人也必然以这种特定的存在方式生活着。这些城邦共同体通过城邦的政治意志维系着他们特定的生存样式。

西方现代民族—国家（nation-state）的诞生在一定程度上承继了希腊城邦共同体的基本信念。但是，在最为根本的意义上却衍生出了一种与希腊精神相左的更本质性的东西："普世性人"的观念。这一观念的诞生得益于基督神学对于希腊哲学的改造，得益于上帝—人的二元结构中所衍生的平等人的观念。人不再是城邦的（Aristotle），而是社会的（Aquinas）。人不再被认为是生活在特定而具体的某个城邦之中，而是被认为是生活在上帝所创造的普遍秩序之中。人性（human nature）成为18世纪启蒙运动所宣称的用希腊哲学来对抗基督神学最为重要的武器之一。然而，恰恰在这里，她却是最最基督的（too Christian），是与希腊精神最为基本的政治确信相背离的。近代中国对于西方制度、思想的继受也正是在启蒙运动的此种"普世性人"的观念的基础上进行的。从这一意义上看，所谓的"现代化"也正是要实现这一内在于启蒙运动的基本历史逻辑：从"未充分人性的状态"向"普世性人性的状态"的转化。

这一历史叙事也潜在地支配着我们对于政治—法律的思考。法律不再被视为共同体特定生活样式的表征，而成为某种超越共同体的法律理性 / 实践理性的表征。政治也不再被视为是共同体为了维持某种特定的生存样式的意志的表征，而成为必须依循法律的"政治任意性"的代名词。而这正是我们这个时代最为根本的错乱之一，以为我们可以生活在一个体现普遍性理性的法律世界，可以生活在一个实现普遍人性的世界之中。然而问题恰恰是：我们只是偶然地、意外地被置设在某个特定的生存秩序之中。习俗、传统和精神气质构筑着我们的自我理解。我们先辈所曾实践的一切构成了我们之所有可能存在（being）的基本背景。同时，我们自身的现世的所有实践也型塑着我们之后所有在这一生存秩序中生活的人的基本存在样式。这一在时间和空间纬度上同时展开的共同体的观念必然以先于普遍性的世界观念而呈现给我们。这一共同体为了维系其自身的存在样式而体现出的政治意志也必然是先于普遍性的理性观念的。因此从这一意义上看，可以说：法律的观念或法律人的观念必然以中国人/中国人的生存秩序的观念为前提。并且，如果说中国人/中国人的生存秩序的观念要建立在我们生存其中的这个政治共同体之意志决定的基础之上而不是某种普遍理性的基础之上的话，那么，重提“法律/理性”与“政治/意志”的论争在很大程度上必然成为当下中国法学自我反思和重构的基本要求。同时，当法律职业论者要将何谓正义，何谓当为之事，何谓不当为之事完全托付给法律而不是生活本身的时候，或许，“返回日常生活中的法理”的呼声也必将要不断地响彻在我们的耳边。

当法律职业论依循法律实证主义的信条一方面将“日常道德”排除在“法律”之外，另一方面将“政治意志”排除在“法律”之外的时候，他同时也实现了双重的僭越：首先，他将关于人类行为之正当与否的判断完全包揽于自身，实现了对于日常道德的攻歼，其次宣称自身是超越于所有具体意志（包括某一特定共同体的意志）之上的理性，从而实现了对于政治意志的攻歼。这种“排除”与“僭越”活动从根本意义上实现了三个领域——道德、法律与政治——的分离与隔绝，也实现了法律的绝对尊崇地位。因此，对于法律人观念的批判性分析也把我们带到了这样一种处境之中：我们必须重新思考政治、法律与道德的关系。

暂时的结语：重提“政治意志”与“日常生活法理”

卡尔·施米特（Carl Schmitt）在诊断现代法律与政治之基本发展趋势时曾做过这样一个论断：“现代宪政发展的所有趋势均倾向于限制这个意义上的［置身于正式生效的法律秩序之外的］统治者”。[①] 可以说，80年代以来中国法学的发展也正体现了这种基本的趋势。对于法律自主性的强调是这个时代法律思想的核心，它旨在于重新寻找回那个过度政治化的时代——即那个为阶级斗争法学所支配的时代——对于法律的取消。然而，当人们开始寻找回对于法律的自信的时候，也开始了“法律殖民”的时代。因为，为了建立一种独立于政治系统的法律系统，首先不能通过诉诸一般意志（general will）进行

① ［德］卡尔·施米特：《政治的概念》，刘宗坤译，上海人民出版社2003年版，第7页。

直接的法律建构，因为这必然会重新陷入政治之中；其次也不能通过诉诸大众的日常道德来建构法律，因为这不仅会使法律陷入道德之中，同时也会使法律无法达到某种系统性的要求。因此，80年代后法律思想的发展在根本上就在于寻找“法律自身的逻辑”，尤其是在引进西方相当发达的民法概念体系中看到了一种排除非法律因素的路径。

首先，人们所看到的是“法律概念”的自主性，例如权利、义务、人格、物、法律行为、法律关系等这样一些经过形式化处理之后的抽象概念。它不仅使法律的东西区别与日常具体的东西，同时也使法律的东西能够被用来规范日常具体的东西，从而达致一个独立于经验世界的法律世界，也就是说，法律被用来作为模板（model）来整合所谓的杂乱的生活秩序。其次，人们看到的是“法律推理”的自主性，即“法律思维”的自主性，通过概念与概念之间的连接和推论，以及通过仅只根据法律理由的法律推理，在法律概念的基础之上，人们实现了某个法律的“网络系统”，通过这一“网络系统”，法律得以对整个世界作出“法律的”界定，也就是说，将具体现实中的所有事物以及事件安置在这个网络系统的某个特定位置，从而确定它们具体的法律意义。最后，人们通过这个法律的网络系统对整个世界，包括日常道德世界以及政治世界，进行系统的“改造”。日常人所持有的道德判断仅仅只是一种次要的东西，并且是一种需要被改造的东西；同样的，政治共同体的意志被视为是一个虚幻或想象的对象，法律的理性以及法律的逻辑才是真正重要的东西。因此，80年代以来，当法律获得“解放”之后，就开始了它不断向政治领域和道德领域进发的征程。也就是说，80年代之前的那种法律极度萎缩的不正常状态开始向另一个同样不正常的状态——法律极度膨胀的状态——进发。

这一不正常的隔绝状态已经在两个不同方向上造成了某种后果。一是在道德方面，由于法律—道德的对立，以及法律相对于道德的优先性考量，不仅造成了对于道德的忽视，也造成了对于道德的怀疑。道德成为个人之事而与作为公共之事的法律相对立，进而道德被视为是由不可被普遍接受的个人判断构成的，因而仅仅只是偶然的。由此，道德怀疑论伴随着法律对于道德的排除活动而不断蔓延开去。其次是政治方面，法律对于政治的怀疑直接导源于80年代法学思想对于之前被称之为“阶级斗争法学”的否定。“政治”在某种意义上成为“任意性”的同义词。法律的功能就在于限制政治的意志，或者说，政治意志不仅要通过法律加以表达，而且它还必须符合于法律的逻辑（法理）。因此，在这里，经过形式化处理之后的抽象概念取代了只能在具体情景中才具有意义的政治意志而成为真正的“主权者”。“去政治化”——也就是政治之自我主张的“抽象化”——成为了这个时代最典型的特征之一。

因此，当我们开始重新思考具体情景中的法律以及具体情景中的人和人的生存秩序的时候，并且如果我们要重新确立起法律、道德与政治之间的恰当关系的话，那么我们或许应当考虑这样两种基本诉求，一是重新寻找回政治共同体的意志，另一则是寻找回具体生活中的道德（法理）。或许我们的先哲已经为我们提供了一条恰当对待这些事物的方式。在中国的古典政治哲学中，世界被区分为这种四个秩序层次，一是人心秩序，二是家庭秩序，三是国家秩序，四是天下秩序。前两种秩序的主要规范力量是道德和伦理，后两种秩序的主要规范力量是法律与政治，并且从这四者的关系上看，它们是相互贯通的，即通过"礼"的规范得以使各种秩序达到其自身的中正，从而，一方面由"正"人心一直贯通于"正"天下，这是自修的路径（道德的路径），另一方面由"正"天下一直贯通于"正"人心，这是教化的路径（法律与政治的路径），进而在这种互动中达致整体的和谐，或者说形成某种"道德—法律—政治的共同体"。

然而，现代世界却在根本上改变了人们思考道德、法律与政治的方式，尤其是在普遍主义话语的盛行之下，道德和政治都受到了怀疑和否弃，道德因为被归之于个人的判断而受到拒斥，而政治则因被归之于某个特定群体之意志的表达也受到限制和否定。只有法律在普遍主义的旗帜之下实现了它的整体性扩张。然而，任何法律的规定首先要考虑的是正当/正义，以及行为的当为和不当为，而这种观念本身不可能存在于抽象的法律概念或法律思维之中，而只能存在于具体的生活事实以及人心的秩序中，而法律仅仅只能体现这种具体的生活事实，而不能用其自身的抽象逻辑来强制生活本身的逻辑。而政治作为这种具体生活逻辑的意志表达，不仅应当具有某种优先性的考量，而且要将这种意志外化到法律之中。因此，当我们开始怀疑法律普遍主义话语并重新思考我们自身之具体处境之时，或许我们不仅需要重新找回已经被我们遗弃了的政治意志以及生活法理，而且我们还需要某种伴随法律现代性之出现而被废弃了的"道德—法律—政治的共同体"的观念。或许，在很大程度上，重新思考和整合这三者之间的关系会成为中国法学/法律进行自我反思和重构的核心。

（吴彦，华东师范大学法学院晨晖学者）

从权利推定到权利演绎

——一种个体与共同体相互协调的权利理论[①]

黄 涛

引 言

权利概念是现代法学的奠基性的、本体的概念。在现代权利哲学的视野中，它并不等同于具体的法律权利概念，而是一个先于具体的法律秩序而存在的概念。然而，长期以来，尽管我们已经意识到在法律之前就已经存在一种权利，并称此种意义上的权利为"道德权利"（moral right）或者自然权利（natural right），但对此权利本身的正当性和权限问题却未进行深刻反思。毋庸置疑，有关作为权利哲学之核心的权利概念的正当性或者权限，是一个被遗忘或者被"遮蔽"的问题。

一般来说，法律权利的含义最确定，这些法律上存在的权利完全是经验意义上的，是以实定方式即权威机关立法的形式确定下来的，我们对这些法律权利并无异议，甚至可以沿用康德的说法，能不加演绎就理直气壮地赋予其以某种意义和自以为的意义，因为我们随时手头就有能证明其客观实在性的经验。例如，可以通过判断立法机关是否在自身权限之内制定了它们，或者通过考察这些获得了权限的机关是否根据法律规定的程序制定了它们，从而决定其客观实在性。实际上，传统法理学就是这样做的。霍费尔德是其中的最杰出的代表，他对权利概念的分析详尽得当，因而广受赞同。[②]

严格来说，霍费尔德并不关注于这些法律上的具体权利究竟如何获得证明。在他看来，法律上的形形色色的具体权利具有根本一致的含义，都隶属于一般意义上的法律权利的范畴，因而他的有关具体法律权利的结论充其量

---

① 本文原题为《论权利的先验演绎》，载于《人大法律评论》2013 年第 1 辑。在收入本书时，作者作了修订，一是改动了标题，二是进一步完善了原稿的论证结构，以使相关论题更为清晰（修订版曾以《从权利推定到权利演绎——权利的共同体维度之揭示》为题通过"法学学术前沿"微信公众号做过推送）。

② 霍菲尔德有关权利概念的分析，参见［美］霍菲尔德：《基本法律概念》，张书友译，北京：中国法制出版社 2009 年版；汉语学界有关霍菲尔德概念的分析，参见夏勇：《权利哲学的基本问题》，载于《中国民权哲学》，北京：生活·读书·新知三联书店 2004 年版，第 329—333 页。

只是对实定法上权利表达的经验性概括。因此，他的权利概念是从无数关于权利的法律现象中总结出来的，是采取归纳的办法获得的。[①]

实际上，不仅霍费尔德的权利概念如此，其他有关权利概念的分析也如此。例如，有人主张权利概念的实质是一种利益，有人主张是一种资格，或者主张是一种主张，抑或主张作为一种权限或者能力。[②] 这些都不是有关权利概念的“证明”，它们不涉及任何意义上的正当性，而只是从法律权利存在的事实中归纳和总结出来的构成一项法律权利的各个要素或特征。然而，我们在现代权利哲学中遇到的权利概念，不是经验性概念，不是实定法上的概念，而是一个先于实定法存在的概念，我们称之为自然权利概念或道德权利的概念，或者可以一般地将称之为先天的（a priori）概念。[③] 这里所谓的“先天”，即是独立于经验的法律生活存在。由于这种意义上的权利概念先于实定法而存在，我们就无法在实定法上找到它们。尽管它明显不是立足于法律生活的经验而提出的，但却十分流行。这就顺理成章地提出了如下一连串的问题：这样的权利概念可靠吗？它的界限在哪里？我们是否有权不假思索地到处运用这个概念？

一、自然权利与权利推定

在自然权利学说的主张者们看来，权利概念之所以流行，在于它表达了我们的欲望、要求，表达了人性的尊严。实际上，近代权利观念的兴起正是借助于本能、欲望的正当化，伴随着商品经济的发展流行开来的。一旦神学

---

① 有关霍费尔德权利学说的这一特征的讨论，参见［加］萨姆纳：《权利的道德基础》，北京：中国人民大学出版社 2011 年版，第 17—19 页。萨姆纳详尽分析了“霍费尔德的权利分析框架”的三个局限，指出，“［霍菲尔德］仅仅满足于把概念分为对立（矛盾）和相关（等值）的两个列表。霍菲尔德对每个概念的定义是基于特定的条件，具有同源相关性，而且是通过大量的司法例证来证明的，但是他又把这些概念归结为某种更加基础的概念”（同上书，第 17 页），又注意到，“霍菲尔德考虑到的是仅仅是法律观念，或者按他自己的说法是司法关系，因而他考虑到的只能是法定权利。”（同上书，第 19 页）

② 参见夏勇：《人权概念起源》，北京：中国政法大学出版社 2001 年版，第 46—58 页。有关权利的本质的经典文献是费因伯格（Joel Feinberg），《权利的本质和价值》（The Nature and Value of Rights），载于 *The Journal of Value Inquiry*,4:（Winter, 1970），243—260。在这篇论文中，费因伯格驳斥了那种认为权利仅仅是单纯主张（claim simpliciter）的观点，提出权利是那些有效的主张（valid claim），在此基础上，费因伯格进而指出，只有拥有利益的存在物才拥有权利。（参见 Feinberg.The Rights of Animals and Future Generations，in Rights,Justice,and the Bounds of Liberty:Essays in Social Philosophy.Princeton University Press,1980）辛格（Beth J.Singer）对此进行了批判，指出，这种有效的主张，只能是基于共同体原则而提出，而不能建立在权利的基础之上，参见［美］辛格：《可操作性权利》，王守昌等译，上海译文出版社 2001 年版，第 27—32 页。

③ 在德国观念论哲学那里，这个词的主要含义是独立于经验的，甚至是独立于一切感官印象的东西。这个词与“后天的”（a posteriori）相对应，后者是指在经验中有其来源的经验性的知识。参见［德］康德：《纯粹理性批判》，邓晓芒译，北京：人民出版社 2003 年版，第 1 页。

的世界观彻底瓦解，一旦个体的尘世需要被作为神圣的东西，权利就必然会成为法律生活的核心要素。整个法律生活就会围绕着个体的需要和欲望建立起来。

对这个在法律生活之外存在的概念，人们不假思索地就引入到法律生活中，成为推动法律改革的力量。在现时代的政治法律生活中，权利这个词语是不需论证的，尽管它并非来源于法律，却想要得到法律的承认，具有强制力。因此，它是一种居于法律之前的观念意义上的权利。人们并未给这些概念的权限和正当性提供证明，也不清楚这样的权利概念究竟在何处有其根据，为何要转换为法律权利。这样的权利概念“凭借几乎是普遍的容忍而到处通行”。[①] 早在 19 世纪中期，正是注意到自然权利或者道德权利自身没有明确的界限，边沁对自然权利与天赋人权学说进行了尖锐的批判，他追问道，“如果追求幸福的权利是不可剥夺的，那么为何要禁止谋杀者通过谋杀，谋叛者通过反叛来实现这种权利呢？”在他看来，自然权利学说或天赋人权学说只是纸上的宣泄，不仅是胡言乱语，而且是“高跷上的胡言乱语”。它是危险的信条，是同任何种类的政府权力的行使相矛盾的。[②]

然而，即便如此，对这种存在于法律之前的权利概念，人们却还胆敢使用，并因此来强迫人，使人承担义务。在没有对存在于法律之前的权利概念究竟从何而来，如何能居于法律之前，并对法律生活提供基本规诫等问题作出系统解答之前，人们就径自根据某种经验的或超验的判断、确然的或或然的情形，推断出某个个人、群体或一切人享有或应该享有权利，似乎这些经验的或者超验的判断是权利生长的根据一样。

这就是传统权利学说中所谓“权利推定”主张的内容。[③] 从表面上看，权利推定确乎是在回答这些法律权利的根据或正当性的问题，但实际上，它根本不关心这个问题，它将先于法律而存在的权利究竟从何而来、有何根据的问题抛在一旁，匆匆忙忙地致力于讨论在法制变革中究竟以什么为根据，采

---

① 参见［德］康德：《纯粹理性批判》，邓晓芒译，北京：人民出版社 2013 年版，第 79 页。值得注意的是，康德并未直接地谈到权利的概念，而是提到了像“幸运”、“运气”这样一些“不合法”的概念，所谓的“不合法”，根据上下文，是指那些在经验中由于大量使用，从而认为其含义已经清晰明了的概念。在现代法律生活中，权利现象是一个基本的现象，以至于极少有人去追问权利概念的权限在哪里，相反，人们习惯于将拥有权利视为天经地义的事实，尽管在法律上常常要区分出“权利问题”（quid juris）和“事实问题”（quid facti）。

②［英］哈特：《功利主义与自然权利》，载于《法理学与法哲学论文集》，支振锋译，北京：法律出版社 2005 年版，第 196 页。

③ 值得注意的是，权利推定作为法理学的基本问题，在九十年代的法理学语境中曾出现过，但并未引起重视，当时所发表的关于此主题的较有影响的论文：郭道晖：《论权利推定》，载《中国社会科学》1991 年第 4 期，第 180 页以下。真正突出权利推定作为法理学问题的意义的是夏勇，其凸显出了权利推定是一种确认权利的方法，其根据是某种经验或者超验的判断，确然的或或然的情形。参见夏勇：《人权概念起源》，北京：中国政法大学出版社 2001 年版，第 151—166 页。

取何种方式来表达权利主张、维护利益，并把权利主张和利益需要转变为法律的、制度的要求的问题。[①] 从总体上讲，“权利推定”不关心权利的正当性来源，而只关心权利的表达，想要回答“人权概念究竟是怎样写上法律的”这类问题。因此，它根本就不是对权利概念的正当性证明，凭借推定尽管可以获得对具体法律权利的认识，却无法搞清楚何谓权利。从权利的事实中，无论是观念的事实（也就是既有的观念），还是从既有的历史事实中，都不可能带来关于权利本身究竟是什么的认识。权利推定无法回答为什么一谈到权利，立马想到的是个体的利益、资格与主张，为什么一想到权利，立即想到的是对于政府权力的限制。

由于权利推定不回答存在于法律之前的权利究竟是什么的问题，而想要回答当具体的权利存在时，它以何种方式存在的问题，就可以说，它关注的仍然是有关权利的经验性演绎，即探究法定权利的具体形态的问题，只不过这时它关心的不再是实定法上规定了哪些权利，而关心实定法上的权利是以何种方式表达出来的问题。前者属于司法层面的事，后者则主要属于立法关注的事，于是，权利推定在本质上就属于权利策略或权利政策层面的问题，即特定的国家或民族应采取何种方式表达它们的权利才是妥当的。这种对权利的具体存在方式的描述针对存在于法律之前的权利说不出任何东西，这种有关权利的理解从本质上讲属于权利政治学的范畴，而不属于权利哲学的范畴。

权利推定并未解决它想要解决的问题，它无视自身的前提性问题，亦即先于法律而存在的道德权利的范围和基本规诫的问题，因此无法保证这种先于法律而存在的权利在转换为法律权利的过程中不受损害。由于“不同的权利推定反映了对于权利及人权的不同理解”[②]，它就无法担保权利推定的过程能够永恒地满足人权表达的需要。人权是先于法律而存在的，为每个人所享有的自然权利，权利推定要将这种在法律之前存在的道德权利转换为客观法。并且主张，这种转换取决于历史和政治现实，也取决于政治观念。但由于这种转化具体表现为政治手段与策略的问题，权利推定就极有可能会违背那种在法律之前存在的权利的基本要求，而只是服从于某些人的权利要求，将这些人的权利提升为法律权利，而原本在法律之前存在的权利是应该一视同仁的。对于此种权利推定的本质，施米特曾予以了深刻的揭示：

> 首先，权利可以指既有的实定法和应当继续有效的法定方式，权利的支配在此意味着特定现实的正当化，尤其是维护那些其政治权力和经济利益能够在这种权利中固定下来的人的权益。其次，诉诸权利可以指

---

① 夏勇：《人权概念起源》，北京：中国政法大学出版社 2001 年版，第 151 页。

② 夏勇：《人权概念起源》，北京：中国政法大学出版社 2001 年版，第 166 页。

> 诉诸于某种更高的或者更好的权利，这就是所谓的自然权利或理性权利与既成权利的对立。在这种情形下，显然对于一个政治家而言，此种权利的支配或者主权意味着某些能够诉诸于这种更高的权利从而决定其内容以及如何运用、由谁来运用的人或者集团的统治或者主权。[①]

既然权利推定可能同它的基本前提相矛盾，因为运用权利推定的人也许只关注自己的利益现状或自己的权利要求，而不顾及甚至有损于其他人的权利要求，权利推定就可能是武断的、任意的。权利推定的过程并不一定和道德权利的基本要求吻合。因此，权利推定必然存在边界，这个边界不是别的，就是在推定之前存在的权利形态设定的界限或范围。只是权利推定并不能发现这一边界，相反，由于它忽视了对于这个先于一切法律而存在的权利的证明，就失去了检验权利推定是否有效的标准，因而最终可能会产生侵害权利的结果。因此，有必要对这一先于法律而存在的权利概念予以证明，确定其存在范围，找出其存在根据，而要想做到这一点，就必须回到有关权利的哲学演绎上来。

二、从权利推定到权利演绎

要想理解权利的哲学演绎，有必要首先了解一般来说的演绎究竟指什么。演绎原本是一个隶属于普通逻辑的概念。在普通逻辑中，演绎是指从一般到特殊的推理过程，其结论的正确性取决于前提的真实性。例如，从“一切由立法者在形式上正确颁布的规范均是法”这个前提中，给定如下事实，即“纳粹的种族法在其形式上是由立法者合法地颁布的”，就可以演绎得出“纳粹的种族法是法”这一结论。[②] 然而，我们在此所谈的演绎，超出了普通逻辑范畴，上升到了严格意义上的哲学层面。[③]

在德国观念论哲学的体系中，正是康德首次提出了先验演绎的课题。实际上，三大批判均包含有先验演绎的章节，[④] 例如，第一批判中要对“纯粹知性概念”进行演绎，其核心问题是“表象的杂多是如何实现一般联结的”，[⑤] 在第二批判中也存在演绎，在此演绎的对象是“理性如何先天地规定意志的准则”，

---

①［德］施米特：《政治的概念》，刘宗坤等译，上海人民出版社 2004 年版，第 148 页。

② 有关普通逻辑中的演绎在法学中的运用，参见［德］考夫曼等：《当代法哲学和法律理论导论》，郑永流译，北京：法律出版社 2002 年版，第 179 页。

③ 有关普通逻辑和先验逻辑的区分，参见 Paton. Formal and Transcendental Logic. Kant-Studien, 49（1957/1958）。

④ See Eckart Forster. Kant's Transcendental Deduction: The Three Critiques and The Opus Postumum. Stanford University Press, 1989.

⑤［德］康德：《纯粹理性批判》，邓晓芒译，北京：人民出版社 2003 年版，第 87 页。

或者说是“自由的纯粹理性的原因性”，[①]而在第三批判中，演绎的要务是“阐明一个表达出对象行使的某种经验性表象之主观合目的性的单一判断是如何可能的”。[②]在康德之后，费希特、谢林和黑格尔都对先验演绎这一课题进行了探索。总体上看，先验演绎是指独立于经验实在而对概念的正当性进行阐明的哲学方法。尽管在康德的权利学说中，演绎的概念并不常用，但演绎的方法却是康德整个哲学体系的基本方法论，反映了他的基本哲学立场。因此，本文对权利演绎所需的一些基础知识的讨论完全是从康德的著作中出发的。[③]

碰巧的是，哲学上的演绎概念最先是从法律生活中得到启示的。康德明确指出，“法学家在谈到权限和越权时，把一桩法律诉讼中的权利问题和涉及事实的问题区别开来，而由于他们对两个方面都要求证明，这样，他们把前一种证明，即应该阐明权限和合法要求的证明，称之为演绎。”[④]照此理解，所谓的权利演绎就是对“权利”概念的权限及合法性进行证明，并且这一证明与事实问题无关，即权利演绎本质上并非是谁事实上或采取何种办法获得权利的问题，而是权利本身的根据及其来源的问题。在《权利学说》中，康德再一次地谈到了权利的演绎，严格区分了 quid sit iuris（是否合法）和 instum et iniustum（正当与不正当），前者涉及事实问题，是关于法律规定了什么或曾规定了什么的问题，后者则讨论是否正当的问题。康德指出，对一般法律人来说，前者能说清楚，后者则显得晦暗不明，因而需要证明。[⑤]因此，哲学上的权利演绎概念就提醒我们注意如下问题：我们一度使用的权利概念究竟从何而来？我们究竟有何权限使用这个概念？

在《纯粹理性批判》中，康德明确提出，事实问题不需要演绎，如果非要把它们视作演绎的话，也只是一般逻辑意义上的演绎，即一种经验性的演绎，它表明的是一个概念通过经验和对经验的反思而获得的方式。[⑥]康德在那

---

① [德] 康德：《实践理性批判》，邓晓芒译，北京：人民出版社 2003 年版，第 61 页。严格来说，《实践理性批判》中并不存在演绎，因为康德明确地表示，充当自由的原因性的演绎的原则的道德律，“仿佛是作为我们先天意识到并且是必然确定的一个纯粹理性的事实而被给予的。”这一纯粹理性的事实，因而不需要任何演绎。参见《实践理性批判》，第 62—63 页。对《实践理性批判》中演绎的详尽分析，参见 [美] 刘易斯·贝克：《实践理性批判通释》，黄涛译，上海：华东师范大学出版社 2011 年版，第 8 章和第 10 章。

② [德] 康德：《判断力批判》，邓晓芒译，北京：人民出版社 2002 年版，第 122 页。

③ 值得注意的是，尽管观念论传统中后来的思想家们对康德的法律学说持有异议，但对哲学上的演绎概念的价值和意义却心领神会。在费希特的法学著作中，演绎是一个经常出现的概念，他明确地提出了权利演绎的概念，并系统地进行了权利演绎。此外，在谢林和黑格尔的著作中，演绎的概念也是随处可见。

④ [德] 康德：《纯粹理性批判》，邓晓芒译，北京：人民出版社 2003 年版，第 79 页。

⑤ [德] 康德：《法的形而上学原理》，沈叔平译，北京：商务印书馆 1991 年版，第 39 页。

⑥ “经验性的演绎”出现在康德笔下，它表明的“是一个概念通过经验和对经验的反思而获得的方式，因此不涉及合法性，而是涉及到使占有得以产生的事实”。参见《纯粹理性批判》，邓晓芒译，北京：人民出版社 2003 年版，第 80 页。

里告诉我们，经验性的演绎无法回答概念的正当性问题，因为，这种先于一切法律而存在的权利概念是一个先天的概念。由于先天的概念独立于经验，就无法获得经验概念凭借事实所获得的自明性。要使权利概念的运用合法，就必须明确这些权利究竟是如何同并非出自实定法经验的对象发生关系的。而一旦搞清楚权利概念的运用范围，搞清楚了它的对象的特征，就可以规定权利推定的范围和界限。从这个意义上讲，关于权利的哲学上的演绎具有警诫效果，即防止在权利推定，即在将人权或者道德权利转换为法律权利的过程中逾越了权利本身的界限，损害权利、妨碍权利的实现。要想阐明这类先天的概念的权限和正当性，就必须进行演绎，只是在此根本不能再使用经验性演绎了，不能限定在实定法的事实之上，而必须运用哲学上的演绎。毫无疑问，无论是纯粹知性概念，还是纯粹的实践理性概念，抑或是鉴赏判断的概念都是先天概念。这些概念独立于经验，独立于对经验的反思。因此，关于它们的演绎都属于哲学意义上的演绎。

权利推定与权利演绎在表面上是相似的两个概念，因为“推定”概念和“演绎”概念一样，都属逻辑学范畴。在逻辑学上，推定和演绎都是一种推理形式，前者是指从其他已经确定的事实必然或者可以推断出事实的推理或者结论，而后者则是指从一般到特殊的推理过程。但更具体地讲，权利推定是从其他事实中推断出权利的过程，因而它涉及的只是事实问题，即权利如何在特定时期、特定国家获得表达的问题，从本质上讲，它是权利概念的经验性的演绎。但仅仅通过权利推定还不能获得权利概念本身，因为权利推定必定会导致无穷推导，最终权利概念本身无法从经验事实中获得说明，而权利演绎则能提供这种证明。因此，两者之间的差异就是，前者不属于法哲学，而属于法律政策或者政治学，后者则是真正意义上的法哲学的内容。

权利演绎不仅是一个严格意义上的法哲学问题，也是权利推定的前提性问题。如果不首先回答这个问题，就会导致权利推定的摇摆不定。经过权利推定获得的保护权利的实定法，未必能真正实现保护权利的初衷。权利的现实表达的手段未必与权利本身具有的目的相适应。实际上，历史或理性是否可以推论出权利，如果能推论出权利，如何推论出权利，这些问题都需要进一步回答。要想消除权利的现实表达的手段与权利本身的目的之间的鸿沟，必须回到权利的原始基础，追问权利概念的本源，此即权利演绎的实质。只有当人们清晰地理解权利自身的正当性及其限度时，才能真正将权利的现实表达同权利自身的目的关联起来，绝非任何以权利为名义的现实行动都有真正权利的内涵。

权利演绎是哲学上的演绎在法学领域的应用，因此，权利演绎也就必须服从于先验演绎的基本规诫。根据康德的说法，哲学演绎又被区分为形而上学演绎和先验演绎，[①]这一区分对应着形而上学阐明与先验的阐明。所谓的形而上学演绎（阐明）是要发现那些先天的范畴（直观）是什么，其结果是表达这些先天的范畴（直观）的概念都是作为先天给定的东西而存在的，而先验演绎则要对这些范畴如何运用于对象作出说明。举例来说，在形而上学演绎中，因果性概念是一个先天概念，但它单凭自身无法获得运用，而必须有经验性的直观，因而必须有同经验直观之间的结合，才能获得具体的因果律。另外，关于时空概念的形而上学演绎只是说明了时间和空间都并非经验性的，而是先天的直观形式，而倘若要使这些形式获得运用，例如在几何学和物理学中获得利用，这些直观形式就必须同时被视为结合性的原则。由此看来，形而上学演绎是静态的，先验演绎则是动态的，前者是单一的概念，而后者则是结合的形式。那么，关于权利的哲学演绎究竟是形而上学演绎还是先验的演绎呢?

如果将有关权利的演绎视为形而上学的演绎，也就意味着要将权利概念作为一个先天给予的概念来描述。但如何将权利的概念视为一个先天给予的概念？实际上，这正是新自由主义者的做法，他们将法律权利概念的根据置于抽象的个体概念之中，一切法律权利都不过是从个体的欲望、本能和要求中分析出来的。权利的形而上学演绎一旦将权利概念追溯到个体性概念中，从个体中抽出各种经验性的特征，所保留下来的就是一个能在不同的可能性中做选择的个体概念。

然而，抽象的个体性还无法为权利概念提供证明，因为尽管我们借此也许获得了权利的主体，却还不能得出权利必须获得法律保护和他人尊重，使他人承担相应义务的结论，而我们原本是要寻找一切法律权利的根据的。对于权利概念的演绎因此有必要回答法律保护的必要性，否则从抽象的权利观念出发作出的权利推定就是不正当的。因为在抽象的个体性概念中并未包含法律保护的必要性，也没有将他人纳入进来，这里只是抽象的个体性，只是一种单纯的自我相关。对这个抽象的个体性来说，法律与权威只是外在的概念，仅仅从抽象的个体性出发，还找不出任何理由将外在的保护以及他人的尊重和对义务的承担纳入到这一抽象的个体性之内。因此，单凭这个抽象的个体性还不是权利，而需要将这一抽象的个体性同权威与法律结合起来，同他人结合起来，如此，抽象的个体性才能得到法律的和权威的维护，才能得到他人的尊重，他人也才会承担义务。这也正是社群主义者和共和主义者批

---

① 值得注意的是，康德并未明确区分形而上学演绎和先验的演绎，但他明确谈到了“先验演绎”(《纯粹理性批判》，邓晓芒译，北京：人民出版社 2003 年版，第 80 页)。本文有关形而上学演绎和先验演绎的区分遵循了刘易斯·贝克的论述，他说，“事实上，我们在前两部批判的任何一部中，都可以像讨论‘形而上学演绎’那样去讨论‘形而上学的阐明’。”参见［美］刘易斯·贝克：《实践理性批判通释》，黄涛译，上海：华东师范大学出版社 2011 年版，第 131 页。

判断新自由主义者的要害所在。拒绝抽象的个体性，使个体回到它生存的具体环境中，将个体的生存转换为一种在共同体中的生存，正是社群主义者和共和主义者的核心关切。

因此，我们就不能停留在关于权利概念的形而上学演绎之上，而要进一步地思考抽象的个体性究竟是如何进入到同他人的相互关系，进入到法律之中和权威之中，获得后者的保护的。换言之，有关权利的证明，必须要同时回答，法律与权威是根据什么从这一抽象的个体之中诞生出来的。严格来讲，权利的形而上学演绎根本不关心权利和法律、权威的关系问题，它只是从一个先天给予的个体性概念中推论出了主体的若干特征，推论出他的需要、欲求等等，但这并不能表明，这些需要和欲求应该得到法律的保障，获得他人承认。因此，抽象的个体性要使自己的本能和需要转化为法律权利，就必须不只是强调这些需要、欲望的合理性，而要进一步说明，为何法律要保护它们，为何他人要承认它们，说明这一从个体性中产生的权利究竟是如何同法律、权威相关的，只有完成了这一点，权利概念的哲学上的演绎工作才能达到完成。

这样一来，也就过渡到关于权利的先验演绎。所谓的权利的先验演绎就是要阐明个体与他者的关系。不同于权利的形而上学演绎只关注抽象的个体性概念，权利的先验演绎必须将个体性概念置于同他者的关系之中。这就意味着要将权利概念解释为一项原则，凭借这一原则可以看出其他个体权利同法律、权威以及其他个体的结合。并且，由于这种结合是在一切法律权利之前发生的，因此有关权利概念的先验演绎就要不借助于任何法律生活的经验，而对于这一先天结合的可能性给出说明。

三、权利演绎的根本任务

康德明确指出，经验判断就其本身而言都是综合的。[①] 据此，关于权利的判断就不是分析判断，而是综合判断。具体来说，关于权利的经验判断就是指在与实定法有关的事项上有关权利的叙述。一般来说，在实定法上说某人拥有一项权利，是指他的资格、利益、主张或者权能获得了法律上的保护，并且与之相对应，必须有人承担义务。在这个关于法律权利概念的判断中，因此就发现了两个部分：第一部分是个体的利益、资格、主张或者权能，第二部分是个体的利益、资格和主张获得法律的保护，他人对此承担相应的义务，并且如果不承担这一义务，就要遭到法律强制。虽然构成权利判断的两个部分之间单独来看并不存在相互包含的关系，但它们共同隶属于关于权利

① [德] 康德：《纯粹理性批判》，邓晓芒译，北京：人民出版社2003年版，第9页。

的实定法的判断。从实定法上看，个体性的概念（包括个体的利益、资格、主张或者权能等）和法律保护的概念、他人承担义务的概念是相互隶属的，一方不能脱离另一方面，不仅个体的权利要得到法律的保护和他人的承认，而且法律对于个体的保护，他人承担的义务也不能脱离个体的权利获得理解。

尽管从局部看，权利和义务不具有这种严格的隶属关系，[①] 尤其是从量上讲，个体享有的权利的量并不一定等同于他承担的义务的量，[②] 因此，从经验的法律生活出发，两者的结合并不那么严密，甚至可以说这种相互隶属只是偶然的。但现代法律的经验却教导我们，没有无义务的权利，也没有无权利的义务。究竟该如何理解这个判断呢？

权利与义务相互隶属的主张，不能从经验的法律生活出发来理解，眼下我们只需注意到关于权利的判断是综合判断就足够了，并且注意到，权利和义务的结合早在权利推定之前，也就是在道德权利、自然权利转换到法律权利之前就已经发生了。因此，将权利的判断视为综合判断也就意味着，不仅要说明个体的利益、资格、主张或权能是应该得到保护的，而且还要说明，同他人一道进入到法律关系之中是这一保护之所以成为可能的前提条件。

忽视关于权利的判断是一个综合判断，会忽视我们忽视个体拥有的权利的基础，或者说权利的“可行性”（operative，又译“可操作性”）问题，因而导致当我们声称某种权利应该存在时，在社会制度中其实不存在这种权利。在一般的法律学说中，这个问题一般被视为社会公平与公正的问题，并且，这样的表述被认为是自然权利学说在现实运用过程中必然带来的后果。人们认为，正是这种理论与现实之间的反差使我们将公正与公平的呼声转换为法律上的权利，但如此就会出现我们之前提到的问题，即将自然权利视为当然合理的东西，而未曾反思其界限。支撑权利的基础一旦消失，或被拆除，一切权利主张就会如施米特揭示的那般进入到权利政治学的层面，即将权利话语作为政治改革的口号，用来推动政治法律制度的变革，或将其作为阻碍变革的托辞。因此，严格来说，针对上述现象，即某种权利应该存在，而在社会制度中其实并不存在此种权利，我们就应将其视为权利话语本身的问题，视为一种错误的权利观念，其错误在于，它抽象地对待权利，没有将其视为实际的社会制度，并且将权利孤立地视为个人的特性或占有物，而不是将权利视为社会所要求的行为方式。[③]

---

① 在经验的法律生活中，我们有时会注意到仅仅强调义务而不同时伴随有权利，例如民法之中的注意义务，此外，权力的行使有时也并非为了实现直接某个人的权利，例如，国家为维护社会秩序而采取隔离或管制措施等等。

②［德］黑格尔：《法哲学原理》，范扬、张企泰译，北京：商务印书馆 1961 年版，第 262 页。“在家庭中，儿子对父亲所享有的权利，其内容与其所应尽的义务是不相同的，而公民对国君和政府所享有的权利，其内容也跟他们所应尽的义务不同。”

③ 参见［美］辛格：《可操作性权利》，王守昌等译，上海译文出版社 2001 年版，第 2 页。

只有在社会制度中，权利的存在才可以设想，或者说具有可操作性，而不是将个体本质上拥有的或占有的一切，无论是其能力、自由还是其主张，理所当然的视为权利：

> 当我们说到权利存在，即作为可操作性的社会制度存在，我们的意思是指权利关系，它们是个体相互间对待的行为方式，是共同体的所有成员共同参与的、由规范支配的社会关系。可以确信，若存在权利，则个体拥有要求或者权力，当人们谈起权利的时候，这些正是其共同的意义，但谈及一项权利，是暗指一项尊重它的义务，并且，倘若一项权利存在，所有参与者都同时拥有两者，他们完全自由地行使资格，并且，所有人都会尊重这一资格，在这个意义上的权利不是个体对他人或者社会的要求，而是共同拥有的相互要求与共同承担的相互的义务。①

关于权利的可操作性的讨论因此将共同体或相互关系的视角纳入到了权利学说之内，从此权利就不再是抽象个体的主张了。由于在权利规范的内部存在着一种社会机制，因此，即便没有将这些权利规范制定为法律，它们也是有操作性的。与之相对，如果我们忽视了权利规范之内的共同体结构，则即便将权利、资格与义务写进法律，在实践中法律也仍然无法得到落实。正是在此意义上，辛格在其有关权利哲学的论著中声称，其所说的权利的可操作性，并不是说，权利必须由国家或政府授予，而是指社群成员对于权利的尊重。

至此也就证明了，在有关权利的判断中，必须事先存在一个将个体同他者联系起来的综合判断。在这个判断中，权利和义务是紧密结合的。并且，由于在进行演绎时，务必要摆脱实定法经验的辅助，因此，这就是关于权利的先天综合判断。关于权利概念的演绎必须说明这一综合判断是何以可能的。并且，只要将有关法律权利的判断视为先天综合判断，而非经验性的分析判断，就必须进入到关于权利的先验演绎而非形而上学演绎之中。而有关权利概念的哲学演绎，严格来说，就是关于权利概念的先验演绎。

权利的先验演绎的根本任务是，如何在个体性概念基础上，超出个体性为权利在共同体之中的存在做出可靠的证明。关于权利的哲学演绎因此必须对个体与个体的结合做论证。又因为这类判断的根据不是根据实定法做出的（实定法只是提供了这类综合判断的法律经验上的例子），而必定在权利推定之前就已然存在，因而需要论证的综合判断就不仅独立于法律经验，而且必

---

① 参见［美］辛格：《可操作性权利》，王守昌等译，上海译文出版社 2001 年版，第 76 页。

须被认为是一切法律权利之所以可能的先天条件。[①]

因此，如果说权利的先验演绎需要对权利同它那并非取自经验的对象之间的关系做出说明，则这个问题现在就得到了明确，这个同权利概念相关的、并非取自经验的对象，就是个体与个体之间的先天结合概念，就是个体必须进入到法律领域同权威发生关系的概念。一旦权利演绎得以完成，个体与个体之间的关系就建立起来，从而为权利推定确立了边界，即一切权利推定都必须着眼于个体之间的结合，并在此结构之中实现个体的权利，并且，在这一结合的范围内，每个人都享有同等的权利。因此，想要保证权利推定不同推定之前存在的权利观念矛盾，就必须用权利演绎来限制权利推定的过程。

将康德的先验演绎学说应用在权利哲学之内得出的上述结论，也在观念论法哲学中得到了具体验证。实际上，当康德谈到权利概念时，他并非将权利理解为纯粹属于个人的财产，而是将其理解为“根据一项自由的普遍法则，任何人的有意识的行为能和其他人的有意识的行为相协调的全部条件”。[②]在此基础上，权利的普遍原则就是“外在地要这样行动：你的意志的自由行使，根据一条普遍的法则，能够和所有其他人的自由并存”。[③]考虑到康德在有关如何研究权利概念时秉持的基本立场，即要摒弃来自经验的原则，而在纯粹理性中探索有关权利的判断的根源，[④]则对他来说，权利演绎的根本任务就是在纯粹理性的基本概念中说明人与人之间的结合究竟是何以可能的。

康德对于权利原则的独特表述，以及他提出的权利学说必须解决的主要任务，是观念论法哲学在权利概念上的最早声音。尽管他并未明确提出权利演绎这一基本概念，但凭借相关论述我们很容易推论出他有关权利演绎的根本任务和基本特征的内容。相较而言，费希特清晰地意识到了这个问题。早在1794年，他就提出了两个根本问题：第一个问题是，人凭借什么权力将物理世界的一个特定部分称为自己的身体？他如何将他的身体看做是属于他的自我的一部分？因为身体毕竟是同自我相互对立的；第二个问题是，人是怎样假定和承认自身之外的同类理性生物的？因为在人的纯粹自我意识中毕竟不能直接产生这类生物。[⑤]在费希特看来，要想证明自然权利的存在，必须首先证明这两个问题，第一个问题是要论证人的基于自身的本能、欲望的权利存在的根据，第二个问题是论证人的自然权利要想得到主张，必须进入到同

---

①［德］康德：《纯粹理性批判》，邓晓芒译，北京：人民出版社2003年版，第85页。

②［德］康德：《法的形而上学原理》，沈叔平译，北京：商务印书馆1991年版，第40页。

③［德］康德：《法的形而上学原理》，沈叔平译，北京：商务印书馆1991年版，第41页。

④［德］康德：《法的形而上学原理》，沈叔平译，北京：商务印书馆1991年版，第39页。

⑤［德］费希特：《论学者的使命·论人的使命》，梁志学等译，北京：商务印书馆1984年版，第14—15页。

他人之间的关系。两个问题在《自然权利基础》中得到了更清晰的表达，并且在那里首次提到了关于权利演绎的问题。费希特明确主张，权利概念是纯粹理性的原始概念，并且是关于自由存在者的彼此的必然关系的概念。在他的笔下，权利概念被视为自我意识的条件，是从理性的纯粹形式之中，从自我之中完全先天地演绎出来的。①

在谢林的学说中，这种相互关系也是权利演绎的重点，他指出，“法学仅仅演绎那种能够把自由的生物设想为相互作用的生物的自然机制，而这种机制只能通过自由建立起来。”而早在这一结论之前，在讲述实践哲学的第二定理之中，这种机制就先天地建立起来了，“一个孤立的理性生物不仅不能达到对于自由的意识，而且也不能达到对于客观世界本身的意识，因此只有个体之外的许多理智以及个体与这些理智的不绝的交互作用才能完成全部意识及其一切规定性。”② 黑格尔对于权利的基础必须存在于相互关系中也是心领神会的。实际上，当他说，权利是自由的定在时，就已然揭示了权利的本质是关系的观点，因为他所说的自由并不是单纯个体意志的特征，相反，他的自由意志是指希求自由意志的那种自由意志。这已然预设了两个意志之间的相互承认了。③

四、权利演绎与当代权利哲学

权利演绎是法哲学发展史上的最重要的成果，是权利哲学的重要组成部分，但一直以来，在权利哲学的内部，人们只知有权利推定学说，不知有权利演绎。演绎不只是一种哲学思维的方法，更重要的是，它表明了一种重要的哲学立场，使用权利演绎会极大提升我们关于权利哲学的思考层次，为我们思考权利本身究竟是什么这个问题提供十分清晰的线索。不仅如此，它还给权利推定规定了界限，即一切权利推定，都应着眼于在共同体的视野中看待权利，必须为权利的实现塑造良好的共同体环境。值得注意的是，之前存在的权利推定都是建立在自然权利基础上，因而无视权利内在的共同体向度，坚持认为法学与立法的使命在于实现权利和权利保障，并由此表达了想要实现一种符合维护权利、约束权力的政治结构改革的愿望。

对于德国观念论法哲学在权利论证问题上作出的贡献，现代权利学说并

---

①［德］费希特：《自然法权基础》，谢地坤等译，北京：商务印书馆 2004 年版，第 8、54 页。

②［德］谢林：《先验唯心论体系》，梁志学等译，北京：商务印书馆 1976 年版，第 237 页。

③［德］黑格尔：《法哲学原理》，第 27 节，第 29 节，尤其是参见 29 节“附释”。他批评了卢梭以来关于法的流行见解，即认为法是建立在个体任性之上的东西，从而提出相互关系只是建立在“人所共知的形式的统一性和矛盾律”之上，而非建立在“自在自为地存在的、合乎理性的意志”之上，这种意志内在地承认了相互关系的必要性。

未给予充分注意。经由德国观念论的权利演绎，可以获得如下论断：权利的生长离不开共同体，任何针对权利的追求，最终都是对基于相互承认的共同体的追求。在现代自由主义的法学教义中，义务被定义为“为了使权利获得满足而设定给权利相对方的负担”，这明显忽视了权利的共同体属性。脱离了共同体，追求权利只是空洞的口号。辛格指出，权利只有在共同体中才能成有效或具有可操作性，她的“可操作性的权利”概念深刻地揭示了，个体只有在共同体的生活中才能实现自身目的。

实际上，现代社会心理学深刻揭示了自我通过社会获得塑造的道理，辛格的研究建立在著名社会学家米德的观点之上。米德指出，“个体并不是直接经验他的自我本身，而是只能从和他处于同一个社会群体的其他个体成员的特殊立场出发，或者说他所从属的这个作为整体而存在的社会群体一般化立场出发，来经验他的自我本身。”[①] 米德将那种能使个体经验到自身，即意识到自身的自由的共同体或者社会群体，称为“一般化的他人”（the generalized other），并且将共同体的态度称为“一般化他人的态度”，[②] 在他看来，所有社群的成员拥有一般化他人的态度，共有一个反应系统，通过这个系统，他们能采取对方的态度，以一种组织化的方式交流与交往。“一般化的他人”的视角（perspective）或态度（attitude）的实质在于，它具有一种“谈话的相互性”，拥有这一态度的个体能预见对方的行动，采取对方的态度，从而赋予自己的行动以普遍化的品质。这就为共同体或社群的成立提供了基础。[③]

正是在米德的社会心理学获得的结论基础上，辛格注意到，任何权利的存在，必须以内化了权利文化的共同体的存在为前提，她指出，

> 存在着权利的扩展社会，其成员全部都已经内化了权利文化——支配所有权利关系并以它们为范例的一般原则——甚至可以尝试用那些规范来支配自身，不论他们所属的组织化社群中是否存在可操作的权利。该社群的所有成员都知道，或被期望（至少暗含地）知道什么是拥有资格权利；他们承认尊重它们的义务，懂得期望并要求他人尊重他们自己与对方的权力，即使在他们所属的组织化社群中，那些权利并未授予他们。[④]

---

① [美] 米德：《心灵、自我与社会》，霍桂桓译，北京：华夏出版社 1999 年版，第 150 页。

② [美] 米德：《心灵、自我与社会》，霍桂桓译，北京：华夏出版社 1999 年版，第 167 页。

③ 米德对传统权利的批判，参见 George Herbert Mead. Natural Right and the theory of the Political Institution. Journal of Philosophy, Psychology and Scientific Method, 12（1915），141–155（中译文参见《自然权利与社会建构理论》，李小科译，载《米德文选》，北京：社会科学文献出版社 2009 年版，第 153—168 页）。

④ 参见 [美] 辛格：《可操作性权利》，王守昌等译，上海译文出版社 2001 年版，第 83 页。

正是共同体的存在使权利具备了“可操作性”，因而，她就从社会心理学的视角出发将权利转换为权利关系（rights-relation）。

辛格有关可操作性权利的研究凸显出了权利概念的一个重要维度，即一般化的他人态度或视角存在的可能性，正是这种态度决定了权利存在的可能性。根据米德的分析，哪里有权利关系，哪里就有所有该权利关系的参与者都共有的组织化态度。辛格敏锐地注意到，米德的“一般化的他人”概念是卢梭“普遍意志”概念的翻版。[①] 在卢梭那里，普遍意志不仅可以指个体的意志，还可以指共同体的意志。但辛格有关“一般化的他人”的论述和卢梭有关普遍意志的论述有同样的不足，因为正如卢梭希望能在公民宗教中实现普遍意志，因而不可避免地要遭遇到实然与应然之间的矛盾一样，辛格将人与人之间的结合的根源置于社会心理学的结论上，也要面对一个从“实然”之中如何获得“应然”的问题。辛格十分清醒地意识到这个问题，但她显然无心去解决这个问题，因为她选择利用实用主义来为自身作辩护，从而回避了这个问题。然而，仅仅通过质问社会或共同体之所以可能的经验性的前提条件，无法为一般化他人的立场和态度提供证成，因而也就缺乏逻辑上必然的理由将其纳入到权利概念的内部。辛格的工作因此只是尝试性的，她并不想确立一种逻辑上真实的结论，相反，她只想挑战传统的权利概念，从而引发一种“批判性的对话”。

将权利转变为权利关系，只是为正确理解权利概念提供了引导，却不足以提供充分正确的指南。之所以如此，是因为权利概念中出现的权利关系或共同体，只是一种内在于理性的内在结构中的规定，或者是理性的历史成果，总体上讲，它们是一些内在规定，具有应然的作用，因此，它揭示的是一种理想结构，而非现实结构。换句话说，它是构成性的，而非建构性的。

既然共同体并非实体，而是一种存在形式，是个体存在结构中不可缺少的环节。那么，要想在个体和共同体之间谋求和解，解决之道就不在于在具体的个人和具体的政府权力之间的平衡，而在于将个体的权利视为个体自我完善和自我发展的固有权限和资格。权利哲学必须要教导的是，个体的自我完善和发展不只是停留在个体需要及其满足和不受他人及政府权力侵害和妨碍的范围内，只有在共同体的范畴中，个体才能实现其最高和最完善的发展，才能既承认个体的优先性，又不否认共同体的存在。

---

① 遗憾的是，辛格并未注意到德国观念论哲学有关“自我”与“非我”的关系理论对米德的影响，而实际上米德直接援引了德国观念论者如费希特、谢林和黑格尔等人来支持自己的论述，参见［美］米德：《十九世纪的思想运动》，陈虎平等译，北京：中国城市出版社 2003 年版，第 102 页。但与德国观念论哲学有根本性的差异，米德将自我与非我的同一性建立在经验基础上，“这种统一是在我们的经验中被假设下来的。这样的统一是来自于经验过程”，而非来自于先验的设定。

结 语

尽管传统的权利观也赞同，权利在本质上是一种关系，但这种论述只是有关实定法上的法律权利的论述。它考虑的是，法律上的权利必然会有一个义务相关项，当这种权利受侵害时，必然会获得国家机关的保护。而经由权利演绎学说获得的权利关系，是先于一切实定法上确立的法律关系的权利关系。这种关系是先天地建立起来的，先天地存在于权利概念之内。权利演绎学说将共同体和个体与个体之间的相互关系视为权利概念的内在规诫，因此，它所探讨的权利关系，就是在权利推定之前自然权利和道德权利存在的根本样态，这种权利关系是一切权利推定之所以能发生、有权发生的基础，也是确保权利推定正确进行的基本规诫。

正是在此意义上，有关权利演绎的思考就开启了一种新的权利思维，这种权利思维为重新反思个体与共同体之间的关系提供了指南，不仅将个体视为目的，也要将共同体视为目的，既要使共同体成为权利实现过程中的积极的而非消极的因素，也要懂得使权利成为共同体发展过程中的积极的而非消极的要素。只有权利不是建立在个人主义之上，而是建立在共同体或权利关系的基础之上，建立一种个体与共同体相互协调的权利哲学方才成为可能。

（黄涛，中共中央党校政法部博士后驻站研究人员）

德里达：法律正是通过解构才走向正义

文　兵

德里达，是后现代主义思潮中的最有代表性的法国思想家。后现代主义，作为兴起于20世纪六七十年代的文化思潮，是以批判“现代性”的价值理念与思维方式这样的姿态出现的。这个“后”，标明的不仅仅是一个时间维度，更是一个理论态度。如没有理论取向上的不同，单纯的时间划分也就没有意义。后现代主义，就是要摧毁“现代”之中那些坚实稳固的原则、融贯一致的体系等等，所以，后现代主义才被当成“幽灵”一样的东西，以致法国的《世界报》于1981年戏仿《共产党宣言》首句宣告：“一个幽灵，后现代主义的幽灵，在欧洲游荡。”“幽灵”引起了恐慌！后现代主义在学院体制内部根本不受待见，以致有着后现代主义底色的“法律批判研究”运动的追随者被哈佛等大学的法学院拒聘。这些主流法学院的调调就是：不能让“虚无主义”占据了法学院的教席。

德里达在1989年10月，跑到了纽约的叶史瓦大学卡多佐法学院，做了题为《法律的力量——权威的神秘基础》的演讲，宣称：“法律是可以解构的”，而且“解构就是正义！”[①] 按世人的理解，法律就是正义的化身，为何需要“解构”，且这种“解构”还是“正义”的？何为“解构”？“解构”一词，是经常与德里达联系起来的。字面的意思，也就是把“结构”给“拆解”了。但这一概念远非看起来这样的简单。为了避免误解，德里达为此进行了各种说明。德里达强调，这种解构是在内部进行的，并不是从外部施加的。解构要展示那些据说产生了某一核心概念或理论前提的话语又是如何转而反对自身的；解构要揭示某种结构在形成自身的历史过程中可能掩盖了什么、排斥了什么。

德里达是用英语做这个演讲的。英语中的一个表达式引起了他的兴趣，也引出了他的分析。这个表达式就是“法律的实施（to enforce the law）”。德里达的解构往往是从语言入手的。因为，语言的使用体现了我们的思想方式，

---

①［法］德里达：《法律的力量》，《〈友爱的政治学〉及其他》，夏可君编，长春：吉林人民出版社2006年版，第425页。

也显现于我们的制度机制。古希腊语中的 logos，其实既是指语言，又是指思想。德里达认为，“法律的实施（to enforce the law）”这个表达，无疑让人记住了这样一点，力量不是附着于法律的一个可有可无的补充，力量是隐含在作为法律的正义之中的。德里达转向了对法国思想家帕斯卡尔（1623—1662）的探讨。他之追溯到帕斯卡尔，是因后者可以被当成了西方思想内部的一种解构的资源。帕斯卡尔在他的著名的《思想录》中有一个片段，就是专门探讨正义与力量的结合。帕斯卡尔提出了“没有力量的正义是软弱无能的；失去正义的力量就是暴戾专横的……因而，必须把正义与力量结合在一起；为此，我们应当使正义的变得强大，使强大的合乎正义”。[①] 正义的基础在哪？帕斯卡尔给了否定的回答：“仅仅照理智的来说，没有任何东西本身是公正的；一切随时间而转移。习俗仅仅由于其为人所接受的缘故，更形成了全部的公道；这就是它那权威的神秘基础了。”德里达认为，在“权威的神秘基础”这一问题上，帕斯卡尔引用了另一法国思想家蒙田（1533—1592）的说法。德里达注意到，在蒙田那里，法律的正义，作为法律的正义，并不就是正义。我们服从法律，也并不是因为它们是正义的，而是因为它们具有权威。法律正义与正义本身这个区分，其实就是德里达后面要展开谈的正义的制度与正义的精神之间的区分。无论如何，权威的基础之所以“神秘”，是因其不可言说、不可追寻。这样一来，法律的基础就被悬置起来了。法律没有了坚固的基础，也就可以展开对它的批评了。德里达说，从帕斯卡尔和蒙田这里，就可以找到法律意识形态批判的基础，可以揭示法律上层结构既掩盖又反映了的占据统治地位的社会力量的政治经济利益。德里达要借帕斯卡尔和蒙田来撕破法律所谓的正义的面纱。

德里达更进一步的看法则是，正是因为权威的起源、法律的基础在原则上除了它们自身之外没有什么依托，所以它们自身就是一种没有基础的暴力。法律不是服务于暴力，法律就是一种暴力。建立法律的活动，就包含着力量的突显，这种力量本身无所谓正义与否，也就是说，在建立法律的时刻，没有一种先在的法律，也没有任何一种本来的正义，可以保障这种力量、反对这种力量、废除这种力量。法律没有基础，因而也就是可以解构的。德里达说，法律可以解构，这并不是什么可怕的事，恰恰我们从中可以看到全部历史进步的政治幸运。德里达指出，我们在这里遇到了一个悖论：法律，或者法律的正义，具有自身可以解构的结构。但是，存在于法律之上或法律之外的，还有自身不可解构的正义本身。正是正义，赋予了我们解构法律的本能、动力或趋向。解构，遇到了它的底线或边界：正义的不可解构性。正义的规则即法律正义，是可以并应当解构的；正义的精神即正义自身，则是不可解构的。解构活

① 译文参见［法］帕斯卡尔：《思想录》，钱培鑫译，南京：译林出版社 2012 年版，第 105 页。

动就发生在可解构的法律与不可解构的正义之间。正是在这一“之间”，存在着诸种张力。这种张力，德里达称之为让人进退维谷的“绝境”。

第一个绝境：规则的悬搁。法官的判决要成为正义的，他就必须遵循法律的普遍规则，使这一判决归属于可算计的、程序化的秩序之中。但是，法官的判决，不能仅仅是一种套用、运算的行为，因为他所面对的是绝对独一无二的情形。这样的时刻，我们遵循了法律，我们可以说这个判决是合法的，但并不就是正义的。正是对于正义的追求，他还必须对这些原则进行再度的解释和再度的创造。所以，在特定的时刻，法官总是处于一种既要保护法律又要破坏法律的矛盾之中。

第二个绝境：不可决断性。不可决断性，并不是说人们在两个相互矛盾的并且非常确定的规则之间的犹豫不决，不是在诸如要尊重普遍平等还是要尊重独特差异之间的犹豫不决。不可决断性，是与“可算计性”相反的概念。按他的说法，如果不经历不可决断的考验，决断就只会是一个可以算计的过程的展开而已，它或者是合法的，但不会是正义的。但是，一旦处于不可决断的悬而不决之中，它也不是正义的，因为必须要给出一个决断。在任何时刻，似乎一个决断都不可以被说成是现时地和完全地正义的：或者，它还没有按照任何规则进行决断，因而难以说它是正义的；或者，它已经遵循了规则，但却并没有任何东西绝对地保证这一规则，甚至，即使它是被保证的，这一决断又落入到算计之中，因此也不能说它是正义的。

第三个绝境：决断的紧迫性。一个正义的决断，永远是当下的、立即的要求，它是不能等待的。正义的决断不可能为自身提供无限的信息和无限的知识，以使人们能“证立”它。即使是有了无限的知识，仍然不能保证一个决断是正义的，因为正义与知识属于不同的序列：知识关乎“是什么”而正义关乎“应如何”。这种差别，在休谟那里曾被明确指明为就是一种“实然”与“应然”的差别。德里达认为，正义的决断是不能从知识中推断出来的，需要从知识到行动的“跳跃”，要中断或阻断知识与思虑的过程。我们必须处理当前的情景，这是具有紧迫性的！

上面三个绝境的表述各有所侧重，但核心一点就是强调正义必须逾越“可算计性”、“可程控性”。德里达的这一看法，无疑也是解构了实证法学。实证法学坚持法律与道德的分离，把法律视为自足的规则体系，似乎一个法律的判决完全可以由规则推导出来。哈特面对各种对实证法学的批评，对此做了重大的改进，也只在边缘情形中承认一种“自由裁量权”而已。德里达通过他的“权威的神秘基础”也同样解构了自然法学。自然法学肯定法律体现了普遍和永恒的自然法，这种自然法或基于人的本性或基于自然权利。德里达对西方法理学传统中的两大学派都要解构，当然引起了学院体制中的法学家们的恼怒。他也公开地遭到了学院体制的拒斥，罪名也是“虚无主义”。

1992 年，20 位世界著名哲学家曾联名反对剑桥大学授予德里达名誉博士学位，指责他“否定和摧毁了奠定所有大学学科基础的证明和论辩水平”[①]。

但是，要把德里达的“解构”斥为虚无主义肯定是很不妥当的。他一再重申“解构可以通过新的方式激发进步、解放和革命”[②]。他说要解构法律，但他并不是说要抛弃法律，并不是说我们可以置身于法律政治之外，而是警醒人们，法律可能僵化，会有局限，这样的僵化与局限可能把我们引入歧途，使我们偏离正义。我们只有努力在这种局限之外进行思考，我们才能走向正义。也许，人们长久地习惯于一种确定性、稳定性，但很可能只是一个信念而已。如是这样，德里达的解构又有什么错呢？

（文兵，中国政法大学哲学系教授）

---

① [法] 伯努瓦·皮特斯：《德里达传》，北京：中国人民大学出版社 2014 年版，第 403 页。

② 杜小真、张宁编：《德里达中国讲演录》，北京：中央编译出版社 2003 年版，第 147 页。

法律语言学是“‘法律语言’学”还是“法律‘语言学’”？抑或“‘法律与语言’学”？

——兼论法律语言学学科内涵及定位

邹玉华

继多所学校作为硕士招生方向以来，近年来不少学校已把法律语言学作为博士研究生招生方向，既有法学理论二级学科下设的硕士和博士生研究方向，也有外国语言学及应用语言学二级学科下设置的研究生或博士生研究方向。陈炯教授提出建立“法律语言学”的学科设想。[①] 何勤华教授于1988年编写的《法学新学科手册》已将“法律语言学”收录其中。[②]2003年李宇明教授也曾呼吁“建立中国的法律语言学”。[③] 而“法律语言学”作为法学的二级学科，也于2005年由中国政法大学向国务院学位办申请并获特批。[④]

法律语言学是“‘法律语言’学”还是“法律‘语言学’”？抑或“‘法律与语言’学”或“‘语言与法律’学”？作为一门法学与语言学的交叉学科，法律语言学的学科定名及内涵等还需要进一步思考和建构。

一、法律语言学与 Forensic Linguistics（法庭语言学）

Forensic Linguistics 在汉语中有三个译名，即“法律语言学”、“司法语言学”和“法语言学”。[⑤] 据刘蔚铭考察，吴伟平1994年刊登在《国外语言学》（第2期）的论文《法律语言学：会议、机构与刊物》首次使用“法律语言学”作为 Forensic Linguistics 的中文译名，而庞继贤1996年在《外国语》（第1期）发表的论文《语言学在法律中的应用：司法语言学》首次将 Forensic

① 陈炯：《应当建立法律语言学》，载《现代法学》1985年第1期。

② 参见刘蔚铭：《法律语言学研究》，北京：中国经济出版社2003年版，第59页。

③ 李宇明：《语言与法律：建立中国的法律语言学》，周庆生、王洁、苏金智主编：《语言与法律研究的新视野》，北京：法律出版社2003年版。

④ 李振宇：《法律语言学史》，北京：中国经济出版社2008年版，第274页。

⑤ 参见刘蔚铭：《法律语言学研究》，北京：中国经济出版社2003年版，第9页。

Linguistics 译为“司法语言学”，胡志清 2002 年在《当代语言学》(第 2 期)发表的论文《司法语言学及司法语言学家的四大专家领域》不仅将 Forensic Linguistics 译为“司法语言学”，还将 Forensic Linguists 译为“司法语言学家”。[①] 因此，Forensic Linguistics 就有了“法律语言学”和“司法语言学”两个译名。[②]

Forensic 一词来自拉丁语 Forum，Forum 指“对古罗马几个开放地点的称谓，其中最重要的是罗马广场，这里除办理其他事务以外，还是众法院的所在地。因此该词便被用来指法院，或适应特殊目的的审判地”，[③]Forum 的第一义项经常被解释为“法院、裁判所和诉讼地”[④]。Forensic 意思是“法庭的、属于法庭的适于法庭的;(法庭上)辩论的”[⑤]，Forensic Linguistics 的字面义是“法庭的语言学”。因此，译为“司法语言学”尚可，但语义还嫌宽泛，“司法”是个大概念，且易误解为“‘司法语言’学”，译为“法庭语言学”[⑥] 最为准确，其本义即为语言学专家证据在法庭上的应用[⑦]。但更多学者则认为，应译为“法律语言学”，因为“法律语言学”包容性更大，也更有利于该学科的进一步发展。[⑧]

其实，法律语言学与 Forensic Linguistics 的字面义及内涵皆不完全相同。约翰·吉本斯认为，Forensic Linguistics（法庭语言学）在狭义上“仅指语言证据问题”，在广义上则泛指“与语言和法律有关的各种问题”，“不仅涉及立法和法庭语言，而且也涉及警察和监狱语言”。狭义的法庭语言学之所以仅指“语言证据问题”，是因为 Forensic Linguistics（法庭语言学）源于语言学证据在法庭审判中的应用。[⑨] 汉语的法律语言学起源于立法语言字、词、句的研究，早期影响较大的也是“字—词—句”模式。[⑩] 可见狭义的 Forensic

---

① 参见刘蔚铭：《法律语言学研究》，北京：中国经济出版社 2003 年版，第 9—10 页。

② 目前两部以 Forensic Linguistics 命名的专著也有两种不同译法：Forensic Linguistics: An Introduction to Language in the Justice System（《法庭语言学：司法系统中的语言导论》），中译本译为“法律语言学”（参见［美］约翰·吉本斯：《法律语言学导论》，程朝阳、毛凤凡、秦明译，北京：法律出版社 2007 年版）；Forensic Linguistics: An Introduction to Language, Crime and the Law（《法庭语言学：语言、犯罪与法律》），中译本译为“司法语言学”（参见［英］约翰·奥尔森：《司法语言学：语言、犯罪与法律》，王虹、欧阳国亮、刘旸菲译，北京：中国人民公安大学出版社 2015 年版）。

③［英］戴维·M. 沃克：《牛津法律大辞典》，北京社会与科技发展研究所组织翻译，北京：光明日报出版社 1988 年版，第 347 页。

④ 薛波主编：《元照英美法词典》，北京：法律出版社 2003 年版，第 574 页。

⑤《英汉法律词典》(修订本)，北京：法律出版社 1999 年版，第 321 页。

⑥ 参见刘蔚铭：《法律语言学研究》，北京：中国经济出版社 2003 年版，第 15 页。

⑦ 参见［美］约翰·吉本斯：《法律语言学导论》，程朝阳、毛凤凡、秦明译，北京：法律出版社 2007 年版，第 348 页。

⑧ 参见刘蔚铭：《法律语言学研究》，北京：中国经济出版社 2003 年版，第 16 页。

⑨ 参见［美］约翰·吉本斯：《法律语言学导论》，程朝阳、毛凤凡、秦明译，北京：法律出版社 2007 年版，第 14 页。

⑩ 参见刘蔚铭：《法律语言学研究》，北京：中国经济出版社 2003 年版，第 61 页。

Linguistics（法庭语言学）与汉语的"法律语言学"研究内容差别较大；广义上的 Forensic Linguistics（法庭语言学）似乎与"法律语言学"相当，但是 Forensic Linguistics（法庭语言学）只是最近才关注立法语言，IAFL 只是"为了不至于因研究对象问题束缚自己的手脚"才提出如此宽泛粗略的描述。[①]

因此，Forensic Linguistics 并不等同于"法律语言学"。Forensic Linguistics 的汉语译名应还原为"法庭语言学"，唯此，其起源、研究特点及内涵才不至于被淹没。与此相关的两个国际学术组织，即 1991 年成立的 International Association for Forensic Phonetics（简称 IAFP，一般译为"国际法律语音学协会"）和 1992 年成立的 International Association of Forensic Linguists（简称 IAFL，一般译为"国际法律语言学家协会"）也应分别译为"国际法庭语音学协会"和"国际法庭语言学家协会"。

二、法律语言学与"'语言与法律'学"或"'法律与语言'学"

汉语的"法律语言学"涵盖面较广，那么，法律语言学是否就是与"'语言与法律'学"或"'法律与语言'学"相当的概念?

韩永强认为，"法律语言学"应该独立作为我国"语言与法律"研究学科的学科名称。[②]不少学者也把"语言与法律"或"法律与语言"看成广义的 Forensic Linguistic（法庭语言学）的同义语，如前述约翰·吉本斯对广义的 Forensic Linguistic 的看法，再如吴伟平教授的看法。[③]很多强调研究对象为交叉研究的一般名为"语言与法律"或"法律与语言"研究，IAFL（国际法庭语言学家协会）与 IAFP（国际法庭语音学协会）共同创办的会刊 *The International Journal of Speech, Language and the Law*（《言语、语言与法律国际杂志》），即为"言语、语言与法律"；约翰·M. 康利和威廉·M. 欧巴尔的专著《法律、语言与权力》，其前言中则多次使用"法律与语言"这个概念，并认为"随着社会法学者将法律语言纳入到他们研究的范围之内，以及语言学家开始关注法律中的语言问题，法律与语言作为一门学问在 20 世纪 70 年代诞生了"，[④]这里把"法律与语言"看成一门学问的名称。称"语言与法律"还

---

① 韩永强:《也谈"forensic linguistics"的汉译名及我国法律语言学的主要研究对象》，载《宁波大学学报》2005 年第 5 期。

② 韩永强：《也谈"forensic linguistics"的汉译名及我国法律语言学的主要研究对象》，载《宁波大学学报》2005 年第 5 期。

③ 吴伟平:《语言与法律——司法领域的语言学研究》，上海外语教育出版社 2002 年版，第 3 页。

④［美］约翰·M. 康利、［美］威廉·M. 欧巴尔:《法律、语言与权力》，程朝阳译，北京：法律出版社 2007 年版。

是“法律与语言”的出发点有所不同，前者是语言，后者是法律。如吴伟平的专著为《语言与法律：司法领域的语言学研究》，出发点是语言，而康利等在第二版前言中指出，“法律与语言研究曾经不是法律与社会运动的奠基性问题之一，但是现在，它却是书籍和期刊文章的一个主要论题，并显著地出现在会议计划和学习课程中”，[①]由此可知，“法律与语言”研究（学）是法律与社会研究的进一步拓展或是由此发展而来，出发点是法律。

“法律与语言”或“语言与法律”的关系是交叉学科法律语言学的主要研究对象之一。刘愫贞教授曾指出：“法律语言学是法律学与语言学的交叉学科，它的这个性质决定了它的研究对象应是法律与语言的关系。”[②]但是笔者认为，研究法律与语言的关系不等于研究与二者关系有关的所有问题。不少学者把语言权利和语言立法作为法律语言学的研究对象之一。把 Forensic Linguistics（法庭语言学）做广义理解或作为等同于“语言与法律”或“法律与语言”概念的学者，一般都把语言权利和语言立法作为其研究内容，如约翰·吉本斯专著 *Forensic Linguistics：An Introduction to Language in the Justice System*（《法庭语言学：审判系统中的语言导论》），其第八章“有关语言的法律”，谈到有关语言的立法和语言权利问题。语言规划和语言立法的确是法律与语言的一个交叉点。成立于 1984 年的国际性的交叉学科学术研究组织——International Academy of Linguistic Law［简称 IALL，国际语言法（律）学研究会］，被法律语言学研究者看作是有关法律语言学研究的重要国际组织，该学会成立以来的重要议题就是语言权利与语言立法研究。但就本质而言，对语言文字的立法属于“法学”，是对“语言文字”进行“法”的管理，像“环境法”和“军事法”等一样，在法学中属于部门法。语言立法是关于语言的立法或对语言的立法，不是一般意义上的语言学知识在法学中的应用，超出了“法律语言学”的研究范畴。

因此，“法律语言学”作为法学与语言学的交叉学科，并非是一个与“‘语言与法律’学”或“‘法律与语言’学”相当的学科。法律语言学研究法律与语言的关系，但绝不是一个研究与二者关系相关的无所不包的学科，就学理而言，它应该有自己的研究边界。

三、法律语言学与“‘法律语言’研究”

“法律语言学”是否就是“对法律语言的研究”或“法律语言研究”呢？

---

①［美］约翰·M. 康利、［美］威廉·M. 欧巴尔：《法律、语言与权力》，程朝阳译，北京：法律出版社 2007 年版。

② 刘愫珍：《论法律语言学的学科定位——语言与法律的关系》，载《上海市政法管理干部学院学报》2002 年第 3 期。

汉语的法律语言学是从研究"法律语言"开始的。"法律语言"即"法律的语言"或"法律领域中所使用的语言"的意思。"法律语言"一词在20世纪70年代末80年代初在我国使用和流传。据李振宇教授考察，1982年10月中国政法大学宁志远、刘永章两位学者合写的《法律语言风格初探》(《语文论坛》丛刊第1期)，是第一篇以"法律语言"为题目的学术论文。[①] 英语中与"法律语言"相当的概念是 the Language of the Law（法律的语言），大卫·梅林科夫（David Mellinkoff）于1963年出版的名著即为 the Language of the Law（《法律的语言》）。英语中还有另一表示"法律语言"的词语，即 Legal Language，其原指用于诉讼和非诉讼法律事务时所选用的语种。由于 legal 这个词经常并且很正当地被用来表示 lawful（合法的），因此，梅林科夫认为 legal language 容易引起误解。[②] 廖美珍曾对国外的"法律语言研究"做过研究综述，认为其发展脉络是法律语言作为客体的研究、法律语言作为过程的研究和法律语言作为工具的研究三个层面的发展过程。其研究对象主要是"法律语言"。[③] 当然，这里的法律语言已从静态走向动态的法律话语及其运作过程。因此，杜金榜教授认为，"法律语言的研究对象应该包括法律事务中涉及各种活动的语言行为"。[④] 毫无疑问，"法律语言"这个客体是法律语言研究的对象，也是法律语言学的主要研究对象之一，即使是有学者从法学视角确定研究对象，认为法律语言学应该以立法语言、司法语言、执法语言和法律研究语言为主要研究对象。很多人所理解的"法律语言学"就是"法律语言研究"。[⑤]

但是，"法律语言"并非法律语言学唯一的研究对象，作为交叉学科，法律语言学还要研究语言学知识在法庭中的应用以及法律与语言关系的本质等。因此，"法律语言学"也并非完全等同于"法律语言研究"。

需要注意的是，法律语言学对"法律语言"的研究并非以为语言学理论提供领域语言材料佐证为目的，而是以法律生活或法学为出发点和归宿。正如胡范铸教授所言："法律语言学的根本目的就在于运用语言学的方法，处理法律语言，直接关注法律领域中的语言运用问题，直接为法律行为中的语言交际问题提供解释模型，以有效提高法律语言生活的质量。也就是帮助法律语言的说话者更有效地说话，帮助法律言语行为的听话者更有效地听话。"[⑥] 为法律或法学的语言研究其实就是应用语言学研究，只有为生活的语言研究才

---

① 李振宇：《论法律语言学的学科归属》，载《江西社会科学》2006年第10期。

②［美］大卫·梅林科夫：《法律的语言》，廖美珍译，北京：法律出版社2014年版，第4页。

③ 廖美珍：《国外法律语言研究综述》，载《当代语言学》2004年第1期。

④ 杜金榜：《从目前的研究看法律语言学学科体系的构建》，载《现代外语》2000年第1期。

⑤ 韩永强：《也谈"forensic linguistics"的汉译名及我国法律语言学的主要研究对象》，载《宁波大学学报》2005年第5期。

⑥ 胡范铸：《中国法律言语行为研究的若干问题——代主持人的话》，载《修辞学习》2006年第4期。

能谈得上“应用研究”。但是，把所有与应用相关的语言学研究都放在应用语言学之下，并不是十分利于学科的发展，法律语言学应该定位于法学，因为，只有法律或法学才最清楚自己的目标和需求。

四、法律语言学与“法‘语言学’”或“‘语言学’法学”

刘蔚铭教授还提到 Forensic Linguistics 的另一译名“法语言学”，但作者并未对该译名进行讨论。那么，是“法‘语言学’”还是“‘法语言’学”？

与此相关的概念还有“语言学法学”。博登海默的专著《法理学——法律哲学与法律方法》，其第七章第二十七节的篇名即为《新分析法学和语言学法学》。[①] 周新铭曾把该节译为中文发表，但篇名却译为《新分析法学和语言法律学》。[②] 博登海默认为，“分析法学家的目标就是通过辨识法律概念并将它们分解成构成它们的基本成分来阐明法律的概念”。[③] 因此，“语言学法学”或“语言法律学”主要是指“语言学”的方法在法学中的运用。“语言法律学”其实是“语言学法律学”[④] 的简称，而非“‘语言法律’学”[⑤]。因此，程朝阳认为，国外对法律语言的研究经历了两次语言学转向，一次是在前期维特根斯坦的逻辑实证主义思想影响下发生的法学中的“语义学转向”，一次是法学的“语用学转向”。皆为语言学理论和方法在法学中的应用，特别是语言哲学理论和方法在法哲学、法学中的应用。法学理论界较多地采用该研究路径或方法，是语言学方法论意义上的研究。[⑥] 常安、朱明新认为，以哈特为代表的语义分析法学正是将语言分析哲学的研究方法创造性的运用于法学之中，从而促成了法学研究范式的转换。[⑦] 李振宇教授也认为，“语言哲学和法学的交汇将是法律语言学研究的一个新领域，必将为法律语言学研究提供新视角、新方法”。[⑧]

---

① [美] E. 博登海姆：《法理学——法律哲学与法律方法》，邓正来译，北京：中国政法大学出版社 2004 年版，第 137 页。

② [美] 埃德加·波顿海默：《新分析法和语言法律学》，周新铭译，载《国外法学》1984 年第 3 期。

③ [美] E. 博登海默：《法理学——法律哲学与法律方法》，邓正来译，北京：中国政法大学出版社 2004 年版，第 143 页。

④ “现代分析的和语言学的法律学从路德维希·维特根施泰因（1889—1951）的著作中受到很大的鼓舞。”（参见 [美] 埃德加·波顿海默：《新分析法和语言法律学》，周新铭译，载《国外法学》1984 年第 3 期），其中用到“语言学的法律学”这个概念。

⑤ “语言法律”一般指“语言法”，即“关于语言的法律”。

⑥ 程朝阳：《法律权力运动的语言面相——〈法律、语言与权力〉》，[美] 约翰·M. 康利、[美] 威廉·M. 欧巴尔：《法律、语言与权力》，程朝阳译，北京：法律出版社 2007 年版。

⑦ 常安、朱明新：《“法学的语言学转向”及其对我国法律语言学研究的方法论启示》，载《琼州大学学报》2003 年第 3 期。

⑧ 李振宇：《法律语言学新说》，北京：中国检察出版社 2006 年版，第 68 页。

由此可知，"法语言学"应该是"法'语言学'"，而非"'法语言'学"。

Forensic Linguistics（法庭语言学）的主要内涵也是语言学知识在法庭上的应用。韩永强认为，可以 Legal linguistics 作为"法律语言学"的英语译名，[①] 用以指代语言学在法律中的应用。

结 语

强调以"法律语言"为研究对象的法律语言学一般是或偏于"'法律语言'学"，而 Forensic Linguistics（法庭语言学）和新分析法学的研究则更多地为"法律'语言学'"或"语言学法学"，即在方法上运用语言学。笔者认为，作为法学与语言学交叉学科的法律语言学，既要研究"法律语言"乃至"法律话语"这个实体和过程，还要研究语言学、语言哲学理论和方法在法律、法学中的应用。因此，法律语言学既是"法律语言"学，也是"法律'语言学'"。

（邹玉华，中国政法大学人文学院教授）

① legal 常用字面意义之一表示"与法律有关的"，与此相似，Legal sociology 则被普遍接受为"法律社会学"的译名，且芬兰法律语言学协会（The Legal Linguistics Association of Finland）和捷克共和国的该领域学者，甚至澳大利亚的部分学者也使用 Legal Linguistics 作为学科名称。（参见韩永强：《也谈"forensic linguistics"的汉译名及我国法律语言学的主要研究对象》，载《宁波大学学报》2005 年第 5 期）

规范冲突问题的逻辑研究

孔　红

道义逻辑是研究规范推理的逻辑模型和形式演算的一个逻辑学分支。1951年冯·赖特（von Wright）发表《道义逻辑》，标志着现代道义逻辑的产生。历经半个多世纪的发展，道义逻辑仍然被普遍认为是不成熟、不完善的一个学科分支，目前这一领域开放性的问题依然很多，关于一些基本概念和原则仍存在广泛的争议。20世纪80年代以后，这个领域的发展就是由不断针对已有理论提出问题并以各种技术方法解决问题的努力驱动的。而在所有这些问题当中，规范冲突问题是最为突出、影响最大的一个，它直接关系着标准道义逻辑的特征公理是否有效，关系着道义逻辑的一系列基本原则是否成立，也关系着道义逻辑究竟应当建立在哪一种逻辑基础之上。

道义逻辑研究的规范主要包括伦理规范和法律规范。为求论述之确切、严谨，本文的讨论主要着眼于法律规范，"规范冲突"、"规范推理"分别指法律规范冲突和法律规范推理。

一、规范冲突问题

法律规范是相对于某种法律事实确认某种法律结果的规定，其中，法律结果体现为法律认可的权利或义务。例如"租赁合同存续期间，出租人应当维持租赁物合于约定使用之状态"是一个法律规范，它规定，当租赁合同这一法律事实存在时，出租人负有维持租赁物合于约定使用之状态的义务。这类规范的逻辑形式为O_BA，读作：当B这一法律事实成立时，应当A。这种形式的规范称为二元规范（算子O带两个变元空位）。道义逻辑是从研究一元规范开始的。一元的义务性规范的形式为OA，表示"应当A"是无条件成立的，例如宪法规定的"成年子女有赡养扶助父母的义务"。一元规范OA也可以采用二元形式表示为O_TA，其中T为重言式，意思是应当A这一义务不基于任何特定的事实条件，OA总成立。可以看出，一元规范是二元规范的一种特殊类型。从技术上说，由一元系统升级为二元系统是容易的，所以常见的做法是首先在一元规范这种简单形式下得到研究结果，再将此结果推广到二元规范。

所谓法律规范冲突，是指同一效力等级的、调整同一法律关系的规范出现“管辖”交叉，而其法律结果又不相容，因而一个规范的适用排斥另一个规范适用的情况。从具体表现看，规范冲突包括显性冲突和隐性冲突。显性冲突指的是不需要联系个案事实、只根据规范的语言表达形式即可识别的规范冲突。例如 OA 与 O¬A、O_BA 与 O_B¬A[①]。隐性冲突存在于法律适用过程中。一组规范起初看起来是一致的、可满足的，但一些特殊的情况发生时，规范之间潜在的冲突被“激活”了。例如具有同一效力等级的两个规范 O_BA 和 O_C¬A，表面看并不冲突，但如果一个实际发生的案件既满足 B 的要件、又满足 C 的要件，那么这两个规范均可适用于同一个案件，从而引起应当 A 且应当 ¬A 的不相容的法律结果，此时 O_BA 和 O_C¬A 在法律适用层面产生了冲突。规范冲突是隐性的意味着在某些适用情境中会产生冲突的结果，而显性的规范冲突在所有适用情境中都会产生冲突的结果。在道义逻辑的文献中，规范冲突常被解释为显性规范冲突。实际上，显性规范冲突只是规范冲突的一种特殊类型。

“不相容”一词常常是在不严格的意义上使用的。在规范冲突语境中，有必要区分其三种含义。一是逻辑的不相容。A 与 B 在逻辑上不相容，意味着 A 逻辑蕴涵 ¬B。二是从内容上看 A 与 B 不可能同时成立，即 ¬◇（A∧B），其中的符号◇可以作任何符合语境的解释，例如根据物理空间规律，一个人在时间 t 既在上海，又在纽约，这是不可能的。三是从法律上看 A 与 B 不能同时成立，即 ¬P（A∧B）。例如同一套房子可以售于甲，也可以售于乙，但既售于甲又同时售于乙，这是法律所不允许的。以上三种用法以第二种最为一般，其中的符号◇既可以解释为逻辑的可能，也可以解释为作为道义模态的允许。这三种用法都是可以专门加以研究的，但学界关注的通常是逻辑意义的不相容。而且，如果 A 与 B 在逻辑上不相容，那么由于 A 逻辑蕴涵 ¬B，A 与 B 的不相容又可以归结为 B 与 ¬B 的不相容。因此，本文也依循通常的做法，主要通过 OA 与 O¬A 这种简单的形式来讨论规范冲突问题。

人们总是期待着一个逻辑的形式语义是从所研究的对象领域抽象出来的一个恰当而充分的逻辑模型。如果在现实的规范领域的确存在规范冲突，那么，道义逻辑如何刻画包含冲突前提的规范推理、采用什么方法建立容忍规范冲突的道义逻辑理论，就成了无法回避的问题。而引发这些问题的首先是，在现实的规范领域是否存在真正意义上的规范冲突？规范冲突是否属于逻辑矛盾？简单地说，这一系列问题就构成了规范冲突问题。

对于是否存在真正意义上的规范冲突，在 20 世纪 50 年代，主流的哲学

---

① 本文采用以下逻辑符号：¬（并非）、∧（且）、∨（或）、→（蕴涵）、P（允许）、O（应当）、◇（可能）。

观点给出的是否定的回答。持否定观点的人认为，所谓规范冲突，不过是由于相关事实和原则不充分、不完整引起的，而最终的具体的义务必须在考虑、衡量所有相关事实和原则的基础上做出，因而最终的选择总是确定的，不会存在冲突的结果。冯·赖特则从另一个角度论证说，冲突的规范表达的是自相矛盾的行为要求，这种要求是违背理性、无法履行的，不可能由此生成一个有效的行为规范。[①] 莱蒙（E J Lemmon）首先反驳了前一种说法：在现实情境中，人们往往无法获知据以衡量规范轻重所需要的全部信息。[②] 在笔者看来，持上述否定观点的人实际上是混淆了冲突规范的存在与冲突规范的解决这两个不同的问题。能找到解决冲突的办法，并不意味着冲突自始便不存在。针对冯·赖特的论证，奥克伦（C E Alchourron）等人则回应说，一个不一致的、让人无法遵守的规范体系的确是不合理的，但这并不构成逻辑矛盾——现行的实在法秩序并非完美无缺，规范冲突在法律体系中绝非罕见，法律规范的效力乃是基于立法权，不会因法秩序不完美就丧失其效力，这是逻辑学家必须承认并且予以考虑的事实。的确，法律的实际约束力正是其规范性特质的体现。立法者基于正义、秩序、平等等价值追求制定行为规范，其意图在于实现法律上的应然。根据英国哲学家以赛亚·伯林（Isaiah Berlin）的价值理论，不仅善与恶之间不可通约、不能相容，某些善与善之间也是不相容的。在法律追求的各种基本价值彼此敌对、无法调和的情况下，必然会出现法律规范的相互冲突。从法律实践的层面看，立法主体多元、立法权限不清以及多种法律解释权的并存则是造成法律规范冲突的制度性原因。实际上，“法律冲突作为一种普遍存在的现象已经成为不容置疑的事实。”[③] 从这样的认识出发，任何一个严肃的、具有应用价值的道义逻辑都必须认真面对规范冲突问题。

二、标准道义逻辑对规范冲突的处理

冯·赖特在《道义逻辑》一文中提出了第一个可行的道义系统——经典道义系统。这个系统包含一条基本原则：同一个行为不能既是义务的，又是被禁止的。这也可以等价地表述为：任一行为 A 与其否定 ¬A 不能都是义务的：$\neg(OA \wedge O\neg A)$ 或 $OA \rightarrow \neg O\neg A$。采用冯·赖特的初始道义算子 P，这条原则还可以等价地表示为：$PA \vee P\neg A$，即，对于任一行为 A 来说，或者 A 被允许，或者 ¬A 被允许。冯·赖特将这条原则命名为“允许法则”。允许法则的另一等价形式为：$OA \rightarrow PA$，即义务的都是被允许的，这也被称为“边沁法

① Jorg Hansen. Conflicting Imperatives and Dyadic Deontic Logic. DEON 2004, Springer-Verlag Berlin Heidelberg, 2004:147.

② Lemmon E J. Moral Dilemmas. Philosophical Review,71, 1962:139.

③ 马怀德：《我国法律冲突的实证研究》，北京：中国法制出版社 2010 年版，第 3 页。

则”。经典道义系统是可判定的，其判定方法需要遵守允许法则。以仅涉及一个行为变元 A 的情形为例。以 P 为初始道义算子，行为 A 的道义值有 2 个：PA 和 P¬A，其中每一者又有 2 个真值，综合起来看，所有可能的真值情况有 $2\times2=4$ 种。但根据允许法则，必须从中排除 PA 和 P¬A 均为假的那种情况，所以只含一个变元的公式的真值表有 3 种、而不是常规的 4 种真值情况。真值表首先是对相关的所有可能情况的列举，冯·赖特设计的这种真值表表明，他将 PA 和 P¬A 同为假（或 OA 与 O¬A 同为真）的情形从逻辑可能的空间里排除掉了。这与他关于是否存在真正意义上的规范冲突的认识是一致的。允许法则被此后的标准道义逻辑所吸收。

标准道义逻辑 SDL 是在经典道义系统上发展起来的最为人熟知的一个道义逻辑形式系统，它承续了冯·赖特所确立的将道义逻辑作为广义模态逻辑的一种、运用模态逻辑方法研究规范推理的研究路径。标准道义逻辑用克里普克（Kripke）模型解释道义算子：模型 $M=\langle W, R, V\rangle$，其中，W 是一个非空的可能世界集，R 是 W 上的具有持续性的二元关系，V 是公式的赋值函数。可能世界 w 与 v 有 R 关系记为：Rwv，直观上可理解为，v 是满足 w 中所有义务性规范的理想世界。OA 在可能世界 w 上为真，当且仅当对任意的 $v\in W$，若 Rwv，则 A 在可能世界 v 上为真。实际上，标准道义逻辑 SDL 就相当于正规模态系统 D，公式

D：$OA\rightarrow PA$（或 $\neg(OA\wedge O\neg A)$）

是 SDL 的特征公理。因此，SDL 也是经典命题逻辑 PL 的真扩张，所有命题逻辑 PL 的定理也都是 SDL 的定理。

由于有公理 D，SDL 无法就包含冲突规范的推理提供有效的处理方法。当前提中既有 OA 又有 O¬A 时，根据 D，前提中出现了经典逻辑意义上的矛盾：O¬A 且 ¬O¬A，又据命题逻辑的 $A\wedge\neg A\rightarrow B$，则得到结果：

（*）$OA\wedge O\neg A\rightarrow B$

（*）表明，在 SDL 中，从一对冲突的规范可以推出任何结论。我们把这种现象称为道义逻辑的推理崩溃。罗格博尔（Lou Goble）告诉我们，即使从 SDL 中去掉公理 D，得到一个相当于模态逻辑 K 的较弱的系统，但只要其中包含如下定理和规则：

道义结合律（AND）：$OA\wedge OB\rightarrow O(A\wedge B)$

矛盾推出一切（EFQ）：$A\wedge\neg A\rightarrow B$

道义继承律（RM）：如果 $\vdash A\rightarrow B$，那么 $\vdash OA\rightarrow OB$

也会从 OA 且 O¬A 得出另一种形式的推理崩溃的结果：[1]

① Lou Goble. A Proposal for Dealing with Deontic Dilemmas. DEON 2004. Springer-Verlag Berlin Heidelberg, 2004:77.

（**） $OA \wedge O\neg A \rightarrow OB$

（**）表明，从冲突的规范可以推出一切皆为义务。这说明标准道义逻辑SDL无法处理冲突规范下的推理，是一个不容忍规范冲突的道义逻辑。这也可以理解为，SDL只能应用于无规范冲突情况下的规范推理。

可以说，推理崩溃是规范冲突问题的核心，正是解决推理崩溃问题的要求构成了对标准道义逻辑的挑战。考虑到经典逻辑也是不容忍逻辑矛盾的，或许难以理解为什么我们认为规范冲突问题对道义逻辑有着如此重要的影响。这与法律规范推理的特殊性质有关。经典逻辑的研究对象是认识论意义上的推理，其前提和结论均为事实命题，推理的目的在于获得对结论表达的事实的认识。与规范的冲突类似，人的认识也常常会存在矛盾。比如人眼观察一支半入水的船桨，会看到船桨在入水处是弯折的，而如果你用手去触摸，你的触觉则告诉你船桨是直的。当两种信息来源关于同一个对象提供了矛盾的判断，逻辑直觉告诉我们，这两个判断必定有一者为假。对于处理事实推理的经典逻辑来说，"矛盾推出一切"原则实际上是规范性的，它要求我们始终使用一致的、无矛盾的前提进行推理。如果前提不一致，就必须停止推理，退出推理系统转而审查前提，消除矛盾。能够随时跳出系统正是人的思维有别于机器思维的一个特性。规范命题不同于事实命题，它不陈述事实情况如何，而是基于特定的价值判断指出或要求人们该如何行为。规范没有真假，甚至不存在绝对的对错，规范的有效性与合理性也不总是对等的，作为一种制度性规范，不符合理性的法律规范基于立法权威也是有效力的。从法理上讲，由于立法权与司法权两权分离，法官并没有撤销法律效力的资格和权力，因此，当法官面对相互冲突的规范时，他没有能力消除规范推理的前提中的矛盾以求得前提的一致。在这种情况下，应用标准道义逻辑的推理工具必然会导致推理的崩溃。如何避免这一结果，就成了道义逻辑必须考虑的一个问题。

三、容忍规范冲突的道义逻辑

上述分析表明，为了避免（*），道义系统中不能有公理D。而为了避免（**），则要在道义结合律（AND）、矛盾推出一切（EFQ）和道义继承律（RM）三者中至少排除一个。

去掉公理D是容易的。下面我们主要考虑（**）。针对（**）的第一种方案是放弃EFQ。这意味着道义逻辑不能再以经典逻辑、而是以某种弗协调逻辑作为基础逻辑。基于相干逻辑的道义逻辑和基于Costa弗协调逻辑的道义逻辑都属于这一类型。对于SDL来说，这样的改变似乎过于激进，因为，这需要超出道义逻辑的范围、在一般意义上评估逻辑理论并为某一种替代性的非经典逻辑辩护。从另一个角度看，广义的规范推理也包含事实推理，就事实推理而言，EFQ 有其合理性，经典逻辑仍然不失为最好的一种逻辑理论。因此，下面不再对 EFQ 作进一步的考虑，而是转向 RM 和 AND。RM 被认为是道义逻辑最基本的原则之一，它要求：如果 A 是义务的，那么 A 的逻辑推论也是义务的。必须承认，RM 有着强烈的直觉支持。因此，很多研究不约而同地选择了放弃 AND 的方案。我们把这类方法称为“弃合方案”。弃合方案的代表有切拉斯（Brian Chellas）的极小逻辑、罗格博尔的多算子道义逻辑、弗拉森（Fraassen）的退化的道义逻辑。实际上，这三种理论并不是以 AND 作为研究的切入点，而是直接考虑如何容忍规范冲突，但所造成的结果是，这些逻辑中，AND 均不再有效。

切拉斯用极小模型解释道义算子：M=〈W，N，V〉，其中，W 是一个非空的可能世界集，V 是公式的赋值函数。N 是从 W 到 W 幂集的幂集的指派函数：$\Phi \to \wp(\wp(W))$，且满足以下两个条件（｜A｜表示满足 A 的可能世界的集合，满足 A 的世界称为“A- 世界”）：[①]

（1）对于任意命题 A、B 及任意可能世界 w，如果｜A｜∈ N（w）且｜A｜⊆｜B｜，那么｜B｜∈ N（w）。

（2）∅∉ N（w）。

该定义表明，N 将任一可能世界 w 映射到 W 的子集的集合上。W 的一个子集可以认为对应着一个命题，因此也可以理解为，N 将任一可能世界映射到一个命题的集合上，其中每个命 A 对应着在 w 上有效的一个义务 OA。条件（1）旨在保证 RM 成立。切拉斯的极小逻辑可以由命题逻辑 PC 增加规则 RM 和公理 ¬O ⊥（⊥定义为 ¬⊤）得到的系统公理化，在这个系统中，AND 和 O⊤ 都不再是定理。对 SDL 模型和极小模型的简单比较可以说明为何 SDL 不容忍规范冲突，而极小逻辑容忍规范冲突。在 SDL 模型〈W，R，V〉中，与可能世界 w 有 R 关系的可能世界（w 的可达世界）的集合对应一个命题，而其基础框架〈W，R〉的持续性保证了 w 的可达世界集不是空集，故所对应的命题不可能是⊥，因此 w 中的所有义务性规范的合取是一致的。而在极小模型〈W，N，V〉中，N 将任一可能世界 w 映射到命题的集合上，在这个集合中，有可能既包含 A，又包含 ¬A，但 N 的条件（2）保证了，一定不会有 A∧¬A。相应地，w 中有效的义务性规范可能既包含 OA 又包含 O¬A，但不包含 O（A∧¬A）。

罗格博尔将其多算子道义逻辑命名为 P。[②] P 的公理系统是在命题逻辑 PC

① Chellas Brian. Conditional Obligations. Logical Theory and Semantic Analysis, D. Reidel Dordrecht,1974: 23.

② Lou Goble. Multiplex Semantics for Deontic Logic. Nordic Journal of Philosophical Logic,Vol 5. Talor & Francis, 2000:113.

基础上增加规则 RM 和公理 ¬O⊥、OT 得到的。P 的模型是基于优先关系的邻域语义模型：M=〈W，P，V〉，其中，W 和 V 不变，P 对每个可能世界 w 指派一个 W 上的二元关系 $\geqslant_w$（读作"优先于"），OA 在 w 上为真，当且仅当存在一个 A- 世界 w'，并且在所有依据 $\geqslant_w$ 优先于 w' 的可能世界上 A 都为真。在这个模型上，D 有效对应的框架条件是≥的连通性，通过规定≥不具有连通性，可以使 D 和 AND 不有效。如果 $\geqslant_w$ 不具有连通性，就可能存在并列的优先于 w 的可能世界集，从而使得在 w 上 OA 和 O¬A 都为真，但 O（A∧¬A）不为真。直观地看，相对于不同的优先标准的算子 O 的意义已经不同，因此这个逻辑实际上是包含多种道义算子的。

上述切拉斯和罗格博尔的逻辑有一个共同的缺陷。对此，霍尔蒂（John Horty）举例说，如果一个人同时负有两项义务：O（A∨B）和 O¬A，那么在这种情况下，我们认为应该推出 OB，但这个推理必须借助于 AND 将两个义务结合起来。由于在切拉斯和罗格博尔的逻辑中 AND 都不是有效的，所以一些本应成立的规范推理如 O（A∨B），O¬A⊢OB 就无法得到。这说明这两个逻辑太弱了，它们在排除 D 和 AND 的同时也被迫放弃了一些合理的东西。现在看来，要解决规范冲突问题并不是那么容易的。在系统 P 上增加 AND 得到的系统就等价于 SDL，也就是说，P 和 SDL 的差别仅在于是否包含 AND，但上述分析表明，接受 AND 的 SDL 太强，而不接受 AND 的 P 又太弱。

切拉斯和罗格博尔的研究方法都是模态逻辑的。与之不同，弗拉森提出了一种非模态的方法，[①] 既能解决规范冲突引起的推理崩溃问题，又不存在太弱的理论缺陷。由于弗拉森的语义是借助于经典命题逻辑的模型来解释规范推理的，我们称之为退化的语义。Γ 表示一个义务性规范式集，其中可能包含冲突的规范，如 OA 和 O¬A。现在令 M 是一个经典命题逻辑的模型，如果 M⊨A，则称义务 OA 在 M 上被满足。弗拉森定义了下面这个概念：

$$scroe_{\Gamma}(M)=\{OA\in\Gamma: M\vDash A\}$$

$scroe_{\Gamma}(M)$ 是 Γ 中的、在 M 上被满足的所有义务性规范的集合。借助于这个概念，规范推理定义为：

$\Gamma\vdash_F A$ 当且仅当存在一个 A- 模型 M，使得对于任一 ¬A- 模型 M'，并非有 $scroe_{\Gamma}(M)\subseteq scroe_{\Gamma}(M')$。

直观上可以理解为，$\Gamma\vdash_F A$ 当且仅当 A 为真是满足 Γ 的某个极大一致子集的必要条件。由此，从 OA 和 OB 出发能否通过 AND 结合得到 O(A∧B)，取决于 A 与 B 是否一致，仅当 A 与 B 一致，才有 OA∧OB→O(A∧B)。这样，从 OA 和 O¬A 不能推出 O（A∧¬A），但霍尔蒂例中的 O(A∨B)，O¬A⊢OB 则仍是有效的。看起来，弗拉森的方法是容忍规范冲突的这些理论中最为可

① Van Fraassen. The Logic of Conditional Obligation. The Journal of Philosophical Logic,72,1972:417.

取的一个，但这种方法无法在模态逻辑的理论框架下得到解释。霍尔蒂注意到这个问题，并证明了弗拉森方法可以自然地与赖特（Reiter）的缺省逻辑结合，从而得到一个容忍规范冲突的非单调的道义逻辑。①

四、霍尔蒂的非单调道义逻辑

霍尔蒂的非单调道义逻辑是直接从弗拉森方法发展而来的。实际上，弗拉森定义的规范推理已经具备了非单调推理的局部推出的特征。在经典逻辑中，Γ 推出 A 当且仅当对于任一模型 M，如果 Γ 中的每一个命题在 M 上都为真，则 A 在 M 上一定为真。即，只要所有的前提都为真，则结论必然为真。而在非单调逻辑中，Γ 推出 A 往往定义为，如果 Γ 中一个极大子集被 M 满足，则 A 在 M 上为真。即，如果前提的一个极大子集中的命题都为真，则结论为真。正是非单调推理的这种局部推出的特性，使得分拆前提中的矛盾变得可操作且容易操作。借助于识别矛盾和分拆矛盾的推理机制，就可以从对于 AND 或者完全保留，或者彻底抛弃这种全有一全无的简单处理转向根据一致性条件对 AND 施加限制，从而走出既不能使 AND 有效、又不能使其无效的两难困境。

在经典逻辑中，“鸟会飞”这类常识句借助于全称量词和实质蕴涵解释为：“对于任意 ×，× 是鸟实质蕴涵 × 会飞。”非单调逻辑认为这种处理不能模拟真实的常识推理。常识句表达的是允许例外的一般性判断，它在推理中并不是以经典逻辑描述的那种方式起作用的。因此，各种非单调逻辑都在寻找某种恰当的方法来解释常识句进而从形式上刻画常识推理。缺省逻辑的方法是，在接受经典逻辑推理的基础上，增加使用常识句前提的一种新的推理。一个常识句被解释为一种特殊的推理规则，赖特称之为“缺省规则”。正规缺省逻辑的缺省规则的形式为：B:A/A，意思是：当条件 B 成立并且 A 与当前已知的信息一致，则推出结论 A。这个解释使用了一个不确定的成分：“当前已知的信息”。为了解决这个问题，赖特将“当前已知的信息”固定为一个设定的公式集 S。这样，对缺省规则 B:A/A 来说，在条件 B 成立时，只需检查 A 与 S 是否一致，从而决定能否推出结论 A。在缺省逻辑中，既有经典逻辑的推理，也有使用缺省规则的推理，所以缺省逻辑推理的前提包括两种对象：经典逻辑语言的公式和缺省规则。这样的前提称为“缺省理论”。一个缺省理论 Δ = ⟨F, De⟩，其中，F 是一个经典逻辑公式的集合，De 是一个缺省规则集。赖特定义了一个算子 Φ，Φ 基于缺省理论 Δ 提供的信息将公式集 S 映射到另

① John F Horty. Nonmonotonic Foundations for Deontic Logic. Defeasible Deontic Logic, Kluwer Academic Publishers, 1997:17.

一个公式集 $\Phi_{\triangle}(S)$ 上，其中，$\Phi_{\triangle}(S)$ 是满足以下条件的最小集合：

（1）$F \subseteq \Phi_{\triangle}(S)$；

（2）$\Phi_{\triangle}(S)$ 对经典逻辑后承封闭；

（3）对于每一个 $B:A/A \in De$，若 $B \in \Phi_{\triangle}(S)$ 且 $\neg A \notin S$，则 $A \in \Phi_{\triangle}(S)$。

条件（1）要求 $\Phi_{\triangle}(S)$ 包含△的原始信息 F，（3）要求 $\Phi_{\triangle}(S)$ 包含所有可用的缺省规则的结论。利用算子 Φ，赖特定义了缺省理论△的扩张：

公式集Σ是缺省理论△的一个扩张，当且仅当 $\Phi_{\triangle}(\Sigma) = \Sigma$。一个缺省理论可能没有扩张，也可能有多个扩张。如果 A 属于△的每一个扩张，则称△谨慎推出 A，记作：$\triangle \vdash_S A$。如果 A 属于△的某一个扩张，则称△鲁莽推出 A，记作：$\triangle \vdash_C A$。显然，$\vdash_S$ 是非单调的。

霍尔蒂观察到，与常识类似，多数规范也属于允许例外的一般性判断。他创造性地将一个（法律）规范解释成一个缺省规则。一元规范 OA 相当于缺省规则 $\top:A/A$，二元规范 O_BA 相当于缺省规则 $B:A/A$。这样，一个义务性规范集 Γ 就可以表示为一个缺省理论 $\triangle_{\Gamma} = \langle F, De \rangle$，其中，$F=\emptyset$，$De = \{\top:A/A : OA \in \Gamma\}$ 或 $De = \{B:A/A : O_BA \in \Gamma\}$。根据缺省逻辑推理的定义，可以得到以下两个一元规范推理的概念：

$\Gamma \vdash_S OA$ 当且仅当对于 $\triangle_{\Gamma}$ 的每一个扩张Σ，都有 $A \in \Sigma$。

$\Gamma \vdash_C OA$ 当且仅当存在 $\triangle_{\Gamma}$ 的某一个扩张Σ，有 $A \in \Sigma$。

二元规范推理的定义与此类似，不同之处有两点：首先，在二元规范推理中，需要将作为结论的 O_BA 的条件 B 增加到集合 F 中。其次，二元的缺省规则的可适用条件受到一个限制：可用于推理的规则 O_BA 必须是未被某个可适用的例外规则如 $O_{B\wedge C}\neg A$ 所撤销的。这个限制条件是对法律冲突规则“特殊优于一般”的反映，即，在一般规则 R_1 与其例外规则 R_2 之间，R_2 应当优先适用。可以看出，霍尔蒂区分了规范的有效性与可适用性，在一个具体的语境下，有效的规范不一定是可适用的规范。

对于研究法律推理的人来说，霍尔蒂的理论具有特别的吸引力，因为它能非常自然地同时刻画法律中两种重要的推理：规范推理和规范适用推理。规范推理是在规范句子集上定义的，其前提和结论都是规范句，也可以说是从规范推规范的推理。经典道义系统、标准道义系统等都是研究规范推理的。但法律逻辑更为关注的是规范适用推理。规范适用推理研究如何将一般性的法律规范适用于具体案件得出判决结论，其前提既有描述案件情况的事实命题，也有相关的法律规范命题。法律规范适用推理的这两种前提恰好组成一个缺省理论〈F，De〉，因此这种推理可以用缺省逻辑的方法加以刻画。如果使其中的 F 为空集，则缺省理论的 De 对应着一个规范集 Γ，此时定义的推理就是以 Γ 为前提的规范推理。与一般的道义逻辑不同，霍尔蒂的理论引入语境并区分了规范的有效性和可适用性。规范的有效性与语境无关，但规范的可适用性是与语境相关的。法律规范适用推理从具体的语境出发，实际上是从规范的可适用性层面解决了规范冲突问题。

霍尔蒂的非单调道义逻辑除了具有弗拉森方法的优点，还解决了规范适用推理中的一般与例外的问题。通常认为，如果规范 O_BA 有效，那么在 B 为真的更为具体的情形 $B \wedge C$ 中，应当 A 也成立，即 $O_{B \wedge C}A$ 也有效。这也正是一般规范适用于具体情形的特征。但如果法律还规定了相对于 O_BA 的一个例外：$O_{B \wedge C}\neg A$，那么根据霍尔蒂的定义，此时 O_BA 的可适用资格被撤销，因而避免了 $O_{B \wedge C}A$ 与 $O_{B \wedge C}\neg A$ 的矛盾。如果法律没有做出例外规定，那么依然能从 O_BA 推出 $O_{B \wedge C}A$。这也表明在霍尔蒂的逻辑中，二元规范的条件具有非单调性。

五、霍尔蒂非单调道义逻辑存在的问题

霍尔蒂认为他的理论存在这样几个问题：[①] 首先，二元的规范推理不具有传递性，即从 O_BA 和 O_CB 推不出 O_CA。其次，条件析取推理无效，即从 O_BA 和 O_CA 推不出 $O_{B \vee C}A$。第三个问题是，不能表示两个以上的规范之间的不一致。最后一个问题涉及当存在规范的连锁撤销关系时规范的可适用性，如 R_1 被 R_2 撤销，R_2 又被 R_3 撤销，此时 R_1 是否可以适用。根据霍尔蒂的定义，R_1 是不可以适用的，但他怀疑，R_1 的可适用性是否因 R_2 的被撤销而得以恢复。

我认为，后面两个问题属于技术上有待于改进的，第一个则是由于没有分清实然和应然而导致的一个伪问题。在二元规范 O_CB 中，C 表示一个事实条件，属于实然命题，B 表示一个规范要求，属于应然命题。当 O_CB 有效且 C 为真时，依据事实分离规则可以推出应当 B。但“应当 B”不同于事实上 B 成立，此时，即使 O_BA 有效，也不能推出“应当 A”的结论来。条件析取推理无效在逻辑上的确是一个问题。如果 O_BA 和 O_CA 都有效，那么，当 B 和 C 至少有一者为真时，不论哪一个为真，应当 A 似乎都该成立。有意思的是，从法律角度看并非一定如此。在法律上，任何判决结论都必须基于确定的法律和事实理由，刑法的“罪刑法定原则”即是这一要求的一个体现。在《法律思维导论》中，恩吉施举过这样一个例子：[②] 张三被发现存有一枚失窃的钻石，据此推测他或者是盗窃，或者是窝赃。但现在没有任何证据能进一步证实张三究竟是盗窃还是窝赃。在这种情形下，定哪一种罪都是缺乏事实依据的。法学家无法简单地从逻辑上做出结论。他可能认为，由于既不能证明窝赃，也不能证明盗窃，哪一种定罪都是不充分的。这意味着，已知 $B \vee C$，但

---

① John F Horty. Nonmonotonic Foundations for Deontic Logic. Defeasible Deontic Logic. Kluwer Academic Publishers, 1997:40.

②［德］卡尔·恩吉施：《法律思维导论》，郑永流译，北京：法律出版社 2004 年版，第 69 页。

不能证明 B 一定成立，也不能证明 C 一定成立，此时即使 O_BA 和 O_CA 都有效，也不应得出应当 A 的结论。

罗亚科斯（Lamber Royakkers）则指出了霍尔蒂理论的其他一些问题。[①] 首先是不能处理法律中的“允许”概念。法律规范既有义务性规范，也有授权性规范，如果 O_BA 可以直接转化为 B:A/A，那么授权性规范 P_BA 该如何处理就成了一个不易解决的问题。另外，霍尔蒂只考虑了规范的可撤销，没有考虑有关非规范性命题的可撤销特征。

在我看来，真正对霍尔蒂非单调道义逻辑造成困扰的是以下两个问题：首先是作为其理论基础的缺省逻辑本身还不够完善，其次是由于霍尔蒂没有从语言表达上区分实然和应然而导致的一些后果。缺省理论〈F，De〉原本包含着两类不同性质的对象：表示实然情况的 F 和应然情况的 De，而在〈F，De〉的扩张中，实然命题与应然命题并列，无法加以区分，这使得 O_AA 能从任一缺省理论推出来。而这意味着，霍尔蒂的理论承认一切现实的都是应当的，这显然与规范的基本含义相悖。

综合以上分析，我们从针对霍尔蒂非单调道义逻辑提出的若干问题中梳理出了具有实质性意义的真正的难题。我们乐观地认为，这些问题并不是不能解决的。从这个意义说，霍尔蒂的非单调道义逻辑是容忍规范冲突的各种理论中最有发展前途的一个。

（孔红，中国政法大学人文学院教授）

---

① Lamber Royakkers & Frank Dignum. Defeasible Reasoning with Legal Rules. Defeasible Deontic Logic. Kluwer Academic Publishers, 1997:263.

法律常用词语应用研究之探索

崔玉珍

引　言

法律必须通过语言来表达，法律词语则是法律语言的基础和核心，是准确表达法律内容的保证，因此引起很多学者的关注和研究。

在过去的四十年里，很多学者对法律词语进行了多角度的研究，包括法律词语的界定和分类、法律词语的特点、法律词语的语体风格、法律词语在实践中的应用等方面的研究。

但在以往的研究中，法律词语中的术语是研究的热点，这方面的研究也具有一定的深度和广度；而其他法律词语则有所忽略，只有零散的研究，很多问题尚未解决，很多研究点仍有待挖掘。因此本文将把目光投向法律术语之外的法律词语，特别是其他常用的法律词语，对这类词语的应用研究进行探索。

一、法律词语体系之再思

词语是法律语言的基础，随着法律语言交叉研究的兴起，法律词语在20世纪90年代以来就引起了众多学者们的关注。法律语言学界对法律词语体系进行了大量的探讨，主要讨论的内容是法律词语体系内部的分类以及界定。下表列举了一些代表性著作对法律词语体系进行分类的具体情况。

表1　法律词语体系的不同分类

出处	词语类型	词语界定
姜剑云[1]	法律术语	为法律领域专用
	法律惯用语	非为法律领域专用，借自现代汉语普通词汇
王洁[2]	法律专业术语	可分为三类：纯法律科学术语，这类科学术语用来确定某一法律概念；次法律专业术语，指法律专业惯用常用语，在司法实践中被称为“法言法语”；准法律专门术语，这类法律词语已经渗透到人们的日常生活中，逐渐和非法律专业词汇融合到了一起

续表

出处	词语类型	词语界定
王洁[2]	全民共同语的基本词汇	
刘红婴[3]	法律术语	具有专门法律含义的词语
	法律基本用语	从全民语言中借用而来、在该法律领域中较高频率使用并且用法相对固定的词语
陈炯[4]	法律专有术语	仅仅用于法律的词语，在普通用语中没有这样的词语。如故意犯罪、过失犯罪、上诉、申诉等
	借之于普通词汇的法律术语	在法律中和普通的语言表述中具有完全不同意义的词语
	形成法律语体的习惯用语	如禁止、必须、可以、严重、特别严重等
孙懿华[5]	法律专业术语	具有固定法学内涵的词语，囊括了规范性法律文件和非规范法律文件中的全部概念，具有较强的稳定性
	法律行业术语	法律范畴的常用词语，大多指称法律范畴的具体事物、行为，而不表示法律范畴的概念
	基础用语	虽然没有特定的法律内涵，但出现在法律范畴交际过程中却可显示出鲜明的法学色彩
李振宇[6]	法律术语	法律文本的主体
	法律词语	法律文本的基础
	法律用语	构成法律文本的框架

注：[1] 姜剑云：《关于法律领域词语选用的规范性》，载《平顶山师专学报》1999 年第 1 期。

[2] 王洁：《法律语言研究》，广州：广东教育出版社 1999 年版。

[3] 刘红婴：《法律语言学》，北京大学出版社 2003 年版。

[4] 陈炯：《立法语言学》，贵阳：贵州人民出版社 2005 年版。

[5] 孙懿华：《法律语言学》，长沙：湖南人民出版社 2006 年版。

[6] 李振宇：《法律语言学新说》，北京：中国检察出版社 2006 年版。

从上表可看出，前人对法律词语体系的分类进行了详细的讨论，分类的角度总的来说有两种：一是从词语在法律领域中的意义入手进行分类，如孙懿华、李振宇；二是从法律词语的来源入手进行分类，如陈炯、姜剑云。

这两个分类的角度实际上反映了法律词语的两大特点：

第一，法律词语是在共同语的基础上发展出来的。

戴庆厦论述到“由于社会发展的需要，行业的划分越来越细，每一行业都渐进自成体系，行业越发达，其内容越丰富，所使用的方法技能越先进，专门术语就越多”。①

法律也是由于社会发展而划分出来的一个行业，法律词语就是法律这一

① 戴庆厦：《社会语言学教程》，北京：中央民族学院出版社 1993 年版，第 167 页。

行业所使用的行业语。行业语也如行业的发展一般，都是随着行业的逐渐发展，语言使用会逐渐脱离共同语，变得越来越细化、专门化。法律词语也是如此，随着法律职业的发展，越来越多的法律词语从共同语中独立出来，甚至产生了大量的法律新词语，因而我们说法律词语是在共同语的基础上发展出来的。

第二，法律词语在词义表达方面上具有明显的行业特点。

正如戴庆厦所说，随着行业的发达，该行业的“专门术语就越多”，[①] 因为随着行业的发展，很多新的概念就会不断产生，共同语已不能满足行业发展的需要，所以往往就会创造出很多新词来表示新概念、新事物等，这些新词就是该行业的专门术语。从这个角度来看，法律词语在词义表达方面和共同语大相径庭，法律词语的词义具有法律领域的行业特点。

虽然前人对法律词语的分类反映出法律词语的两大特点，但仍存在值得商榷的地方：

第一，没有关注到法律词语和其他行业语的区别，或者说法律词语的特殊之处没有完全体现出来。

所有行业语都是从共同语中发展出来并具有自己词义的独特性。但法律词语还具有和其他行业语不同的特点：法律词语和共同语尤为密切。也就是说，法律词语和共同语的关联度和其他行业语是不同的。

行业语和共同语的关联度实为一个连续统。当行业语的形式、意义和使用离共同语的越来越远，直至形成不同的词语，行业语的独特性就越来越明显、最后形成了行业的专业术语，行业语和共同语的关联度就越来越低、最后到达连续统的最低端；反之亦然。行业语和共同语的关联度连续统可图示如下：

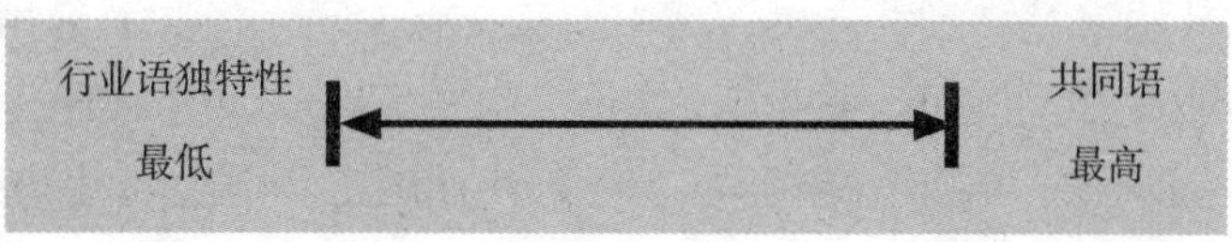

图 1　行业语和共同语的关联度

从上图可看出，行业语和共同语的关联度可看作一个连续统，行业语独特性和共同语是关联度连续统的两极，行业语独特性和关联度呈反比：当行业语越独特，行业语和共同语的关联度就越低；当行业语越不独特，它和共同语的关联度就越高。换言之，行业不同词语处于连续统的不同状态上，不同状态的词语所具有的行业独特性不同，因而和共同语产生不同的关联，具

① 戴庆厦：《社会语言学教程》，北京：中央民族学院出版社 1993 年版，第 167 页。

有不同的关联度。

对于大多数行业语而言，关联度连续统的两极聚集了绝大部分的词语，如医学，连续统中间状态的词语并不多。但对于法律领域而言，法律词语除了聚集在连续统的两极之外，还有为数不少的词语处于连续统的中间状态，如下两例：

> ①在沙化土地封禁保护区范围内，禁止一切破坏植被的活动。（《中华人民共和国防沙治沙法》第二十二条）
>
> ②两个以上的自然人、法人或者其他组织可以共同向商标局申请注册同一商标，共同享有和行使该商标专用权。[《中国人民共和国商标法》（2013年修正）第五条]

"禁止"和"可以"在共同语和法律语言里都可以使用，但法律语言里的意义和共同语的意义有了细微的差别。

《现代汉语词典》里"禁止"一词的解释为"不许可"，如"禁止吸烟、禁止车辆通行"。[①]例①的"禁止"也是一种"不许可"，可这种"不许可"和法律规范直接关联。舒国滢教授主编的《法理学》"按照行为模式的不同，将法律规范分为'授权性规范'、'义务性规范'（命令性规范、禁止性规范），以理解法律规范及其功能"。[②]"禁止"主要是用于表达禁止性规范的词语。可见，在法律领域，"禁止"有着特定的法律意义，和共同语中的"禁止"在意义表达上是不完全相同的。

例②的"可以"也是如此。《现代汉语词典》对"可以"一词的解释为"表示可能或能够"、"表示许可"。[③]但在法律领域，"可以"是用于表达授权性规范的词语，其法律意义和共同语领域中的意义有关联，但又不尽相同。

从上面的两个例子可以看出，"禁止"和"可以"这两个词语处于关联度连续统的中间状态，因为两者在法律领域中的意义、用法和共同语中的关系很密切，但又不完全相同，两者具有特定的法律意义，因而和共同语的关联度处于中间状态。

类似"禁止"和"可以"的情况在法律语言中并不少见，主要原因是：法律和社会息息相关，和人们生活密切相关，法律涉及人们生活的方方面面，特别是随着法治的推行和发展，法律在人们生活中愈加重要，因而法律的这

---

① 具体参见中国社会科学院语言研究所词典编辑室编：《现代汉语词典》（2002年增补本），北京：商务印书馆2002年版，第662页。

② 参见舒国滢主编：《法理学导论》，北京大学出版社2006年版，第107—108页。

③ 具体参见中国社会科学院语言研究所词典编辑室编：《现代汉语词典》（2002年增补本），北京：商务印书馆2002年版，第714页。

一行业特点使得法律词语和共同语的关联更加密切。

从这一角度来看，法律词语和共同语之间的关联程度应该成为法律词语最为显著的特征，也应成为法律词语分类首先要考虑到的因素。

第二，以往分类都是根据法律词语的形式特点或者意义特点进行分类。

法律词语和共同语的关联度是法律词语最为显著的特征，而法律词语和共同语的关联度可以由词语的形式和意义两个方面共同确定。形式和意义是一个词语不可分割的两个方面，当不同语境出现的词语在形式和意义都相同时，出现的词语就具有了同一性；反之则不具有同一性，但不具有同一性的不同词语会由于形式或意义而产生或紧或松的关联性。法律词语和共同语的关联度也是由此而产生。总的来说，词语形式和意义在两个领域的差别越大，法律词语和共同词语的关联度就越小，法律词语的专业性就越强。法律词语的形式和意义因而也成为了法律词语的两大特点。

在前人对法律词语的分类中，通常都是只根据形式或者意义进行划分，但法律词语的两个特点是密不可分的，如果把两者割裂开来就无法反映法律词语的全貌，仅根据形式特点或者意义特点进行分类是有失偏颇的。

基于以上想法，本文对法律词语进行了重新分类，认为法律词语[①]可以分成三大类，具体如下表：

表 2　法律词语的分类

类别	在法律和共同语领域都出现	在法律和共同语领域的意义相同	行业语与共同语的关联度
法律专业术语	—	—	最低
法律常用词语	+	—	中间
法律一般词语	+	+	最高

表 2 可以图示如下：

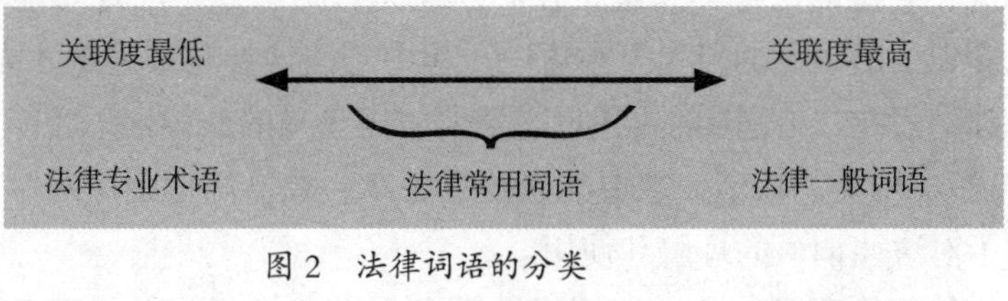

图 2　法律词语的分类

从表 2 和图 2 可看出，法律词语根据词语和共同语的关联度可分成三大类，实际上也是根据法律词语形式和意义两方面的共同表现来进行分类，分

① 本文是对法律词语的分析，因此所提到的法律词语肯定都出现在法律领域。对只出现在共同语领域但不出现在法律领域的词语，本文不作考虑。

成了法律专业术语、法律常用词语和法律一般词语三大类。

第一类为法律专业术语。这一类的词语和共同语的关联度最低，词语只在法律领域出现，这类词语由于不出现在共同语领域，其意义必然具有法律领域的独特性，因而是法律专业术语，如“被告”、“宪法”等。

第二类为法律常用词语。这一类的法律词语和共同语的关联度有不同程度的差别，但关联度既不是最低的也不是最高的，词语在法律领域和共同领域都出现，但在不同领域意义不同。前文所举的“禁止”就是法律常用词语。

第三类为法律一般词语。这一类的法律词语和共同语的关联度最高，词语在法律领域和通用领域都出现，而且在两个领域意义相同，如“城市”、“由于”等。

综上所述，法律词语最为显著的特征就是和共同语之间的关联度，从这一点出发再根据法律词语形式和意义在法律和共同语领域的不同表现就可以很好地把法律词语分成法律专业术语、法律常用词语和法律一般词语三大类。

二、法律常用词语应用研究之探索

本文将对法律常用词语的应用研究进行探索，因为这方面的研究具有重要性和必要性。

（一）法律常用词语应用研究之重要性

法律常用词语应用研究在理论和现实上都具有重要意义。

1. 法治的必然要求

法律常用词语研究是中国法治建设的必然要求。在现代社会里，法律和人们生活密切相关。随着我国法治的大力推行，法律词语将会被更广泛地理解使用，因此对法律常用词语进行研究是法治建设的必然要求。

具体地讲，法治就是依法治国，“法”是“治国”的基础。随着我国法治的推进，我国的法律体系也正在不断地完善，法律不断地增加和修改，以更好地实现“治国”的目标。在这一过程中，法律要可被理解才能成为“治国”的基础，而在“治国”的过程也必然要使用正确的法律词语才能真正做到“依法治国”。可见，法治要求要准确理解法律、要恰当地运用法律，这实际上就要求了对法律词语的理解和使用。

法律常用词语作为法律词语体系中重要组成部分，其理解和运用也是法治要求中的一部分，而目前有关法律常用词语的研究较少，因此从法治的角度出发，对法律常用词语进行研究是很有必要的。

2. 法律常用词语自身特点的要求

在法律词语体系的三大类中，法律常用词语最难理解和运用，原因在于法律常用词语所出现的语境较为复杂。

法律专业术语只出现在法律语境中，出现语境单一，其意义和用法很好理解。法律一般词语尽管可以出现在法律语境和共同语境中，但在不同语境中的意义和用法都没有变化，因此也很好把握。

但对于法律常用词语而言，出现的语境不单一，既可出现在共同语境中，也可出现在法律语境中，而且在共同语和法律语言中的意义不同，这就使得法律常用词语在法律语境中容易产生不准确的理解或运用，如“回避”一词：

③你不应该故意回避别人提的问题。

④人民法院审理行政案件，依法实行合议、回避、公开审判和两审终审制度。[《中华人民共和国行政诉讼法》（2014年修正）第七条]

例③是共同语中“回避”的使用，主要是指“设法躲避”的一种行为。例④是法律语言中的“回避”，主要是指一种法律制度。因此对法律语言中“回避”这个词的理解不能按照共同语的进行，必须进行区分。

而词语理解或运用上的不准确必将影响法律的理解、司法的实施或执法的实现，最终阻碍法治的建设。因此，对法律常用词语进行研究是对当前法律词语研究的一个重要而又有必要的研究。

3. 当前法律词语研究不平衡的要求

不同类型的法律词语在学界引起的关注和研究呈现很不平衡的状态。在法律词语的三大类中，和共同语的关联度最低的法律专业术语最能引起大家的注意，因此前人对法律专业术语的研究是最多的。而和共同语关联度最高的法律一般词语则由于词语形式、意义和共同语的都没有差别，因此不必进行特别研究。但和共同语关联度处于中间状态的法律常用词语在形式和意义上有了更多的变化，这类词语在过去很长一段时间里虽然已有关注，但专门的研究并不多，因而成为了法律词语体系中亟待挖掘的一个方面。同时考虑到法律语言是一门具有强烈应用使命的学科，法律常用词语的应用研究具有了很强的现实必要性，因此本文将着重对这方面的研究进行探索。

（二）法律常用词语之细分

对法律常用词语进行应用研究，首先要对法律常用词语有充分的了解。

根据上文的分类，法律常用词语是指形式既出现在法律领域也出现在共同语领域、但意义在两个领域不完全相同的法律词语。简单地说，法律常用词语在法律领域和共同语领域都有，但出现在不同领域的意义不同，因此和共同语的关联度既不是最高也不是最低。但在图2我们可以清晰地看到，法律常用词语在和共同语关联度方面包括的范围很广，关联度既不是最高也不是最低的法律词语都囊括在内。可中间状态的关联度也存在不同程度的高低，因为不同法律常用词语在法律领域的意义和共同语领域的意义有着不同的关联，因此我们对法律常用词语进行应用研究的一个必要前提就是对法律常用词语进行细分，只有细分后的法律常用词语才能体现出其意义特性，应用研究才能更有针对性。

根据法律常用词语的定义，词语的出现领域都相同，法律领域和共同语领域都可以出现，但在两个不同领域的意义不同。意义不同实则可以有不同的体现，这些不同的体现也使得法律常用词语和共同语呈现出或高或低的关联度，因此笔者认为可以从法律常用词语的意义入手对这类法律词语进行进一步的细分，具体如下表所示：

表 3　法律常用词语的细分

类型	意义差别	意义关联	例子
法律特殊常用词语	意义完全不同	意义转移	告知、回避
法律特别常用词语	意义部分不同	意义扩大	相关、或者
法律特定常用词语	意义部分不同	意义缩小、固化	禁止、可以

法律常用词语是根植于共同语的，由共同语发展起来并使用于法律领域的词语，因此随着词语在法律领域中所表示意义的独特性发生变化，词语在法律领域和共同语领域的意义就会产生不同的差别和关联。因此从表 2 可看出，根据法律常用词语在法律领域和共同语领域的意义差别和关联，可以把法律常用词语细分成三类：法律特殊常用词语、法律特别常用词语和法律特定常用词语。

法律特殊常用词语是指词语在法律领域的意义和共同语领域的意义完全不同，也就是词语在法律领域发生了意义转移，开始表示具有法律领域的独特意义，如“告知”。“告知”在《现代汉语词典》的解释为“告诉使知道”，如“把通信地址告知在京的同志”；[①] 但“告知”在法律领域却是指一种特定的法律行为，如：

> ⑤书写起诉状确有困难的，可以口头起诉，由人民法院记入笔录，出具注明日期的书面凭证，并告知对方当事人。[《中华人民共和国行政诉讼法》（2014 年修正）第五十条]

可见，“告知”一词在法律领域的意义和共同语领域的完全不同。这一类法律常用词语是法律领域中很特殊的，有着和共同语一样的形式，却有着截然不同的意义，因此称之为“法律特殊常用词语”。

---

① 具体参见中国社会科学院语言研究所词典编辑室编：《现代汉语词典》（2002 年增补本），北京：商务印书馆 2002 年版，第 421 页。

除了法律特殊常用词语，法律常用词语的其他词语在意义上和共同语领域的意义都不是完全不同，而只是有部分不同，部分不同也有两种不同的情况：一是词语在法律领域的意义扩大了，二是词语在法律领域的意义缩小、固化了。

在法律领域里意义扩大的法律常用词语本文称之为“法律特别常用词语”，因为这一类词语相对于共同语的意义而言有了特别的变化，因此有此称呼。法律领域中的“相关”和“或者”就是这样的例子。

⑥县级以上人民政府统计机构履行监督检查职责时，有关单位和个人应当如实反映情况，提供相关证明和资料，不得拒绝、阻碍检查，不得转移、隐匿、篡改、毁弃原始记录和凭证、统计台账、统计调查表、会计资料及其他相关证明和资料。（《中华人民共和国统计法》第三十六条）

共同语领域的“相关”一般是指两者发生直接关联，但法律领域中的“相关”在意义上呈现扩大的趋势，只要两者之间存在关联都可以使用“相关”，如例⑥。例⑦⑧中的“或者”也是意义扩大的法律特别常用词语。

⑦居民委员会、村民委员会发现其所在区域内的生产经营单位存在事故隐患或者$_1$安全生产违法行为时，应当向当地人民政府或者$_2$有关部门报告。[《中华人民共和国安全生产法》(2014年修正)第七十二条]

⑧负有安全生产监督管理职责的部门应当建立举报制度，公开举报电话、信箱或者电子邮件地址，受理有关安全生产的举报。[《中华人民共和国安全生产法》(2014年修正)第七十条]

上面两例中的连词“或者”在意义上存在细微的差别。例⑦有两个“或者”，但两者表达的具体意思却有所不同。例⑦中的“或者$_2$”表选择关系；但该例中的“或者$_1$”却可以有不同的理解：“或者$_1$”有两个连接项——“事故隐患”和“安全生产违法行为”，“或者$_1$”对两者进行了连接，但并不是从两者中选择其一，而是有了“列举”的意味，表示列举的两种情况中只要出现了其中的一种即可，两种情况都出现也是允许的。例⑧中“或者”列举的意味更加浓重，在该例中，举报的方式可以有很多种，不同的举报方式就通过“或者”的连接进行逐一列举，公布时可公布其中一项或多项举报方式，而不是对其中的一项举报方式进行选择。

可见，法律领域中的连词“或者”在语义上和共同语领域存在差别。共同语领域中的连词“或者”大多都是表示选择关系，但法律领域中的连词“或者”既可表选择关系，也可表列举关系。法律领域的“或者”在意义上呈扩大的特点，因而也属于“法律特别常用词语”。

在意义部分相同的法律常用词语中，除了意义扩大之外还有意义缩小、固化的情况，这类词语我们称之为“法律特定常用词语”，因为这一类词语所表示的意义具有特定的法律意义，前文所举的“禁止”、“可以”就是这一类词语，这里不再赘述。

简而言之，在法律常用词语内部，不同词语在法律领域中的意义和共同语的有着不同的差别和关联，根据具体的差别和关联我们可以把法律常用词语分成三小类：法律特殊常用词语、法律特别常用词语和法律特定常用词语。整个法律词语体系的分类情况也可以图示如下：

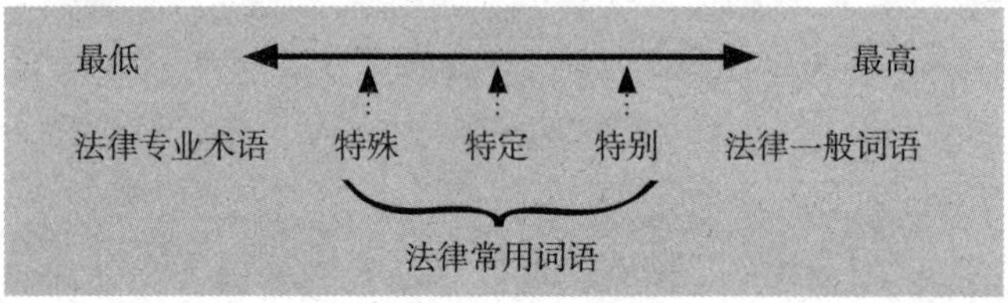

图 3 法律词语的分类

不同类型的法律常用词语在意义上具有不同的特点，在进行应用研究时应有所区分。

（三）法律常用词语应用研究之路径

法律常用词语可以从不同角度进行研究，笔者认为这两个研究路径值得关注。

1. 法律常用词语的类型研究

上文提到，法律常用词语可以进一步细分成三种不同的类型，不同类型的法律常用词语具有不同体现，对法律实践产生不同影响，因而可对不同类型的法律常用词语进行深入研究或者对比，揭示不同类型法律常用词语的使用现状以及它们的特点，以帮助更好地理解和运用这些词语。以下这些问题可称为法律常用词语类型研究的主要方面：

（1）不同类型法律常用词语的现状如何？如法律特殊常用词语的数量一共有多少？这类词语的意义表征有何特点？

（2）不同类型法律常用词语在法律词语体系中具有什么不同的体现？

（3）不同类型法律常用词语之间的对比研究。

2. 法律常用词语的领域研究

法律领域根据法律运行的过程可以大体分成立法领域和司法领域，分别关联立法活动和司法活动。这两个子领域由于处于法律体系的不用运行阶段，特点各不相同，所使用的法律常用词语也自然不同。因而对不同子领域的法律常用词语进行深入研究可以更有利于法律实践中不同子领域里的词语使用，具有更强的针对性和应用性。

（1）立法常用词语研究

立法常用词语研究有三个重要的方面：

第一，立法常用词语和共同语的对比研究。

立法对语言的要求很高，准确性是其中一个很重要的要求，因为这会影响立法语言的理解和运用。因此，我们应对法律常用词语在立法语言中的准确意义进行分析，但分析时不可避免就要和在共同语的意义进行对比，只有在对比过程中才能把词语在两个领域中的意义差别清楚体现出来，也才能更好地理解法律领域中的意义。如下例的“或者”：

⑨ 第一步你要学习，然后再加上自己去实践，或者是做实验或者去实践，或者去做调查研究。

⑩ 对人民法院审判人员或者其他工作人员、诉讼参与人、协助调查和执行的人员恐吓、侮辱、诽谤、诬陷、殴打、围攻或者打击报复的。[《中华人民共和国行政诉讼法》（2014 修正）第五十九条]

例 ⑨ 是共同语领域中“或者”的例子，例 ⑩ 则是法律中包含“或者”的条文。在例 ⑨，“或者”的意义清晰，由“或者”粘连出来的“或者”词组的语法结构较为简单，“或者”所在句子也比较容易理解。在例 ⑩，“或者”的意义虽然清晰，但由“或者”粘连出来的“或者”词组的边界不是很清楚，语法结构难以确定，整个句子理解起来也更为困难。上面两例可以引发很多思考：连词“或者”在法律领域和共同语领域的使用有何不同？为何不同？连词“或者”在法律领域中的使用特点是什么？如何形成？演变的路径是什么？这些问题也应该成为立法常用词语的研究重点。

第二，立法常用词语之间的辨析。

要准确把握立法常用词语的意义，其中一个很重要的工作就是对形近或义近的不同词语进行辨析。

立法常用词语中存在大量形近或义近的词语，如“利用”和“使用”：

⑪ 使用草原的单位，应当履行保护、建设和合理利用草原的义务。[《中华人民共和国草原法》（2013 修正）第十条]

⑫ 发现利用互联网及其他公共信息网络发布的信息涉及泄露国家秘密的，应当立即停止传输，保存有关记录，向公安机关、国家安全机关或者保密行政管理部门报告。[《中华人民共和国保守国家秘密法》（2010 修订）第二十八条]

“利用”和“使用”无论在形式上还是在意义上都具有一定的近似，因而往往在理解和运用上会混淆。

根据《现代汉语词典》的解释，“利用”的释义为：使事物或人发挥效能；用手段使人或事物为自己服务，[①]而“使用”的释义为使人员、器物、资金等为某种目的服务。[②]

但在法律领域，“利用”和“使用”的意义都发生了变化。“利用”尽管也有“使事物或人发挥效能”的意义，如例⑪；但更多的是表示“用手段使人或事物为自己实现不好的目的进行服务”，如例⑫；因而法律领域中的“利用”更多地强调目的性，而且是不好的目的性。而“使用”在法律领域中的目的性减弱，更多的是表示在物权上具有使用的权利，如例⑪。

类似“利用”和“使用”的这些立法常用词语是应用研究的一个重点，因为这些词语由于形式或意义上的近似导致人们对它们的理解和运用发生偏差，最终影响对立法的理解和运用。

（2）司法常用词语研究

司法是在立法基础之上的法律实践活动，因而司法常用词语研究有着和立法常用词语研究很不一样的地方，其最大的区别在于：司法词语直接关联立法词语和共同语。司法既包括法律人士，也包括一般人士，因此司法是法律词语和共同语关联最为明显、碰撞最为激烈的阶段。司法常用词语的研究也应充分体现司法的这一特点。

第一，司法常用词语研究的重点应该放在如何协调法律词语和共同语之间的冲突。

在司法实践中，立法常用词语会被经常地使用，但司法实践中的立法常用词语往往会由于立法的地位而产生法律评价的后果，使用不当则会引起民众的质疑。如下两例：

> ⑬经依法审查查明：被告人XXX于二〇一四年三月十一日十二时三十分许，在昌平区西关槐树巷村11号自建楼车棚内，盗窃XXX（男、五十一岁）电动自行车电瓶一个。……本院认为，被告人XXX无视国法，以非法占有为目的，多次盗窃他人财物，其行为触犯了《中华人民共和国刑法》……的规定，犯罪事实清楚，证据确实、充分，应当以盗窃罪追究其刑事责任。——盗窃罪
>
> ⑭经依法审查查明：被告人XXX在未取得烟草专卖经营许可证的情

① 具体参见中国社会科学院语言研究所词典编辑室编：《现代汉语词典》（2002年增补本），北京：商务印书馆2002年版，第779页。

② 具体参见中国社会科学院语言研究所词典编辑室编：《现代汉语词典》（2002年增补本），北京：商务印书馆2002年版，第1149页。

况下，非法经营烟草制品……本院认为，被告人XXX无视国法，扰乱市场秩序，非法经营烟草专卖品，情节严重，其行为触犯了《中华人民共和国刑法》第二百二十五条第（一）项的规定，犯罪事实清楚，证据确实、充分，应当以非法经营罪追究其刑事责任。——非法经营罪

以上两例来自司法文书起诉书。起诉书是人民检察院依照法定的诉讼程序、代表国家向人民法院对被告人提起公诉的法律文书。一般来讲，起诉书有三个主要部分：第一部分是被告人的基本情况，第二部分是起诉的事实描述和证据列举，第三部分是起诉的理由和依据。第二部分的事实描述是一种客观事实的表述，起诉书事实部分的客观表述加上证据才提炼出起诉部分的法律事实。因此从法理上来讲，起诉书事实的描述和起诉理由的表述肯定应该有所不同。

但在例⑬中，事实部分使用了主要动词“盗窃”来描述客观的案件事实，但在起诉理由部分同样使用了“盗窃”来表述法律事实。例⑭的“非法经营”同样如此。值得注意的是，盗窃和非法经营都是刑法明确规定的罪刑之一，在客观事实表述中使用了和罪刑表述相同的字眼就很容易让人认为这是在下结论、在给被告人的行为定性。这种非白描式的事实表述方式就很容易引起民众对起诉书的客观指控和检察官的客观立场产生怀疑，甚至是对整个司法过程产生怀疑，司法的公信力就大打折扣了。

因此司法常用词语的研究应把重点放在这个地方：哪些司法语境允许使用带有法律评价的词语？哪些语境不允许？哪些词语带有法律评价？哪些词语不带有法律评价？这些方面的研究将有助于厘清司法实践中客观描述和法律评价的界限，从而缓解司法领域和共同领域由于词语理解不同而产生的冲突。

第二，司法常用词语和立法常用词语的区别。

立法语言要求不同，语境单一，词义较为单一、准确。但一旦进入司法语言领域，词义往往会随着语境的变化而变得更为复杂。情态动词就是一个明显的例子。

⑮在侦查、审查起诉、审判时发现有应当排除的证据的，应当依法予以排除，不得作为起诉意见、起诉决定和判决的依据。（《中华人民共和国刑事诉讼法》第五十四条）

⑯结合二者所供，“刘汉是哥佬官”的确切内涵应当是“刘汉是集团最大的领导”。（来自刘汉辩护词）

从例⑮⑯可看出，立法中的“应当”具有程序正当性，而司法中的“应

当”更多的是一种个人判断。因此我们应对常用词语在司法和立法中的区别进行研究，否则会引起不正确的理解。

结　论

本文认为法律词语最为显著的特征是法律词语和共同语之间的关联度，因此本文从这一角度出发对法律词语进行重新梳理，并提出法律词语可划分成三大类：法律专业术语、法律常用词语和法律一般词语。

法律常用词语是法律词语体系中的重要部分，这类词语在过去很长一段时间里虽然已有关注，但专门的研究并不多，因而亟待深入的研究。在此基础上本文对法律常用词语进行了进一步的细分，分成了法律特殊常用词语、法律特别常用词语和法律特定法律词语三小类，这三小类法律常用词语具有不同的特性，因而在进行具体的应用研究时应采取不同的路径。最后本文对法律常用词语应用研究的路径进行了探索，提出应用研究可以从类型或领域入手，对不同类型的法律常用词语或者法律常用词语在不同法律子领域的表现进行具体的应用分析和研究。

（崔玉珍，中国政法大学人文学院副教授）

起诉书起诉理由部分的罪状概述规范

张　彦　徐　玮

起诉书的主文由三个部分构成，分别是被告人基本情况、案件事实与证据、起诉理由和根据。其中最后一部分是起诉书的结论部分。这部分要准确、概括写明四个层次的内容：首先就是概括阐明被告人行为的本质属性，包括危害程度、行为性质、情节轻重；其次分别是定罪条款的引用，这是定罪和追究刑事责任的根据；量刑情节的表述、量刑条款的引用和量刑建议；写明提起公诉、移交法院审判的法律依据。目前关于起诉书在概括阐明被告人行为的本质属性部分（下文简称“罪状概述部分”）的撰写多有分歧。比如：

例 1：本院认为，被告人庞武东、黄庭、李南、朱艳丽、郝志友，以非法占有为目的，虚构事实，隐瞒真相，骗取他人钱款，数额较大，其行为触犯了《中华人民共和国刑法》（以下简称《刑法》）第二百六十六条。

例 2：本院认为，被告人叶金美诈骗公私财物，数额较大，其行为触犯了《刑法》第二百六十六条之规定。

这两个罪名都是诈骗罪，但是在阐明被告人行为时，第二例只表述了“诈骗公私财物，数额较大”，而第一例没有直接使用“诈骗”一词，取而代之的是“以非法占有为目的，虚构事实，隐瞒真相，骗取（他人钱款）”。同样都是对诈骗罪的罪状做概述，有的起诉书表述得比较概括，有的起诉书表述得比较具体。如何认识这种分歧？是否需要在起诉书规范化工作中消除这种分歧，统一化？这引发了我们的思考。

一、罪状概述现状

我们扩大范围调查了 2014 年七八月份北京市各级人民检察院共计四千余份起诉书，结果显示，这类表述分歧的问题突出体现在诈骗罪、故意毁坏财物罪、故意伤害罪、故意杀人罪等罪名中，并且在这些罪名里比较普遍。这些罪名的共同特点是罪状都极其简练，属于刑法理论中的“简单罪状”。“简单罪状”是指罪刑式法条对具体犯罪构成特征进行了简单描述而没有超过罪名的概括[1]，或者是在刑法规范中只简单地而不是详细地描述具体犯罪构成的要件[2]。例如《刑法》第二百三十二条故意杀人罪的罪状为："故意杀人的，处死刑、无期徒刑或者十年以上有期徒刑；情节较轻的，处三年以上十年以下有期徒刑。"犯罪构成仅简单描述为"故意杀人的"，相较于非简单罪状来说，表述更简单，与罪名有更直接的对应关系。如妨害公务罪就不是简单罪状，《刑法》第二百七十七条规定"【妨害公务罪】以暴力、威胁方法阻碍国家机关工作人员依法执行职务的，处三年以下有期徒刑、拘役、管制或者罚金。"犯罪构成表述为"以暴力、威胁方法阻碍国家机关工作人员依法执行职务"，而不像简单罪状那样直接用罪名表述。

简单罪状的起诉书，起诉理由部分的事实概述，公诉人普遍采取两种不同的表述方法：

一是直接套用法条中对罪状的简单规定。如诈骗罪,《刑法》第二百六十六条规定"诈骗公私财物，数额较大的，处三年以下有期徒刑、拘役或者管制，并处或者单处罚金……"罪状就是"诈骗公私财物，数额较大"。起诉书罪状概述部分套用这一表述的如上述第 2 例："被告人诈骗公私财物，数额较大"。

二是不机械照搬法律规定，而是对犯罪行为作具体、详细的阐述。再如诈骗罪，表述如上述第一例——"以非法占有为目的，虚构事实，隐瞒真相，骗取他人钱款，数额较大"。没有采用法条关于罪状的表述"诈骗"，而用了具体详细的阐述——"虚构事实，隐瞒真相，骗取（他人钱款）"。

为了进一步了解这两种表述存在的普遍性程度，我们具体调查了简单罪状中更为常见的盗窃罪、故意伤害罪和过失致人死亡罪的起诉书。

盗窃罪。《刑法》第二百六十四条规定："盗窃公私财物，数额较大的，或者多次盗窃、入户盗窃、携带凶器盗窃、扒窃的，处三年以下有期徒刑、拘役或者管制，并处或者单处罚金。"按照此规定，对于没有特殊情况，如"多次盗窃、入户盗窃、携带凶器盗窃、扒窃"的盗窃案件，盗窃罪的事实部分就只有"盗窃公私财物，数额较大"了。实践中，没有特殊情节的盗窃罪的罪状表述情况是：完全照搬法条表述为"盗窃公私财物，数额较大"的占 53%，婉转表述如"以非法占有为目的，秘密窃取他人财物"等，占 47%。

故意伤害罪。《刑法》第三百八十四条规定，"故意伤害他人身体的，处三年以下有期徒刑、拘役或者管制"。实践中，罪状概述绝大多数都是照搬法条"故意伤害他人身体"，或者表述做了微观调整，如"故意伤害他人身体健康"或"故意损害他人身体健康"等。只有 2% 的起诉书表述为"侵犯了公民的人身权利 / 身体健康权利"等。

---

① 陈兴良主编：《刑法各论的一般理论》，北京：中国人民大学出版社 2007 年版，第 134 页。
② 何秉松主编：《刑法教科书》，北京：中国法制出版社 1993 年版，第 509 页。

过失致人死亡罪。《刑法》第二百三十三条规定，“过失致人死亡的，处三年以上七年以下有期徒刑；情节较轻的，处三年以下有期徒刑。本法另有规定的，依照规定。”实践中，罪状概述照搬法条表述为“过失致人死亡”的，有75%，未照搬法条表述如“因疏忽大意，致人死亡”等的有25%。调查结果简单列表如下：

	盗窃罪（824份）	故意伤害罪（598份）	过失致人死亡罪（8份）
完全照搬法条	53%	98%	75%
换作具体表述	47%	2%	25%
合计	100%	100%	100%

由上表可见，实践中，起诉书起诉理由部分的事实概述，有的罪名照搬法条的居多，如故意伤害罪、过失致人死亡罪；有的罪名则照搬法条的不多，如盗窃罪。

故意伤害罪和过失致人死亡罪，《刑法》规定犯罪构成就是“故意伤害他人身体”和“过失致人死亡”。这两种表述很难再用其他解释性语言去具体分解，导致公诉人即便想用其他表述代替都很困难，顶多在过失致人死亡罪里将“过失”具体解析为缘何过失，因此出现了诸如“因疏忽大意”或“未尽谨慎注意义务”等表述。而盗窃罪则不同，《刑法》规定盗窃罪的犯罪构成是“盗窃公私财物”，根据我国一般社会观念对“盗窃”行为的解释，1997年最高人民法院《关于审理盗窃罪具体应用法律若干问题的解释》将“盗窃”界定为“以非法占有为目的，秘密窃取公私财物的行为”。这是对盗窃罪的构成的进一步解释。据此，不少起诉书对其罪状概述为“秘密窃取他人财物”或“以秘密手段窃取他人财物”等。所以，盗窃罪照搬法条的相较于其他罪名较少，有47%。我们与公诉人的座谈会上交流显示，公诉人在制作起诉书罪状概述部分时，也希望能够尽量换一种语言来进行事实概述，以避免与罪名的简单重复。[①] 但是有些罪名是无法绕开的，这些罪名恰恰就集中于简单罪名上，并且，法律规定中就是这样表述犯罪构成的，因此就有相当数量的起诉书就采取了简单照搬法条的来概述事实。

二、规范罪状概述的路径

罪状概述应高度凝练、概括，又与所适用的法律规定相衔接。起诉理由部分是起诉书制作的重点和难点之一。对认定的犯罪事实进行去粗取精、高

---

① 2016年10月，中国政法大学法律语言研究中心与北京市人民检察院公诉处联合召开有关起诉书制作规范的座谈会。与会者包括多位经验丰富的公诉一线的优秀公诉人。

度提炼，总结和概括出罪状，这是与犯罪事实的具体叙写相区别之处。罪状概述还应当体现出被告人行为与法律规定的罪状之间的对应关系，以与下文提出所适用的法律相衔接。所以，这部分的罪状概述是犯罪事实到适用法律之间的过渡，承上启下。一方面要尽量贴近法律规定中的犯罪构成要件，一方面还要一定程度地体现案件的个性化特征。从而增强起诉书对不同案件的针对性，避免千篇一律，千案一面。

罪状概述尽量避免用罪名代替罪状表述，以免出现循环论证的逻辑问题。起诉理由部分是案件定性的基础，表述的逻辑链条是：基于该罪状，适用某法律规定，提出某定罪量刑建议。简单罪状在立法条文里，罪状描述很简单，基本等同于罪名的，如果起诉书在罪状概述时机械照搬法条，用罪名代替罪状表述，就会出现在事实部分就把案件定性结论写出来，等于用结论解释结论，犯了“循环论证”的逻辑错误。[①] 即便是简单罪状案件，起诉书想要实现其作为文书的目标与功能，也都须将事实认定与法律适用的逻辑及过程展示清楚，被告人的行为须有论证与界定。

简单罪状的概述应注意总结归纳。罪状概述采用与罪名重复的表述方法，集中出现在简单罪名的案件里。简单罪状没有对犯罪构成进行具体说明，虽然简练、扼要明确，但是因其所描述的犯罪内涵和范围往往难以确定，所以，各国刑法一方面不放弃简单罪状的使用，另一方面又注意控制简单罪状的使用。如德国刑法分则中规定简单罪状犯罪的都是标准的自然犯罪，主要有侮辱、毁损死者名誉、堕胎、过失杀人、轻伤害、伤害致死等犯罪。法国、瑞士、意大利等国的刑法中，简单罪状也主要是针对一些为公众所理解的自然犯罪所使用，法定犯罪则不使用简单罪状。[②] 而我国刑法分则中，采用简单罪状的规定方式则不仅限于人们比较常见、熟悉的犯罪，范围较广。在刑法学中应用归纳方法，有学者提出应从对社会生活事实、刑法规定、判例、刑法的原则和原理四个方面进行。[③] 对简单罪状的概述应注意从生活事实、法律学理论和判例中归纳总结，同时要注意根据简单罪状的法律规定和一般社会观念，从该犯罪的本质上对归纳的内容进行检验和协调。[④] 这种归纳可以引用相关的司法解释。以盗窃罪为例，1997 年最高人民法院《关于审理盗窃罪具体应用法律若干问题的解释》将“盗窃”界定为“以非法占有为目的，秘密窃

---

① 李玲、董常青、吴详义：《起诉书制作改革的理论与实务研究》，载《新疆公安司法管理干部学院学报》2001 年第 1 期。

② 陈兴良主编：《刑法各论的一般理论》，北京：中国人民大学出版社 2007 年版，第 137—138 页。

③ 张明楷：《少演绎、多归纳》，载梁根林主编：《刑法方法论》，北京大学出版社 2006 年版，第 117—120 页。

④ 陈明、赵宁：《简单罪状的司法认定和解释规则研究——以盗窃罪的司法认定为例》，载《政治与法律》2013 年第 4 期。

取公私财物的行为”，这是根据我国一般社会观念对“盗窃”行为的解释，也符合社会生活中绝大多数盗窃行为的特征，即“秘密窃取”，可以适用于多数盗窃罪的罪状表述。这种归纳也可以根据案件的具体情况作出。例如“本院认为，被告人王某应当预见自己的行为可能发生他人死亡的结果，因疏忽大意而没有预见，致一人死亡，其行为触犯了《中华人民共和国刑法》第二百三十三条之规定，犯罪事实清楚，证据确实、充分，应当以过失致人死亡罪追究其刑事责任。”该例中，“应当预见自己的行为可能发生他人死亡的结果，因疏忽大意而没有预见，致一人死亡”，为对“过失致人死亡”在该案中的具体描写。

（张彦，中国政法大学中文系副教授；徐玮，中国政法大学法律语言研究生）

原型理论下法律文书范畴及其立法规范研究[①]

张 文

绪 论

法律文书是法律活动的重要载体，但目前关于“法律文书”的概念存在模糊不清的问题，法律文书概念的模糊不清会带来司法实践上的困惑。如，王明华指出，《中华人民共和国物权法》（以下简称《物权法》）第二十八条中“法律文书”的含义与类型在实践中争议较大。依照《物权法》第二十八条至第三十条的规定，因人民法院、仲裁委员会的法律文书，人民政府的征收决定、继承、事实行为等法律行为以外的原因引起的物权变动，只要法定原因发生，无需经登记或交付，即可直接发生效力。但实践中的主要问题包括：从法律文书的形式来看，引起物权变动的法律文书是否包括调解书、裁定书？从法律文书的性质来看，引起物权变动的法律文书是否仅限于形成性文书，不包括确认性和给付性文书？[②]

“法律文书”概念的模糊不清除了带来司法实践上的困惑之外，在“文义解释”上也争议较大。已有学者注意到这一问题，如，李志国指出，法律文书权威教材对法律文书的定义通常是：法律文书是司法机关以及非讼机关、当事人及其代理人依据法定程序，在进行诉讼或者与诉讼有联系的非讼活动中，依据事实，适用法律、法规所制作的具有法律效力或者法律意见的文书。该定义指出了法律文书的制作主体、制作的程序、固定的适用范围，制作内容的依据和制作文书的效力，以及和其他文书进行区分，主要揭示了法律文书的外延。但存在同语反复之嫌，没有完全揭示出法律文书的特别内涵。[③]

“法律文书”无论对立法还是司法等法律活动都有重要意义，对其概念模

---

① 本文获得中国政法大学校级青年科学研究项目（16ZFQ74001）、中国政法大学新人校青年教师科研启动资助计划（01146527）、北京市社会科学基金项目（17YYC021）资助，感谢本刊编辑给本文提出的宝贵意见，文章不当之处概由本人负责。

② 王明华：《论〈物权法〉第 28 条中“法律文书”的涵义与类型》，载《法学论坛》2012 年第 5 期。

③ 李志国：《论法律文书概念的修正》，载《黑龙江省政法管理干部学报》2010 年第 7 期。

糊不清或者认识千差万别会给我国法律事业产生不利影响。因此，本文拟在梳理古今对法律文书的概念认识的基础上，运用认知语言学原型范畴理论来讨论“法律文书”范畴应如何认识的问题，并通过分析法条来探讨“法律文书”的立法规范问题。

一、现代法律文书范畴

“法律文书范畴”集中体现在人们对“法律文书”概念的认知上。概念是指反映客观事物的本质属性及其对象范围的思维形式。概念有两个基本逻辑特征，即概念的内涵和外延。只有理解了概念的内涵和外延，才能正确地理解和使用概念。概念的内涵就是反映概念中的对象的本质属性；概念的外延就是反映在概念中的具有本质属性的个体的集合。①

关于“法律文书”，学者们有如下认识：

（一）“法律文书”仅指司法活动中法律文书的观点

侯兴宇指出，法律文书古称“例案”文章，今指当事人和司法机关在诉讼过程中依法制作的具有法律效力和法律意义的文书。它主要包括四块内容：公安侦查文书、检察院检察文书、法院裁判文书、律师事务文书。其主要功能是诉讼的文字凭证。②

陈蕊指出，法律文书是指国家司法机关在其职权范围内制作的有关办理刑事、民事、经济纠纷等案件和非诉讼事件的各种文书。法律文书是应用文的一种，从广义上来说属于公文的范畴。③

宁致远指出，法律文书是指我国司法机关、公证机构、仲裁组织依法制作的处理诉讼案件和非诉讼案件的法律文书，以及案件当事人、律师和律师组织自用或代书的法律文书的总称。④

潘庆云指出，法律文书，是适用于法律活动、带有法律专业属性的所有非规范性法律文件的总称，具体地说是指我国公安机关、国家安全机关、人民检察院、人民法院、狱政机关、国家行政机关、公证机关、仲裁机构、律师事务所，以及自然人、法人和其他组织，在诉讼和非诉讼的法律事务中按照法定程序，就具体案件或法律事务适用法律而制作的具有法律效力或者法律意义的非规范性法律文件的总称。⑤

马宏俊指出，法律文书是司法机关、行政机关、公民、法人或其他组织

① 赵利主编：《法律逻辑学》，北京：人民出版社 2010 年版，第 16—19 页。
② 侯兴宇：《论法律文书的叙案说理》，载《广东广播电视大学学报》2004 年第 4 期。
③ 陈蕊：《法律文书的语言教学》，载《法制与经济》2007 年第 4 期。
④ 宁致远：《法律文书学》，北京：中国政法大学出版社 2011 年版，第 3 页。
⑤ 潘庆云：《法律文书学教程》，上海：复旦大学出版社 2012 年版，第 18 页。

在办理或参与诉讼案件和某些非诉讼事件中依法发布或出具的具有法律效力或法律意义的各种文书的总称。[①]

（二）“法律文书”包括立法文书、司法文书、民用法律文书的观点

张宁云指出，法律文书是指国家立法机关为确立某种法律规范、司法机关为处理各类诉讼案件，当事人为解决诉讼纠纷和处理非诉问题而依法颁布、制作或代书的具有法律效力或意义的文书的总称。法律文书即为在法律领域和实施法律过程中所制作使用的专门文书。通常分为三大类：一类是立法文书，是立法机关为确立法律规范而颁布的文书；一类是司法文书，是司法机关为处理诉讼案件而制作的文书；还有一类被称为民用的法律文书，是指当事人及其代理人为解决诉讼纠纷或处理非诉问题而制作或代书的文书。[②]

（三）对“法律文书”进行广义上界定的观点

孙青平指出，法律文书指法律主体在从事法律活动中，为维护自己的合法权益或者履行法定职责，依照一定的法律和程序制作的具有一定法律效力或者法律意义的书面性文件的总称。广义上的法律文书包括规范性文件和非规范性文件。规范性文件指的是具有普遍约束力的法律、法规、地方性法规和部门规章等。非规范性法律文件包括诉讼类文书、仲裁类文书和公证类文书等，这些文书一般只对特定的主体产生拘束力。[③]

刘国涛、范海玉指出，法律文书有广义和狭义之分，广义上的法律文书，泛指一切应用某种格式和文字表达，涉及法律内容的书面文件，包括规范性法律文件和非规范性法律文件两大类。规范性法律文件是指国家立法机关、司法机关、行政机关以及其他经法律授权的组织依法制作的具有普遍约束力的法律、行政法规、地方性法规、行政规章等。……狭义上的法律文书，仅仅指非规范性法律文书，是指国家司法机关、处理法律事务的其他组织，以及参与各种法律事务活动的当事人及其代理人，它包括公安机关、人民检察院、人民法院和监狱管理机关在司法活动中依法制作的非规范性法律文书，也包括仲裁组织、公证机构为解决争议或非争议法律问题而制作的非规范性法律文书，还包括当事人、法定代理人、诉讼代理人（主要指律师）和律师事务所制作的各种具有法律意义的法律文书。[④]可见，此处的“广义法律文书”外延非常广泛，只要是涉及法律内容的书面文件就是法律文书。这一定程度反映了法律所涉及社会生活面的广度和深度。

根据“广义法律文书”的观点，只要是涉及法律内容的书面文件就是法

① 马宏俊主编：《法律文书学》，北京：中国人民大学出版社 2014 年版，第 3 页。

② 张宁云：《浅析法律文书语言的精确性与模糊性》，载《芜湖职业技术学院学报》2005 年第 4 期。

③ 孙青平：《法律文书基本问题研究》，北京：中国法制出版社 2012 年版，第 1 页。

④ 刘国涛、范海玉：《法律文书学》，重庆大学出版社 2011 年版，第 6—7 页。

律文书，因此，“笔录”也可以看作法律文书的一种，也确有学者指出“笔录”这种法律文书形式，比如刘斌认为，法院文书是人民法院在诉讼等活动中依法制定和使用的法律文书，主要包括立案文书、拘传文书、判决书、裁定书、司法建议书等。此外，笔录也是一种重要的法院文书。①

通过以上对现代“法律文书”内涵的梳理，我们可以得出如下认识：“法律文书”的概念有狭义和广义之分，狭义和广义也是相对的概念，最狭义的“法律文书”仅指司法活动中的法律文书。最广义的“法律文书”则是指一切涉及法律内容的文书。最狭义和最广义内涵之间的范畴也属于“法律文书”的范畴，比如，立法文书、民用的法律文书。

二、古代法律文书范畴

相比较现代“法律文书”内涵和外延的丰富性来说，探究古代“法律文书”的状态，进而进行古今对比对我们清晰认识“法律文书”问题有重要意义，因为古今并不是割裂的。古代法律文书包括如下几类：

（一）狱政案例类

这一类相当于现代司法活动中的法律文书，以“判词”为代表。潘庆云指出，我国的裁判文书渊源于古代审案理狱论断之语，曾被称为“判”、“判词”或“判牍”，清末以降，才有“判决书”之类的称谓。唐判皆是骈体，四六对句，用词典雅缛丽，虽然从中可以看出司法官员依据查明的事实参酌法意与情理进行断狱处置的司法模式，但判词若以文学色彩浓厚的骈体为建构材料，则难以成为司法活动的有效载体。宋代书判摆脱了骈四骊六的文学语言的羁绊，开始采用平实质朴的散体文学撰拟判词（如宋代书判集《明公书判清明集》），使判词制作进入了一个新阶段。②

古代的判词有语判和书判两类，唐以前主要是语判，唐以后才产生了书面的判文。通常所说的判词，就是指书面的判文。宋代以后“野史”中还有一种特殊的判词，称为“花判”。③古代判词中存在一类公案类文学作品，即断案小故事中的判词，比如《包公案》《折狱龟鉴》、三言二拍等，此类话本、笔记小说、民间故事中都有一种断案之语，被称为“花判”。对于“花判”的性质该如何认识呢？我们认为，“花判”是文人创作的，符合当时普通百姓对判词的期待心理，虽然不是严格意义上的判词，但应符合普通百姓对“判词”的一般理解，而且文学作品中的“判词”明显带有“法言法语”的特点，跟文学作品其他部分的叙事风格是完全不同的。此外，根据上文我们所讨论的

① 刘斌：《论人民法院文化体系的建构》，载《中国政法大学学报》2010 年第 4 期。

② 潘庆云：《裁判文书应当是无懈可击的法律语言作品》，载《人民法院报》2004 年 1 月 14 日。

③ 刘高礼：《论古代判词的历史发展及写作特征》，载《中南政法学院学报》1990 年第 2 期。

现代对“法律文书”最广义的理解，文学作品中的“花判”也可以广义地看作是古代判词的一种。

除了“判词”外，我们还可以从一些狱政案例类典籍中，如《驳案汇编》《刑部比照加减成案》等中看到古代的类批呈词（官府批示诉状、晓喻各涉案人的一种法律文书，张贴在衙门外）、详案（事主或地保向官府报案的呈词）、供（办案人员递呈给上司报告各涉案者所供述的案件材料，犹今之结案报告的案件事实部分）、禀（下级官员呈给上司辨析疑难案情或评述重大案件，拟具处理意见的请示文书）、驳案（上司认为下级审案有错误，驳回重审的文书）、详报（或称“详”，下级向上级呈报全案处理经过的文书）等法律文书形式。

（二）法规律令类

成文法规律令可看作规范性法律文书一类。我国古代有丰富的成文法典，从春秋战国时代的《刑书》、刑鼎、《法经》，到《秦律》《九章律》《魏律》《晋律》《隋律》，以及以后各个朝代都有自己成文法典，如，唐代制定颁布的《唐律》，其立法水平在当时世界范围内都算很高的，此后还有宋代的《宋刑统》、元代的《元典章》和《通制条格》、明代的《大明律》、清代的《大清律例》等。中国成文法典的一个特点是很难按照今天的部门法来分类。如高潮、刘斌所指出的，由于古代立法采取“诸法合体”的编纂形式，成文法从战国时李悝著《法经》到《大清律例》，历代代表性的法典都以刑法为主，兼有民事、行政、诉讼等方面的内容。[①]

除了法典之外，中国各朝代还有律、令、格、式等具有约束力的规范性法律文书形式。杨一凡对律、典、刑、法、令、式、格、科、比、例、诏等法律文书形式进行了阐释。他还指出，历朝因所处的历史条件和法律的发达程度存在差异，法律形式及其称谓也有所变化。[②]

除了国家机关部门颁布的规范性法律文件外，我国历代还有丰富的民间法的形式，以乡规民约为代表，这也是一种法律文书形式，牛铭实对此有专门的讨论。[③]此外，关于宗教组织所制定的清规戒律，因为对其内部成员具有约束力，可类比于民间法看作法律文书形式。

（三）符契券疏类

中国古代的符契券疏类属于一种民用的法律文书形式，比如，敦煌文献中保留了大量的契约文书，其中包括了卖地契、卖舍契、卖牛契、卖人契、便麦契、贷绢契、雇工契、雇驼契、租地契、典身契、养男契、算会凭、分书、放

---

① 高潮、刘斌：《中国法制古籍目录学》，北京古籍出版社 1993 年版，第 29 页。

② 杨一凡主编：《中国古代法律形式研究》，北京：社会科学文献出版社 2001 年版，第 641 页。

③ 牛铭实：《中国历代乡规民约》，北京：中国社会出版社 2014 年版，第 3—102 页。

书、遗书等非常丰富的内容。[①] 尹伊君《故纸遗律——尹藏清代法律文书》中也涉及了大量分书、继约、地契、当票、婚书等符契券疏类法律文书形式。[②]

三、原型理论与法律文书范畴

认知语言学的原型理论有着深厚的哲学和认知心理学的基础。原型理论（prototype theory）打破了统治哲学达两千年之久的经典学说（classical theory），强烈批判经典学说高度理想化的二元分法，认为范畴成员之间的界限是模糊的，而且成员之间的关系是一种家族相似性。在对一个范畴下定义时，人们总是挑选范畴中最为典型的个体。原型具有范畴内大多数或全部成员的多种特征，并反映了范畴的中心倾向。[③]

依据原型理论，典型范畴成员和非典型范畴成员之间其实是一条连续统（continuum），[④] 它们之间不是截然不同的是与非的关系，也不存在清晰的界限。通过我们对古代法律文书和现代法律文书的概念分析可以看出，最狭义的法律文书仅仅指“司法文书”，归属于司法领域。广义的法律文书还包括立法文书，可以归属于立法领域。最广义的法律文书则包括了跟法律有关的各种文书，像文学作品中的“花判”就属于“法律文书”范畴中的“非典型成员”，这些法律文书形式和普通百姓日常生活有着密切的联系，是普通百姓所耳濡目染的法律文书形式，某种程度上是百姓了解法律的重要的渠道，可以归属为普法领域。如果我们画一条“法律文书”范畴的连续统，可以表示如下：

司法领域法律文书＞立法领域法律文书（官方法 / 民间法）/ 民用的法律文书形式＞普法领域法律文书（法律文学作品中跟法律有关的各种文书）

根据这条连续统，越往左端，越接近法律文书范畴的典型成员类型，越往右端，越接近法律文书范畴的非典型成员类型。

四、法律文书范畴的立法规范

通过以上分析，可以看出，法律文书范畴的典型和非典型成员之间没有截然分明的界限，其间是一条连续统，这一范畴特点必然会带来立法中的困惑，带来“法律文书”这一词语语言表达上的问题。除了本文开头王明华所讨论的例子外，本文还发现多处“法律文书”所指不明带来司法上的困难，

---

① 陈晓强：《敦煌契约文书语言研究》，北京：人民出版社 2012 年版，第 3 页。

② 尹伊君：《故纸遗律——尹藏清代法律文书》，北京大学出版社 2013 年版，第 11—138 页。

③ 梁晓波、李勇忠：《原型理论对外语教学的启示》，载《外语教学》2006 年第 4 期。

④ 关于“连续统”更多的例子，可参看沈家煊：《不对称和标记论》，北京：商务印书馆 2015 年版，第 280—284 页。

因而需要补充解释的情况，如：

> （1）民事诉讼法第二百条第十二项规定的法律文书包括：（一）发生法律效力的判决书、裁定书、调解书；（二）发生法律效力的仲裁裁决书；（三）具有强制执行效力的公证债权文书。（《最高人民法院关于适用〈民事诉讼法〉的解释》第三百九十三条）
>
> （2）人民法院、仲裁委员会在分割共有不动产或者动产等案件中作出并依法生效的改变原有物权关系的判决书、裁决书、调解书，以及人民法院在执行程序中作出的拍卖成交裁定书、以物抵债裁定书，应当认定为物权法第二十八条所称导致物权设立、变更、转让或者消灭的人民法院、仲裁委员会的法律文书。[《最高人民法院关于适用〈物权法〉若干问题的解释（一）》第七条]

例（1）和例（2）都通过司法解释专门对立法中所指不明的“法律文书”进行了穷尽性列举，可见，法律文书范畴的研究无论对立法活动还是司法活动都具有非常重要的意义。

我们通过分析法条发现，部门法对“法律文书”一词的使用有如下特点：刑法中较少使用“法律文书”，诉讼法中“法律文书”一词的使用相比较其他部门法来说较多。但民诉和刑诉中关于“法律文书”的表述又有不同的特点，民诉中直接使用“法律文书”这种表达形式，而在刑诉中还使用“有关法律文书”这一形式，如：

> （3）各民族公民都有用本民族语言、文字进行民事诉讼的权利。在少数民族聚居或者多民族共同居住的地区，人民法院应当用当地民族通用的语言、文字进行审理和发布法律文书。[《中华人民共和国民事诉讼法》（以下简称《民事诉讼法》）第十一条]
>
> （4）犯罪嫌疑人、被告人在取保候审期间未违反本法第六十九条规定的，取保候审结束的时候，凭解除取保候审的通知或者有关法律文书到银行领取退还的保证金。[《中华人民共和国刑事诉讼法》（以下简称《刑事诉讼法》）第七十一条]

我们下面通过对法条的分析来指出“法律文书”一词使用的不当之处并给出我们的立法规范建议。

（一）法律文书范畴的使用不当之处

1. 狭义法律文书范畴使用不当问题

狭义法律文书仅指司法文书，但由于司法文书制作主体、类型也是多种多样的，因此如果没有指明具体是哪种司法文书，需要通过前后文语境加以推定，如：

> (5)当事人的申请符合下列情形之一的，人民法院应当再审：……(七)据以作出原判决、裁定的法律文书被撤销或者变更的。［《中华人民共和国行政诉讼法》（以下简称《行政诉讼法》）第九十一条］

此例中的“法律文书”经推定指判决书、裁定书。

> （6）被执行人不履行生效法律文书确定的行为义务，该义务可由他人完成的，人民法院可以选定代履行人；法律、行政法规对履行该行为义务有资格限制的，应当从有资格的人中选定。必要时，可以通过招标的方式确定代履行人。申请执行人可以在符合条件的人中推荐代履行人，也可以申请自己代为履行，是否准许，由人民法院决定。（《最高人民法院关于适用〈民事诉讼法〉的解释》第五百零三条）

经推定此例“法律文书”指人民法院法律文书、判决书之类，不包括“法律、行政法规”。

如果没有指明具体是哪种司法文书，通过前后文语境又难以推定，将会带来理解上的困难，如：

> （7）民族自治地方的人民法院和人民检察院应当用当地通用的语言审理和检察案件，并合理配备通晓当地通用的少数民族语言文字的人员。对于不通晓当地通用的语言文字的诉讼参与人，应当为他们提供翻译。法律文书应当根据实际需要，使用当地通用的一种或者几种文字。保障各民族公民都有使用本民族语言文字进行诉讼的权利。（《中华人民共和国民族区域自治法》第四十七条）

此例中的“法律文书”指诉讼相关的法律文书，制作主体是人民法院和人民检察院，但具体所指该法条并没有说清楚。

> （8）律师担任法律顾问的，应当按照约定为委托人就有关法律问题提供意见，草拟、审查法律文书，代理参加诉讼、调解或者仲裁活动，办理委托的其他法律事务，维护委托人的合法权益。（《中华人民共和国律师法》第二十九条）

此例中的“法律文书”指律师草拟、审查的法律文书，但具体所指该法条并没有说清楚。

> （9）因人民法院、仲裁委员会的法律文书或者人民政府的征收决定等，导致物权设立、变更、转让或者消灭的，自法律文书或者人民政府的征收决定等生效时发生效力。（《物权法》第二十八条）

此例中的“法律文书”其制作主体指司法上的人民法院、仲裁委员会，而不包括人民政府，但具体所指该法条并没有说清楚。

> （10）非公约成员国通过外交途径委托我国法院送达的司法文书按最高人民法院、外交部、司法部一九八六年八月十四日联名颁发的外发（1986）47号《关于我国法院和外国法院通过外交途径相互委托送达法律文书若干问题的通知》办理。公约成员国在特殊情况下通过外交途径请求我国法院送达的司法文书，也按上述文件办理。（《最高人民法院、外交部、司法部关于执行〈关于向国外送达民事或商事司法文书和司法外文书公约〉有关程序的通知》第六条）

此例“司法文书”和“法律文书”在同一语篇中使用，因为狭义“法律文书”即“司法文书”，会让人误以为这里的“法律文书”另有所指，因此应统一语言表达。

> （11）人民法院通过外交途径向在中华人民共和国领域外居住的受送达人送达刑事诉讼文书的，所送达的文书应当经高级人民法院审查后报最高人民法院审核。最高人民法院认为可以发出的，由最高人民法院交外交部主管部门转递。外国法院通过外交途径请求人民法院送达刑事诉讼文书的，由该国驻华使馆将法律文书交我国外交部主管部门转最高人民法院。最高人民法院审核后认为属于人民法院职权范围，且可以代为送达的，应当转有关人民法院办理。（《最高人民法院关于适用〈刑事诉讼法〉的解释》第四百一十三条）

此例中前文使用“刑事诉讼文书”而后文使用“法律文书”一词，因为狭义“法律文书”包括“刑事诉讼文书”，所以该法条具体所指并没有说清楚。

2. 广义法律文书范畴使用不当问题

广义的法律文书，外延非常广泛，如果不具体指明法律文书具体名称容易带来理解上的困难，在此情况下经常需要解释，解释不当会带来司法上的问题。如：

(12) 除依照专利法第十条规定转让专利权外，专利权因其他事由发生转移的，当事人应当凭有关证明文件或者法律文书向国务院专利行政部门办理专利权转移手续。专利权人与他人订立的专利实施许可合同，应当自合同生效之日起3个月内向国务院专利行政部门备案。以专利权出质的，由出质人和质权人共同向国务院专利行政部门办理出质登记。(《中华人民共和国专利法实施细则》第十四条)

此例的“法律文书”是否包含合同，需要解释。

(13) 被执行人与他人恶意串通，通过诉讼、仲裁、调解等方式逃避履行法律文书确定的义务的，人民法院应当根据情节轻重予以罚款、拘留；构成犯罪的，依法追究刑事责任。(《民事诉讼法》第一百一十三条)

此处的“法律文书”有对义务的确定，是否包括规定双方义务的合同之类，需要解释。

(14) 注册商标专用权因转让以外的继承等其他事由发生移转的，接受该注册商标专用权的当事人应当凭有关证明文件或者法律文书到商标局办理注册商标专用权移转手续。注册商标专用权移转的，注册商标专用权人在同一种或者类似商品上注册的相同或者近似的商标，应当一并移转；未一并移转的，由商标局通知其限期改正；期满未改正的，视为放弃该移转注册商标的申请，商标局应当书面通知申请人。商标移转申请经核准的，予以公告。接受该注册商标专用权移转的当事人自公告之日起享有商标专用权。(《中华人民共和国商标法实施条例》第三十二条)

此例的“法律文书”是否包含遗嘱，需要解释。

(15) 当事人的离婚协议或者人民法院的判决书、裁定书、调解书已经对夫妻财产分割问题作出处理的，债权人仍有权就夫妻共同债务向男女双方主张权利。一方就共同债务承担连带清偿责任后，基于离婚协议或者人民法院的法律文书向另一方主张追偿的，人民法院应当支持。[《最高人民法院关于适用〈婚姻法〉若干问题的解释(二)》第二十五条]

此例中的“法律文书”是否仅指除“离婚协议”以外的“判决书、裁定书、调解书”，是否还包含其他法律文书形式，需要解释。

> （16）当事人的申请符合下列情形之一的，人民法院应当再审：……（十二）据以作出原判决、裁定的法律文书被撤销或者变更的。（《民事诉讼法》第二百条）

此处的“法律文书”因是“据以作出原判决、裁定的”，是否指证据，需要解释。

> （17）申请执行的期间为二年。申请执行时效的中止、中断，适用法律有关诉讼时效中止、中断的规定。前款规定的期间，从法律文书规定履行期间的最后一日起计算；法律文书规定分期履行的，从规定的每次履行期间的最后一日起计算；法律文书未规定履行期间的，从法律文书生效之日起计算。（《民事诉讼法》第二百三十九条）

此例没有指明“法律文书”具体指哪些，仅推定得出这里的“法律文书”具有履行义务，有规定的内容，所指不明，需要解释。

> （18）在诉讼中，未依法登记领取营业执照的个人合伙的全体合伙人为共同诉讼人。个人合伙有依法核准登记的字号的，应在法律文书中注明登记的字号。全体合伙人可以推选代表人；被推选的代表人，应由全体合伙人出具推选书。（《最高人民法院关于适用《民事诉讼法》的解释》第六十条）

此处是仅指诉讼中的法律文书中，还是包括所有“法律文书”中均需“注明登记的字号”，表义不明。

> （19）人民法院应当在收到申请执行书或者移交执行书后十日内发出执行通知。执行通知中除应责令被执行人履行法律文书确定的义务外，还应通知其承担民事诉讼法第二百五十三条规定的迟延履行利息或者迟延履行金。（《最高人民法院关于适用〈民事诉讼法〉的解释》第四百八十二条）

此处的“法律文书”除了上文提到的“申请执行书、移交执行书、执行通知”外，是否还有其他的，所指不明。

3. 法律文书与其他形式并列表述的不当问题

法条中经常把“法律文书”与其他形式进行并列表述，但即使狭义法律文书范畴也包括多种司法文书形式，广义法律文书范畴所指更是非常广泛，由于法律文书范畴中的典型成员和非典型成员之间是个连续统，其间没有明显的界限，因此容易出现所并列的其他形式与“法律文书”并不是并列关系而存在包含或交叉关系的问题。如：

（20）刑事诉讼法第六十二条规定，对证人、鉴定人、被害人可以采取“不公开真实姓名、住址和工作单位等个人信息”的保护措施。人民法院、人民检察院和公安机关依法决定不公开证人、鉴定人、被害人的真实姓名、住址和工作单位等个人信息的，可以在判决书、裁定书、起诉书、询问笔录等法律文书、证据材料中使用化名等代替证人、鉴定人、被害人的个人信息。但是，应当书面说明使用化名的情况并标明密级，单独成卷。辩护律师经法庭许可，查阅对证人、鉴定人、被害人使用化名情况的，应当签署保密承诺书。[《最高人民法院、最高人民检察院、公安部、国家安全部、司法部、全国人大常委会法制工作委员会关于实施刑事诉讼法若干问题的规定》（以下简称《关于实施刑事诉讼法若干问题的规定》）第十二条]

此例把判决书、裁定书、起诉书、询问笔录进行并列，是询问笔录也属于法律文书的证据。另外，“法律文书”和“证据材料”此处是并列关系，但二者所指存在交叉可能性。

（21）律师承办业务，应当妥善保管与承办事项有关的法律文书、证据材料、业务文件和工作记录。在法律事务办结后，按照有关规定立卷建档，上交律师事务所保管。（《律师执业管理办法》第四十六条）

此例“法律文书”跟“证据材料”、“业务文件”、“工作记录”并列不妥，存在所指交叉的问题，尤其是“业务文件”和“法律文书”之间更是如此。

（22）当事人有权委托代理人，提出回避申请，收集、提供证据，进行辩论，请求调解，提起上诉，申请执行。当事人可以查阅本案有关材料，并可以复制本案有关材料和法律文书。查阅、复制本案有关材料的范围和办法由最高人民法院规定。当事人必须依法行使诉讼权利，遵守诉讼秩序，履行发生法律效力的判决书、裁定书和调解书。（《民事诉讼法》

第四十九条）

此例“法律文书”和“本案有关材料”并列会带来很多问题：首先，“法律文书”是否可以查阅表义不明；其次，“查阅、复制法律文书的范围和办法”由哪个部门规定，表义不明；再次，此例的“法律文书”所指范围明显大于“判决书、裁定书和调解书”，前后表达语义不一致。

> （23）犯罪嫌疑人、被告人在取保候审期间未违反本法第六十九条规定的，取保候审结束的时候，凭解除取保候审的通知或者有关法律文书到银行领取退还的保证金。（《刑事诉讼法》第七十一条）

此例“解除取保候审通知”和“有关法律文书”并非并列关系而是被包含与包含关系，建议把“或者”改为“等”。

> （24）公安机关跨地域调查取证的，可以将办案协作函和相关法律文书及凭证电传或者通过公安机关信息化系统传输至协作地公安机关。协作地公安机关经审查确认，在传来的法律文书上加盖本地公安机关印章后，可以代为调查取证。（《关于办理网络犯罪案件适用刑事诉讼程序若干问题的意见》第十一条）

此例“办案协作函”和“相关法律文书及凭证”并非并列关系而是存在所指上的交叉关系。

> （25）人民检察院进行调查核实，可以询问办案人员和有关当事人，查阅、复制公安机关刑事受案、立案、破案等登记表册和立案、不立案、撤销案件、治安处罚、劳动教养等相关法律文书及案卷材料。[《人民检察院刑事诉讼规则（试行）》第五百五十六条]

此例跟并列表达有关的问题是：“和”所连接的并列成分是“公安机关刑事受案、立案、破案等登记表册”与“立案、不立案、撤销案件、治安处罚、劳动教养”，它们都属于“相关法律文书”，还是，“和”所连接的并列成分是“公安机关刑事受案、立案、破案等登记表册”与“立案、不立案、撤销案件、治安处罚、劳动教养等相关法律文书”，“登记表册”不属于“法律文书”，表义不清楚。另外“案卷材料”和“法律文书”也存在所指交叉而并非并列关系的问题。

通过下列可以知道，“登记表册”应也是法律文书的一种，如：

(26)人民检察院发现人民法院、公安机关、看守所的交付执行活动有下列违法情形之一的，应当依法提出纠正意见：(一)交付执行的第一审人民法院没有在判决、裁定生效十日以内将判决书、裁定书、人民检察院的起诉书副本、自诉状复印件、执行通知书、结案登记表等法律文书送达公安机关、监狱或者其他执行机关的。[《人民检察院刑事诉讼规则(试行)》第六百四十条]

4. 兜底性表述带来的语义模糊不明问题

由于语言表达模糊性的特点，法条中也会使用兜底性表达这种方式，但如果不能模糊需要明确之处使用了兜底性模糊表达，就会带来理解上的问题，如：

(27)受指派办理法律援助案件的律师或者接受安排办理法律援助案件的社会组织人员在案件结案时，应当向法律援助机构提交有关的法律文书副本或者复印件以及结案报告等材料。法律援助机构收到前款规定的结案材料后，应当向受指派办理法律援助案件的律师或者接受安排办理法律援助案件的社会组织人员支付法律援助办案补贴。法律援助办案补贴的标准由省、自治区、直辖市人民政府司法行政部门会同同级财政部门，根据当地经济发展水平，参考法律援助机构办理各类法律援助案件的平均成本等因素核定，并可以根据需要调整。(《法律援助条例》第二十四条)

此处的“有关的法律文书”属于一种兜底性表述，虽然可囊括所有相关法律文书，是模糊表达的一种重要方式，但也会影响表达上的明确性，如，此处“有关的法律文书”是否包括“结案报告”就表意不清楚，建议把“有关的法律文书”作尽可能地列举式说明然后再辅助以兜底表述，这样可以作类推理解而不会使对“有关法律文书”的解释没有边界。

“其他”一词也是兜底性表达经常使用的词语，但法条中存在“其他”使用不当的情况，“其他”之前应有与“其他”所对应的成分，即“其”所指代的成分才行，因为“其他”中的“其”是代词，而“他”则是“别的”意思，可以理解为“某种情况以外的”，所以得把“某种情况”先表达出来，才能使用与之相对应的“其他”，如果“某种情况”没有出现，则不能使用“其他”，如：

(28)法律规定由人民法院执行的其他法律文书执行完毕后，该法律文书被有关机关或者组织依法撤销的，经当事人申请，适用民事诉讼

法第二百三十三条规定。(《最高人民法院关于适用〈民事诉讼法〉的解释》第四百七十六条)

此例因为“其他”前没有出现其所指代的内容，不清楚其所指代的是什么内容，所以表意不明确。此外，如果对“其他法律文书”立法表述不当，会带来司法上的问题，如：

(29)发生法律效力的民事判决、裁定，以及刑事判决、裁定中的财产部分，由第一审人民法院或者与第一审人民法院同级的被执行的财产所在地人民法院执行。法律规定由人民法院执行的其他法律文书，由被执行人住所地或者被执行的财产所在地人民法院执行。(《民事诉讼法》第二百二十四条)

此例中的“其他法律文书”可以指除了“发生法律效力的民事判决、裁定，以及刑事判决、裁定”以外的所有“法律文书”，也可以指“发生法律效力的民事判决、裁定，以及刑事判决、裁定中的财产部分”以外的“非财产部分”，表意不清楚。

5. 对“法律文书”复杂多重限定定语的问题

因为“法律文书”概念的外延很广，因此在法条中经常可以看到对“法律文书”一词通过多重定语进行限定表述的情况，如：

(30)刑事诉讼法第一百四十九条中规定：“批准决定应当根据侦查犯罪的需要，确定采取技术侦查措施的种类和适用对象。”采取技术侦查措施收集的材料作为证据使用的，批准采取技术侦查措施的法律文书应当附卷，辩护律师可以依法查阅、摘抄、复制，在审判过程中可以向法庭出示。(《关于实施刑事诉讼法若干问题的规定》第二十条)

(31)公安机关在提请批准逮捕、移送审查起诉时，应当将人民检察院刑事立案监督法律文书和相关材料随案移送。人民检察院在审查逮捕、审查起诉时，应当及时录入刑事立案监督信息。[《最高人民检察院、公安部关于刑事立案监督有关问题的规定(试行)》第十三条]

(32)一方当事人向一地法院申请执行仲裁裁决，另一方当事人向另一地法院申请撤销该仲裁裁决，被执行人申请中止执行且提供充分担保的，执行法院应当中止执行。根据经认可的撤销仲裁裁决的判决、裁定，执行法院应当终结执行程序；撤销仲裁裁决申请被驳回的，执行法院应当恢复执行。当事人申请中止执行的，应当向执行法院提供其他法院已经受理申请撤销仲裁裁决案件的法律文书。(《最高人民法院关于内地

与澳门特别行政区相互认可和执行仲裁裁决的安排》第九条）

以上几例对“法律文书”加以限定的定语都非常复杂，而且都是多重定语，给阅读和理解法条带来不便，建议对这种专门的法律文书给出像“判决书”等之类的专名加以限定，而不使用在“法律文书”前加复杂多重定语的形式。

（二）法律文书范畴的立法规范建议

由于法律文书范畴是一个连续统，存在典型成员和非典型成员，其界限不是截然分开的，所以我们对“法律文书”范畴的表达在立法表达上有如下建议：

1. 使用尽可能穷尽列举的方式。如：

（33）向人民法院申诉，应当提交以下材料：（一）申诉状。应当写明当事人的基本情况、联系方式以及申诉的事实与理由；（二）原一、二审判决书、裁定书等法律文书。经过人民法院复查或者再审的，应当附有驳回通知书、再审决定书、再审判决书、裁定书。（《最高人民法院关于适用〈刑事诉讼法〉的解释》第三百七十二条）

2. 如果不能穷尽式列举，为了法律表达的严谨性，可以使用“穷尽列举 + 兜底表达”的形式，具体又可以分为如下两种形式，一种是包含式：穷尽列举 + 等 + 法律文书；一种是并列式：穷尽列举 + 和 + 其他法律文书。如：

（34）对被判处管制、宣告缓刑的罪犯，人民法院应当核实其居住地。宣判时，应当书面告知罪犯到居住地县级司法行政机关报到的期限和不按期报到的后果。判决、裁定生效后十日内，应当将判决书、裁定书、执行通知书等法律文书送达罪犯居住地的县级司法行政机关，同时抄送罪犯居住地的县级人民检察院。（《最高人民法院关于适用〈刑事诉讼法〉的解释》第四百三十六条）（穷尽列举 + 等 + 法律文书）

（35）犯罪分子揭发他人犯罪行为，提供侦破其他案件重要线索的，必须经查证属实，才能认定为立功。审查是否构成立功，不仅要审查办案机关的说明材料，还要审查有关事实和证据以及与案件定性处罚相关的法律文书，如立案决定书、逮捕决定书、侦查终结报告、起诉意见书、起诉书或者判决书等。（《最高人民法院、最高人民检察院关于办理职务犯罪案件认定自首、立功等量刑情节若干问题的意见》第二条）（法律文书 + 穷尽列举 + 等）

（36）被执行人未按判决、裁定和其他法律文书指定的期间履行非金钱给付义务的，无论是否已给申请执行人造成损失，都应当支付迟延履行金。已经造成损失的，双倍补偿申请执行人已经受到的损失；没有造成损失的，迟延履行金可以由人民法院根据具体案件情况决定。（《最高人民法院关于适用〈民事诉讼法〉的解释》第五百零七条）（穷尽列举＋和＋其他法律文书）

（37）非因本法第二十一条规定的海事请求不得申请扣押船舶，但为执行判决、仲裁裁决以及其他法律文书的除外。（《海事诉讼特别程序法》第二十二条）（穷尽列举＋以及＋其他法律文书）

3. 除了以上两种方法外，我们发现，实际法条中有一些恰当的表述方式也值得借鉴：

A. 通过同一法条前后呼应的方式对法律文书所指加以限定

（38）民事诉讼法第一百一十一条第一款第六项规定的拒不履行人民法院已经发生法律效力的判决、裁定的行为，包括：（一）在法律文书发生法律效力后隐藏、转移、变卖、毁损财产或者无偿转让财产、以明显不合理的价格交易财产、放弃到期债权、无偿为他人提供担保等，致使人民法院无法执行的；……（四）有履行能力而拒不按照人民法院执行通知履行生效法律文书确定的义务的；（五）有义务协助执行的个人接到人民法院协助执行通知书后，拒不协助执行的。（《最高人民法院关于适用〈民事诉讼法〉的解释》第一百八十八条）

此例通过前后呼应的方式，指明法律文书指判决书、裁定书。

B. 通过不同法条互相援引的方式对法律文书所指加以限定

（39）民事诉讼法第一百五十四条第一款第七项规定的笔误是指法律文书误写、误算，诉讼费用漏写、误算和其他笔误。（《最高人民法院关于适用〈民事诉讼法〉的解释》第二百四十五条）

（40）裁定适用于下列范围：……（七）补正判决书中的笔误。（《民事诉讼法》第一百五十四条）

由此可知，例（39）中的“法律文书”指例（40）中的“判决书”。

结　论

本文分析了古今法律文书范畴，运用认知语言学原型理论对“法律文书”

范畴进行了研究，并通过对法条的分析指出了当前法律文书范畴的使用不当之处进而给出立法上的规范建议。本文主要结论如下：

（一）通过对古今法律文书的范畴研究，我们给出的“法律文书”范畴的连续统是：司法领域法律文书〉立法领域法律文书（官方法 / 民间法）/ 民用的法律文书〉普法领域法律文书（法律文学作品中跟法律有关的各种文书），根据这条连续统，越往左端，越接近法律文书范畴的典型成员类型，越往右端，越接近法律文书范畴的非典型成员类型。

（二）法律文书范畴的使用不当之处主要有以下几点：第一，狭义法律文书范畴使用不当问题，需要通过前后文语境加以推定，如无法推定则会带来理解上的困难。第二，广义法律文书范畴使用不当问题，法律文书的外延非常广泛，如果不具体指明法律文书具体名称容易带来理解上的困难，在此情况下经常需要解释，解释不当会带来司法上的问题。第三，法律文书与其他形式并列表述不当的问题，由于法律文书范畴中的典型成员和非典型成员之间是个连续统，其间没有明显的界限，容易出现所并列的其他形式与“法律文书”并不是并列关系而存在包含或交叉关系的问题。第四，兜底性表述带来的语义模糊不明问题，如果不能模糊需要明确之处使用了兜底性模糊表达，就会带来理解上的问题。此外，“其他”一词是兜底性表达经常使用的词语，但法条中存在“其他”使用不当的情况。第五，“法律文书”的复杂多重限定定语的问题，因为“法律文书”概念的外延很广，因此在法条中经常可以看到对“法律文书”一词通过多重定语进行限定表述的情况，由于加以限定的定语都是复杂多重定语，给阅读和理解法条带来不便。

（三）我们对“法律文书”范畴的立法建议如下：第一，对“法律文书”范畴的表达使用尽可能穷尽列举的方式。第二，如果不能穷尽式列举，为了法律表达的严谨性，可以使用“穷尽列举 + 兜底表达”的形式，具体又可以分为如下两种形式，一种是包含式：穷尽列举 + 等 + 法律文书；一种是并列式：穷尽列举 + 和 + 其他法律文书。第三，如下两种方式也值得借鉴：通过同一法条前后呼应的方式对法律文书所指加以限定；通过不同法条互相援引的方式对法律文书所指加以限定。

（张文，中国政法大学中文教研室）

法文化史

康德的法哲学①

韩水法

今天非常高兴有机会来到人民大学法学院做关于康德法哲学的讲演。在座的诸位大都是法律专业的人士，而我主要是研究哲学的，涉及法学方面的一些问题如果讲得不对，请大家批评指正。

康德的思想对现代哲学、社会和政治理论的影响都非常大，对政治哲学的影响也是如此。比如我们大家都知道罗尔斯，他的正义理论主要是以康德的哲学为基础和出发点的，尽管他也继承了卢梭、洛克的思想。在康德的实践哲学中，法哲学是相当重要的一个层面，或者说，是他哲学体系当中的一个非常重要的部分。我们可以先来看一下康德的法哲学对今天德国的法哲学有什么样的意义。德国一位名叫科殷的法学家写了一本书，题目就叫《法哲学的基本特征》。它是在20世纪50年代写的，20世纪90年代出了第五版。这本书在一开头就引用了康德的一段话，“什么是法［权利］(Recht)这个问题很可以置法学家于为难的境地，倘若他不想陷于同义反复，或者不想以指出在任一国家任一时代法律之便宜行事来代替普遍的解答，就有如什么是真理这个恰如其分的请教置逻辑学于为难的境地一样。他很能够指出，什么是依法的东西，也就是法律在一个确定的地点一个确定的时间说什么或者说了什么；但是法律之便宜行事是否也是合法［权利］的，以及人们借以能够一般地判别法［权利］与非法［权利］的普遍标准，对他就完全是隐而不明的了。”②

科殷之所以引用这段话，是要借康德之口表明：法学和法哲学的区别在哪里。法学家是讲事实的，也就是说，他们讲法律是怎么样的，法律说了一些什么，而法哲学要讨论这些法律背后的原理是什么，那些法律所说的，所规定的是不是对的，它们所依据的原理是不是对的，或者是不是错的，也就

---

① 本稿是根据作者2006年5月24日在中国人民大学法学院民商事法律科学研究中心“民商法前沿：交叉学科系列讲座”上的同名讲演录音稿（潘涛录音整理，袁雪石审校）和手稿，以及同年6月14日在北京大学法学院公法研究中心主办的“法政哲学系列讲座”中的同名讲演整理、修订和补充而成。在此笔者对袁雪石、潘涛两先生谨致谢忱；对中国人民大学法学院民商事法律科学研究中心和北京大学法学院公法研究中心表示感谢。

② Kants Werke：VI. Berlin: Walter de Gruyter, 1968:229-230.（下引 Kants Werke 皆同一版本）

是是否符合法［权利］的原理，这些原理又是从哪里来的。所以，法哲学关心的问题就是：法［权利］是什么或者法［权利］应当是什么。我引证这个例子就是要表明一个基本的判断，这就是康德的法哲学思想对今天的德国法学与法哲学依然有着很大的切实的影响，要不然像科殷这样有影响的现代法学哲学家不会把他的话放在他著作的前面，当作一种经典而有效的观点，来说明什么是法学，什么是法哲学这样一种区别。

在欧洲，德国思想文化的兴起是比较晚的，到康德那个时代德国的学术才真正地成为德意志的学术。这是什么意思呢？因为在这之前德国大学里面的学术语言是拉丁语，授课写论文用的都是拉丁语，只是到了康德之前的沃尔夫那个时代，大学才开始用德语授课。康德的博士论文还是用拉丁文写的，批判时期的著作就全部用德语写了，所以，可以说真正意义上的德意志学术人从康德时代才开始形成。

现在再回到康德法哲学上来。大体上可以这么说，法哲学作为一个学科体系是从康德开始的。从此以后，我们看到后来有费希特写的“法哲学”，黑格尔写的“法哲学”，一直到今天像哈贝马斯、赫费等现代哲学家，他们都还继承这样的传统，准确地说，这个传统就是法和国家哲学。我们也可以看到，像黑格尔的《法哲学原理》这些后来出现的法哲学著作里面有很多概念和观念来自于康德，尽管观点和立场有很大的不同。

这里有一个需要分清的有意义的现象。在德国学术界，通常情况下人们研究、讨论法和国家哲学，这就与我们这几年才熟悉起来的政治哲学区别了开来。政治哲学这样一种东西主要流行于讲英语的国家，以及受它们学术和思想影响的国家和地区，在德国人们很少用政治哲学这个名称。相关的研究、相关问题他们是在法和国家哲学里面来讨论的，因此两者的内容、方法和视角是有所区别的。在讨论康德的法哲学，以及在研究康德与现代政治哲学的关系时，我们需要注意到这样一种区别。

下面进入今天演讲的主题，我分四个部分来讲。

一、康德哲学的基本特征

为什么要讲这个问题呢？因为康德是一位体系哲学家，法哲学在他的哲学理论里面是作为体系的一个部分而存在的，如果我们要理解康德法哲学，就必须理解他的整个哲学的体系。体系性这样一个传统在整个德国唯心主义，也就是我们通常所说的德国古典哲学里贯彻始终。

康德哲学我们又通常称为先验唯心主义、批判哲学。什么叫先验唯心主义？理解这一点对理解康德的法哲学非常重要。先验唯心主义是康德哲学与当时所有其他的哲学相区别的根本性特征。简单地说，在康德之前，西方哲学主要有两大流派，一派是理性主义，也叫唯理论；一派就是经验主义，也叫经验论。西方近代哲学关注的中心是认识论的基本问题，它们包括认识的来源、范围和确定性。理性主义认为，人的知识是天赋的，就是说我们的理性先天地具有一些既成的观念，它们并不是来自于人们的后天所得，却使我们能够达到对于自然和人自身的认识，并且是可靠的认识。经验主义认为，情况并不是这样的。英国经验主义者洛克有一句名言，“心灵……是一张白纸，上面没有任何记号，没有任何观念。”[①] 因此，“我们的全部知识是建立在经验上面的；知识归根到底都是导源于经验的。”[②] 按照经验主义的看法，理智或者心灵虽然对从经验获得的观念一类的东西进行了联接、置换等等的加工处理，但也就如此而已，理智或者心灵不可能创造出知识来。康德的哲学理论和这两派的观点都大不一样。康德认为，人是一个理性存在者；所谓理性的存在者就是说具有一些先天的、理性的能力。在人们进行认识的时候，或者在发生行为和做道德判断时，这些能力会活动起来，并以它们的先天规则或概念，也就是先天的形式，来构成知识，决定道德行为。就认识来说，先天的形式有时间和空间，有范畴；就道德来说，先天的形式是道德法则，或者说普遍的立法形式，相应的理性能力就是自由意志。因为这些东西都是先天的，仅仅凭它们并不能形成知识，还需要有经验的质料，而经验的东西来自于感觉。这些先天形式的作用就是将经验的质料构成为知识，决定人在经验世界之中的行为准则。因此，在理论上，在逻辑上，只有首先具备了这样一些先天的形式，我们才能进行认识；或者说，只有在具备了这些形式的条件之下，经验的内容对我们才是有意义的。在这样的认识过程中，实际上也就把这些形式颁布给外在的自然，所以，康德说人为自然立法。我们通常说康德哲学的哥白尼革命，说近代哲学革命，说康德是现代哲学的开端啊等等，核心就在于这一句话：人为自然立法。经验主义自然不会说人为自然立法，他们理论的逻辑结论是不承认自然有规律，有法则；而理性主义也不会这样说，因为在他们看来，自然本身是有规律的。康德说，人的认识从本质上来说，就是先天的形式连接和综合外来的经验的东西的过程。于是，康德哲学里面有一个重要的区分，这就是现象和物自身的区分。我们所认识到的只是现象，就是物通过上述的形式向我们显现的那个样子，而物本身我们是不可能认识的。比如说这样一张桌子、一个水瓶，它在和人的认识不发生关系的时候，它本身究竟怎么样的我们并不知道。一旦我们知道它们的时候，总是在我们的认识之中，它总是某种由先天形式综合经验的质料而构成起来的对象。这样，

① 北京大学哲学系外国哲学史教研室编译：《西方哲学原著选读》（上卷），北京：商务印书馆1983年版，第450页。

② 北京大学哲学系外国哲学史教研室编译：《西方哲学原著选读》（上卷），北京：商务印书馆1983年版，第450页。

“构成”也就成为现代哲学一个基本的而且常用的方法和概念。

那么，什么是先验的呢？康德说，先验的知识就是先天的形式如何使关于对象的认识得以可能的知识。这样看来，先验的知识就是解释、证明我们的经验知识，我们的科学知识是如何通过先天的形式而形成，并且具有普遍必然性的知识。为什么是唯心主义呢？康德说，这样一些先天形式在与经验不相关的时候它只是一种观念性的东西，没有现实性，只有在与经验质料相结合时才会有实在性，也就是说它们只是在现实的认识里面才是现实的。所以与先验唯心主义相应，康德也自称是经验的实在主义。这样，康德的学说就与传统的理性主义有很大的区别。传统的理性主义认为我们心灵中先天就有一些现成的真理性的观念，它们不需要通过人的构成的作用。或者顶多像莱布尼茨所说的那样，知识像古希腊大力神赫尔库勒斯（Hercules）的像以某种天赋的方式隐含在大理石里面，虽然需要加工才能显现出来。所以他说，“观念和真理就作为倾向、禀赋、习性或自然的潜能天赋在我们心中”。[①] 但是，即使如此，莱布尼茨也没有提到知识是由人的先天形式对经验的质料构成而成的。

在康德的学说里，道德法则的情形也是这样的。理性存在者具有先天的道德的能力，这就是自由，或者说自由意志。有了这种能力我们同时也就有了道德的法则、道德的命令，它决定行为的道德性。在这里，道德法则就是先天的形式，没有这样的先天形式，人们的道德行为就是不可能的。所以，他的实践哲学也是一种先验的哲学，这就是用先天的形式来解释人的道德的行为的可能条件。

讲到这里，我要说明一点，即康德哲学分为两大部分，这就是理论哲学和实践哲学。他认为，作为理性存在者的人的理性可以分析出两种不同类型的理性，一种叫理论理性，是用来处理形而上学问题的，包括从事认识的功能；另一种是实践理性，是来决定人的道德行为的。这两种理性，或者说这两种哲学分别有它们各自相应的领域，一个是自然的领域，一个是自由的领域。按照这样一种区分，就如我们上面已经提到的那样，人不仅为自然立法，人也为自己的行为立法。

自然的领域是一个必然的领域，因为理论理性所提供的那样一些先天的形式使得你不得不这样来进行认识，它们就是先天感性形式时间和空间，和像因果关系一类的先天范畴。在自由领域里面，人的行为的决定根据是自由，而不是必然的因果关系。所谓必然性，就是说在自然领域里面的每一个事件总是有一个原因，或者说我们总是能够找到它的原因，而这个原因还有最早的原因，不会达到一个最终的原因。因果关系按照康德的观点是一个先天的

① [德] 莱布尼茨：《人类理智新论》（上册），北京：商务印书馆 1983 年版，第 7 页。

形式，所以它规定我们必须如此来认识。在自然领域，最终的原因是不存在的。自然科学的研究，简单来说，也可以说就是寻求原因的研究。如果存在一个没有原因的原因，那么它就会是某种自由，因为它不再受其他事件的决定了。

自由的领域、实践的领域和道德的领域就是同一个领域。康德说，如果人是有道德的，人是能够做出道德行为的，那么他应该是自由的。这就是说，情况刚好与自然领域相反。为什么呢？人的一个行为之所以可以受到道德上的判断，是因为人的意志的决定产生了这样一个行为——它在自然中表现为一个事件的系列。这种行为在起因上是无法从人的自然属性来解释的。因此，它有一个超出自然因果系列的原因，也就是有一个自由的原因。人的意志决定就是道德行为的自由原因，你不能找到更原始的原因了，这个原因就是出于道德法则的命令。比如人跑到火场里面去救人，如果按照自然的原因来解释，人作为动物必然是畏惧火的，趋利避害的，他必然就要跑掉了，而不会冲进火场里去的。因此用自然法则无法解释人的这种行为。但是，有人确实跑到火场里面去救人了，为什么呢？因为人是自由的，所谓自由就是人能够压制自己的自然欲望、自然本能而遵循道德法则去做事情。

这样，我们就清楚了，康德的实践哲学就是论证人的行为的法则的学说，所谓自由的领域就是人的行为的领域，当然是人受到那样一些法则支配的领域。下面我就来讲第二部分的内容，这就是康德的实践哲学。

二、康德的实践哲学

上面我只是讲了实践哲学最为核心的观点。实际上，实践哲学在康德那里包含十分广泛的内容，道德、法学、历史、宗教、政治、经济等等，都属于实践的领域，因为在这些领域里面都有人的意志就人的行为做出决定的问题，因此都涉及人的自由。

康德实践哲学的著作主要有三本，这就是《道德形而上学基础》《实践理性批判》和《道德形而上学》。

《道德形而上学基础》和《实践理性批判》就如这两本书的名称所表明的那样，讨论道德的形而上学基础和实践理性，而核心内容就在于论证道德的形而上学基础、纯粹实践理性就是自由，来源于自由的道德法则就是意志的决定根据。《道德形而上学》分为两个部分，第一部分就是《法学的形而上学原理》，第二部分是《德性学说的形而上学原理》。康德的法哲学理论就是在《法学的形而上学原理》里面得到系统地论述的。除此之外，他的一系列有关政治、历史的哲学论文也阐述了有关法哲学的一些重要的理论和观点，比如《永久和平论》里面关于国家之中、国际间以及世界公民形式下的权利及其相互关联的论述，就相当精彩；这些思想虽然在康德的《道德形而上学》里面又有重述，但不如《永久和平论》里面的详细。

这三本著作之间有着一种内在的紧密联系。《道德形而上学基础》从每一个普通人、普通理性能够做出道德判断，意识到道德法则开始，探讨道德原则的来源和可能性。这本著作的中心问题就是：道德的定言命令是如何可能的？这是一个典型的康德式问题。与理论哲学中的“先天综合判断是如何可能的”问题相应，这个问题也可以表述为“先天综合的实践判断是如何可能的”。[1]他要探究这种可能性。由这一点我们也可以理解他的哲学为什么叫作先验唯心主义。先验的东西就是来解释具有先天性质的知识的可能性的。《道德形而上学基础》最后就追溯到自由上面，认为它是道德定言判断之所以可能的根据。《实践理性批判》在这个基础上确认自由的实在性，然后论证自由如何使道德行为成为可能。这就是说，《道德形而上学基础》是从普通人的道德意识追溯到普遍道德命令的根据，也就是自由，而《实践理性批判》则是从这一在康德看来得到确认的原点出发，来证明自由如何提供了人的道德行为的先天条件，并且使道德行为得以实现。

《道德形而上学》则是对前两部著作的内容的进一步展开。第二部分《德性学说的形而上学原理》论述具体的道德职责，而第一部分《法学的形而上学原理》则是将内在的自由扩展到外在的层面，这就是外在的自由，也就是法［权利］。这样，我们看到，这三本著作构成了一个相对完整的体系。

康德实践哲学所有的内容可以归结为一句话，这就是他提出的道德法则，“这样行动，你意志的准则始终能够同时用作普遍立法的原则。”[2]人什么样的行为才是道德的行为呢？康德说，你做事情的时候所依据的那个准则要始终能够用作为一个普遍的法则。就是说，你做一件事情时所依据的那个准则，不仅仅对你自己是有效的，你也要求别人也照此做事；你要求自己依照这条原则来对待他人，你也要求别人依照这条原则来对待你；你今天依照这条准则来行事，你要求以后也始终依照这条原则来行事。这就是普遍立法的意思。康德的这条道德法则后来受到很多学者的批评，他们认为它是形式主义的、空洞的、没有内容的。但是在康德看来，只有在这样一种道德法则的条件之下，人们才可能有普遍的道德标准，否则的话，所谓道德或者道德行为就是相对的，因而也就无所谓道德或者不道德。康德的思想以及人们对康德思想的批评蕴涵着道德哲学的一个根本性的困境，而这个困境与政治哲学、法哲学就有直接的关系——这是后话。不过，我们看到，在康德哲学那里，无论是自然法则，还是道德法则，都要求普遍性的品格。在这个意义上，道德法

---

①［德］康德：《道德形而上学原理》，上海人民出版社 1986 年版，第 99 页。

②［德］康德：《实践理性批判》，北京：商务印书馆 2003 年版，第 31 页。

则对于道德行为就具有必然的意义。

三、康德法哲学的形而上学基础

法哲学是康德实践哲学当中的一个重要组成部分，按照《道德形而上学》的结构，则是道德形而上学的两大部分中的一个部分，法哲学最高的原则是自由，法哲学的核心问题也就是自由问题。不过，作为康德法哲学基本原则的自由是外在的自由，而作为道德哲学根据的自由是内在的自由。

内在自由是相对于外在自由来说的。内在自由是指人的行为受那条源自于自己理性的道德法则的支配，行为的决定根据直接来自这种道德法则，这就是上面所引的康德那个道德法则；不仅如此，根据康德的观点，这种道德法则将行为本身直接当作目的，而不以行为的可能结果为目的。比如你遵从道德法则去做一件事情，那么除了这个道德法则之外，再没有其他的决定根据，或者说，再不容许有其他的任何动机，道德法则在这里就像是一个最高的、唯一的命令。这样一种命令康德叫作定言命令。定言命令以前翻译为绝对命令。从意思上来说这也是对的，不过，康德在这里是以它与假言命令对举的，用的是逻辑的术语，所以译成定言命令更加恰当。道德命令既然是定言命令，那么你做一件道德的行为，不是因为外在的某种原因，不是出于某种外在的理由。比如你去救火，你不是为了上中央电视台，也不是因为你听了某一场报告很感动而去救火；如果是的话，那么按照康德的观点，这些行为就不是道德的行为，尽管它们可能是合乎道德的行为。因为为了上中央电视台去救火，或听了一场报告很感动去救火，这样的行为本身就不是目的，而是一种手段，比如救火是达到上中央电视台这个目的的手段。不是出于道德的法则而去行动，不是为了行为本身而去行动，而是为了某种其他的目的和结果去行动，行动仅仅是一种手段，这些行动的决定根据是行动的结果，它以行动的结果为条件，因此它的决定方式在形式上就是假言命令，因为它的形式就是：为了某某结果，我才采取某某行动。在假言命令的情况下，个人就不是内在自由的。康德所认为的内在的自由，就是指人的行为完全出于自由的意志，出于道德法则，根本不受任何外在的影响。康德认为，在这样一种情形下，道德法则或者职责直接就是你行为的动力。

法［权利］则事关外在的自由，因此，与道德，或者按照康德《道德形而上学》里面的分法，与德性就有了重要的区别。外在自由这个概念，实际上在《道德形而上学基础》和《实践理性批判》里面都没有提到过，是在《道德形而上学》里面首次出现的。内在自由与外在自由，无疑是为了使法哲学的理论能够建立起来而做的区分。在这个阶段。康德需要把先前的实践哲学著作里面的一些重要概念扩展一下。这是第一点。这样一来，自由的法则被区分为内在的和外在的两个层面。

外在自由的情形与内在自由就不一样了。谈到外在自由，或者谈到外在自由的法则时，对人的行为是否合法的判断，就取决于你的实际行为，你实际上做了什么。你的行为只要是合乎外在自由的，合乎这个法则的，那么你的动机是什么，你的目的是什么，就不用管！这就是说，你做某件事的动机可以完全不是行为本身，而是行为所达到的结果，比如你为了生意兴隆而做到童叟无欺，童叟无欺并不是你的目的，也不是你行为的决定根据，你的动机在这里是生意兴隆。那么决定你行为的根据在形式上就是一种假言命令。然而，在这里，你的行为却是合法的，而不是非法的，因为你做到了童叟无欺，因此在交易中没有妨碍或者侵犯他人的权利。在这种情况下，你的外在自由与他人的外在自由是相互并立的，不是相互冲突的。因此，如果我们从行为的命令形式这一方面来分析，那么内在自由与外在自由在这里是大有区别的。现在，一个问题就自然而然地产生出来了，外在自由应该如何来理解？这两种自由之间的关系究竟是如何的？

这里我先要说明一点，在康德的法哲学里面，外在自由是从内在自由衍生出来的，因为所谓的外在自由就是一个通过外在立法确定的自由意愿行为的范围，在这个范围内个人的自由意愿，或者明白地说个人的行为，不受他人妨碍。[①] 不过，这里所说的内在自由的内涵已经先行扩展了，也就是说，从意志自律，亦即意志自己给自己颁布道德法则，拓宽为自由的意愿，也就是意义更为广泛的自主选择和决定，而并不一定受道德法则的决定。这样一种拓展具有相当重要的意义，这使得从纯粹的道德哲学向法哲学的过渡成为可能，因为在出于这种扩展过的内在自由的行为当中，那些并不是出于职责的却是合乎道德的行为自然是可以包含在内的，而且那些即使无法施以道德判断的行为，譬如饮食起居也必定包含在内，甚至应该首先包含在内。只有在这样的理解下，下面接着就要讨论的那些法［权利］的对象才具有实在的意义。

在外在自由的领域，行为是否合法，完全看它的结果如何，这与道德行为正好相反。康德说，“每个人都能够是自由的，尽管他的自由对我的自由完全是不相干的，或者我在内心还很想去侵犯他的自由，但我并没有以我的外在行为真去损害他的自由。”[②]

这样，你就是遵守了外在自由的法则的。康德说，“因为恰如一般的法［权利］只是以那种在行为中乃是外在的东西作为对象，所以严格的法［权利］，亦即不混合任何伦理的东西的法［权利］，是这样一种法［权利］，它除

① Kants Werke: VI. Berlin: Walter de Gruyter, 1968:230–231.

② Kants Werke: VI. Berlin: Walter de Gruyter, 1968:230.

了单单外在的决定根据之外，不要求任何其他的意愿的决定根据；于是，它是纯粹的而不与德性规矩相混淆。”[①] 严格的法［权利］就是完全外在的东西，相应的原则就是外在的强制。[②] 这样，在法［权利］的领域，判定人的行为合法与否，完全不问行为者的主观动机，而只看行为所导致的结果是怎么样的。因此，外在自由虽然必定有它的内在的根据，它就是每个人都有的自由意愿，但是它的现实性对于行为者本人，对于任何其他人，都是外在的、取决于实际的行为的。我们可以进一步说，自由的意愿总是要在外在的、实在的行为之中实现出来的。于是，它就需要一个实现的范围，法，或者说权利，就是要来确定这样的一个范围，这个范围就是自由的外在空间。

这是在法哲学里面康德对实践哲学所做的第一个扩展，将自由扩展为内在的自由与外在的自由。我们看到，与此同时，康德实际上也扩展了内在自由的概念。

第二个扩展，与第一个扩展直接相关，康德对自由名下的人的行为的动机或者说动力做了一个扩展。以前康德说，人的道德行为，他的动机，他的动力，他的决定，直接就是纯粹的实践理性，也就是道德法则本身。这是一个定言命令，无需外在的动力，而且也不能有外在的动力。康德说，一切行为的道德性“被安置在行为出于职责和出于对法则的敬重必然性之中，而不是安置在行为出于对行为可能产生的东西的热爱和倾心的必然性之中。”[③] 职责就是道德行为的内在动力。我们知道，康德是一位不大表露情感的思想家，他写的文章都是很严肃的，很少有抒情成分。但是在《实践理性批判》里面，他却用了情感相当浓烈的语言来赞颂职责：“职责呵！好一个崇高伟大的名称。你丝毫不取悦于人，丝毫不奉承人，而要求人们服从……。”[④] 什么是定言命令？比如救人，它就要求你仅仅为了人的生命去救人，或者为了救人而去救人，而不能为了表扬或得到什么称号去救人，这是出于职责的道德行为，它与假言命令有着完全不同的道德性质。

但是，在法哲学里面外在自由成为首要原则，于是，行为的动机就不再是职责，而是外在的原因，或者准确地说，外在自由的原则所强调的正是外在的原因。例如，犯法要受到惩罚，这会使得你不去侵犯别人的权利，从而形成了一种外在的强制。康德说，“因此，一切立法都可以根据它的‘动力原则’加以区分。那种使得一种行为成为职责，而这种职责同时又是动力的立法便是伦理的；如果这种立法在其法规中没有包括动力的原则，因而容许另

---

① Kants Werke: VI. Berlin: Walter de Gruyter, 1968:232.

② Kants Werke: VI. Berlin: Walter de Gruyter, 1968:232.

③［德］康德:《实践理性批判》，北京：商务印书馆 2003 年版，第 88 页。

④［德］康德:《实践理性批判》，北京：商务印书馆 2003 年版，第 88 页。

一种动机，但不是职责自身的观念，这种立法便是法律的立法”①。这样，行为就可以是目的的手段，比如，目的是不妨碍他人的自由，尽管你内心是想去妨碍甚至侵犯他人的自由，但最终没有这样做，而是做了其他的事情；为了这个目的，你可以施行相应的行动，也可以不做你想做的事情。在这里强制的形式是假言命令，它的格式就是“为了某某目的，就要做某某事情”。韦伯的“目的—合理的”行动模式就是假言命令的一种最好的诠释。

在这里，我们清楚地看到，这两个扩展实际上是同一个扩展的两个层面，关于它们的解释无非就是一种彼此依赖的解释。

现在，问题就涉及立法这个术语了。康德先验唯心主义的要点之一就是人为自然、为人自己立法，所以立法也是康德哲学中一个常用的术语，同时也是一个核心概念。不过，我们首先要明白的是，这里立法的“法”与法哲学的“法”在康德法哲学里不是同一个德语词。立法之法是 Gesetz，它是法则、规律和法律的意思，我们通常所说的道德法则的法则就是这个词，自然规律的规律也是这个词，一般所谓法律的法律也是这个词。法哲学之法是 Recht，它同时就是权利的意思，自然法之法，实证法之法，就是这个词。因为它同时兼具“法”和“权利”两个意思，所以先前有一段时间把它译为“法权”，我认为这不失为一种可以考虑的措置方式。现在人们更倾向于根据文本的不同把它分别译为法或权利，甚至法律。②但是，这样一来，这个在康德法哲学基本的、极其重要的概念就会有不同的译法，从而妨碍人们理解康德哲学的一致性、概念的一致性，这对于理解一个大哲学家的思想来说，是不能够容忍的缺点。

再回到刚才的问题上来。依照康德的一般观点，法律是出自于法，也就是权利的。在实践的领域内，伦理的立法是内在的立法，而法律的立法就是外在的立法。那么，它们有什么区别呢？所谓内在的立法，如前面所说，就是理性存在者通过自由直接为自己颁布道德法则，这个法则直接决定意志而产生行为，完全不需要外在的原因；或者就如康德所说的那样，正是对外在因素的独立性，才是意志自由的本来意义。外在的立法虽然也根源于自由，但是这种自由的实质在于每一个人彼此之间的自由意愿的契合一致，同时并存，而不要相互妨碍。因此，这样一种立法的主旨是要从外在方面来限制人的行为，而不管人们内心的意愿究竟是怎么样的。它也是一种普遍的立法。在源流上，这种立法是源自于作为权利的法，也就是说是出于人的实践理性的；就应用方面来说，它也是针对所有的理性存在者的。但是它必须要以一种外在的形式颁布出来，也就是作为法律颁布出来，这样才能够切实地从外

---

① Kants Werke: VI. Berlin: Walter de Gruyter, 1968:218–219.

② 在这篇整理稿中，我采用一种权宜的办法，将 Recht 译为“法”，同时以方括号标上“权利”，即“法［权利］。”

在方面来决定、限定人们行为的意愿。人只要服从它就行，并不需要问这种服从是否出自内心，是否出于自愿。于是，它就包含外在强制的意思，或者说，正因为是外在的立法，所以它就一定是强制性的东西。康德说，因此，法［权利］就同时具有某种权限（Befugnis），这就是对妨碍法［权利］的任何行为进行强制。或者反过来说，它是为了外在自由能够相互契合而实行的普遍的强制。“法［权利］和强制的权限也就是同一回事。”[①]

这种强制性的东西康德说可以分为两类，一种是自然法，另外一种是实证法[②]。康德说，“那些某种外在的立法对其乃是可能的强制性的法律，一般称为外在的法律。在这些强制性的法律之下，那些其强制性虽无外在的立法却依然能够由理性先天地所认识的，虽然是外在的但却是自然的法。与此相反，那些若无现实的外在的法律便非强制性的法律（若无现实的外在的法律也就不会是法律），称为实证法。”[③] 这段话表明，在某种程度上，自然法在性质上更像是直接从道德法则里面衍生出来的，因为它不仅是为理性先天地所认识到的，而且尽管它是外在的法，但却也具有理性的强制性；这就是说，它虽然从外在方面规范人们行为的结果，具有外在的强制性，但是这种强制性却是为人所内在地认识到的。就这一点来说，它具有内在—外在的双重特征。这对于理解康德实践哲学中从道德哲学到法哲学的过渡是十分重要的。实证法就是成文法，它是一种外在的强制性，并且也是人们外在地认识到的法律，就这点来说，它是具有完全的外在性的。所以康德说，实证法如果没有颁行的话，不仅没有强制性，而且根本也就算不上是什么法律。尽管如此，它的根源却是内在的。这一点无疑是康德哲学中所有的法则或者法律的共同特征。

讲到这里，大家不免要追问康德所说的法［权利］究竟是一个什么样的东西？或者换句话说，它的定义是什么？我们上面其实已经提到了它的要点了，但这里还是需要再集中论述一下。

这里我们来看一下康德的原话。在《什么是法［权利］》一节里，康德说，“法［权利］的概念，就它与某种合乎于它的义务［Verbindlichkeit］相关联而言，首先它涉及一个人对另一个人的外在的而且实践的关系，只要他们的行为作为事实可能会彼此（直接地或间接）有影响；但是其次它并不意味意愿（Willkür）对另一个人的愿望（因而也就对单单的需要）的关系，有如在仁慈或冷酷的行为中那样，而是仅仅意谓意愿对另一个人的意愿的关系。第三，在意愿的这种相互关系之中，意愿的质料，亦即那个任何人以其所愿望的对象而属意的目标，完全不被考虑在内。比如，人们不问，某个人是否会想或者不想在某件通过他自己的交易从我这里买走的货物上面谋取利益，

---

① Kants Werke: VI. Berlin: Walter de Gruyter, 1968:232.

② positive Recht，通常译为“实在法”，从哲学上来看，译为实证法似乎更为中肯。

③ Kants Werke: VI. Berlin: Walter de Gruyter, 1968:224.

而仅仅质问双方意愿关系中的形式，只要这种意愿是被视为自由的，并且质问通过这个行为双方之一是否依据一条普遍的法则使自己与另一个人的自由相互契合。”①

康德在这里首先表明，法［权利］是某种义务，这就是说它是强制性的。在这样一个前提下，法［权利］所涉及的是个人之间的外在的实践关系，也就是彼此之间有可能造成相互影响的实际的行为；换言之，法是用来规范人的外在的行为的。这是第一点。其次，它所涉及的是个人之间的选择和决定，而不考虑这种选择和决定的动机，不管它是善良的，还是邪恶的。第二点说的是与动机无关，第三点则强调这种选择和决定的目的，也不在法的考虑之内。那么这里所要考虑的是什么呢？它只是个人之间自由选择和决定的关系的形式。这是一个相当抽象的说法，包含许多的内容，因此需要详细的解释。不过，我这里只能做一下简单的解说。康德所说的意愿与行为在相当大的程度上是重合的，所以法［权利］就是对这种意愿或行为之间关系的规定。这种关系如果是合法的，那么在康德看来，它就要保证：意愿的双方或者行为的双方彼此都使自己与对方的自由选择与决定能够相互协调和共存，或者简单地说，它使双方的外在自由能够相互并存，而不是相互妨碍。这样，我们看到，虽然上面所说的三点都是关于法［权利］的定义，都是理解康德的法［权利］的概念所不可少的，但是第三点应当就是康德关于法的定义的核心。

现在我们就可以回到这一节的题目，即法哲学的形而上学基础上来。这个问题看起来比较简单，或者说，我们能够给出一个相对简单的答案，即这个基础就是自由②。这个法［权利］也有自己的法则，即法的法则（Rechtgesetz，这是德语特有的说法），康德是这样来表述的：“在外在方面要这样行动：你意愿的自由应用依照一条普遍的法则要与任何其他人的自由并存。”③关于自由，关于权利的这样的表述，让我们想到德国基本法也就是德国宪法的第一条，“人的尊严是不可侵犯的。尊重和保护此种尊严是一切国家力量的义务。”④这就是一条定言命令，它的句式就是命令式的。我们看到，它与康德的法［权利］的法则具有同样的普遍性和思辩性的特征。康德虽然强调自己的法［权利］的法则具有外在的强制性，但是与德国基本法第一条相比，至少在表述上面，这种强制性却不那么明显了，而德国基本法第一条则完全是以外在强制的命令式表述出来的。不过，两者都将权利作为法则（法律）颁布出来，把它们当作义务强加于每一个人，是不许可有任何的例外的。

---

① Kants Werke: VI. Berlin: Walter de Gruyter, 1968:229.

② Kants Werke: VI. Berlin: Walter de Gruyter, 1968:232.

③ Kants Werke: VI. Berlin: Walter de Gruyter, 1968:231.

④《联邦德国基本法》第一单第一款。［“（1）Die Würde des Menschen ist unantastbar. Sie zu achten und zu sch ü tzen ist Verpflichtung aller staatlichen Gewalt.”］

需要注意的是，康德认为，这条法则是理性所设立的公设，它是不可证明的。理性存在者的先天形式以及先天法则必定具有形而上学的性质，而这种性质虽然是可以通过批判而得到的，不过却是不可证明的。这条不可证明的法则就是一条先天的法则，它同时也就构成了所有其他法律的形而上学基础，或者用康德的话来说，自由与这条普遍的法的法则共同构成了所有其他的法［权利］的形而上学基础。法［权利］的先天的条件或者说元素构成了一切法［权利］的命题的形式和条件。所以，康德在这里并不是要研究法［权利］的经验条件——尽管在具体的行文之中必然要涉及这些内容，而是要研究法［权利］的先天元素。在康德看来，从一般的法［权利］到具体的法［权利］的内容都包含那些出自于理性的先天的元素，即条件。比如他认为，斯密就货币所做的定义是经验的，他提出了自己的关于货币的真正定义："货币是人们彼此交换勤劳的普遍手段。"①

所以，康德说，他的法哲学并不研究实证法，也不研究任何经验的案例，因为实证法是属于经验的东西。他所要研究的是纯粹的法的学说，也就是纯粹的权利的学说，因为这些都直接与先天的原理相关。按照康德的法［权利］的分类，这类纯粹的法的学说属于自然法［权利］。

康德说，"一切法［权利］的命题都是先天的命题，因为它们是理性的法则（dictamina rationis）"。②这是康德的一个基本的断定，也就是理解康德《法学的形而上学原理》里面所讨论的所有法［权利］及其学说的基点。

四、康德法哲学的基本内容

康德法哲学的基本内容实际上就是两个部分，第一个部分是私法，第二个部分是公法。私法和公法的区别，我们知道并不是从康德开始的。从源流上来看，据我自己所知，最早查士丁尼在他的《法学总论》里面就提出了公法和私法的区分。他说，"法律学习分为两部分，即公法和私法。公法涉及罗马帝国的政体，私法则涉及个人利益。"③私法与公法的区分，它们两者之间的关系，现在依旧是一个争论很多的问题。实际上我们知道，康德关于私法和公法的概念，与查士丁尼的固然不同，与现代许多人的理解也是有相当大的区别的。在阐述康德法哲学的这两大部分之前，我们先介绍康德一个有关的重要思想。

康德的法哲学与他的社会契约论思想是直接结合在一起的，或者说，他

---

① Kants Werke: VI. Berlin: Walter de Gruyter, 1968:286.

② Kants Werke: VI. Berlin: Walter de Gruyter, 1968:243.

③［古罗马］查士丁尼：《法学总论：法学阶梯》，张企泰译，北京：商务印书馆 1989 年版，第 5—6 页。

的法哲学包含社会契约论的思想。所以法［权利］的分类就与社会状态直接相关，在不同的社会状态里面，就有不同的法［权利］。康德说，“自然法的最高分类不能够（如迄今所见的那样）划成自然的法和社会的法，而必须划成自然的法和公民的法：第一种叫作私法，第二种叫作公法。于是，与自然状态相对的不是社会状态，而是公民状态：因为在自然状态里面都很可以有社会，但是单单没有公民（通过公法来保障的我的和你的）社会，从而在第一个状态中的法［权利］叫作私法［权利］。”[①] 康德这里的意思很清楚，无论在自然状态还是在公民状态，都有社会，因为无法想象在自然状态中没有任何由个人组合而成的团体，无论是自然而然地形成的，还是有意识地组成的。并且，从一个宽泛但合适的意义上来看，只要人与人之间存在且发生着某种关系，那么就必然产生社会这种一样状态。这一点是康德不同于其他社会契约论的一个特色。而且从理论上来说，自然状态里面有社会存在这一点，并不会与社会契约论相矛盾。但是，在自然状态里面就不会有公民，因为普遍的约法还没有建立起来。

这里有一个术语的问题需要提一下。在上面引证的那一段话里，自然法有着两层意义。其一是总称，指包括与公民法相对的自然法和公民法在内的所有出于理性的法的总和；其二是专指与公民法相对的自然法，它是自然状态中的法［权利］，也就是康德法哲学所谓的私法。康德所用的德语词也是略有差别的，作为总称的自然法用的是 Naturrecht，而与公民法相对的自然法所用的是 natürliche Recht。

这样，我们看到这里有三对处于对偶关系之中的概念：自然状态、自然法和私法是这种对偶关系中的一组，公民状态、公民法与公法是相对的另一组。了解这种对偶关系之后，我们就能够比较容易地理解康德法哲学为什么会划分为私法与公法两个部分，从总体上把握它们之间关系的基本性质。

（一）私法

私法就是私人权利。它既然是自然状态里面的自然的法，就不是颁布出来的，因为在那个状态里面根本就没有约法，也没有什么机构有这样的权威去颁布一种普遍的法。康德说，它是每个人通过理性而认识到的，但这一点却也是十分的重要，因为它恰恰指明了其他一切法的真正源头。

康德在这里以相当直接的方式将私法或者私人权利规定为“我的和你的”。这个规定初看起来似乎太过朴素，太过直接，甚至显得有点粗鲁，而且也只有在西方的语言里，尤其在德语里才可以用这样一种方便的方式来表达，把物主代词名词化一下就可以了。在我们汉语里，听起来就有点别扭，理解起来有一点麻烦。康德认为，私法的核心就是占有，而“我的和你的”这样

① Kants Werke: VI. Berlin: Walter de Gruyter, 1968:242.

一种对举就最为直接地表达了占有所涉及的那种人与人之间的关系。而且我觉得这与康德的法［权利］的法则是正相契合的，因为“我的和你的”这样一个问题，关键之点就是彼此自由的意愿的决定及其行为之间的并立，即互不妨碍。所以，私法的重要原则康德认为就是这样的：“我的意愿的自由与任何其他个人的自由之间协调一致的原则”。[①]

“我的和你的”通常是被理解为外在的关系的，这在康德这里也是同样。不过，他是从内在方面来规定的，是从自由意愿的选择与决定上面来为这种关系奠定基础的。这也就是说从先天条件的方面来规定占有。这样，康德就提出了如下的一个定义：“将我意愿的每一个对象都视为客观上可能的我的和你的，并以此来对待，是实践理性的一个先天假设。”[②] 占有，是由理性先天地规定了某种法则，然后人们现实的、经验的生活中的占有才成为可能。在这里要紧的是法则，是法则决定了经验的占有的性质，而不是相反。法则本身不是来自于占有的经验的事实。

于是，占有就是自由意愿的决定及其行为。根据这样的理解，占有就有两种形式，这就是感性的占有和理智的占有。前者是指对实物的直接的占有，而后者才是对一个对象的纯粹法［权利］的占有。[③]

康德认为，仅仅是感性的占有并不是真正的占有。他举了一个例子说，我手上拿着一个苹果，我在物理上占有了它，但是这并不等于说这个东西就是真正地属于我的。除非我能够断言，我占有它，即使我不把它拿在手里，也不论它放在什么地方，它才是真正地属于我的。因此，只有理智上的占有才是真正的占有，这种占有无须人在物理上、在经验上直接地把持被占有的对象。康德举的另外一个例子也同样地生动而有说服力。他说，不能因为我躺在一块地上，就能够说这块地属于我的。只有在无论我是在这块土地上还是不在这块土地上，我都可以宣称这块土地是我的这种情况下，这块土地才是真正地属于我的。康德说，“于是，那些在第一情形（经验的占有）下要从我手中夺走苹果，或者把从我从所躺卧处拖走的人，尽管就内在的我的（自由）而言当然会伤害我，但是就外在的我的来说却不会伤害我。”[④] 康德的例子是相当生动而明白的。如果情况不是像康德所说的那样，那么一切的占有关系就会乱套了：只要我能够在经验上以物理的方式实际地持有某种东西，我就可以把它说成是我的了。这样，占有就会成为一种强力的关系，而这正是法［权利］的反面。与此相反，在法［权利］的意义上的占有，这种物理的、经验的直接持有并不是必要的条件，人的具体的持有行为也不是必要的凭证。

① Kants Werke: VI. Berlin: Walter de Gruyter, 1968:271.
② Kants Werke: VI. Berlin: Walter de Gruyter, 1968:246.
③ Kants Werke: VI. Berlin: Walter de Gruyter, 1968:245.
④ Kants Werke: VI. Berlin: Walter de Gruyter, 1968:248.

它是理智上的占有，所以属于我的那些对象，比如一块土地，我还没有见过它，甚至一辈子都没有见过，但它们，就像这块地，是属于我的这一点并不会因此受到任何的影响。因此，占有首先是一个法［权利］的事实，也就是一个理智的事实。

所以，康德就说，“不过，在这个实践的原理之中，行事与此相反，为经验的占有奠立基础的一切直观的条件必须清除掉（将这些条件撇开不计），为使占有的概念扩展至经验的占有之外，并且能够说：意愿的每一个对象能够被算作为法［权利］意义上的我的，我（并且也仅仅在这个范围内）控制这个对象，而没有占有它。”[①] 在事关法［权利］的事情上面，实践原理与理论原理刚好相反，它并非首先需要空间和时间的形式来规定对象，而是实践的法则先行于时间和空间的规定。因此，在这里首先是理智上的意愿，然后才有经验上的被占有的对象。

情况为什么是这样的？因为占有看起来是人与物的关系，康德说，实际上情况并不是这样的，它所涉及的是人与人的关系，这就是“我的和你的”关系——康德的“我的和你的”说法很清楚地表明了这一点。但这只是一个方面。“我的和你的”关系就其基础，就其实质来说，不是感性的、经验的关系，而是理智的关系——这才是更为重要的一个方面。所以“我的和你的”关系，就是我的意愿的自由与另一个人，与任何一个人的意愿的自由之间的关系。私法的实质就是先天地、强行地确保这样一种关系是彼此协调的。

康德认为，私法在实质上是自然法，它应当具有外在的强制性。不过，这种外在的强制性的准确的意思，在自然状态里面，无非就是个人凭自己的理性来约束自己的外在行为的强制，这种强制是以相互的不侵犯对方的占有为前提的。康德说，“这种保证完全不需要特别的法［权利］的法案，而是由于出自于普遍规则的义务的普遍性从而互惠性，已经包含在一种外在的法［权利］的职责的概念之中了。”[②] 所谓职责，当然就是指人的一种自觉：强制自己依照所认识到的某种先天的法则或原理来行动。

在这里，康德关于私法的另一个重要的思想也就必然地提了出来。我们先来看康德紧接着上文的一段话：“现在，就一种外在的从而偶然的占有而言，单方的意志不能用作强制的法律，因为这会对依照普遍法则的自由造成伤害。因此，只有对其他任何一个人有义务的、从而集体而普遍的（共同的）并且有政府权威的意志才能为每个人提供那种保证。——但是，这种处于普遍的、外在的（亦即公共的）而有权力伴随的立法之下的状态，是公民社会。因此只有在公民状态里一种外在的我的和你的才是可行的。”[③] 康德在这里告诉

① Kants Werke: VI. Berlin: Walter de Gruyter, 1968: 252.

② Kants Werke: VI. Berlin: Walter de Gruyter, 1968:256.

③ Kants Werke: VI. Berlin: Walter de Gruyter, 1968:256.

我们，自然法虽然提供了私法［权利］，也就是确定“我的和你的”有约束性的规范。在自然状态里面，任何一个单个的个人自然也可以据此来对他人进行强制，这就是说，每一个人自己来维护他们的所有，或者某一些人来维护这种“我的和你的”。但是，这些都是单方的意志，从而不可避免地要侵犯他人的自由。康德虽然没有说明在自然状态中，人与人的关系是狼与狼的关系，还是和平的关系，但是已经充分表明，侵犯自由的情形是必定要出现的情形。这样一个结论，为了充分和明白起见，当然需要详细的论证。不过，康德所说的缺乏普遍而有政府权威保证的外在法律，也点出了问题的要害。换句话来说，自然法并不能自然而然地成为一种具有普遍的、确实的外在强制性的法律。

我们要先来解释一下，在康德哲学里面道德法则的普遍性和有效性与法的法则的普遍性和有效性之间的差别。因为这两条法则都是先天的法则，也就是说，都不是来自经验的，而是来自纯粹的实践理性的东西。因此，它们都是义务，都具有强制性。然而，道德法则的普遍性是出自于纯粹意志的决定，独立于任何外在的因素。这就是说，理性存在者是否遵从道德法则去发生某种行为，完全取决于个人自己的决定，而不受他人是否也这样做这个状况的影响，只要他做事的准则始终能够用作为普遍的法则：它要求自己始终以此来行动，也要求他人始终以此来行动。不过，别人是否这样行动，并不会影响他的行为的道德意义，也不会影响这个法则的普遍性。但是，对于法的法则来说，情况就不一样了，因为它所处理的是个人之间彼此外在的自由意愿，一种外在的权利要求。这种权利要求在经验上面是经常地，或者准确地说，在现实性上始终相互重叠，因而总是处于冲突之中。于是，这种权利要求单单靠个人的意愿是无法达到普遍的有效性的，它的意愿、意愿的对象必须得到他人的承认，倘若他人不承认，这就等于实际上取消了这种法则的有效性，当然也就等于取消了这种自由意愿及其对象的有效性。

康德这里并没有清楚地说明，既然这种出自理性的先天法则应当是每个理性存在者都能够认识到的，为什么他们又不能够自觉地遵守？不过，综合起来分析，也不难从康德那里找到解释的理由或线索，其中之一，我在上面已经提到。道德法则的有效性并不依赖于其他个人是否遵守，尽管它本身包含这样的要求。实际上，某个人，某些人意识到道德法则而不遵守，或者有一些人根本就没有关于道德法则的知识——不是他不能，而是他不做，都是可能的现象。道德法则作为内在的义务，不会也不可能要求从外在方面强制人们实践德行，因为这些现象也会使道德法则失去效力。而一些人并不遵守道德法则并不会取消道德法则的普遍性。对于法［权利］来说，有人虽然认识到自然法，认识到“我的和你的”法则，但是不遵从，相反却着意违反；或者有一些人根本没有认识到这条法则；这样的情况的存在必定会使得自由意愿的对象失去现实的意义，比如，人们并不能真正地占有属他或她所有的东西。这其实同时也就蕴涵着每个人都可以去占有属于他人的东西。这就使得自然法无法得到一种切实有效的保证。对于规范人的外在自由的法律来说，这一点就是致命的弱点，因为这样一种状况就等于取消了这个法律本身。

因此，在公民社会之前，外在的“我的和你的”只是一种暂时性的法［权利］的占有；在康德看来，只有在进入公民社会之后，它才成为实在的状态，也就是说在订立了约法之后，这样一种占有才能够成为最后的、确定的占有。①

这样，私法的核心，即“我的和你的”，也就是占有的普遍的现实性是在公民社会之中才能够实现的。这种现实性的表现就是要有公共的立法机构，有颁行的法律。在康德看来，只有这样的法律才体现了所有人的共同意志。②不过，我们也要记得，就如上面说过的那样，这样一种状况是需要一种公共权力，或者说国家权力作为辅助手段的，而在理论之外，这种辅助手段才是使这种普遍性能够实现的现实的唯一有效方式。于是，这里就出现了从理论到现实的一种常见的跳跃——不过这并不是康德所要解决的问题。通过上述的分析，我们便可以领会到，康德在他的法哲学里面阐述、论证自然法，他的实践的、现实的意图还是在于为公民社会的法律提供先天的条件，提出并说明这些法律的存在的理由。

现在，我们再来看看康德法哲学中私法的具体内容，这一部分在这里只能够简略地做一下介绍。

在《私法》这一部分下面一共有三章，分别讨论三个问题。第一，论述将外在物据为自己的方式；第二，论述获得外在物的方式；第三，论述通过一个公共法院裁决的以主观为条件的获得。

在第一章，也就是在《论将外在物据为自己的方式》这个标题下面，康德着重讨论的是占有的先天条件，这就是上面提到过的问题，“一种单纯的法［权利］的（理智的）占有是如何可能的”。康德用他特有的形式将它表述为这样一个问题：“一个先天综合的法［权利］的命题是如何可能的？”③除了理论的分析之外，康德也举了一些例子来做说明，这些例子应该说都是非常生动的。

在第二章，康德从个人的原始的获得谈起，然后讨论了物权，对人权（persönlichen Recht）。所谓原始的获得，是指私人占有这种现象的原初发生，而不是指某个具体个人或特定群体对某物的具体获得，就像康德在理论哲学中所讨论的是一般认识的原始发生，而不是某一个人的认识的具体产生。康

① Kants Werke: VI. Berlin: Walter de Gruyter, 1968:257.

② Kants Werke: VI. Berlin: Walter de Gruyter, 1968:257.

③ Kants Werke: VI. Berlin: Walter de Gruyter, 1968:249.

德整个法哲学所讨论的法与权利，也都必须从这一点来，否则就会导致很大的误解，而这种误解实际上是经常发生的。

德文 persönlichen Recht 这个词相当难翻译，因为这是一个适应于二百多年前的德国社会与法律状况的术语，而那种状况与我们今天身处的社会自然是大为不同，与今天德国的情形也是非常不一样的。不过，因为它的实际内容，按照康德所说，事关两个自由的意愿之间的契合，这也就导致两个人的联合的意愿。康德说，“一个人的所有转移给另一个人所凭借的那种两个人联合的意愿的行动，是契约。”①

所谓物权［法］，在康德看来，实质就是一种对人权［法］，因为物对人来说并无所谓义务，在物里面也无谓什么直接的法［权利］。所以，所谓物权其实就是“这样一种法［权利］，它相对于一个与所有其他人（在公民状态中）共同占有的人而言，属于某个人”。②这样，自然而然的结论就是，物权［法］所涉及的关系也就是一种契约关系。在这里，我们其实也可以很容易地理解一个一般性的结论，法的关系无非就是人与人之间的关系。

康德关于对人权［法］的讨论，有一些相当具体的内容，他的直截了当的说法虽然不能说不中肯，却也会造成喜剧一样的效果。比如，他关于婚姻的定义就是一个很妙的例子。

第三章的题目有点复杂，叫作《论通过公共法院裁决的以主观为条件的获得》，内容也比较散，包括捐赠契约、借贷契约、失物再得和由誓言保证的获得。这四项之中的个别在今天依然有其重要的意义，而其他一些在当时可能是非常重要的法律问题。

在私法的最后，康德有一节专门来讨论从自然状态中的“我的和你的”向法［权利］的状态中的“我的和你的”过渡。在这里，法的状态与自然状态的区别就起到了至关重要的作用。什么是法的状态呢？康德说，“法的状态就是人们彼此之间这样一种关系，它包含着每个人只有在其下才能享受权利［法］的条件，而从一个普遍立法意志的理念来观察，这种关系的可能性的形式原则，称为公共正义，后者依照法则在相关于对象（作为意愿的质料）占有的可能性，或者现实性，或者必然性，能够被划分为保护的正义、相互获得的正义和分配的正义。”③

自然状态不同于法的状态的要点就在于它没有分配的正义，因此，公民社会的关键也就在于它是建立在分配正义上面的。那么什么是分配正义呢？康德说，它说明，“什么是在既有的法律之下一个法院在一个特定的案子中依照这个法律所作的判决，它从何而来，这就说，什么是法［权利］所行之事；

---

① Kants Werke: VI. Berlin: Walter de Gruyter, 1968: 271.

② Kants Werke: VI. Berlin: Walter de Gruyter, 1968: 261.

③ Kants Werke: VI. Berlin: Walter de Gruyter, 1968:305-306.

于是人们也就称那个法院为国家的正义，并且这样的情形是否存在，作为一切法的事情中最为重要的而受到质问。”[①]康德所说的分配正义自然与今天我们所理解的分配正义具有很不同的意义，但是却有相当的深度，大有让我们继续深入地思考和回味的余地。公民社会就是分配正义之下的社会。康德说，在公民状态中人的职责与在自然状态中并没有差别，私法的内容在这两类社会里面也是一样的。[②]那么区别在什么地方呢？区别在于，在公民社会里面，有一套颁布了的法律，它是要得到强制的实行的。也就是说，那些同样的个人职责，私法的同样的内容，在这个社会里面是通过外在的法律而实现它们的外在的强制力的，从而具有现实的普遍性。

现在我们要转向公法的讨论。

（二）公法

一般来说，康德的公法学说比他的私法有要有影响的多，比如，人们所熟悉的《永久和平论》就是一篇有关公法的长文，在《法学的形而上学原理》的公法部分康德再次阐述了其中的核心观点。因此，我们研究和讨论康德的公法思想，就必须要充分利用和考虑康德在 18 世纪八九十年代所写的那一批论文，因为其中很多篇就是直接讨论法哲学的公法内容的。康德的公法学说，包含两个核心内容，或者说是由这两个核心内容构成的，这就是社会契约论和个人权利［法］学说。这两项学说在理论上也是一体两面的关系。我们也可以说，康德的公法学说，实际上就是一种社会契约学说，是社会契约论的一种特殊类型。不过，康德在这个问题上比当时任何人都要深入、彻底和有洞察力的地方在于，他坚持将社会契约论和权利［法］学说贯彻于任何一种有关人的政治共同体的学说里面，也就是说从国家构成一直到世界性联盟的建立，都必须以个人权利为主导原则。在康德的理论里，正是为了这个权利，人们才组成了共同体，或者准确地说，组成康德理论所描述的那种理想的共同体。康德这样一种洞察力在当时是很少有人能够理解的，直到现代，人们经历了巨大的历史灾难，目睹了像欧盟这样的组织形成的事实，才对这位哲学家的远见卓识发出深切的感叹。

那么什么是公法呢？实际上，我在前面已经多次提到了私法与公法的区别，因为康德在阐述私法时就常常把它们两者拿来比较。比如，公法就是公民社会的法［权利］和法律，反过来说，法［权利］的社会就是公民社会，因为它有一套颁布出来并且强制实行的法律。但是，从自然状态进入公民状态必须有一个契机。那么，这个契机是什么呢？它就是生活在自然状态中的人出于理性根据自己的意愿，组织起来，建立一个社会，以便有一个公共的

① Kants Werke: VI. Berlin: Walter de Gruyter, 1968:306.

② Kants Werke: VI. Berlin: Walter de Gruyter, 1968:306.

权威来处理人们之间在“我的和你的”，也就是在个人占有上面的冲突，制定使所有人的外在自由，也就是权利能够协调一致地并存的规范。

通过这样的说明，我们自然就很容易理解康德下面的规定了。“那些需要普遍地颁行以产生一个法的状态的法律的整体就是公法。——因此公法就是为人民，亦即众人，或者为众多人民[①]的法律体系；这些人民因为处于彼此的影响之中，需要那种在一个将他们联合起来的意志之下的法的状态，一个约法，以共享法所行之事。”[②]

在康德法哲学那里，公法覆盖三个领域，即人民法[权利]，这也就等同于国家法[权利]，尽管意义有所不同；万民法[权利]，这也等于国际法；最后是世界范围的法[权利]，也称为世界公民法[权利]，这是最体现康德法哲学的洞察力和象征性的一个部分。康德认为，这三种法[权利]相互之间是紧密地联系在一起的，因此，“在这三种法的状态的可能的形式之下，倘若仅仅其中一种缺乏那受到法律限制的外在自由的原理，那么所有其他两者的大厦就会不可避免地受到销蚀，最终必定会崩溃。”[③]从欧洲的历史来看，康德的见解已经部分地得到了证明，而就整个世界来说，它是否有效，是否合理还需要得到证明。不过，这里可以说的一点是，康德的核心观念看来是为这个世界的多数人所接受的，尽管在某些情况下，一些人接受这样的观念仅仅是在做表面的功夫。在我看来，三种权利能够紧密地结合起来而为一体，应当是这个世界的人民努力实现的一个目标。

下面我就分别来介绍康德关于上述三种形式的公法学说。

甲　国家法[权利]

在《永久和平论》里，康德把它叫作为人民之中的国家公民法[权利]。需要提醒大家注意的是，在康德的中文版里，人民这个词常常被译成为民族，这虽然不能说大错，但与康德的意思是有很大的差距的。它并不单单指有着共同历史、语言、共通感的一个群体，也不是单单指在一个政治共同体中的所有人的集体；相对于前者来说，人民的成员身份并不受民族身份的限制，相对于国家来说，人民是指由每一个拥有权利的个人组成的政治共同体，而任何一种国家的成员的总称。因此，在康德这里，按照法[权利]的标准，人民自然高于民族和一般所谓的国家。为了明白起见，我们也可以简单地把人民称为人民国家——当然，这个名称在我们的现实生活里也会造成极大的误会，所以这种说法这里仅仅对康德的学说有效，至于其他就要另当别论。另外，康德的法哲学受到罗马法的影响，与这一点有关，罗尔斯《万民法》

① Volk，即“人民”在这里指一个政治共同体成员的全体，在意义上既有别于民族，也有别于国家。不过，在康德那里，其所指基本上与国家的所指是相同的。

② Kants Werke: VI. Berlin: Walter de Gruyter, 1968:311.

③ Kants Werke: VI. Berlin: Walter de Gruyter, 1968:311.

一文中人民一词的用法是深受康德的影响的。

人民，也就是由人民组成的国家，在康德看来直接就来自于社会契约，因此“国家就是一群人在法［权利］的法律（Rechtsgesetz）之下的联合。在这些法［权利］的法律作为先天的法律是必然地，亦即从一般外在法［权利］的概念那里自发地产生出来的（不是依照法令的）范围内，它们的形式就是一个国家的一般形式，亦即一个理念之中的国家的形式，正如国家应当依循纯粹的法的原理。这个理念对每一个趋于共同体的现实的联合乃是规范，也是其内在宪法的规范”。[①] 与其他的社会契约论不同，康德认为，人民、国家一类的政治共同体虽然是人民自己建立起来的，但他们是按照理性的先天原理来这样做的。

康德认为，这样联合起来的国家拥有三项权力，它们分别是立法权、执行权和司法权。下面分别予以简要的论述。

1. 立法权（Herrschergewalt）

康德认为，“立法权属于人民的联合的意志。因为一切的法［权利］都应当出自于这个意志，所以立法权通过它的法律必须对任何人绝对不得予以非法［权利］的对待”。[②] 我们看到，与在康德法哲学的任何其他地方一样，法［权利］被放在了一个首要的地位。所以，当罗尔斯说，他的正义理论受到康德的影响时，我们想到的第一点就是权利的优先性。

康德说，一个社会中的成员是因为这样的立法而联合起来的，他们便叫作国家公民（Staatsbürger）。他们有三种与他们的本性不可分离的属性。

第一种是法律上的自由（gesetzliche Freiheit）。除了他同意的法律之外，他不服从任何其他的法律。这里所说的法律，应该是指他作为其中一个成员的联合意志所承认的法律，也就是说他作为人民的一员所参与制定的契约以及从中衍生出来的其他法律，这样在理论上和实际上比较说得通。

第二是公民平等（bürgerliche Gleichheit）。不承认有凌驾于人民之上的在上者。

第三种就是公民自立（bürgerliche Selbständigkeit）：由于公民个人的权利以及作为共同体成员的权力，他公民的人格，在涉及与权利相关的事情时不容他人来代表。

不过，在这一节之下，康德也谈到了积极的国家公民与消极的国家公民的问题，因为它与公民的自立直接相关。什么是积极公民呢？积极公民就是具有完全自主的公民，具有选举权，能够参与国家事务，而消极公民就缺乏这样的政治权利。因此我们可以明白，积极公民与消极公民都是政治概念。

---

① Kants Werke: VI. Berlin: Walter de Gruyter,1968: 313.

② Kants Werke: VI. Berlin: Walter de Gruyter,1968: 313.

康德意识到，消极国家公民的概念与公民的定义是有矛盾的。如何来理解这样一种情况呢？如果取一种现实的态度，那么，这样的情况至今即使在西方民主国家也依然是存在的；但是从理论上来看，对康德这样的哲学家来说，这却是一个无法掩饰的矛盾，是必须要加以说明和解决的。对此，康德就认为，因为他们能够要求本着自然的自由和平等的法律来对待他们，因此他们也就要求任何消极的法律不能违反人民的自然的自由和平等——后者我们可以理解为除政治权利之外的最基本的权利，这样，他们也就可以通过自己的努力，从消极状态上升到积极状态。[①]

2. 执行权

执行权属于国家的统治者，后者或者是一个道德人，也就是法人，或者是一个自然人。康德强调，立法权与行政权不能够混淆，否则政府就会成为一个专制政府。他也认为，统治者应该从属于法律，立法者可以剥夺统治者的权力，罢免他，改组他的政府，但是不能惩罚他。[②]

3. 司法权

康德认为，无论立法权还是执行权都不能来从事司法审判。这里的一条原则是，只有人民才能审判他们自己，当然实际的情形是由人民通过自由的选择来指定作为他们代表的公民来进行审判。[③]因为法庭的判决就是公共正义（分配正义）的一项个别法令，所以按照康德的理论，它就是体现人民的联合意志的正义的一个特定而具体的行为，所以从理论上和原则上来说，审判必须由人民自己来实行。

这样建立起来的国家应当采取一种什么样的形式，也就是人们常说的政体呢？在所有国家形式之中，康德最属意的是一种纯粹的共和国："这是唯一持久的国家形式，在这里法律是单独地统治着的，不必附属于任何特定的个人；这是一切公法［权利］的最终目的，是那属他的东西（Das Seine）能够定然地指派给每个人的唯一状态。"[④]"一切真正的共和国是并且只能是一个人民的代表系统，旨在于以人民的名义，由所有联合起来的国家公民，通过他们的代表（委托人）来照顾他们的权利［法］。……联合起来的人民不单代表主权，而且他们就是主权本身。"[⑤]康德的这个观点可以看出来是受了卢梭的影响的，而他之所以钟情于共和国也正在于在这样的国家形式里面人民自己治理自己。

康德分析了各种其他形式的国家形式，这里就略而不谈了。不过，需要

---

① Kants Werke: VI. Berlin: Walter de Gruyter, 1968:315.
② Kants Werke: VI. Berlin: Walter de Gruyter, 1968:317.
③ Kants Werke: VI. Berlin: Walter de Gruyter, 1968:317.
④ Kants Werke: VI. Berlin: Walter de Gruyter, 1968:341.
⑤ Kants Werke: VI. Berlin: Walter de Gruyter, 1968:341.

提及的一点是，他就人民与国家最高权力之间关系发表的一些观点，实际上比洛克等人还要落后一些。比如，他说，“并不存在人民对最高立法者的任何合法［权利］的抵抗；因为只有委质于他们普遍的立法意志的一种法［权利］的状态才是可能的；也没有起义的权利［法］，更没有叛乱的法［权利］”。[①] 康德特别提到，尤其不应该的事情是，人民借口作为最高权力化身的君主滥用权力而把他处死。这一点自然是针对法国大革命来说的。在法国大革命时期，法国国王路易十六在1793年1月21日被送上了断头台，这在康德看来是完全不可接受的做法。在讨论国家的最高权力时，康德花了相当的篇幅来分析和阐述这个问题；这就透露出康德的一种态度，即改革有缺陷的国家形式或约法，应该用统治权力以改良的方式进行，而不应该由人民以革命的方式来完成。毫无疑问，康德的论证要复杂得多，但无论如何，他自己的基本理论以及他对这个问题的分析，都无法有效地支持他如下的观点：“人民忍受最高权力的滥用、甚至那种不可忍受的着意的滥用的义务的根据在于：他们对最高立法本身的抵抗必定被视为违法的，并且的确被视为要废止整个法律的宪法。”[②] 对此，我们当然可以采取一种理解的态度，比如，当时欧洲的民主制度也正处在形成过程之中，究竟哪一种形式最有利于促进社会的改革，从而达到符合康德所提出的权利基本要求的正义社会，还是一个没有多少经验的事情，虽然不能说是前无古人的事情。但是，这并没有解决理论上的问题。

乙　万民法或国际法

现在我们再来看看康德的万民法（Völkerrecht）思想。万民法在这里相当于国际法，不过不等于国际法。万民法正是公法第二章的内容，所以这一章的标题也直接就是万民法。康德还用了另一个词来指万民法，这就是Völkerstaatsrecht，直译就是诸人民国家法。因此，这里就有两个要素，第一是人民，第二是国家。从康德的文本来看，万民法所涉及的国家并不是任何其他的国家，而是通过社会契约构成的公民社会的国家，在这样的国家里面，个人之间关系的核心就是法［权利］，因此它可以称作人民——就如前面所说的那样，也可以称为人民国家。然而，这里就出现了一个问题，因为在当时的欧洲，这样的国家其实是少之又少，所以，比较而言，万民法在当时更没有多少现实性。这样一来，我们就应该把它理解为康德所提出的一种理想，或者更准确地说，一种理论设计，就如下面要谈到的世界公民主义的情况一样。不过，与世界公民主义的设计不同，万民法，或者以万民法为特征的国际法，今天至少在部分地区得到了实现，比如欧盟就是一个典型的例子，而且康德的思想也的确是这样一种超国家组织的理论基础。对于万民法的这一

① Kants Werke: VI. Berlin: Walter de Gruyter, 1968:320.

② Kants Werke: VI. Berlin: Walter de Gruyter, 1968:320.

特点，康德自己也有清楚的意识，他说，“在德语里，处于彼此关系之中的各个国家的法［权利］被称为万民法并不完全准确，而是或许应当称为诸国家的法［权利］。”[①]

再回到康德的万民法上来。康德说，万民法主要包含如下四方面的要素。

第一，国家在彼此之间的外部关系里，有如与无法律的野蛮人的关系一样，自然就处在一种非法的状态（nicht-rechtlichen Zustande）之中。

第二，这样一种状态是一种战争状态，是强者的法［权利］（des Rechts des Stärkeren）的状态，换句话说，就是强者对弱者有特权的状态。尽管，这并不就是说这些国家一直在打仗，也不是说它们始终就处于敌对的关系之中；或者尽管并没有哪一个国家对另外的国家做过非法的，也就是侵犯权利的事情，但它依然是一种高度的非法［权利］的状态。相邻的国家必然会从这种状态抽身出来。

于是，康德也花了相当的篇幅来阐述战争与和平的法，或者说，各个国家在战争的状态与在和平的状态里，尤其是在战争状态中的法［权利］，比如宣战的法［权利］，战争期间的法［权利］，以及和平的法［权利］，如此等等。

康德强调，人们有义务去摆脱各个国家之间的自然状态，进入一种法［权利］的状态。因为在自然状态里面，各个国家的权利［法］和外在的“我的和你的”，也就是财产的占有仅仅是暂时的。要使这些权利和财产的占有成为永久的，那么就要建立一种普遍的国家联盟。[②]

第三，于是，依据原始的社会契约的理念的人民联盟（Völkerbund）就成了一种必然。但是此种联盟不干涉各个国家内部的纷争，而只是防范彼此外部的侵略。

第四，这样一种联盟与公民宪法（bürgerliche Verfassung）不一样，并没有主权的权力（souveräne Gewalt），它像是一种合作性的组织，是随时可以解散和更新的。[③]不过，康德强调，只有通过这样一种联盟，诸人民建立公法［权利］的理念，通过文明的方式，而不是野蛮的也就是战争的方式来解决彼此之间的争端，才是能够实现的。[④]我们看到，欧洲人是在150年之后才领会到他们的先哲这些话的真正意义的，也才体会到这些思想的深刻意义的。这不是因为欧洲人太短视，而是康德的思想、眼光太过深邃了。康德在论述万民法，或者说诸国家的法时说过如下一句话，同样也有这样的性质：“在万民法里，不仅一个国家与作为整体的另一个国家的关系纳入考虑，而且一个国

---

① Kants Werke: VI. Berlin: Walter de Gruyter, 1968:343.

② Kants Werke: VI. Berlin: Walter de Gruyter, 1968:350.

③ Kants Werke: VI. Berlin: Walter de Gruyter, 1968:344.

④ Kants Werke: VI. Berlin: Walter de Gruyter, 1968:351.

家的个人与另一个国家的个人的关系，乃至与另一个国家整体的关系也纳入考虑。”[①] 理解康德这个观点的要点就是权利［法］——从个人之间的关系一直到国家之间的关系，都是由这项要素贯穿起来的。就康德的理论来说，永久和平之所以可能，以及后面要谈到的世界公民主义之所以可能，都是基于康德始终一致地坚持这个观念。

丙　世界公民法（权利）

只是在《公法》的最后一章，也就是《法的形而上学原理》的最后一节，康德才开始他的法哲学中另一个最重要的，也是最有特色的学说，这就是世界公民法［权利］，也就是世界公民主义。这样的篇幅与这个问题的重要性是不成比例的。在《永久和平论》里康德的相关论述，在篇幅上要大于这里的论述。世界公民这个概念，康德首先是在他前批判时期的论文《一个视灵者的梦》中提出来的，这是在 1766 年。在批判时期的 1784 年，也就是康德 60 岁那一年，他发表了一篇名为《世界公民观点之下的普遍历史观念》的长文，在其中他系统地讨论了人类、历史发展的目的、由各个国家组成的世界共同体和世界公民等问题。这是一篇历史哲学的论文，康德在这里试图告诉人们，大自然在人类自由演进的过程里面，并不是没有目标的，而是可以理解为包含了某种目的的。这个目的就是一种国家联合体，在这里，每个人都是世界公民，尤其重要的是，在这样一种状态之中，每个人的一切源始的秉赋都能够充分发展出来，或者说，各个人民，以及艺术和科学也都一并提升而展示出来。[②] 我们看到，马克思比较有价值的观点，也就是人的自由发展的思想，其实康德在这里早就举重若轻地提出来了，而没有一副声嘶力竭的架势，尽管马克思不太喜欢也不太熟悉康德。

到《永久和平论》论述世界公民主义时，康德理论的基点已经是法哲学的了，或者更为准确地说，是以法［权利］为纲来阐述和论证永久和平的理论，尽管康德在相当大的程度上认为自己主要是在讨论一个政治问题。我们看到，《永久和平论》的三项条款的标题及其内容，与《公法》里面的国家法、万民法或国际法和世界公民法三章的标题基本上是相同的。在这个意义上，我们可以说，前者是《公法》的一个原初的版本。不过，在我看来，《永久和平论》里康德关于世界公民以及世界公民主义的观点要比《法的形而上学原理》的观点宽广一些，有些观点也更为理想一些。我之所以说更为理想一些，是就与当时的现实，以及与今天的现实相比来说的。下面，我简要地说一下《法的形而上学原理》里康德的世界公民法［权利］的思想。

在这一节，也就是第 62 节的一开头，康德指出，“一个和平的，倘若尚

---

① Kants Werke: VI. Berlin: Walter de Gruyter, 1968:333–334.

②［德］康德：《历史理性批判文集》，北京：商务印书馆 1991 年版，第 18—19 页。参见 Kants Werke: VIII. Berlin: Walter de Gruyter, 1968:30。

非友好的，遍及地球上所有能够彼此发生实际关系的人民的联盟的理性观念，不是博爱的（伦理的）原理，而是一条法［权利］的原理”。[①] 这一点对于理解康德的世界公民主义的思想，是至关重要的。因为法［权利］直接与个人相关，这也就表明，无论国家之间的正义关系，还是整个世界的正义关系，都是要从规定个人的权利做起，也就是说，要以个人权利为基础。这是一种彻底的自由主义观点，它只有在康德的理论里面才能够生长出来。康德上面的那个规定，以及他为世界公民权利提出的论证，都承认在这个地球上每一个人与任何其他个人的广泛的联系、彼此交往这样一种要求的正当性。这样一种相互联系，彼此交往的权利究竟包含什么样的意义？康德在《法的形而上学原理》中的表述与《永久和平论》中的表述是有相当大的差别的。他在《法的形而上学原理》里，只是要求世界公民具有访问其他地区的权利，而要定居就需要另外的契约。在《永久和平论》里，他提出了一种意义比较模糊的主张，“本来就没有任何人比别人有更多的权利在地球上的一块地方。”[②] 这个主张自然可以做多种不同的理解和解释，可以推论出比较强的主张。不过，从其实际的论述来看，康德的主张还是比较弱的，这就是访问的权利（Besuchsrecht）。至于定居的权利，是要根据实际的情况来决定的。不过，我们应当注意到的是，康德在这里的基本态度是相当明确的，这就是反对殖民主义。比如，他反对使用武力去占据游牧民族赖以生存的土地，而主张应当以契约来获得。不过，这样的契约也不应当利用当地土著的无知而让他们转让土地。[③] 这样一种观点，我们看到，在当时，并且在相当长的一段时间内，与西方主流的观点是格格不入的。在当时以及后来相当长的时间里，即使自由主义者，他们的多数也支持对所谓的落后地区、国家和民族推行殖民的政策，因为在他们看来，权利的原则并不适用那些非我族类的人群。

值得我们注意的是，康德世界公民权利的观点也包含着更为深远和广泛的意义，因为个人权利在整个世界——康德说这是一个有限而固定的地球——的普遍适用性，就预示着某种超出当时的国家、地区限制与冲突模式之外的可能性，这种可能性是一种理性的观念，它要通过人们的行为来实现。就如康德所说，它或许就是自然的一个目标。今天，我们可以说，人们或许已经看到了这种可能性的某些萌芽，几丝曙光。康德在《世界公民法》这一章的结论有一段话，可以加深我们对康德思想的理解，而在200多年之后重读这个洞见时，我们是不是会产生一种景仰之情呢？“人们能够说，这个普遍

---

① Kants Werke: VI. Berlin: Walter de Gruyter, 1968:352.

② Kants Werke: VIII. Berlin: Walter de Gruyter, 1968:357. 在《历史理性批判文集》第115页，这段话被译为“本来就没有任何人比别人有更多的权利可以在地球上的一块地方生存”。这里“生存”两字是译者添加而原文所无的，这样一来，就使康德的主张变得强硬了，从而易使人误解。

③ Kants Werke: VI. Berlin: Walter de Gruyter, 1968:352.

的持久的和平不仅仅构成了单纯理性界限内的法［权利］学说的部分，而且构成了这个学说的整个的终极目的。”[①]

达到这样一个最终目的的道路是什么样子的呢？它不是暴力的，也不是一蹴而就的，而是依照确定的原理通过逐步的改革，不断地接近最高的政治上的善，从而达到永久的和平。于是，我们便可以理解，世界公民法与永久和平乃是同一个东西，是一体两面的。[②]

这里，我们可以在万民法与世界公民主义这个范围内，简单地比较一下康德的思想与罗尔斯的思想。2004 年我在人民大学哲学系做过一次讲演，比较了罗尔斯的万民法和康德的世界公民主义。在那个讲演里，我就指出，就这个问题而言，罗尔斯的思想就比康德的思想倒退了很多。为什么呢？因为按照康德的思想，无论是在人民内部，也就是在一个国家内部，还是两个或者多个国家之间，还是在整个世界，权利的主体就是公民；正义的问题，无论是一个国家内部的正义，还是国家之间的正义，以及整个世界的正义，都要从这个角度一以贯之地来考虑。罗尔斯的《万民法》是在康德提出世界公民主义观念之后 200 多年写成的，但是，他却非常明确地将国内的正义与国际间的正义区分开来，施用两种不一致的原则。比如在他的万民法理论里面，国家是分为五个等级的，每一个国家里的人民也因此被分成了不同的等级，有了正派的与不正派的分别。不仅如此，这些国家在国际关系之中的地位实际上也是不同的，因此它们的人民的权利实际上也就有了相当大的差别。关于两人比较的详细讨论，大家如有兴趣，可以看我发在《中国社会科学》2005 年第 1 期上的文章《权利的公共性与世界正义》。

与罗尔斯不同，康德公法理论从国家到国际关系，再到整个世界，都是以个人的权利贯穿起来的，是一个在理论基础上、逻辑上相当一致的体系。公法就是公共权利，这一点到此为止我们应该已经大体清楚了。所谓公法，所谓公共权利，就是一套能够适用这个世界上的各种人的公民权利，而不论这个人或那个人在什么地方，有什么样的文化背景。康德认为，永久和平之所以能够实现就是出于这样一个根据，而不是因为别的什么理由。这就是说，一个国家是保护公民权利的，国家与国家之间的关系也以它们能够保证各自国家内的公民权利为前提的，至于整个世界，世界公民主义的本义就是世界公民法［权利］。在这样的情形之下，永久和平就是一个必然的结果。我们知道，现代政治学上有一个命题，就是民主国家之间无战争，这在某种意义上可以说是康德思想在现实政治上的一种翻版的说法。

康德的思想在今天依然有其现实的重要性。我们看到，康德在他的《世

① Kants Werke: VI. Berlin: Walter de Gruyter, 1968:355.

② Kants Werke: VI. Berlin: Walter de Gruyter, 1968:355.

界公民法》里就谈到了欧洲联盟的设想。大家一定要想一想康德是在 200 多年以前提出这个想法，提出这个想法的理论基础的。200 多年之前的欧洲，几乎是天天在打仗的。欧洲人打仗一直打到第二次世界大战，大家彻底打惨了，欧洲的一些大国才觉得真是打无可打了，于是它们之间才决定不再不打仗了——自然他们还不时地要去打别的国家，或者合伙打一些弱小的国家。想一想，就在 200 多年前的那个时候，那种情况下，康德就提出了永久和平的思想，就提出了类似欧盟一类联合体的蓝图。按照康德的说法，理性总是要通过人们的行动，不拘什么行动，实现出来的。现在的欧盟终于建立了起来，它的法律基础大体上就出自康德的思想。

情况常常是这样的，我们看到一个思想，直觉之下认为它很简单，可是想一想当时它为人提出来时的环境，那么我们就不免要生出钦佩之心来：原来是那么的不简单！就以康德所生活的那块德意志土地来说，当时根本还没有一个叫德国的国家，这样一个国家是在近 80 年后的 1871 年才出现的。当时，在称为德国人的土地的那块地面上，有大大小小约 300 多个独立的封建领地各自为政，也就是相当于有 300 多个独立的国家。就在连德国都还远远没有统一的那个时候，康德就已经设想了欧洲联合体，但这还不是原创性的，康德所特有的思想，是在于他为它的建立所提出和证明的基础是确确实实有效的原则。

康德的法哲学包含了相当丰富的内容和深刻的思想，我今天所说的也无非是一个大概，是一个提要式的阐述。由于时间的关系，很多内容，尤其是许多论证不能够充分展开，有些评价也只好从略——这就有待于将来了。

我今天的演讲就说到这里，谢谢大家耐心地听到现在！

（韩水法，北京大学哲学系教授，

2006 年 12 月 3 日改定于北京魏公村听风阁）

启蒙运动的平等观

强乃社

启蒙运动开始于17世纪末期，通常以1688年为起点，“这一年有两个标志性事件：英国光荣革命和牛顿的《自然哲学的数学原理》发表。”[①] 启蒙运动的高潮时期是以法国启蒙运动领军人物孟德斯鸠（Montesquieu，1689—1755）、伏尔泰（Voltaire，1694—1778）、卢梭（Jean-Jacques Rousseau，1712—1778）、狄德罗（Denis Diderot，1713—1784）各自完成他们的传世之作为标志，时间大约从1730年到1780年。其他国家也有很著名的领袖人物，如苏格兰的休谟（David Hume，1711—1776）、德国的康德（Immanuel Kant，1724—1804）等都对启蒙运动作出很大的贡献。18世纪末期启蒙运动逐渐退潮，但影响很大，至今未灭。

总的看来，“启蒙运动是用来描述18世纪的一场重大思想、文化运动的术语，这场运动的特征是深信人类知识能够解决现存的基本问题。”这场运动中，知识分子扮演了重要的角色，他们“以批判的眼光看待几乎所有公认的欧洲传统”，比如，以往的政治、社会和经济结构，过去人们的知识和思维方式，还有最重要的基督教的教义和机关，这些都受到了分析和批判。“启蒙作家的目标是推翻旧有结构，重建人类社会、机构和知识，并用所谓的自然秩序为新社会提供坚实的理论基础。”[②] 理性和自然是启蒙运动思想中两个重要的概念，“人们为什么关注理性和自然这两个概念呢？理性不仅是获得知识的工具，也可用来比作基本的宇宙秩序。一个根据理性建构起来的世界，乃是一个自然法的世界，蕴含各种有序、可见和可操纵的关系。自然成为一个基本的隐喻，所有人为建构的人类社会形式都以之为基础。”[③] 这种自然是形成人的平等和自由关系的基础。实际上，启蒙运动远不止于一场思想和文化的运动，

---

①［美］赖尔、［美］威尔逊：《启蒙运动百科全书》，刘北成、王皖强译，上海人民出版社2004年版，第2页。

②［美］赖尔、［美］威尔逊：《启蒙运动百科全书》，刘北成、王皖强译，上海人民出版社2004年版，第11页。

③［美］赖尔、［美］威尔逊：《启蒙运动百科全书》，刘北成、王皖强译，上海人民出版社2004年版，第12页。

它还在政治、经济和社会等各个层面都引发了现实的改革。这些改革改变了人类的基本行为方式。工业革命、自由放任的市场经济、美国革命和法国革命期间创立的政治共和国，所有这些都受到了启蒙运动理想的激发。在激发这些革命的理想中，平等是重要的。

从当代研究来看，平等是个人、社群和国家之间的平等，涉及对待、机会以及占有资源等方面没有差别或者差别比较合理。另外，平等经常指的是人们的一种理想和规范性要求，也有人理解为是一种现实和经验的状态。在启蒙运动中，平等主要是个体受到平等对待的一种理想或者规范性要求。

一、平等与自然

人类平等观可以向上追溯到古希腊时期，人和人的平等得到一些思想家的重视。犹太—基督教强调所有人类都出自上帝之手，16 世纪开始的宗教改革时期，新教徒在不同程度上主张所有虔诚的基督教徒都拥有相同的地位，所以在宗教学说中，从根本上说人人在上帝面前都是平等的。17 世纪的理性主义、新兴的自然法学说、洛克的经验主义心理学、18 世纪的人文主义产生了广泛影响，作为一个政治概念的平等观念才获得足够的理论和情感力量，支配了启蒙运动的政治理论。平等观念，简单说来，就是“两个截然不同的物体基本上是相似的，一旦形成了这种平等，两个物体应该受到一视同仁的对待”。[①] 启蒙运动中的平等主要是人和人的一种关系。

1. 自然基础上的平等

在启蒙运动时期，很多思想家认为，理性依据普遍不变的规律统治宇宙，这些规律的作用公正而公平，不涉及任何人为的差异，所有人（通常不包括妇女）都具备一种天然的天赋理智能力，因此人人都是平等的，即使他们的社会地位并不平等。17 世纪晚期约翰·洛克（John Locke，1632—1704）认为，基本的人类平等是一切文明社会的基础。人们自由地订立法律之下的共同生活的契约，并以多数原则来确定契约的细节。他的天赋平等观在很大程度上奠定了开明的启蒙运动政治思想基础。[②] 比如，伏尔泰认为，“凡是具有天然能力的人显然都是平等的。”[③] 卢梭认为不平等是人类脱离自然状态，进入社会、进入现代文明发展的结果，平等需要在新的社会契约中形成。

18 世纪法国革命中，自由主义倾向和激进主义倾向的学者们的平等哲

① [美] 赖尔、[美] 威尔逊：《启蒙运动百科全书》，刘北成、王皖强译，上海人民出版社 2004 年版，第 49 页。

② [美] 赖尔、[美] 威尔逊：《启蒙运动百科全书》，刘北成、王皖强译，上海人民出版社 2004 年版，第 50 页。

③ [法] 伏尔泰：《哲学词典》（上册），王燕生译，北京：商务印书馆 1991 年版，第 465 页。

学形成了斗争。大多数温和的自由主义革命者主张确立法律上的平等，但回避直接或者间接民主。他们希望使财产所有权成为政治权利和平等的基础。法国大革命中罗伯斯庇尔（Robespierre，1758—1794）和巴贝夫（Gracchus Babeuf，1760—1797）等激进的革命者接受了卢梭的思想，他们热衷于在法国公民中推行平等，为此不惜压制个人自由，最终陷入恐怖统治。一些启蒙运动家对始终奉行平等的政府保有戒心。这些人中最重要的一位是主张有限君主制度的孟德斯鸠。他认为，权贵族对防止暴政至关重要：平等会产生腐败的民主政治，且只会带来暴政。很多启蒙运动的领袖在实际面对实施怎么样的平等政策的时候，都避免说明具体情况。他们的平等观依据的是自然和理性这些关键要素。启蒙运动的领袖人物对平等的阐释中，卢梭是最重要的一位。

2. 人类不平等的起源和基础

在《论人类不平等的起源和基础》中，卢梭对人类处于自然状态的美好景况的描述让人很向往，伏尔泰于 1755 年 8 月 30 日所写的致谢卢梭给自己赠书的信中有一句名言："从没有人用过这么大的智慧企图把我们变成牲畜。读了你的书，真的令人渴慕用四只脚走路了。"[①] 按照卢梭，现代文明建立在不平等基础上。卢梭探讨的是，人类曾经在一个自然和原始的状态中，有一种和平而善良的平等；最初形成的人类社会，是人类最幸福的时代。他认为，"人与人之间本来都是平等的"，这就像凡是属于同一种类的动物都是平等的一样，[②] 但是人有一种完善化的倾向，这些导致人获得了一种原来并没有的能力，这个时候，有些人处于比较原始的状态、自然的状态，但是有些人处于另外一种完善化了的状态，两类人之间产生差别和不同，"这就是人与人之间不平等的起源。"[③]

根据卢梭的观察，不平等有两种，"一种，我把它叫做自然的或生理上的不平等，因为它是基于自然，由年龄、健康、体力以及智慧或心灵上的不同而产生的；另一种可以成为精神上的或政治上的不平等，因为同时起因于一种协议，由于人们的同意而设定的，或者至少是它的存在为大家所认可的。"[④] 第一种不平等与我们所说的差别更加接近，而第二种不平等包括很多，其中多数与我们所理解的当代和现代不平等比较一致，其中还包括了某一些人由

① 转引自［法］卢梭：《论人类不平等的起源和基础》，李常山译，北京：商务印书馆 1962 年版，第 31 页。

②［法］卢梭：《论人类不平等的起源和基础》，李常山译，北京：商务印书馆 1962 年版，第 63 页。

③［法］卢梭：《论人类不平等的起源和基础》，李常山译，北京：商务印书馆 1962 年版，第 63 页。

④［法］卢梭：《论人类不平等的起源和基础》，李常山译，北京：商务印书馆 1962 年版，第 70 页。

于损害别人而得以享受的各种特权，比如：比别人更富足、更光荣、更有权势，或者甚至叫别人服从他们。这种服从关系不是自然的，有些就是奴役。而“奴役的关系，只是由于人们的相互依赖和使人们结合起来的种种相互需要形成的。因此，如不先使一个人陷于不能脱离另一个人而生活的状态，便不能奴役这个人”。[①] 卢梭的探讨中，包含了一种人类发展的平等哲学。人原来处于自然的状态，人和人之间联系比较松散，随着人和人之间关系的密切，人们相互之间关系逐渐在人的生活中占据重要的地位，进而，人和人之间的差别甚至对抗关系发生了，“这就是走向不平等的第一步；同时也是走向邪恶的第一步。”[②] 这种不平等的基础是非自然的社会文明，是现代文明自身。

从主体的角度来看，谁是现代文明的奠基者？“谁第一个把一块土地圈起来并想到说：这是我的，而且找到一些头脑十分简单的人居然相信了他的话，谁就是文明社会的真正奠基者。”[③] 显然，现代文明是建立在私有制度基础上的，这种文明就是不平等形成的关键。他很欣赏洛克的名言，在没有私有制的地方是不会有不公正的。[④] 其实，现代文明、私有制和不平等在他那里是直接关联的。那么人们所确立的保护平等的法律是怎么样的？他认为社会和法律形成以后，它们给弱者以新的桎梏，给富者以新的力量；它们永远消灭了天赋的自由，使得自由再也不能恢复；他们把保障私有财产和承认不平等的法律永远确定下来，把巧取豪夺变成不可取消的权利；从此以后，法律变为少数野心家的利益，驱使整个人类忍受劳苦、奴役和贫困。[⑤]

显然，这种平等的消失和不平等的形成，有一个历史的过程，按照卢梭，“法律和私有财产的设定是不平等的第一阶段；官职的设置是第二阶段，而第三阶段，也就是最末一个阶段，是合法的权利变成专制的权力。”[⑥] 而一定历史阶段，人和人之间有很多不平等，比如财富、爵位和等级、权势和个人功绩等，但是，“在这四种不平等中，个人的身份是其他不平等的根源，财富则是最后一个。而各种不平等最后都必然会归结到财富上去。因为财富是最直接

---

①［法］卢梭：《论人类不平等的起源和基础》，李常山译，北京：商务印书馆1962年版，第129页。

②［法］卢梭：《论人类不平等的起源和基础》，李常山译，北京：商务印书馆1962年版，第118页。

③［法］卢梭：《论人类不平等的起源和基础》，李常山译，北京：商务印书馆1962年版，第111页。

④［法］卢梭：《论人类不平等的起源和基础》，李常山译，北京：商务印书馆1962年版，第119页。

⑤［法］卢梭：《论人类不平等的起源和基础》，李常山译，北京：商务印书馆1962年版，第128—129页。

⑥［法］卢梭：《论人类不平等的起源和基础》，李常山译，北京：商务印书馆1962年版，第141页。

有益于幸福，又最易于转移，所以人们很容易用它来购买其余的一切。”[①]三个阶段的不平等有各自的种类。对于卢梭，从不平等到平等，需要修正人类文明自身的基础，其实革命在一定意义上是卢梭平等观的必然延伸。

需要注意的是，卢梭的平等思想是复杂的，他理解的私有制是无法避免的，所以不平等也是无法避免的；不平等是一个历史的过程，在不断演变；不平等也是很多的，有外在的财富和等级，也有一些比较内在的精神和价值。他一个方面在批判私有制，另外一个方面也认可这种制度，因为这是现代文明的开始，我们难以从卢梭的生活和著作中找到他拒绝现代文明的证据。他对现代社会的不平等的批判更多有一种让人们从对现代理性的迷信中震惊的意义。

二、平等、阶级与革命

18 世纪的启蒙运动，在世界范围内产生了影响。19 世纪有些社会运动直接与启蒙运动的平等观有联系。启蒙运动的原则对于资本主义社会的建立是重要的，这些平等追求在当时很多思想家看来，只要能够在社会中实现，那么就能够形成一个理想的世界。实际上，启蒙之后的社会没有人们想象的那么好。资本主义的经济危机和社会危机从 19 世纪初期就已经开始。在欧洲，1848 年革命尤其是 1871 年的巴黎公社，与启蒙精神所追求的平等有密切的关系。启蒙的平等观在一定意义上发挥了重大作用。而平等在这个时候，与阶级和革命联系在一起。

如何理解这些追求平等的革命？启蒙运动的平等观对他们影响如何？19 世纪的马克思（Karl Marx，1818—1883）的平等理论具有重要的意义。简单说来，马克思的平等思想，主要强调平等的获得必须以私有制的消灭为前提条件，这明显受到卢梭的影响。但对马克思，平等是一个历史的、阶级性的概念，没有普世的平等观，平等的获得需要针对私有制进行革命，而不是改良。马克思认可启蒙运动的平等追求，但是他不认可那种平等的实现和获得方式。

马克思在《资本论》和《哥达纲领批判》中对平等问题进行了比较深入的探索。马克思认为，“权利的公平和平等，是 18、19 世纪的资产者打算在封建制度的不公平、不平等和特权的废墟上建立他们的社会大厦的基石。”[②]资本主义生产方式的基础是商品经济，商品是天生的平等派，它要求按照自身的价值在平等的商品所有者之间自由交换，这种要求体现在政治上、法律上

① [法] 卢梭：《论人类不平等的起源和基础》，李常山译，北京：商务印书馆 1962 年版，第 141 页。

②《马克思恩格斯全集》第 21 卷，北京：人民出版社 1995 年版，第 210 页。

以及社会关系方面，就必然要产生相应的平等权利："特权、优先权符合与等级相联系的私有制，而权利符合于竞争、自由和私有制的状态。"[①] 平等虽然是现代社会的一个大的进步，但是，传统社会中的特权以及政治上的垄断，在现代社会为金钱的垄断所代替。金钱面前人人平等，显然无产者并没有机会获得平等。这种平等仅仅是形式和原则上的，在实践中，在现实中，对于特定的阶级甚至阶层，就没有这种平等了。只有在商品交换中，天赋人权的平等权利得到最完美的体现。国家对平等的法律保护也表现为一种形式性的，比如法律规定所有的穷人和富人都不得在大桥底下露宿，实际上是穷人可能不得不露宿，而富人没有必要露宿，所以这种平等的保护可能成为笑话。

马克思在《哥达纲领批判》中，对分配上的平等持批判态度。按照马克思的理解，在社会制度的总体设计中，平等是按照一定的尺度来确认的。比如有人认为分配中的平等就是按劳分配，其实，生产者的权利同他们提供的劳动多少成比例，这里的平等就是以统一尺度即劳动来计量这种权利。但是，一个人和一个人的体力或者智力之间有区别，按劳分配作为一种平等的权利，对于不同的劳动来说它是平等的权利。这里阶级差别没有考虑，劳动者的个人天赋及其工作能力的差别没有考虑。所以资本主义条件下，权利从形式来看是平等的，但是从它的内容来看同一切其他权利一样是不平等的。"权利，就它的本性来讲，只在于使用统一尺度；但是不同等的个人（而如果他们不是不同等的，他们就不成其为不同的个人）要用同一尺度去计量。"[②] 这个时候，权利就不是平等了，而是不平等。

在马克思那里，平等与否和阶级有关系，如果有阶级存在，那么必然不平等。阶级是以私有财产关系为基础的；而财产关系是以能够带来产生剩余价值的资本生产方式为主导的，这种资本关系是一种社会的关系，也是一种历史的关系。除此而外，其他问题都是次要的。阶级、财产私有制和资本的消亡或者废除，是平等的关键问题。马克思所说的在当时时代人们谈论平等，是那个时代的平等，那个时代只有在废除私有财产基础上才能够有平等，只有消灭资本主义生产方式才有平等，这种平等才是具体的平等。可以说，马克思的平等观，与启蒙运动的平等观有很多关联，但是也有很多区别，最重要的就是马克思理解的平等是历史性、阶级性和社会性的，尤其是与私有制内在关联的。

社会主义理论、运动和制度建设是 19 世纪到 20 世纪世界范围内值得注意的现象。从平等和社会主义的关系看，社会主义成为一场世界范围内的革命运动，是因为启蒙运动的平等的承诺，并没有在社会实践中实现。追求平

---

①《马克思恩格斯选集》第 1 卷，北京：人民出版社 1995 年版，第 420 页。

②《马克思恩格斯选集》第 3 卷，北京：人民出版社 1995 年版，第 305 页。

等是社会主义运动的内在强大的动力。在社会主义思想早期发展中，空想社会主义者追求一种非常抽象的、空想的、绝对的平等，后来随着马克思对近现代资本主义的深刻分析，把无产阶级消灭资产阶级的私有制度作为追求社会平等的途径，社会主义运动逐渐成为全球范围的革命运动，甚至在第二次世界大战之后世界范围内形成社会主义和资本主义的两大阵营。当然社会主义条件下的平等追求由于很多原因，并没有实现当初参加革命和建设的人的目标。但是，追求平等的社会主义理想，是具有重要的价值的。

三、理性、同质化与平等

启蒙运动自身带来了很多历史性成果，但是，也留下了很多需要思考和回答的问题。究竟什么是启蒙，它内含什么积极和消极的因素，这些对于理解启蒙运动的平等观有什么意义，这个问题的探讨和回答并不轻松。

康德对“什么是启蒙运动”做出了这样的回答：“启蒙运动就是人类脱离自己所加之于自己的不成熟状态。不成熟状态就是不经别人的引导，就对自己的理智无能为力。”[①] 在康德这里，启蒙的问题不是有无理智，而是有没有勇气运用自己的理智。启蒙的关键是去除懒惰和怯懦。这是一个实践问题，不是思维自身的问题。理智和理性是紧密关联的。理性使得这个人和其他人是平等的。理性和平等之间有内在的联系，一个没有理性的人，是无法给他平等的。而如何正当地运用自己的理性？康德的研究在一定意义上是对人类理性的应用的合适范围进行界定。康德认为人的理性为自然、社会立法，但是，理性仅仅限于对现象的认识，超越这个范围，期望达到对自在之物的理解的时候，就必然形成幻象，形成二律背反，即对同一个对象作出相反的判断但是各自都能够找到理由来支撑自己。但是在实践中，人的理性必然超越了现象界，自由、上帝等是人进行实践理性活动的前提和假设，没有这些，无法设想人的自由、平等。

康德对启蒙和它的平等观的态度是冷静的，他对理性的局限性是有深入的了解的。他对理性自身问题的探讨在 19 世纪似乎没有被重视，有人指责他在思想上不彻底，19 世纪更多的是革命时代，人们对启蒙还是抱有更多的期望。但是进入 20 世纪，启蒙的命运似乎发生了逆转。20 世纪上半叶接连发生的世界大战让学者们感到震惊。西方文化走向了其相反的方面，甚至这个趋势在第二次世界大战结束以后也没有结束。西方现代社会的起源和发展，与启蒙运动不能分开，但是社会出现了几乎野蛮的状态，是启蒙运动的问题吗？启蒙使人们摆脱蒙昧，但是，如此在战争中所表现的野蛮状态，就值得

---

① [德] 康德：《历史理性批判文集》，何兆武译，北京：商务印书馆 1991 年版，第 22 页。

反思了。这种野蛮状态除了可怕的战争，更多的是社会商品化、消费化。人们的平等追求一旦限于对具体物质享受的追求，人们在市场和商品中寻找平等，就导致一种同质化。

所谓的同质化，就是人在工具理性的控制下，人在资本的控制下，其平等追求逐渐为商品生产所控制，人也陷入工具理性中，人已经逐渐不具备思想能力，“思想难免会成为商品，而语言则成了对商品的颂扬”。[①] 在资本逻辑横行的时代，人们的追求包括平等的追求已经变质。人们能够从市场上得到平等，这个平等与启蒙的平等追求有关系。但是，“启蒙消除了旧的不平等和不公正——即绝对的君王统治，同时又在普遍的中介中，在所有存在与其他存在的关联中，使这种不平等常驻永存。”[②] 这个中介应该是指人们的一种思维方式和认知方式，也是一种社会制度和体制的设置。在这个制度中，人和人、人与物的关系处于一种紧张的状态中，人们在市场、资本和商品关系中寻求平等，这种制度以公正的名义将不公正设置成为永恒，甚至可以说用一种不平等代替了旧的不平等，用货币和商品内在的不平等代替了权力或者特权的不平等。如果说，启蒙是要消灭旧的神话，那么它又企图创造新的神话。这种神话就是，人用一种物的价值尺度来衡量人自身。实际上，人在这个过程中，在进步、理性、平等的名义下，又回到了新的蒙昧状态中。“个人只是把自己设定为一个物，一种统计因素，或是一种成败。”[③] 像启蒙运动中用理性来统帅所有的价值一样，在当代社会现实中，理性变成了对人们需要的迎合，这种迎合也是一种诱导甚至欺骗，“启蒙在为社会现实服务的过程中，转变成为对大众的彻头彻尾的欺骗。”[④] 这种欺骗最明显的表现就是所谓的文化工业，比如广播、电视和电影。因为在这个过程中，观众和听众被引导，一切都是安排好的，这里不需要思想，消费吧，痛痛快快地消费吧！这就是所有电视和电影发出的最强音。艺术甚至是一种交易，而且能够交易的才是艺术。平等在这里受到了现代社会资本组织生产和消费的模式的决定，平等是工具理性的内容，也是它内在的一种追求。但是平等比工具理性之下的平等有更多的意义。

在 20 世纪中后期以来，对现代理性作出批判的还有福柯。他认为理性、启蒙、现代性是内在联系的。他认为康德对启蒙的探讨，实际上是对所谓现

---

① [德] 霍克海默、[德] 阿道尔诺:《启蒙辩证法：哲学片段》，渠敬东、曹卫东译，上海人民出版社 2003 年版，前言第 2 页。

② [德] 霍克海默、[德] 阿道尔诺:《启蒙辩证法：哲学片段》，渠敬东、曹卫东译，上海人民出版社 2003 年版，第 10 页。

③ [德] 霍克海默、[德] 阿道尔诺:《启蒙辩证法：哲学片段》，渠敬东、曹卫东译，上海人民出版社 2003 年版，第 23 页。

④ [德] 霍克海默、[德] 阿道尔诺:《启蒙辩证法：哲学片段》，渠敬东、曹卫东译，上海人民出版社 2003 年版，第 40 页。

代性态度的描述。“现代性是一种态度，它使得人得以把握现时中的‘英雄’的东西。现代性并不是一种对短暂的现在的敏感，而是一种使现在‘英雄化’的意愿。”[①] 这种英雄化的途径是让技术的重要性增加，政府自然压迫他人，理性、知识、权力和伦理等内在一致起来。权力渗透到社会的所有细节中，所谓平等也逃脱不掉，平等就是抹掉个性，在话语过程中统一起来的平等。这个社会发生了一种同质化的现象，这可能是人们需要的平等。但是，这种平等是可怕的，这个过程中，人们在技术性要素前面是同质化的。人类似乎没有实现自己的原来的设计，“‘启蒙’这一历史事件并没有使我们变成成年，而且，我们现在仍未成年”。[②] 虽然福柯对启蒙的批判很复杂，但对于工具理性的批判，尤其对以工具理性为核心的现代性的批判，还是比较明确的。这种批判指向人的同质化，在权力压迫下的同质化。

这些近乎悲观的看法，有很多人并不同意。哈贝马斯认为，霍克海默和阿道尔诺所理解的工具理性，已经激进和超越到如此程度，以至于认为工具理性把自身和权力混同起来，并因此而没有了批判力量。甚至道德和法律都没有合理的基础了，成为现代性的帮凶，成为控制人的技术主义的帮凶。但他们的理解并不可靠，因为，生产力的破坏性已经逐渐不明显了，资产阶级的意识形态的理想也没有失去意义。[③] 平等的追求依然有解放人类的意义。对于哈贝马斯来说，问题不是在批判自身，而是批判的方法、对象和语境发生了变化。权力和理性并不是对立的，虽然它们并不总是很融洽的。资产阶级的文化崩溃并不意味着这种文化中没有合理性潜力，没有有效性和规范性的要素在其中。福柯对于现代性的批判是深刻的，但是，不能把理性的潜力彻底否定。平等问题在后现代或者晚期现代性的条件下，依然是重要的问题。哈贝马斯的平等是一种话语的平等，是程序性为基础的平等，不是启蒙运动的形式性的平等，也不是马克思所追求的实质性的平等。

平等不是启蒙的专利，但是，使平等成为一种广泛的精神力量，成为现代社会的一种动力，却是启蒙的贡献。在当代，对平等的所有探讨，几乎都可以在启蒙运动时期思想家那里发现原型或者萌芽。人们对平等的认识也逐渐深入。首先，没有追求平等的政府，其合法性是不能保证的。在 18 世纪到 19 世纪广泛的社会革命中，“平等被构想成主要地是政治权利，它通过赞同来确定政府的正当性，而不是通过社会及经济结构方面的任何改革来证明政府的正当性。”[④] 其次，自由和平等的关系受到重视。在很多自由主义者那里，

---

①［法］福柯：《福柯集》，杜小真编选，上海远东出版社 2003 年版，第 534 页。

②［法］福柯：《福柯集》，杜小真编选，上海远东出版社 2003 年版，第 543 页。

③［德］哈贝马斯：《现代性的哲学话语》，曹卫东等译，南京：译林出版社 2004 年版，第 149—150 页。

④［美］卡里尼克斯：《平等》，徐朝友译，南京：江苏人民出版社 2003 年版，第 26 页。

自由和平等是对立的，自由是国家尽可能缩小其职责范围，而平等必须由国家来扩张其干预范围，让更多个人和社群得到实际的平等。[①]罗尔斯（John Rawls，1921—2002）将自由主义对自由的重视，转移到对平等的重视。对于诺齐克（Robert Nozick，1938—2002），平等仅仅是国家对于公民自由权利的平等保护，而不能涉及平等权利的实现。而有些论证认为平等和自由是相容的。再次，有论证认为，平等的根本含义是消极的，它并不在于消灭全部差别，而是消灭特定的一套差别，“当没有人占有或控制支配的手段时，男人们和女人们是彼此平等的”。[②]

也许中国近代到当代的启蒙运动中，平等观的演进和平等问题的发展，和世界范围内的平等问题的理论和现实具有一致性，当然也有自己的特点。

四、中国近现代以来社会中的启蒙与平等

中国自近代以来，多次遭遇外来侵略者的践踏。这激发了中国人民对于国家和民族之间平等的渴望，中国的启蒙一直没有离开过救亡的主题。19世纪末期到20世纪初，清朝自身的改良运动，企图启迪民智，维持自身统治，追求国家富强；20世纪早期以五四运动为代表的启蒙运动，努力争取避免亡国灭种，呼吁国强民富；20世纪80年代中国大陆有所谓的新启蒙，精英和民众们的赶超世界发达国家、实现现代化的梦想再次萌动，落后就要挨打成为共识，追求个体自由、平等和幸福逐渐成为主流。

从平等观来看，中国近代资产阶级改良派思想家康有为（1858—1927），从自然人性论出发，提出了“人性平等”的观点，精心设计了大同世界。戊戌维新时期的激进的思想家谭嗣同（1865—1898）对封建主义的纲常名教，特别是“三纲五常”逐一进行了批判，强调人与人之间的平等。中国近代史上的资产阶级革命家孙中山（1866—1925），在其三民主义学说中，平等思想占有十分重要的地位。“民族主义是对外人争平等的，不许外国人欺负中国人；民主主义是对本国人争平等的，不许有军阀官僚的特别阶级，要求全国男女的政治地位一律平等；民生主义是对于贫富争平等的，不许全国男女有大富人和大穷人的分别，要人人能够做事，人人都有饭吃”。[③]三民主义实际上就是争取平等主义，个人、种族和国家的平等追求也是关联的，单一主体追求平等并不能实现。这个思想非常深刻，在一定意义上，此后的启蒙似乎没有特别明确不同主体启蒙的不同要求和实现方式的差异，启蒙和救亡两立的

① [美] 卡里尼克斯：《平等》，徐朝友译，南京：江苏人民出版社2003年版，第29页。

② [美] 沃尔泽：《正义的诸领域：为多元主义与平等一辩》，南京：译林出版社2002年版，序言第4页。

③《孙中山选集》，北京：人民出版社1981年版，第903页。

思路就是如此。

五四运动时期，先进的知识分子高举民主与科学的旗帜，向一切反民主、反科学的黑暗势力进击。“德”先生包括了法律上之平等人权，反对封建专制、反对尊卑、贵贱的封建等级制度，主张“在法律面前人人平等”。在中国共产党领导革命和建设的过程中，平等是一个很重要的动员社会的口号，是其理论的重要组成部分。20 世纪 20 年代，中国共产党在《第一次对时局的主张》中，鲜明地提出取消列强在华特权、消灭军阀统治的反帝反封建的革命主张，和实行无限制普选制度，保障人民的各种民主权利，承认妇女平等权利等。20 世纪 30 年代，中国共产党主持下的第一次全国工农兵代表大会通过的《中华苏维埃共和国的宪法大纲》规定，不分男女、种族、宗教，在法律面前一律平等，保障人民享有政治、经济和文化的权利。在抗日战争时期，中国共产党领导的各抗日根据地政府制定的一系列条例法规，都规定人民在法律上、政治上一律平等。中华人民共和国成立后制定的宪法，规定“各民族一律平等”，“公民在法律面前一律平等”。毛泽东早在《新民主主义论》中就指出，“必须实行无男女、信仰、财产、教育等差别的真正普遍平等选举权”[①]。在 1949 年以后的几部宪法中，平等是处理人际、族际和国际关系的重要原则。[②]

中国历史和现实中的平等思想很复杂，比如，平等更多是革命的原因而不是它的结果，平等是阶级和阶层斗争的动员力量，可能也由于传统文化关系，平等和平均没有很好分开，这种平等似乎与民主没有关联。当下中国社会的启蒙中，平等问题依然是重要的问题。

20 世纪 90 年代以来，也许中国发生了一场真正的启蒙。在市场经济导向的改革下，社会思想和实践发生了重大变化。从历史上看，启蒙需要市场经济和法治国家的条件；反之，市场经济和法治国家也是推进启蒙、追求平等的条件。中国自 20 世纪 70 年代开始改革开放以来，尤其是 20 世纪 90 年来以来，人的理性的公开使用，人对自身个体的关注，对自身欲望的追求，推进了很多。比起近代一些时期的启蒙运动所获得的成果要多很多，当然要承担的启蒙的包袱也沉重很多，因为启蒙的条件依然并不充分。

如果说 20 世纪 80 年代中国知识分子对追求现代化、现代性上保持共识，那么 90 年代随着中国新的思想解放运动的开始，随着市场经济建设的推进，知识分子的态度和价值共性很快就分裂了，思想上的裂缝越来越深。比如，在平等问题分析上，当代国外的思想涌入中国，许多中国学者很熟悉罗尔斯、诺奇克和德沃金的平等观，在实践中也极力传播。问题是，随着现实的发展，人们已经对这种非阶级的分析有了一些新的认识，有学者提出重回不平等分

① 《毛泽东选集》第 2 卷，北京：人民出版社 1991 年版，第 677 页。

② 郑慧：《中西平等思想的历史演进与差异》，载《武汉大学学报》（哲学社会科学版）2004 年第 5 期。

析中的阶级模式。不少学者认为，阶级分析和分层研究两大范式的根本区别在于，前者关于社会不平等的基本假设是冲突论的，认为社会不平等是统治阶级的需要和权力强制的结果；而后者是功能论的，认为社会不平等是社会整体的需要和自由竞争的结果。因此，前者更关注社会剥夺和集体抗争，后者更关注地位获得和“市场形势”。有人认为，鉴于20世纪90年代后期以来中国社会形势日趋紧张，只有重新引入阶级分析视角，才能对中国社会不平等的结构和形成做出更有洞察力和前瞻性的分析。[①]

在当代世界范围内，不平等问题逐渐突出来，因为，随着新兴市场国家的发展，随着发达国家的发展阶段提升，不同发展程度和发展水平的国家之间以及各个国家内部，都存在严重的不平等。这些问题值得人们继续深入思考。在中国，经过马克思主义的改造，经过革命和建设的应用，在世界范围内多种平等观的影响下，启蒙运动的平等要求必将成为中国未来发展中的重要精神力量。

启蒙运动的伟大成果中，平等是一个重要的方面。启蒙运动虽然过去了，但是其中的批判精神和勇于追求平等的精神，是不会磨灭的。

参考文献

［美］赖尔、［美］威尔逊：《启蒙运动百科全书》，刘北成、王皖强译，上海人民出版社2004年版。

［英］伯林：《启蒙的时代——十八世纪的哲学家》，孙尚扬、杨深译，南京：译林出版社2005年版。

［美］德沃金：《至上的美德：平等的理论和实践》，冯克利译，南京：江苏人民出版社2003年版。

冯仕政：《重返阶级分析？——论中国社会不平等研究的范式转换》，载《社会学研究》2008年第5期。

［德］哈贝马斯：《现代性的哲学话语》，曹卫东等译，南京：译林出版社2004年版。

［美］托马斯·L.汉金斯：《科学与启蒙运动》，任定成、张爱珍译，上海：复旦大学出版社2000年版。

［德］霍克海默、［德］阿道尔诺：《启蒙辩证法：哲学片段》，渠敬东、曹卫东译，上

① 冯仕政：《重返阶级分析？——论中国社会不平等研究的范式转换》，载《社会学研究》2008年第5期。

海人民出版社 2003 年版。

［法］福柯：《福柯集》，杜小真编选，上海远东出版社 2003 年版。

［德］康德：《历史理性批判文集》，何兆武译，北京：商务印书馆 1991 年版。

［美］亚历克斯·卡利尼克斯：《平等》，徐朝友译，南京：江苏人民出版社 2003 年版。

李泽厚：《中国现代思想史论》，北京：东方出版社 1987 年版。

［法］卢梭：《论人类不平等的起源和基础》，李常山译，北京：商务印书馆 1962 年版。

［美］维拉·施瓦友：《中国的启蒙运动——知识分子与五四运动》，李国英等译，太原：山西人民出版社 1989 年版。

许纪霖、罗岗等：《启蒙的自我瓦解——1990 年代以来中国思想文化界重大论争研究》，长春：吉林出版社 2007 年版。

［美］沃尔泽：《正义的诸领域：为多元主义与平等一辩》，南京：译林出版社 2002 年版。

郑慧：《中西平等思想的历史演进与差异》，载《武汉大学学报》（哲学社会科学版）2004 年第 5 期。

（强乃社，中国社会科学院哲学研究所《哲学动态》与《中国哲学年鉴》编辑部副编审）

唐律的立法成就：价值理念与立法技术的统一

张　生

一、序说：法典编纂的历史传承

汉朝立国之初，曾将繁苛的秦法大幅度的删减。可是迫于建构稳定秩序的需要，汉律逐渐增长到60篇，律文之外还有科条、决事比、章句等，“凡断罪所当由用者，合二万六千二百七十二条，七百七十三万二千二百余言，言数益繁，览者益难。”[①]汉朝以后至隋朝的三四百年间，立法者在制定律典时，始终将“科条简明”作为修律的技术目标。《北齐律》确立了律典十二篇的体例，此后隋《开皇律》采纳“十二篇”体例作为统一王朝法典的框架，并将律典的条文数精简到五百条。隋《大业律》虽然篇目有所改动，可是沿袭了律文“五百条”的样态。唐朝最初编纂的《武德律》仿效隋《开皇律》，采取“十二篇”、“五百条”的旧制，仅增入五十三条新颁格，其余皆沿袭故旧。唐太宗继位之后重修唐律，于贞观十一年（637年）完成新律——《贞观律》。《贞观律》虽保持了“十二篇”的体例，但在内容上改动极大，“比隋代旧律，减大辟者九十二条，减流入徒者七十一条。其当徒之法，唯夺一官，除名之人，仍同士伍。凡削烦去蠹，变重为轻者，不可胜纪。”[②]《贞观律》在内容上的大改，却没有改变“五百条”的样态（参见下表）。

汉律至唐律篇目、条文数量简表[③]

律名	篇目数	条文数
汉律	60	不详
魏律	18	不详
晋律	20	620或630[④]

①《晋书·刑法志》。

②《旧唐书·刑法志》。

③ 表中律典篇目和条文数来源于《晋书·刑法志》《隋书·刑法志》《旧唐书·刑法志》《新唐书·刑法志》。

④ 据《晋书·刑法志》所载晋律“合二十篇，六百二十条，二万七千六百五十七言”；而据《通典·刑法一》所载晋律“合二十篇，六百三十条，二万七千六百五十七言”；《文献通考》《通志》均采晋律“六百三十条”之说。

续表

律名	篇目数	条文数
北齐律	12	949
隋《开皇律》	12	500
隋《大业律》	18	500
唐《武德律》	12	500
唐《贞观律》	12	500

《贞观律》奠定了唐律的制度基础，此后虽有唐高宗永徽年间的注疏，唐律转变成律文与疏议并行的《唐律疏议》，可是“唐律五百条”仍是律典的核心，在显庆年间、开元年间等历次修订中保持了条文整体的稳定。

《唐律疏议》是中华法系垂诸久远的鸿篇巨制，上承汉魏南北朝立法经验，下启宋元明清律典修订，以其“一准乎礼”，“得古今之平”[①]著称于世。良法为善治之前提。唐朝贞观年间至开元年间[②]，被后世史家称颂的治平盛世，即建立在唐律的制度基础之上。《唐律疏议》的核心是贞观十一年（637 年）修订完成的“唐律五百条”，其科条简要，理念清晰，并通过刑罚制裁将律、令、格、式等各种法律形式整合为一个统一的法律体系，将“治平理念”[③]融贯于整个法律体系之中。以往学者多有对《唐律疏议》条文的注释、律学成就与内容的阐述、各项具体制度的研究[④]，本文试图通过对唐律的规范技术分析，阐释“唐律五百条”是整个唐朝法律体系的核心，“治平理念”是“唐律五百条”着意揭示的核心价值，也是整个唐朝法律体系的核心价值。

二、唐律中的参照省略技术

唐律是一部“诸法合体，以刑为主”的律典，《唐六典·陆·刑部郎中员外郎》云：“凡律以正刑定罪”，其中大部分条文归属于“刑事法律规范”[⑤]。就律典而言，刑事法律规范又可分为总则规范和分则规范，唐律之《名例律》为统摄全篇的总则规范，其余十一篇几乎尽属于分则规范，此观点已成为学界通说。就定罪量刑的分则规范而言，又可以将其区分为“罪状”（规定犯罪构

---

①《四库全书总目·史部·政书类二》，北京：中华书局 1965 年影印本，第 712 页。

② 627 年至 741 年，大约一百余年的时间，其间主要为唐太宗李世民、唐高宗李治和武则天、唐玄宗李隆基在位。唐朝的治平盛世后来为安史之乱所打破，由盛转衰。

③《四库全书总目》中所谓“得古今之平”，实为“治平”，有学者进一步解释，就是现代社会的“公平”、“公正”的意义，参见苏亦工：《唐律“一准乎礼”辩证》，载《政法论坛》2006 年第 3 期。本文侧重于在实体正义的意义上解读唐律的“治平理念”，因而将“治平”在实质正义的层面约同于现代的“公正”。

④ 据王立民教授的统计（尚未计入硕、博士学位论文和部分论文集收录的论文），近 30 年（2014 年以前）研究唐律的著作有 19 部、论文 476 篇，参见《中国唐律研究三十年》，载《法学研究》2014 年第 5 期。

⑤ 中国古代并无近代部门法之区分，姑且以刑事法律规范加以假定。

成要件）和“法定刑”（规定具体的刑事制裁）。“罪状”（含罪名）与“法定刑”，构成了一个完整刑事法律规范。用“罪状”与“法定刑”去分析唐律分则规范，就会发现唐律中许多规定“罪状”和“法定刑”的条文，只“以（准）某”罪论，或者略书刑罚之等数，不具体规定犯罪构成和五刑之种类及量刑之轻重。要解读个中详义必须参照其他条款的内容，因此这种简省性技术可以称为“参照省略技术”。“参照省略技术”不单纯是一种语法上的表达方式，它更是立法者的精心设计，关涉到整部唐律的结构，并带有深层次的价值表达功能。以下对唐律第 58 条——《唐律·卫禁·阑入庙社及山陵兆域门》加以规范分析，具体阐释“参照式省略”的规范技术。

唐律第 58 条规定：“诸阑入太庙门及山陵兆域门者，徒二年；越垣者，徒三年。太社，各减一等。守卫不觉，减二等；主帅又减一等。故纵者，各与同罪。”[①] 在本条之内，只有 4 个句子，除去句读仅有 48 个汉字，却包含了 24 组具有严密逻辑关系的“罪状”与“法定刑”，即 24 个刑事法律规范[②]。以下用“罪状”与“法定刑”的逻辑框架对这 24 个规范加以还原分析。第一个句子包含了四个刑法规范：(1)罪状：阑入太庙门者，法定刑：处以二年徒刑；(2）罪状：阑入山陵兆域门者，法定刑：处以二年徒刑；(3）罪状：越太庙垣者，法定刑：处以徒刑三年；(4）罪状：越山陵兆域垣者，法定刑：处以徒刑三年。[③] 这四个规范中的前两个规范的“罪状”与“法定刑”是较为详备的表述，仅省略了主语（犯罪主体）。第二个句子“太社，各减一等”，包括了两个省略的刑法规范（即第 5、6 个规范），其“罪状”和“法定刑”采用了参照省略。“各减一等”为分别参照“阑入太庙（或山陵兆域）门”和“越太庙（或山陵兆域）垣”。完整的表述应该是：（5）罪状：阑入太社门者，法定刑：比照徒二年减一等（又依照《名例律》中有关“五刑”的规定，可知徒二年减一等为徒一年半；（6）罪状：越太社垣者，法定刑：比照徒三年减一等，即为徒二年半。由上可知，第二个句子中包含的“罪状”：阑入门者和越垣者；“法定刑”：“各减一等”须参照前一句的内容才能确知为：“阑入太社门者，徒一年半”和“越太社垣者，徒二年半”。依据（1）、（2）两个详备规范及总则规范，能够推知本条内其余规范法定刑的详备形态。

第三个句子“守卫不觉，减二等；主帅又减一等”中包含了 12 个“罪状”与“法定刑”（即第 7 至 18 个规范）的省略形态，其详备形态依次是：(7)、(8)

---

①《唐律疏议·卫禁律》，北京：中华书局 1983 年版，为简便起见，本文以下引唐律条文，仅注明条数。

② 以下用（1）至（24）来标记不同的刑法规范。

③ 按照《唐律疏议》的解释，太庙与山陵兆域为不同的场所，太庙为皇帝的祖庙，山陵兆域为皇帝先祖陵寝，只是因为危害程度相同，刑罚制裁相同，才并列加以规定，但是属于不同犯罪（罪名不同，刑罚相同）。

罪状：守卫不觉阑入太庙及山陵兆域门，法定刑：减（1）“徒二年”二等，即为徒一年；（9）、（10）罪状：主帅不觉阑入太庙及山陵兆域门，法定刑：减（1）“徒二年”二等，又减一等，即为杖一百；（11）、（12）罪状：守卫不觉越太庙及山陵兆域垣，法定刑：减（2）“徒三年”二等，即为徒二年；（13）、（14）罪状：主帅不觉越太庙及山陵兆域垣，法定刑：减（2）“徒三年”二等，又减一等，即为徒一年半；（15）罪状：守卫不觉阑入太社门，法定刑：减（3）“徒一年半”二等，即为杖一百；（16）罪状：主帅不觉阑入太社门，法定刑：减（3）“徒一年半”二等，又减一等，即为杖九十；（17）罪状：守卫不觉越太社垣，法定刑：减（4）“徒二年半”二等，即为徒一年半；（18）罪状：主帅不觉越太社垣，法定刑：减（4）“徒二年半”二等，又减一等，即为徒一年。

第四个句子“故纵者，各与同罪”中又包含了6个（即第19至24个）省略形态的刑法规范，其详备形态应是：（19）、（20）罪状：故纵阑入太庙及山陵兆域门，法定刑：与（1）同罚，徒二年；（21）、（22）罪状：故纵越太庙及山陵兆域垣，法定刑：与（2）同罚，即为徒三年；（23）罪状：故纵阑入太社门，法定刑：与（3）同罚，即为徒一年半；（24）罪状：故纵越太社垣，法定刑：与（4）同罚，即为徒二年半。

本条之内以（1）、（2）两个详备形态的“罪状”与“法定刑”为基础，衍生出22个省略形态的刑事法律规范；后面22个省略形态的“罪状”与“法定刑”与前面两个详备形态的“罪状”与“法定刑”都存在着参照关系。以上唐律第58条仅是参照式省略的一例，唐律中此类省略技术运用得极为普遍。参照式省略，一般将“侵害主体”、“社会危害性”作为参照基础，以“法定刑”的轻重作为合并同类项的标准，此种省略技术的运用不仅可以简省文字和条文，还可以建立起“罪与罚”数量上可比较的公平体系：重罪重罚，轻罪轻罚，罚当其罪。

三、唐律中的补充条款与援引条款以及体系化规范

（一）补充条款

唐律的制定者，在尽量做到“断罪皆有正条”的同时，也预见到“人类的理性是有限的”，唐律不是包罗无遗的金科玉律，因而在明确的条文之外，还设计了两种“补充条款”：类比条款、弹性条款。

《唐律·名例》之“断罪无正条”，是典型“类比条款”。唐律第50条：“诸断罪而无正条，其应出罪者，则举重以明轻；其应入罪者，则举轻以明重。”

> [疏]议曰：“举重以明轻：（贼盗律）夜无故入人家，主人登时杀者，勿论。（假有折伤，何论）举轻以明重：（贼盗律）谋杀期亲尊长，皆斩。

（无已杀、已伤之文，始谋即为完备）如杀死、杀伤期亲尊长何论？”

该条是原则性的规定，在犯罪行为没有相应的律文加以规定时，可以类比“正条”（并非“相关条款”）轻重相举以断罪。其疏议所举事例更进一步说明“轻重相举”并非一般的类比定罪，而是犯罪行为当然涵摄于“正条”的逻辑范围之内。“轻重相举”作为一个原则性规定，省略了具体的“罪状”与“法定刑”，它可以使“正条”发挥逻辑的涵摄功能，现有的条文发挥更多的规范功能。

《唐律·杂律》之“不应得为条”，是最为典型的“弹性条款”。唐律第450条规定：“诸不应得为而为之者，笞四十；事理重者，杖八十。”

［疏］议曰：“杂犯轻罪，触类弘多，金科玉律，包罗难尽。其有在律在令无有正条，若不轻重相明，无文可以比附。临时处断，量情为罪，庶补遗阙，故立此条。情轻者，笞四十；事理重者，杖八十。”

该条的“罪状”为“不应得为而为之”，何为“不应得为”？律条及疏议中都没有更为具体的说明。“不应得为”为一种概括性规定，在适用该规范时，它具有很大的解释弹性，可以根据具体社会情景、具体的行为主客观要件来把握。此种“弹性条款”，如同近代以来《德国民法典》《瑞士民法典》中的“善良风俗”、“诚实信用”、“权利不得滥用”等条款一样，抽象掉（有意省略）具体的构成要件，仅规定行为性质之标准，便于裁判者“临时处断，量情为罪，庶补遗阙”。“不应得为”条的量刑幅度从笞四十到杖八十，跨越了五个刑罚等级，无疑严重违背了近代以来的罪刑法定。可是如果回到唐朝，在一个只有几个人的县政府，如果县长没有任何强制力、没有任何自由裁量权，一个县将难以维持基本秩序；并且，该条将处罚明确区分为两个级别，危害轻微的处以笞四十，事理重者，不过杖八十。笞、杖刑属于五刑较轻的两个等级，属于教化惩戒之罚，与近代“行政处罚”、“轻罪罚”相近似，因而唐代的立法者授予基层官员的处罚权是适当的，其对百姓的权威性副作用是通过程序可控的。

（二）援引条款

所谓援引条款，就是指某一律文只明确规定了“罪状”与“法定刑”中一项，未明确的内容需要援引其他法律渊源或其他条文，本条与援引条文结合起来才可以发挥正常的定罪量刑功能。唐律中的援引条款主要有两种类型：律外援引和律内援引。

《唐律·杂律》之“违令条”属于律外援引条款。唐律第450条规定：“诸违令者，笞五十；别式，减一等。”

［疏］议曰："令有禁制，谓仪制令'行路，贱避贵，去避来'之类。礼部式，'五品以上服紫，六品以下服朱'之类，笞四十，物品仍没官。"

"违令条"之规定了"法定刑"，却没有规定"罪状"，该条据以定罪量刑的"罪状"，需要援引唐令、式等其他法律渊源。唐之令、式数量庞大，规定了多种应然性行为，对违反规定者有矫正性规定，却多没有严厉惩治，严厉惩治仅在律典中加以规定。因此，"违令条"实际是衔接令、式与律的条文，使令、式之处罚统一于律典，也使得国家整个法律体系的强制制裁符合统一的公正标准。

律内援引在唐律内更为多见，此类条款中的法定刑部分仅指明"以（准）某罪论"，此外没有具体规定。定罪量刑时，须按照"以"、"准"等指示语之后的罪名，转借该罪名之下的法定刑。兹举唐律第 284 条为例加以说明。唐律第 284 条规定："诸故烧人舍屋及积聚之物而盗者，计所烧减价，并赃以强盗论。"本文之内关于罪状叙述得较为详细，而法定刑却是虚语，仅指明"并赃以强盗论"，未具体叙明可直接适用的刑罚。依本条科罚时，还须转借关于强盗罪（第 281 条）的规定。于是强盗罪的法定刑被隐含地适用于第 284 条了。

按照"以……论"、"准……论"、"依……法"等指示语的不同，又可以把唐律中的律内援引分为以下几类：

1. "以……论"：唐律第 236 条中有"以乏军兴论"，289 条中有"以斗杀伤论"，208 条中有"以受所监临财物论"，212 条中有"以盗论"，286 条中有"以强盗论"，419 条中有"以出入人罪论"，472 条中有"以枉法论"，等等。

2. "准……论"：唐律中最多见的是"准盗论"，在 192 条、203 条、217 条、409 条、418 条、419 条、420 条、421 条、425 条、435 条、437 条、463 条等三十多个条文中都使用这种句式。此外还有"准枉法论"、"准受监临财物论"等等。

3. "从……法"：唐律 263 条中有"从过失杀人法"，257 条中有"从劫囚法"，270 条中有"从常盗之法"，327 条中有"从凡斗法"，等等。

4. "依……法"：253 条中有"依故杀法"，273 条中有"依凡盗法"，289 条中有"依窃盗法"，等等。

5. "同……法"：199 条中有"同私驮载法"，275 条中有"同私有法"，294 条中有"同斗殴杀法"，318 条中有"同凡斗法"等等。

另外需要指出的是，唐律中常常把参照省略技术与律内援引条款复合使用，诸如："减盗二等"（210 条）；"加斗伤二等"（311 条）；"准盗论减一等"（375 条）；"减故失三等"（478、486 条）；"戏杀伤减斗杀伤一等"（338 条），等等。此种条文中既有"加（减）数等"，又有"以（准）……论"，只不过是叠加使用，仍不出参照式省略和律内援引条款的范围。

（三）唐律的体系化规范设置

中国自春秋末年公布成文法以来，古代立法者无不强调法律必须文字平白易晓，能为普通百姓所熟知。唐律何以在条文中大量运用“参照省略技术”、不明确的“补充条款”和“援引条款”，冒着语焉不详的风险？其实，唐律中的“参照省略技术”、“补充条款”和“援引条款”，并不影响对律文的理解与适用，其奥妙就在于唐律结构上的精巧设计。唐律在总则规范中设置了三个逻辑前提，这三个逻辑前提为解读和还原省略条文所必不可少。这三个逻辑前提分别是：

其一，叙明五刑之差等，以及五刑加减运用的原则。《名例律》以五刑开篇，笞刑五等，杖刑五等，徒刑五等，三流二死依次由轻入重。在《名例律》篇末，对于五刑之加、减又有明文：“诸称‘加’者，就重次；称‘减’者，就轻次。惟二死三流同为一次。”有此前提，“减某刑数等”、“加某刑数等”之类的法定刑省略形式，都可轻易推算出具体刑罚等级。

其二，设置了明细的等级身份制度。唐律分则规范以凡人或常人（庶民之成年男子），为抽象的犯罪主体。有官爵者，老幼、残疾、妇女、奴婢、贱民等特殊犯罪主体，除“本文别有制外，皆须参照《名例律》中的身份制度拟断；宗法之亲等亦是重要的裁断准据，不同于凡人相犯”。综此种种，《名例律》中虽无独立的身份制度，却散见各条，至为详备。

其三，《名例律》对“以……论”、“准……论”等援引指示语有特别诠释[①]，为解读“以枉法论”、“以盗论”、“以故杀伤论”、“准盗论”、“准枉法论”，“准受监临财物论”等等，罪状省略和法定刑省略提供了依据。《名例律》有云：“称‘以枉法论’及‘准盗论’之类，皆与真犯同”；涉及官吏除名、免官、赔赃等附加刑的，“其除、免、赔赃悉依正犯。”由此可知，凡“以某罪论者”，在科刑时，完全可以援引“某罪”之下的法定刑；主刑、附加刑皆是如此。《名例律》又云：“称‘以枉法论’、‘准盗论’之类，罪止流三千里，但准同罪。”言明了，“准某罪论”者援引“真犯某罪”的法定刑时，是有保留的。只有在最高法定刑为流三千里以下时，方可完全援引“真犯某罪”的主刑；“并不在除、免、赔赃、监加罪”之例，附加刑不可援引。后世律学家对“以”、“准”等法定刑指示词进行了更为深入系统的研究，清人王明德在《读律佩觿》中云：以者，非真犯也，非真犯而情与真犯同，一如真犯之罪罪之，故曰：“以”。又

① 本文只就唐律中的“以”、“准”两字做了分析，到了宋代，傅霖在《刑统赋解》中对《宋刑统》（律文与唐律基本相同）“以、准、各、皆、及、其、即、若”八个字都有详解。清代律学家为了强调上述八个字，而将其称作“律母”，王明德说：“必于八字义，先为会通融贯，而后可与言读法。”（参见王明德：《读律佩觿》，北京：法律出版社 2001 年版，第 2 页）由此可见援引指示词在整个律典中的重要作用。

云："准者，与真犯有间，用此准彼也。所犯情与事不同而迹实相涉，算为前项所犯，为合其罪而不概如其实，故曰：'准'"。清代另一位律学家吴坛认为："以"、"准"等词在法典中有收属连贯之效，"乃五刑之权衡也"。可见，"以"、"准"等词不只是一种局部性技术，而是关涉到整部法典的结构上的统属。

唐律的分则规范在条款设置上呈现出"详略结合"的特征，内容详备的条款为法定刑省略的条款提供了参照和援引的前提。再以前文分析过的唐律第 58 条（《唐律·卫禁·阑入庙社及山陵兆域门》）为例，在一条之内有 24 个规范，其中只有前两个规范的法定刑是详备的，其余 22 个规范罪状和法定刑的省略就是建立在前两个详备规范的基础上。又如，唐律中关于"坐赃致罪"的正条只有第 389 条一条；而援引此条以"坐赃论"的款项达近四十个[①]。实际上，详备的条款虽少，却起到了由繁生简，由简驭繁的作用。

唐律总则规范中所规定的五刑加减、身份等级、援引指示词的运用规则，都为唐律分则规范省略设定了结构上的大前提；分则规范中的详备规范又为省略刑罚提供了结构上的小前提。据此小前提，唐律分则规范的法定刑得以省略，同时又达到了律文简约、律意明确的效果。

四、唐律五百条的价值意义

唐律之条文数——五百，是立法者所设计的"律典价值符号"，并非是立法者在编纂法典时，写到最后一个条文恰好是五百条。在以上"参照省略技术"部分，我们分析了唐律是一个紧密联系的整体，唐律是整个唐朝法律体系的核心，其分则条文之间，分则条文与总则条文之间，律条与令、式之间都是紧密联系的一个整体。唐朝的法律体系条文众多，形式多样，那么这个体系的核心价值理念是什么？唐律的条文数量——五百，就是立法者用以揭示唐律的核心价值，也是用以揭示唐朝法律体系的核心价值——"治平"的。

五，为会意字。从二，从乂。"二"代表天地，"乂"表示互相交错。《周易·系辞上》中有言："天数五，地数五。"东汉许慎在《说文解字》中对"五"的解释是：本义交午，纵横交错。中国古人将世界的本体解释为由五种元素——金、木、水、火、土组成的；将空间用五方——东、西、南、北、中来标识；音乐分为宫、商、角、徵、羽五音；在"家国天下"秩序中居于至高无上地位的皇帝号称作"九五至尊"。在阴阳学说中，奇数为阳，偶数为阴；德礼为阳，刑罚为阴。一、三、五、七、九这些奇数代表阳，而五这个数字在阳数序列里居其中，处在不偏不倚的位置，符合儒家"不偏不倚"的中庸

① 唐律 136、197、205、209、213、214、215、216、218、222、240、241、242、244、356、380、397、408、419、420、423、424、425、427、430、431、441、443、447、448 等条中皆有转借 389 条法定刑的情况。

治平思想，也就是我们现代所谓的“公平”之意。百，为偶数，在阴阳学术中属于阴。五百是阴数，符合刑法之阴的属性。五百之数，是以阳主阴之数，虽为阴数但以阳为主：刑法之制定“一准乎礼”，刑法之实施要“明德慎罚”，如唐律开篇所谓“德礼为政教之本，刑罚为政教之用，犹昏晓阳秋相须而成者也”。[①]从唐律的“参照省略”、“补充条款”、“援引条款”等规范技术运用来看，唐朝的立法者实际上具有了选择设计律典条文数量的能力，例如前文所分析的第58条，一个条文仅用48个字，就表达了24个刑事法律规范。立法者期望把唐律制定成多少条，就可以制定成多少条。基于如此纯熟的立法技术，唐朝立法者虽对隋律修订了上百处，但始终保持律典为五百条[②]，五百条是律典的核心价值，也是整个唐朝律令体系的核心价值——公正，即实现仁德之善治。唐律五百条为“治平理念”的数字符号，若以现代语言加以表达，就是以公平正义为法律的核心价值，刑罚并非目的，刑罚及其规范设置都以实现公平正义为旨归。唐律不仅立法技术精良，其立意更为深刻高远，可谓形神具妙。

（张生，中国社会科学院法学所教授）

---

①《唐律疏议·名例疏议》。

② 据《旧唐书·刑法志》所载：“玄龄等遂与法司定律五百条。”我们现在看到的唐律为502条，有学者解释为宋朝传抄者将故唐律第98条、327条分别多抄出一条所致（将一条抄成了两条），参见钱大群：《唐律疏议新注》，南京师范大学出版社2007年版，第1页，注释2。

需要“实质性内容”的公法学

——赫尔曼·黑勒公法学思想论析[①]

李哲罕

一、一战后德国公法学界概况

如果按照学界通常所认为的，第一次世界大战对当今世界产生了巨大的，乃至决定性的影响，那么他们一定是指与在“一战”前后兴起的“民族自决”这个范畴相关联的政治思想上的转变。“民族自决”这个范畴将欧洲启蒙运动以来的“普遍性”问题转化为“特殊性”问题，并将“民族国家”问题推进到一个新的高度。可以说，第一次世界大战不但不是自由主义的胜利，而且还是一种典型的衰退。在两次世界大战之间的欧洲所酝酿和发酵的各种思潮之间相互激荡的场面，正如托马斯·曼在《魔山》中所预示的一般：欧洲上空阴云密布。

这些思潮也深刻影响和塑造了魏玛共和国时期的公法学思想。在第一次世界大战战败后的德国，占据支配地位的仍然是延续自第二帝国后期以来以新康德主义哲学为方法论的实证主义法学传统，并由于其和社会民主党及《魏玛宪法》的密切联系，而成为魏玛早期的显学。[②]不过也正是因为实证主义法学和《魏玛宪法》之间的关系，当魏玛共和国陷入内外交困之际，实证主义法学也就成为了新兴一代公法学家批判的对象。这场批判甚至成为了一场浪潮。正如有论者已经观察到的：“任何人在上世纪20年代初前来波恩研究宪法，马上会发现此处弥漫着一股反对传统的宪法实证主义之气氛，这种新

---

① 本文首发于《浙江学刊》2016年第2期，系国家社科基金青年项目“德国法治国观念研究”（项目号16CZX039）阶段性成果。

② 在这里厘清一下实证主义法学、新康德主义法学、纯粹法学派这三者的关系。简言之，早期的实证主义法学是和自然法学派相对，认为法律作为人类制定的实定的规范系统，与道德之间并不存在必然联系；新康德主义法学以新康德主义哲学为方法论，即区分了“是”与“应当”，强调对“实定法律”的分析，而非对“应然价值”作出判断；纯粹法学派，即以本文所涉的凯尔森为代表，认为要将法律的“形式”和“内容”区分开来，法学主要是研究作为形式性的法律规范（因此又有“形式法学”这一说法），而应将诸如道德问题与政治问题等内容从其中摒除出去。这三者之间存在着细微差别，但本文所侧重的是它们之间一致的部分。

兴宪法学说是以三位教授为代表——西门教授（即斯门德）、考夫曼教授，以及卡尔·施密特（即施米特）教授……尽管三人在见解方面稍有差异，但是这三位学术界的巨擘，的确把德国的宪法思想导入了人文与历史的因素，并且使波恩成为‘新宪法学’之中心。这个新的宪法理论用来反对宪法实证主义、规范主义及形式主义等三个传统宪法思想原则的口号，便是：宪法的现实性，以及宪法价值。”[①]

如果说源于启蒙运动和罗马法复兴运动的实证主义法学是一种追求与价值问题无涉的形式法学思想，那么后来兴起的并与之相对的反实证主义法学则希望将“内容”——分析的剩余物，即历史的、政治的、形而上的、宗教的内容，或者社会实在、经验内容等等——重新注入法律规范系统之内。诸如本文所讨论的黑勒的需要“实质性内容”的公法学。[②] 虽然我们可以在魏玛之前的德国公法学传统中找到历史法学派等与魏玛时期的反实证主义法学相近的观点，但是我们同样甚至更应当把这股对实证主义法学批评的浪潮视作是 20 世纪初兴起的试图克服法的规范主义并为私法寻找本质—价值的自由法运动（Freirechtsbewegun）在公法领域的展现。

在这股一战后新兴公法学家们对实证主义法学批判的浪潮中，有一位被中文学界所忽视，但却又非常重要的公法学家——赫尔曼·黑勒。赫尔曼·黑勒（Hermann Heller, 1891—1933，也被译为赫勒、海勒）是出生于奥地利的犹太裔德国公法学家、社会民主党党员。黑勒曾求学于基尔、维也纳、格拉茨和因斯布鲁克等大学：其中他 1913 年夏季学期在维也纳大学曾听过凯尔森的课程，1915 年在格拉茨大学获得博士学位，1920 年加入社会民主党并在著名的新康德主义法学家古斯塔夫·拉德布鲁赫的指导下于基尔大学获得授课资格。可以说，黑勒在学术生涯早期是和许多同时期的德国法学家一样，是在一个新康德主义法学色彩非常浓厚的氛围中接受了系统的学术训练，但是他后来则背弃了这个传统。黑勒和拉德布鲁赫后来因为学术和政治志向上的分歧而分道扬镳，1922 年去莱比锡大学任教，并从事社会民主党的成人教育工作，1925 年就社会民主党的政治方针问题与马克斯·阿德勒展开争论，1926

---

① 陈新民：《公法学札记》，北京：中国政法大学出版社 2001 年版，第 150—151 页。

② 在德国公法学史上，与著名的实证主义法学家拉班德同一时代的黑内尔（Albert Hänel，1833—1918）为拒绝拉班德把重要的历史和政治内容从国家法学说中驱逐出去，构建了以“实质性内容”为基础的国家法学说。参见［德］米歇尔·施托莱斯：《德国公法史（1800—1914）：国家法学说和行政法》，雷勇译，北京：法律出版社 2007 年版，第 474—479 页。在黑勒对拉班德继承人凯尔森的批判中，他持有与黑内尔相似的观点，即试图将实证主义法学为构建实定法的规范体系而剔除出去的“实质性内容”重新注入实定法的规范体系内部。“实质性内容”只是一个归纳，而黑勒本人在著作中经常以历史、伦理、政治、社会实在或者经验内容等来指代这个对象。非常巧合的是，黑内尔在 1863 年到 1918 年逝世之前一直任教于基尔大学，黑勒在 1912 至 1913 年，以及 1918 至 1920 年都曾在基尔大学学习，但笔者并未看到有直接的文献材料支持黑内尔和黑勒之间的联系。

年加入柏林的威廉皇帝外国公法研究中心，1928年在柏林大学获得助理教授职位，1932年获得法兰克福大学教授职位，同年在普鲁士诉帝国（Preußen contra Reich）一案中与施米特交锋，后流亡国外，1933年客死西班牙。黑勒所有的作品都是发表于1919年至1933年这段时间，恰好和魏玛共和国的存续时间重合，并在其身后被收录于三卷本的全集中。[①]

我们下面对黑勒公法学思想的考察主要是基于他对凯尔森和施米特的批判而展开，在这背后有两条贯穿黑勒公法学思想的线索：第一，他基于新黑格尔主义反对新康德主义法学的“实质性内容”的公法学思想；第二，他作为社会民主党右翼成员的政治立场对其公法学思想实践面向的影响。这两条线索也正分别对应于黑勒著作中唯一被翻译为中文的《国家学的危机 社会主义与民族》这两篇长文的主旨。

二、黑勒对凯尔森的批判

以凯尔森为代表的实证主义法学的主要观点认为，法律规范系统作为一个逻辑上封闭而又自足的系统，可以对其实现完全的理性化。换言之，凯尔森式的实证主义法学因为讲求法律规范系统内部在形式逻辑上的自洽性而不能处理社会中多元存在的分歧所导致的矛盾和偶然性，所以他们所能做的就只是将这些法律的形式逻辑所不能分析的矛盾和偶然性视为非法律的问题或者说是形而上学的可疑对象——即所谓分析的剩余物，亦即本文所指的“实质性内容”——并将它们剔除出去，进而构建自身的法律规范系统。实证主义法学的目的即是以去人格化和去意志化——即以客观明晰之法律规范系统——来寻求对主权者恣意的限制和对社会行为之可预见性的保证。

与之相对，诸多魏玛时期的新兴公法学家认为实证主义法学这种抽象的法律科学及以其为基础构建的“自由法治国”并不足以整合造成魏玛议会民主制危机的多元分歧。结果是，凯尔森对国家和法制秩序的界定同时遭受到来自于那些试图推翻共和国的人和那些试图捍卫共和国的人两方面的抵制。

反实证主义法学和实证主义法学在理论上的争论焦点主要有以下两个。第一，在方法论层面“是”与“应当”，或者说“实然”与“应然”、“形式”

---

① 关于赫尔曼·黑勒的生平介绍可以参见刘刚《在理性与决断之间——赫尔曼·黑勒的生平、思想与影响》的第一部分，刊于［德］赫尔曼·黑勒：《国家学的危机 社会主义与民族》，刘刚译，北京：中国法制出版社2010年版，序言，第1—6页。另可参见 Ellen Kennedy. Introduction to Hermann Heller. in Economy and Society, 16:1（Feb., 1987）；David Dyzenhaus. Introduction of the Chapter Hermann Heller. in Jacobson, Arthur J. & Bernhard Schlink (eds.): Weimar: A Jurisprudence of Crisis, Oakland: University of California Press, 2002。

和“内容”的关系上：实证主义法学认为法律本身就是实定的法律规范系统，而作为目的的“应然的价值”需要被隔绝在外；反实证主义法学认为法律应该不仅只是实定的法律规范系统层面的问题，还应该融合或者包含作为目的的“应然的价值”。第二，在“正当性”和“合法性”这对贯穿近现代德国政治哲学思想的范畴之间的关系上：相较于实证主义法学将“合法性”等同于“正当性”（或者说将“正当性”消解为“合法性”）的做法，它的批评者们认为这两者之间存在着不可还原的巨大差别，“正当性”应该是法律规范系统之外的“实质性内容”，而且“正当性”决定“合法性”。黑勒在其遗稿《国家学》中指出：“在对自身社会功能的解释上，任何一个国家权力都不仅需要致力于在法律技术层面上的合法性，而且也还要致力于自我维续、致力于对其实定法或习俗规范的一个伦理证成，换言之，即致力于正当性。”①

黑勒的公法学思想正是在他对凯尔森的纯粹法理论的批判中展露出自身的特点。如前所述，凯尔森的纯粹法理论是当时实证主义法学发展的最新阶段，在对法律规范系统进行的去人格化和去意志化方面做得非常“纯粹”，但黑勒对其所作的批评正是指出凯尔森这种削去了人类学—社会学基础的法学思想作为国家法学理论在内在理论上的不足和在外在运作中的无效，并试图在对凯尔森的批判当中，创设出一个以“社会实在”作为基础的、具有“实质性内容”的公法学理论以作为社会协调统一和克服魏玛危机的基础。

在 1928 年德国国家法教师联合会（Vereinigung der deutschen Staatsrechtslehrer）大会上，黑勒和凯尔森有过正面的交锋，但黑勒早在 1926 年出版的《国家学的危机》一书中就已经充分展开了自己对凯尔森的批判。黑勒在此书中首先对国家学进行了漫长的理论背景梳理：他认为，自第二帝国后期以来，从拉班德到耶利内克再到凯尔森这条脉络中的实证主义法学家们的主要工作就是为了构建出一个“自由法治国”，而他们的方法或者基础就是将个人意志和“社会实在”摒除掉之后的那个封闭的而又在逻辑上自洽的实定的法律规范系统。黑勒认为，国家学的主要研究对象正是凯尔森所试图剔除掉的“实质性内容”，因为它们才是法律规范的“正当性”来源。黑勒指出：“（对实证主义法学而言）自始就被看作国家思想中最重要的那些问题，如国家的本质、现实和统一问题，国家的目标和‘正当性’问题，对法和权力之间关系的研究，以及这类国家问题与社会概念之间的关系，都将被看作是超法律的问题，而被放逐出国家学的领域。然而谁要是无视这些问题，放弃一般国家学，而只专注于国家法学，那么，他就将忽视实然、意义和应然构成的真正框架，而陷于严重的错误当中。因为法律规范无法从历史—社会的实然和价值观中完全脱离出来，否则这些规范就将变得毫无意义和

---

① Hermann Heller. Staatlehre. Gesammelte Schriften, Bd. III, Leiden: Sijthoff, 1971, S. 355.

内容。"[①]

黑勒进而指出，凯尔森不但在国家法学研究对象的界定上犯了错误，而且他所代表的实证主义法学就方法论上而言也是站不住脚的，因为它所"面对的虽然是经验科学和文化科学的研究对象，采用的却是规范科学的方法。"[②]黑勒对与他同一时代的德国国家学，即实证主义法学占据主导地位的国家学的消极评价是："实证主义法理学对社会学、形而上学和伦理学敬而远之，它单枪匹马地争取一种据称独立于价值和事实的形式主义的努力，都注定了它在面对一般国家学的所有真问题时的毫无作为。"[③]此外，我们还应当注意到，黑勒对凯尔森实证主义法学的批判是超越方法论问题本身而有极为强烈的现实政治背景的，所以黑勒除了在理论上批评实证主义法学在方法论上和在诸如国家等基本范畴的认识上的问题之外，还认为实定法如果忽视经验性的"社会实在"就将不能处理社会—政治现实运作中的问题。

但是这并不意味着黑勒完全否定了实证主义法学的价值，他认为，实定的法律规范是为了实现作为目的的"应然的价值"的手段，而非本身就是目的，伦理性的"社会实在"需要通过法律规范系统才能得以实现，即"伦理性法原则必须通过国家所制定的法语句，才能成为法现实。"[④]他之所以反对凯尔森的纯粹法理论，原因在于凯尔森抽取掉了本应该作为实定法基础的"实质性内容"，这不仅使国家学理论成为在法律规范系统内部的空洞的逻辑分析，无法实现"实然"与"应然"的融合，而且也无法为国家提供"正当性"，无法处理社会中存在的矛盾和偶然性，无法把魏玛德国时期存在的各种离心势力整合于一个共同体的框架之内。

因此，我们在下文的考察中将认识到黑勒的公法学理论正是致力于将"实质性内容"和实证主义法学两者相结合。

三、黑勒的"社会法治国"思想

黑勒在对凯尔森进行批判之后，所要做的就是提出自己对于解决魏玛宪政危机的方案。在此，我们要考察他的国家法理论，才能充分理解他所要重新注入实定法律规范系统的"实质性内容"及他要超越实证主义法学"自由法治国"的"社会法治国"二者的含义。

---

① [德]赫尔曼·黑勒：《国家学的危机 社会主义与民族》，刘刚译，北京：中国法制出版社2010年版，第11—12页。

② [德]赫尔曼·黑勒：《国家学的危机 社会主义与民族》，刘刚译，北京：中国法制出版社2010年版，第11页。

③ [德]赫尔曼·黑勒：《国家学的危机 社会主义与民族》，刘刚译，北京：中国法制出版社2010年版，第10页。

④ Hermann Heller. Staatlehre. Gesammelte Schriften, Bd. III, Leiden: Sijthoff, 1971, S. 332.

黑勒在1930年的《法治国或专制国》中对“社会法治国”有一个直接和相对简单的定义：“在这个国家中，可以基于普遍选举的前提，通过民主立法，而非通过资产阶级建立专政国家的方式来实现社会的根本变革。”[①] 虽然从这个定义中我们可以看到，黑勒的“社会法治国”是民主国和法治国，它有别于资产阶级民主和资产阶级专政，也有别于无产阶级民主和无产阶级专政，但是这对我们理解黑勒“社会法治国”的实质而言，还是不够的。

黑勒的公法学思想在方法论上主要受到新黑格尔主义社会哲学家汉斯·弗莱尔（Hans Freyer）的“现实科学”（Wirklichkeitswissenschaft / Science of Reality）及以弗莱尔和社会学家西奥多·利特（Theodor Litt）为代表的“莱比锡学派”的影响，[②] 即要去探究社会中集体存在的生活形式，认为社会现实是一种在历史进程中不断更新演变的成型过程，是人类文化创造的现象，而且社会形成是一种不断的辩证过程。[③] 同时，黑勒的公法学思想处处直接地透显着黑格尔法哲学思想的影响，这典型地体现在他一直辩证地围绕着国家、民族—社会和文化这些概念来构建自身的法学思想。加之黑勒作为社会民主党右翼成员积极投身政治论辩和政治实践，这些因素都构成了其“社会法治国”的背景。

正如黑勒在1920年的授课资格答辩上对黑格尔的国家概念所做的辩护，在1925年社会民主党内部与马克斯·阿德勒的争论中，他指出国家和民族在社会主义运动中的重要性。[④] 国家这个范畴在黑勒的思想中具有非常重要的地位，这些观点在他出版于和阿德勒论战后不久《社会主义与民族》中得到表述。如前所述，对黑勒而言，国家并不是形式性的——诸如凯尔森式的法律规范构成的系统，也不是由实证主义法学所预设的由分立的个人私利聚合起

---

① Hermann Heller. Rechtsstaat oder Diktatur. Gesammelte Schriften, Bd. II, Leiden: Sijthoff, 1971, S. 450.

② 黑勒的著作中经常援引弗莱尔和利特，但更为巧合的是几人在生平事迹上的短暂重合：弗莱尔1922年从莱比锡去基尔任教，1925年则回到莱比锡并一直在莱比锡任教到二战结束后；利特则在1920—1937年一直任教于莱比锡，弗莱尔和利特代表了所谓关于辩证思考和关于历史和社会考察进路的“莱比锡学派”。黑勒则于1922年离开基尔去莱比锡任教，那时利特已经在莱比锡了，在1926年黑勒离开莱比锡之前，弗莱尔也早已回到莱比锡。通过弗莱尔和利特的影响，特别是弗莱尔关于“民族共同体”的观点，黑勒发展了自身原本新黑格尔主义的倾向，以克服新康德主义法学的影响。

③ 参见钟芳桦：《法规范的三个社会基础：论Hermann Heller的法概念论》，载《中原财经法学》（台湾桃园）2005年第12期，第12页。

④ 黑勒与阿德勒的争论主要是围绕在国家和民族在社会主义运动中的作用上，黑勒认为国家和民族在此过程中具有非常重要的作用，而阿德勒则倾向于支持社会主义的国际主义，具体可以参见Hermann Heller. Korreferat von Max Adler. GesammelteSchriften, Bd. III, Leiden: Sijthoff, 1971。黑勒在这方面的观点非常类似于在20世纪20年代奥地利维也纳的社会民主党知识分子们——诸如卡尔·伦纳和奥托·鲍威尔——所持有的将社会主义和民族主义结合在一起的观点，黑勒在著作中大量直接援引伦纳和鲍威尔的观点。

来的“自由法治国”——而应该是不仅包括对历史的回顾，而且也需要有对未来的展望，是一种黑格尔式的“伦理实在”，是“多样性的统一性”，是扬弃了“自由法治国”的“社会法治国”。

在黑勒的思想中，与国家概念紧密联系的是民族—社会：民族—社会构成实际政治中的单元，通过民族—社会这个单元内部的社会实践活动产生国家，作为具体存在的伦理国家则又反过来作为保障和实现民族—社会的目标的基础。重要的是，对黑勒来说，民族并非是种族意义上的（他本人正是犹太裔德国人），而是在一定疆域内共享文化和共同经济生活意义上的。他认为，国家是一个由个别意志的多样性而形成统一性的客观过程，这个统一性形成的客观过程受到社会上既存的各项文化或物质条件的限制，即“我们暂且可以这样界定国家，它是一个通过社会整体的心理—物质方面的显示经历所保障的‘有机的统一体’。”[①] 换言之，黑勒认为，社会的多元性在国家之中通过实践、交往与文化的作用是有获得统一性的可能的，“现代社会的法律与政治制度是通过一种能将民族或文化秩序中所有成员都统一起来的‘现实体验’所形成的，它们不断地再生自身以作为对存在于文化中的生命体验的新表达。”[②] 黑勒坚持认为“社会法治国”的理念重点在于公民的政治成熟和参与，在于共同体内的实践、交往与文化的构成性作用与影响，即通过构建“民族—社会”这个构成性的人格来克服民族—社会的日常生活中个人、阶级的利益分歧，并来为国家提供“正当性”的来源，和进而以此为核心来构建“社会法治国”。和黑格尔一样，黑勒认为社会中多元存在的分歧并不是可以在伦理国家中被消灭的，因为伦理国家正是“扬弃”了这种社会中多元存在的分歧的“多样性的统一性”的实现。

黑勒作为一位“修正主义的”社会主义者，将社会主义和民族主义两个概念结合在“社会法治国”之中。他明确指出：“民族是一种最终的生活形式，它既不能、更不应该通过社会主义而被消解。社会主义绝不意味着终点，而只是民族共同体的充分实现，并非意味着通过阶级来消解民族人民共同体，而是，通过一个真正的民族人民共同体来消灭阶级。”[③] 因此，在黑勒的“社会法治国”范畴内，必然包括了经济层面上的考虑：即通过经济上的社会性的分工协作以实现共同体内成员之间的平等与共同体整体的发展。他的民族共同体凝聚在符合两次世界大战之间的民族主义与社会主义思潮的“德意志社会主义”这个范畴之上：“德意志社会主义，也就是与德意志的文化和经济的

---

① ［德］赫尔曼·黑勒：《国家学的危机 社会主义与民族》，刘刚译，北京：中国法制出版社2010年版，第44页。

② Hermann Heller. Staatlehre. Gesammelte Schriften, Bd. III, Leiden: Sijthoff, 1971, S. 69.

③ ［德］赫尔曼·黑勒：《国家学的危机 社会主义与民族》，刘刚译，北京：中国法制出版社2010年版，第93页。

空间—精神特质相适应的社会主义。”①

但是“社会法治国”之所以作为“法治国”，乃是其仍然保留了资产阶级意识形态下“自由法治国”的议会民主制和司法系统等形式性的建制（即所谓“扬弃”）。正如下文将会论述的，黑勒认为只有通过这些建制才能容纳和整合社会中的多元存在，形成政治意志，并最终实现“社会法治国”。简言之，相较于实证主义法学所支持的“自由法治国”这个纯形式而言，他的“社会法治国”是在形式之中注入“实质性内容”的，这便是他的“社会法治国”的含义。

四、“普鲁士诉帝国”

在1922年至1933年，德国国家法教师联合会组织召开了七次会议，这些会议主要都是在实证主义法学家和反实证主义法学家之间展开争论，黑勒和施米特也参与其中。在很多理论问题上，黑勒都支持施米特，但是在政治立场上，他毫无疑问地站在了凯尔森一边，他所要做的是维护魏玛共和国的存续。黑勒在1928年赴意大利考察新兴的法西斯主义运动回国后，便认识到这股新兴思潮的危险性，并将自己的工作重点从对凯尔森的纯粹法学派的批判转移到在理论上捍卫魏玛共和国上来。正是黑勒这个时期在工作重心上的转变，使他和施米特的分歧得以突显，这个分歧原本是政治上的，但是政治上的分歧使得学理上原本有些暧昧不清和未得到澄清的分歧也得到突显。通过比较黑勒和施米特在理论观点上的分歧，我们可以更好地理解黑勒的相关思想。

1932年，黑勒与施米特在“普鲁士诉帝国”一案中代表控辩双方展开了对决。该案的基本案情为普鲁士邦就中央政府派遣巴本（Franz von Papen）为帝国专员以解散邦议会是否违宪而提请宪法法院裁定。在该案中，针对中央政府是否有权可以干涉普鲁士邦的内部事务，施米特认为作为“宪法守护者”的兴登堡总统为维持政治秩序而行使宪法48条的紧急权，是无可非议的；但与施米特认为作为主权化身的总统人格这个看法不同，黑勒认为宪法及宪法行为的“正当性”来源于经合法程序所表达的作为共同体的社会意志，总统的这种恣意的行为因缺乏“正当性”所以是违宪的。宪法法院最终认定普鲁士邦进入紧急状态，但是总统派遣帝国专员的做法不合程序。宪法法院这种模棱两可的判决并不能改变作为当时魏玛民主堡垒的普鲁士邦议会被解散的命运，但黑勒和施米特对该案展开的论辩却在公法学上具有深刻的

---

① ［德］赫尔曼·黑勒：《国家学的危机 社会主义与民族》，刘刚译，北京：中国法制出版社2010年版，第149页。

意义。

“普鲁士诉帝国”一案中所体现的只是两人在政治立场和由此导致的对宪法规定的解释上的差别，而非对实证主义法学批判上的差别。黑勒和施米特都认为在凯尔森的实证主义法学理论指导下的“自由法治国”不足以解决当时德国存在的议会民主制危机，所以便从方法论开始并超越了方法论本身，展开了对凯尔森的批判。但是黑勒和施米特在批判完凯尔森之后所要“立”的东西却是不同的，正如黑勒所指出的，魏玛当时困局的解决方式“只有在法西斯独裁和社会法治国之间作出选择。”[①] 黑勒认为要将“社会实在”重新注入法律规范系统，并以“社会实在”这个构成性的人格来作为主权和“正当性”的来源；但是施米特认为主权和“正当性”的来源有其独立于社会的超验性本质，并寄希望于以帝国总统的人格作为主权化身来解决“正当性”问题。施米特之所以寄希望于帝国总统这个单一的人格来作为“正当性”来源，是由于他认为社会作为多元的存在，在议会民主制中是不能形成“决断”或“具体秩序”；[②] 但是黑勒与他不同，黑勒认为在“社会法治国”之下，议会民主制对于容纳和整合社会的多元存在和实现黑勒所说的“多样性的统一性”而言，和对于防止执政者的恣意而言是必要的框架。与施米特强调例外状态作为政治的固有属性不同，黑勒虽然并不否认例外状态的存在，但是他认为这种规范的例外状态并不能作为规范的基础，并批评施米特错误地把例外状态当作常态状态。[③]

与施米特相同的是，黑勒也认为国家作为一个“有机统一体”，需要一定程度的社会同质性，但是对黑勒而言，这种同质性实则是“同质化的进程”，它并非是现在的前提，而是要在共同生活的过程中所产生或要实现的。与施米特不同的是，黑勒认为这种社会同质性不应该从种族、宗教信仰层面上来界定，也不应该以“敌我划分”来界定，而是应以一种受到文化作用影响的统一性的演进变化之过程——并且在这个过程中依然保持多样性于统一性之

---

① Hermann Heller. Rechtsstaat oder Diktatur. Gesammelte Schriften, Bd. II, Leiden: Sijthoff, 1971, S. 462.

② 施瓦布指出：“施米特从对凯尔森的纯粹规范主义的驳斥中引申出决断主义的含义。施米特论证说：规范就其本身而言是不充分的，只有进行决断和解释才能成为现实的东西。决断不仅是规范纯粹的精神体现和运用，而且有其自身独特的功能。”[美]乔治·施瓦布：《例外的挑战：卡尔·施米特的政治思想导论（1921—1936年）》，李培建译，上海人民出版社2011年版，第60页。但施米特在《论法学思维的三种模式》中又修正或发展了他早期的“决断论”为“具体秩序”，参见[德]卡尔·施米特：《论法学思维的三种模式》，苏慧婕译，北京：中国法制出版社2012年版。对于施米特从早期的新康德主义法学到魏玛时期“决断论”和纳粹时期的“具体秩序”的发展线索，可以参见[英]克里斯·桑希尔：《德国政治哲学：法的形而上学》，陈江进译，北京：人民出版社2009年版，第452—470页。

③ See Hermann Heller. Autoritärer Liberalismus?. Gesammelte Schriften, Bd. II, Leiden: Sijthoff, 1971, S. 643 ff., S. 647.

中——来界定，即“施米特只看到了已然完成的政治状态；但是他们不是静态的；相反这些事物必然是每天都发生变化和在形成过程之中的。”[①]

因此我们可以发现两人对魏玛共和国的危机采取了不同的解决方式：施米特的想法其实是非常类似于第二帝国早期的德国公法学家们所希望的将皇帝的人格作为“正当性”的来源以确立政治秩序的君主制理想，只是施米特用总统的人格替换了皇帝的人格而推崇一种总统制的威权政制。黑勒指出：“（施米特）为了‘威权’国家的‘更大荣耀’，要剥夺所有宪政民主的建制和观念的权威。为此，施米特认为，这些建制和观念必须要被揭示为是18世纪和19世纪理性主义的骗局。”[②]与施米特相反，黑勒认为，克服当时危机的方式并非退回到前魏玛时期，而是要通过将作为真正“正当性”来源的“社会实在”注入法律规范系统，实现“合法性”与“正当性”的统一，以及“实然”与“应然”的统一，并以魏玛的“自由法治国”的建制为基础，将其扬弃为“社会法治国”。

结　语

黑勒需要“实质性内容”的公法学思想和以此为基础的“社会法治国”概念不仅充分显示了贯穿德国近现代公法学思想中的诸多问题，而且也充分显示了贯穿整个政治哲学领域的诸多矛盾——诸如“是”与“应当”、国家与社会、政治与法律、事实与规范和“正当性”与“合法性”等——之间的张力。

因为犹太血统和社会民主党党员身份，黑勒1932年应拉斯基邀请赴英国讲座之后，便不能再回到德国，只能赴西班牙马德里大学任教，最终客死异乡。虽然他的自然生命在1933年和魏玛共和国一起走到了终点，但是“二战”后联邦德国的基本法——特别是在第20条中所规定的“德意志联邦共和国为民主、社会之联邦国家”——正是建立在黑勒的“社会法治国”理念之上。[③]不过和他两位长寿的对手凯尔森（1881—1973）和施米特（1888—1985）相比，只活了42岁的黑勒就像一颗璀璨的流星一般划过天空，或许这也正是在中文学界和英美学界他未受到足够重视的一大原因。

关于实证主义法学和反实证主义法学的争论仍然没有停息，特别是“二战”后古斯塔夫·拉德布鲁赫的新自然法转向，20世纪50年代哈特与富勒就

---

① Hermann Heller. Politische Demokratie und Soziale Homogenität. Gesammelte Schriften, Bd. II, Leiden: Sijthoff, 1971, S. 424.

② Hermann Heller. Autoritärer Liberalismus?. Gesammelte Schriften, Bd. II, Leiden: Sijthoff, 1971, S. 646。

③ 参见［德］英格沃·埃布森：《德国〈基本法〉中的社会国家原则》，载《法学家》2012年第1期，第168页。

法律与道德的关系之争，以及对施米特研究热潮的再度兴起，这一切都说明了黑勒当年所面对的问题依然存在。黑勒的公法学思想通过其学生沃尔夫冈·阿本德罗特（Wolfgang Abendroth）影响了尤尔根·哈贝马斯，在哈贝马斯关于民主法治国的讨论中这些问题才似乎被终局性地解决了。①

（李哲罕，哲学博士，北京大学哲学系博士后，
浙江省社会科学院哲学研究所副研究员）

① 作为社会民主党人的阿本德罗特原本在魏玛时期曾求学于黑勒，后来逃到北欧参加抵抗组织，在二战后则成为马尔堡大学的教授，在法学领域和司法实践领域与施米特学派展开斗争。哈贝马斯则是在离开法兰克福大学之后跟随阿本德罗特完成了自己的授课资格论文。正如斯派克特指出的：“虽然纳粹政权使大量法学家逃离德国，但第三帝国依然和法治国、福利国家及民主之间保持着概念上的联系。哈贝马斯20世纪50年代后期探求方法论时，因为这些法学家的缺席而感到困惑。但他与阿本德罗特之间的联系却是一个重要的生平事实，使他可以拾起魏玛争论的线索。”参见 Matthew G Specter. Habermas: An Intellectual Biography. Cambridge and New York: Cambridge University Press, 2011: 204。哈贝马斯自己也承认，自己初读黑勒时触动并不大，但后来通过阿本德罗特在“二战”后与施米特学派的争论才使得他认清阿本德罗特的理论基础正是“黑勒将法律实证主义与正义的实质性理论相结合”。参见 Matthew G Specter. Habermas: An Intellectual Biography. Cambridge and New York: Cambridge University Press, 2011: 45。

天人之际：中国公案文学的历史语境与法律想象

崔蕴华

一、概念界定

公案是中国民间讲述案件的一种类型。其概念有广义与狭义之分。广义上的公案，包括一切断狱类文献。中国古代对于案件的分析记载上古已有，如汉代董仲舒为配合儒家法典写有《春秋决事》，试图以此确立春秋断狱的典范，其中便有公案的意味。中古之后，文人学士著作的真实案例及侦破过程之书大量涌现，五代已经有和凝《凝狱集》，宋代有郑克《折狱龟鉴》等。北宋蜀人为循吏王素编制的《王公异政》，被认为是后世公案书之祖，可惜失传。现存的只有《名公书判清明集》一种，共四十卷，其内容对后世文学有很大影响。

狭义上的公案，是指一种文学类型。作为文学类型的公案是从唐宋开始的。"说公案"在宋代时已经是"小说"的一种，大抵说一些社会日常生活中发生的刑事案件，即所谓"摘奸发覆"洗冤雪枉的故事，如《错斩崔宁》《简贴和尚》等。至元代，公案戏蔚为壮观，明清时期除戏曲外，各种公案小说更加丰富多彩，如"三言二拍"中大量的公案故事。本文主要采纳狭义的公案概念，以公案戏曲和公案小说为例，探讨公案文学的两个维度。[①]

公案是中国文化伦理语境下的词汇，与西方"推理"不尽相同。以往学者分析公案或者从社会反映角度探讨它与时代法律的直接呼应关系，或者从文学技巧上分析其中的细节描写与人物描写。本文则尝试从中国文化语境出发，分析其中的哲学因素与法律想象。中国公案在亦真亦幻中通过人物符号承载了庶民的文化精神。公案故事拥有怎样的文化语境，反映了怎样的法律想象？下面试逐一论之。

---

① 有关公案文学的细致划分，可另外参见苗怀明：《中国古代公案小说史论》，南京大学出版社 2005 年版。

二、“天理——人道”的人文哲理语境

公案故事在对具体案件的审判中都或多或少融入对天、地、人关系的叙事。这些复杂的关系体系最终又都汇集于“天道”之中。在明代小说集“三言二拍”中这种词汇比比皆是。如“天道何曾负善人”(《陈御史巧勘金钗钿》)、“从来天道有何私”(《腾大尹鬼断家私》)等。作为弱势小民，一旦卷入公案无力昭雪，便会发出呐喊。公案文学中最著名的天地呐喊当属关汉卿创作的元杂剧《窦娥冤》。在明人臧懋循所编《元曲选》中，该剧结尾处共有两句题名。第一句为题目：“秉鉴持衡廉访法”，第二句为正名：“感天动地窦娥冤”。前一句流传并不广泛，而后一句“感天动地窦娥冤”则成为千百年来读者最为接受的故事名称。这其中蕴涵着微妙的民众心理与人文语境。即：该剧重点不在对冤案形成的司法分析，而是对生命的理解。可以看到，整个故事是在“天—地”的动态语境下发生的，换句话，此类故事是对“天理—人道”的戏剧化阐释。窦娥遭受冤狱，观众最爱听的是她在上刑场前的临终绝唱：

> 【正宫】【端正好】没来由犯王法，不堤防遭刑宪，叫声屈动地惊天！顷刻间游魂先赴森罗殿，怎不将天地也生埋怨？
>
> 【滚绣球】有日月朝暮悬，有鬼神掌著生死权，天地也，只合把清浊分辨，可怎生糊突了盗跖、颜渊？为善的受贫穷更命短，造恶的享富贵又寿延。天地也，做得个怕硬欺软，却元来也这般顺水推船。地也，你不分好歹何为地？天也，你错勘贤愚枉做天！哎，只落得两泪涟涟。[①]

这里，窦娥不追究具体的司法程序的正义等，而是直接与天地对话。当她喊天地不成之后，便发誓楚州大旱三年。监斩官对她所提的誓愿表示嘲笑并笞打她“哪有这等话说”，窦娥却坚定地说，“你道是天公不可期，人心不可怜，不知皇天也肯从人愿。”天理昭昭，坏人最终伏法，伤天害理也将得到判决，这成为公案故事的共同模式，也是艺术家与观众在有意无意间共同构建的诗性想象。

仔细分析，天地绝不仅仅是受冤个体的简单呼喊，背后有着中国传统哲学的映照与理论预设。《易·系辞》曰“《易》之为书也，广大悉备。有天道焉，有人道焉，有地道焉”。《易·说卦》云“昔者圣人之作易也，幽赞于神明而生蓍，参天两地而倚数，观变于阴阳而立卦，发挥于刚柔而生爻，和顺于道德而理于义，穷理尽性以至于命”。人道是天道的实践性显现，天道是人道的终

---

① [明] 臧懋循编：《元曲选》，杭州：浙江古籍出版社 1998 年影印版，第 679 页。以下元代戏曲均选自该书。

极参照。它们互为区别又被放置于一种总括性的规律之下。天道乃是自然运行之道，更是人世秩序之道。汉代董仲舒将天道与阴阳进行了进一步的结合："王者欲有所为，宜求端于天。天道之大者在阴阳。阳为德，阴为刑，刑主杀而德主生。是故阳常居大夏，而以生育养长为事，阴常居大冬，而积于空虚不用之处。……天使阳出布于上而主岁功，使阴入伏于下而时出佐阴；阳不得阴之助，亦不能独成岁 。"①天道与阴阳、刑律处于相互感应的圆融体系之中。这些早期的本土化哲理阐释充满神秘的感性色彩，同时蕴含着严肃的理性风范。②

在中国传统文学中，天道或天理常常彰显于叙事性脉络之中。天地成为公案故事的参照系统与终极的价值预设。在各种人间现象中，法律题材尤其不平之案似乎最能彰显天地之理。国家法律在正常的场合，特别是在合乎大众民心民情及社会伦理道德的场合，代表着天理。从这个意义上讲，法律就是天理，司法活动被认为是天理所系。③从另一个角度说，公案故事能在瞬间的叙事张力之下，显现出个体的生命叹息，这正是民众所熟悉并认可的人生哲理。正如学者所云，法律表面上有武断和无可否认的强制性特征，司法中有无法避免的事实和法律错误及其引起的不正义，加上法律的他性，这一切使法律能够极好地象征我们在某些情绪中感受到的任意、强制和"不公平"的人类状态——即"生活"。④特纳也认为，戏剧就是法律，以表演方式呈现出来的集体感，介于巫术与宗教之间，其效果如同现代社会中的法律，在于加强社会平衡、解决矛盾。⑤

所谓"人间私语，天闻若雷。暗室亏心，神目如电"。对于天理的构建，中国戏曲会以感性形象呈现。主要包括梦、鬼神等戏剧性因子。《蝴蝶梦》中，包公梦见一只大蝴蝶误入蜘蛛网，先后有两只蝴蝶来救，受此启发，对打死葛彪案进行审理。包公故事中常常出现这样的情节，包公安排手下装扮成鬼神半夜去恐吓罪犯，罪犯信以为神灵降临，在惊恐中说出了自己所犯之罪。这些偶然之梦、神鬼之术既是情节的转捩点，也是天人的契合点。这种神鬼之风多少带有上古神判的遗风。瞿同祖先生认为，神判法还依然有其潜在的功能，官吏因疑狱不决而求梦于神，这是求授于神的另一种方式。⑥暂时的法律缺席并不会造成侥幸，在鬼使神差之下恶人终会落入法网。《警世通言》卷

---

① [汉] 班固:《董仲舒传》,《汉书》卷五十六，长沙：岳麓书社 2008 年版，第 957 页。

② 这种参照绝不仅仅是虚无感性的存在。子产曾将人道与天道区别开来，提出"天道远，人道迩，非所及也，何以知之？"张晋藩先生认为，天人合一仍是理性的思维，不是宗教的羁绊。

③ 范忠信:《中国法律传统的基本精神》，济南：山东人民出版社，第 357 页。

④ [美] 波斯纳:《法律与文学》，李国庆译，北京：中国政法大学出版社 2002 年版，第 27 页。

⑤ [英] 特纳:《仪式过程》，北京：中国人民大学出版社 2006 年版。

⑥ 瞿同祖:《中国法律与中国社会》，北京：中华书局 2003 年版，第 273 页。瞿先生还举例，官吏如汪辉祖每就幕馆，次日必斋戒诣城隍庙焚香默祷，自谓祈祷必应，审理命案多叨神庇。

二十《计押番金鳗产祸》讲述一个犯人逃走最终还是没有躲过法律制裁的故事，书中评道："正是明有刑法相系，暗有鬼神相随。道不得个善恶到头终有报，只争来早与来迟。"类似的话语在"三言"中随处可见，它已经构成了公案类文学的人文语境。

现代学者在研究中外古代文化时发现，与罗马法相对，古希腊法制推重衡平裁断而排斥抽象的规则。这种"案件个别化"的情形亦是印度人和中国人的特点。以至于经过不同体系的对比，学者有了惊奇的发现：在罗马法对于"实践"中难以企及的法律之确定性的追求里面，有某种男性的成分，而在亚细亚式依据个别情形而为案件之灵活解决的做法里，又可见出"女性"的因素，母亲代表慈爱和"情境左右案件"的原则。前者为封闭、静止和逻辑贯通的法律制度的理想，后者则表明一种灵活、机智、同情和直觉的态度。①此说巧妙地指出东方法律与西方法律不同的文化风范。中国公案文学中大量的鬼魂都是女鬼从文艺的角度多少印证了中国公案文化的女性气质。很多受冤女性先后化作"魂旦"展开情节。窦娥、杜丽娘、聊斋中花妖狐魅可谓不胜枚举。另如明代传奇《红梅阁》，20世纪后先后被改编成京剧、越剧、豫剧等多种形式，在民间广为流传。故事讲述南宋末年，奸臣贾似道与众姬妾在西湖游览，其中一个侍妾叫作李慧娘。她看见湖边一个叫裴生的英俊少年，便脱口而出"美哉一少年"，从而引起贾似道嫉恨，终将李慧娘处死，并将裴生捉入府中软禁起来。慧娘冤魂在地狱中向阴间的执法官判官诉说冤情，其魂返回阳间入贾府将裴生救出，并与贾似道当庭对质，这便是著名的《鬼辩》：

（贾）你这贱人好大胆，一向躲在那里，才来见我？放出裴生敢就是你？（贴起介）

【牧羊关】一犬声还吠，千牛在那家？是这般重重朱户锁窗纱，怎出得羊肠路奔走天涯？

（贾）后花园放出，还要强口，你休道我剑不利也！（贴惊介）哎哟，动不动刚刀一下，俺也不害些儿怕，迟和疾一死无加，却原来有亏心的也怕杀，你怎不自保身家？（贾）贱人，敢在我跟前指东话西，你浑身是胆哩！（怒介）（贴）小妮子从来心胆大，因此上拚残生来吊牙。（贾）你放出裴秀才是真了？（贴）怎么不真？（贾笑云）天网恢恢，把众人松了。（众作疼介）哎哟！哎哟！（贴）

【四块玉】脱牢笼，原是咱。怎掇陷在他名下？

（贾）那个教你放他去了？（贴）直恁把书生冷禁在官衙？听他一句句诉向俺伤情话。（贾）他怎么说？（贴）他说穷秀才分无缘住相府家。（贾）我请他教书。（贴）他拜上了老平章且放了先生假。（贾）我自有发放。（贴）他思家，这其间是俺方便了他。（贾）这等想起来，你这贱人定与书生有帐了？（贴）

---

① 参见梁治平：《法意与人情》，北京：中国法制出版社2004年版，第104—105页。

也差不多。（贾怒介）罢了，气也！气也！……（贴悲介）哎哟——

【哭皇天】休，休，休，这话儿提他怎么？说的来教人痛杀。则他在断魂桥盼上个人清雅，少年郎瞥见了冷嗟呀。并不曾背地里通些情话，也下会背人儿眼角眉梢去挑弄他。却怎生半声纳采，一剑儿分花？①

慧娘生前谨言慎行，却因一句话招来了杀身之祸。成为鬼魂的她性情舒展了很多。其魂见到贾似道，不仅承认自己将裴生放走，还承认自己与“书生有帐”，最后反问对方，自己当初并不曾与别人有私情，为何却命丧剑下。句句坦率而不粗陋，隽雅的曲辞中暗藏刀锋。在此，美丽的魂灵成为中国文艺中“天理”的载体。有意思的是，作为杀人犯的贾似道也有自己的哲理，当他知道是眼前之人偷偷放走裴生时，竟也说“天网恢恢”。祁彪佳《远山堂曲品》说它“手笔轻倩，每有秀色浮动曲白间，当是时调之隽”，所论洵为至言。

人鬼之间实为道德秩序的营构，组成了别开生面的象征法庭。象征法庭虽无实在政权，却能从权利美学的角度，制造出一个令人敬畏的象征力量。通过承认阴间的实在，促使人们对来生产生恐惧，对今生的行为保持警惕，由此实现社会道德秩序的营造。②明初祭文云：

普天之下，后土之上，无不有人，无不有鬼神。人鬼之道，幽明虽殊，其理则一。

通过造就“阴阳关系”，来造就维持上下关系的“法”。这些荒诞之梦、无稽之鬼，如放置于“除魅式”的当代语境下，似乎颇显愚昧与无知。许多人会有这样的疑问：天理的呐喊是否弱化对案件的理性判断？鬼魂破案是否玷污我们的科学智识？其实，这些故事仅仅是法治的故事化想象。这些偶然性、感性因素可看做“天道”的象征，它既是人道努力的结果，又是天意的呈现。因为它远离现实世界，所以反而能作为人类的一种高远的理想与精神。它既是传统社会的虚化秩序，又是普通民众的可感精神与民俗生活。清代诗坛巨擘王士祯在阅读了蒲松龄《聊斋志异》的手稿之后，被书中鬼神世界深深打动，写《戏题蒲生聊斋志异卷后》一诗：

姑妄听之姑言之，豆棚瓜架雨如丝。料应厌作人间语，爱听秋坟鬼唱时。

---

①［明］周朝俊著，王星琦注：《红梅记》，上海古籍出版社 1985 年版，第 82—83 页。

② 参见王铭铭：《威慑艺术：形象、仪式与“法”》，收入朱晓阳、侯猛编：《法律与人类学：中国读本》，北京大学出版社 2008 年版。

“爱听秋坟鬼唱”是因为“厌作人间语”，人间的社会制度在维持社会发展的同时也规束了人的情感与灵魂，许多思考者如蒲松龄辈被抛掷于主流制度之外，边缘性的生活造就了敏感的情愫与反思。孤灯黄卷，荒野独叹，唯有自己创造出的鬼神意象可以温暖心灵。

三、“道”与“技”的法律想象

文学中法律想象是在社会民众与风俗等“地方性知识”的浸润下形成的，呈现出民族的审美特质与民间的道德进路。在传统的叙事性文学中，法律不仅仅是一种题材背景，更是众声喧哗的社会性想象。具体而言，大致包括以下三方面的法律想象空间：

1. 道德层面的法律想象

民众对文艺的法律想象既是严肃的，也是轻松的，尤其在不涉及刑事案件的民间诉讼案中。明代小说集《醒世恒言》卷八《乔太守乱点鸳鸯谱》描述了一桩错综复杂的婚姻公案。故事开头，刘婆急于娶媳妇为生病的儿子刘璞冲喜；而女方家则已探听到刘璞的病情严重，于是派新娘的弟弟玉郎“弟代姊嫁”。洞房之夜，新郎并未露面，而是由妹妹慧娘“陪嫂眠寝”。由此婚事阴差阳错，牵涉三对男女。最后几家诉讼至乔太守处，都希望官府维护自家利益。乔太守看过卷宗后，并没有严格按律令条文去生硬宣判，而是问清缘由及几位年轻当事人的意愿之后，按情宣判：

> 相悦为婚，礼以义起。所厚者薄，事可权宜。使徐雅别婿裴九之儿，许裴政改娶孙郎之配。夺人妇人亦夺其妇，两家恩怨，总息风波；独乐乐不若与人乐，三对夫妻，各谐鱼水。人虽兑换，十六两原只一斤。[①]

在“礼义”的掩护之下，判书蕴含的是人性之灵动。法顺人情，冲淡了法律的严酷外貌，更便于法律的推行。法与情两全，使亲情义务与法律义务相协调，更能发挥明刑弼教的作用，[②]呈现出道德层面下法律的宽松与灵动。

在传统文学尤其是公案故事中，包公是最具道德示范性的法律想象。在恶人最终得到惩罚的过程中，以包公为代表的清官遵循的不是严密的法律程序，而是在各种看似荒诞的叙述中体现庶民道德，正所谓“律意虽远，人情可推”。如关汉卿《包待制智斩鲁斋郎》，故事中的鲁斋郎是个“为臣不守法，将官府敢欺压”的恶棍。包公最后要处理他时虽证据确凿，却因其势力过大

① [明] 冯梦龙：《醒世恒言》，济南：齐鲁书社 2010 年版，第 75—76 页。
② 张晋藩：《中华法制文明论纲》，载《中国政法大学学报》2007 年第 2 期。

而不得不采取法理之外的手段，暗中修改圣旨，瞒天过海，才得以制服鲁斋郎。《陈州粜米》描写陈州大旱，朝廷派两位有背景的高干子弟刘得中、杨金吾去赈灾。两人在赈灾中中饱私囊，甚至往米里掺假，灾民张憋古与他们理论却被打死。包公最终了解了案情，在朝廷"赦活不赦死"赦免书到来之前巧妙处死了渎职官员。这些简单的司法方式在法理与人情之间构筑了民众的法治想象。

包公不是一般意义的神探，而是让人敬仰的清官，具有民间立法的执行符号的意义。胡适称之为箭垛式的人物："历史上有许多有福之人。一个是黄帝，一个是周公，一个是包龙图。上古有许多重要的发明，后人不知道是谁发明的，只好都归到黄帝的身上，于是黄帝成了上古的大圣人。……这种有福的人，我曾替他们取个名字，叫做'箭垛式的人物'；就如同小说上的诸葛亮借箭时用的草人一样，本来只是一札干草，身上刺猬也似的插着许多箭，不但不伤皮肉，反可以立大功，得大名。……包龙图——包拯——也是一个箭垛式的人物。古来有许多精巧的折狱故事，或载在史书，或流传民间，一般人不知道他们的来历，这些故事遂容易堆在一两个人的身上。在这些侦探式的清官之中，民间的传说不知怎样选出了宋朝的包拯来做一个箭垛，把许多折狱的奇案都射在他身上。包龙图遂成了中国的歇洛克福尔摩斯了。"[①]

民众对包公的推崇不仅仅是他有福尔摩斯般的断案能力，更深层的在于他与权贵抗衡的政治智慧与道德勇气。故事中"权豪势要"一上场便颐指气使，杀人如草芥。包公总能在合适的时候出现，将权贵们绳之以法，可以说满足了一般民众对优秀官员的道德预设。在所有犯罪案件中，权贵的案件总能激发民众无限的法治期盼。2007 年，台湾"台开案"主犯赵建铭被指控犯有内线交易罪而判以重刑。而他的特殊身份——陈水扁之婿则引起了民众的强烈关注。该案判决书洋洋洒洒数十万字，其中引用庄子之语"窃钩者诛，窃国者侯"，将此类犯罪现象称作"权贵犯罪"。判决书尖锐地指出，"权贵犯罪"现象历经二千多年而依然存在。此案被一些人喻为"包公断案"。可见包公形象及其断案情节已经经过长期民间积淀，成为中国的一种文化基因与司法情结了。

与包公相比，另一些审判者更显示出底层官员的"胆"与"识"。如《魔合罗》中的张鼎。张鼎只是个六案都孔目，是吏而非官。确切地说，仅是地方法官的助手。他不仅要与凶手周旋，还要和昏庸的上级、贪婪的同僚暗斗。他自告奋勇为冤者洗清罪名，又有上级的种种限制（"奉相公台旨，与我三日假限，若问成呵，有赏；问不成呵，教我替刘玉娘偿命"）。在《魔合罗》中，他为此而矛盾重重。最终经过心理斗争，用自己的胆与识冲破重重迷雾，破

① 胡适：《〈三侠五义〉序》，《胡适文存》三集卷六，上海：亚东图书馆 1931 年版，第 661 页。

案成功。总之，这两个人物形象，无论是有“智”还是有“识”，都体现了市井细民的法律想象。

2. 技术层面的法律想象

除了道德层面的法律期盼，公案文学还十分擅长对法律细节的讲述。明代小说《二刻拍案惊奇》“迟取券毛烈赖原钱　失还魂牙僧索剩命”故事中知县就说：“就是银子有的，当官只凭文券；既没有文券，做甚么断还得你？”这种对“文券”的重视成就了技术层面的法律想象。大量故事围绕证据展开情节。如刘推事设柜藏吏智赚供词（《警世通言·玉堂春落难逢夫》），包龙图智赚合同文（《初刻拍案惊奇》）等。从现存的公案戏看，多数戏能借用一个小小的物件（一首词、金凤钗、祖传珍宝、头巾、泥塑、一纸合同）展开错综复杂的破案故事，小物件不再仅仅是原本意义上的日常用品，成为深化故事的关键，起到了以小见大的作用。如《勘头巾》中，刘员外的浑家与奸夫王知观合谋杀刘员外。在王知观杀死刘后，从死者身上拿下头巾和银环作为信物交给刘的浑家。在此，作者特意点明头巾，是为以后做铺垫。果然，刘氏浑家咬定王小二杀死自己的丈夫而将其送入官府。孔目张鼎在审判过程中以头巾为线索，明察暗访，最终由头巾引出凶手王知观。再如《后庭花》中，女子翠鸾被店小二杀死，埋于井中。她的鬼魂去找住店的秀才刘天义，二人互赠诗词，翠鸾写了一首《后庭花》赠他。包待制在破案过程中，便从这首词中得到启示。（词中云：“相侵井底蛙，碧桃花，鬓边斜插，拌人憔悴杀。”）由词而引出“碧桃花”，最终由碧桃花而找到死者的尸首，使整个案情逐渐明朗。由物件破案写得最好的莫过于孟汉卿创作的《魔合罗》。李德昌出外做生意，不想回家途中身染沉疴，托卖魔合罗的老汉高山去城中家里捎信，让妻子刘玉娘接他，谁知，他的兄弟李文道从高山口中骗得实情，率先赶到庙中，将李德昌杀死，抢走钱财，并逼刘玉娘嫁他。刘不肯，遂去见官。孔目张鼎在审案过程中，看出几个疑点而认定凶手非刘玉娘。然后，由刘玉娘的儿子玩耍的魔合罗而引出高山，高山再引出李文道，最终使案情昭然若揭。

东西虽小，却能推动案情的大发展。元杂剧中的意象（小物件）并非仅仅起了引出凶手的作用，而且它标志着中国公案故事的发展成熟。何以见之？元初关汉卿的三本公案戏——《鲁斋郎》《绯衣梦》《蝴蝶梦》——是最初的公案戏。这几出戏的特点是案情并不复杂，凶手也较明朗，从侦破的曲折角度讲还比较粗糙。其重心不在破案上，而在于与权豪势要的斗争上，故使得公案戏的本质特点（传奇、曲折、惊奇）没有显现。而到了后来，一些剧作家如郑廷玉、孟汉卿，他们汲取前辈作家的精华，大胆而精细地安排物件来贯穿故事，使情节生动而有序，以物件为中心向四周辐射，显现出公案戏的自身特点。可以说，物件的使用标志着公案戏的成熟与独特魅力。

物件的出现标志着公案戏由案情以外的故事向破案过程本身的转移。关汉卿的包公戏几乎没有写如何破案，重心放在受害者的痛苦与无奈上。而《魔合罗》等戏则不同，它不再仅仅描绘受冤者的愤与悲，而是展示了破案过程的层层推进，尤其展示了破案者的精明的推断过程。如《魔合罗》中，张鼎问案后提出几点疑问："这毒药在谁家合来，这贩药好歹有个着落"，然后以"魔合罗"为突破口，找出凶手。这里的审判官不再像关汉卿《绯衣梦》中的钱大尹那样平庸无能，只依靠神灵授梦来解决问题。张鼎则完全依靠自己的才干、较强的推理能力来侦破凶案。可见，小小物件还能衬托出人物的鲜明性格。

3. 道技之间的另类法律想象

学者曾将公案文学中的法官分成三大类型。[①] 除此之外，还有一种类型颇有深意，这便是冯梦龙编辑的小说《喻世明言》中的名篇《腾大尹鬼断家私》。据学者研究，该故事与出现在它之前的几部公案小说有明显的渊源关系。《海刚峰先生居官公案传》(简称《居官公案》) 第59回"判给家财分庶子"，《皇明诸司廉明奇判公案传》(简称《奇判公案》) 下卷"争占"类第三条，以及《龙图公案》卷八"扯画轴"等在主要内容上与此相似，应是这篇小说的早期雏形之一。[②]

腾大尹在众人的口中是一位公正的清官，有才干、口碑好。当他出场时，正好碰到一起析产案件。缘由是，倪太守年过七旬，只有一子倪善继。不久倪太守娶年轻女子梅氏为继室，两年后梅氏生子，取名倪善述。长子由此视幼子为眼中钉。倪太守在临死前把所有家产、田地都分给了大儿子善继，而小儿子善述与其母却只分得旧屋一间、画轴一幅。在哥哥的多次欺凌之下，小儿子拿着父亲遗留的画轴来官府告状。腾大尹接状后认真审理此案，并把神秘的画轴作为突破口：

> 每日退堂，便将画图展玩，千思万想。如此数日，只是不解。也是这事合当明白，自然生出机会来。一日午饭后，又去看那轴子。丫环送茶来吃，将一手去接茶瓯，偶然失挫，泼了些茶把轴子沾湿了。滕大尹放了茶瓯，走向阶前，双手扯开轴子，就日色晒干。忽然，日光中照见轴子里面有些字影，滕知县心疑，揭开看时，乃是一幅字纸，托在画上，正是倪太守遗笔，上面写道：老夫官居五马，寿逾八旬。死在旦夕，亦无所恨。但孽子善述年方周岁，急未成立。嫡善继素缺孝友，日后恐为所戕。新置大宅二所及一切田产，悉以授继。惟左偏旧小屋，可分与述。

① 苏力将法官形象分成精明、一般、平庸三大类。其中每一类又细分为清廉、贪婪等。参见苏力：《法律与文学——以中国传统戏剧为材料》，北京：生活·读书·新知三联书店 2006 年版，第198 页。

②《古代白话短篇小说鉴赏集》，北京：人民文学出版社 1986 年版，第 63 页。

> 此屋虽小，室中左壁埋银五千，作五坛；右壁埋银五千，金一千，作六坛，可以准田园之额。后有贤明有司主断者，述儿奉酬白金三百两。 八十一翁倪守谦亲笔。年，月，日，花押。
>
> 原来这行乐图，是倪太守八十一岁上与小孩子做周岁时，预先做下的。古人云知子莫若父，信不虚也。滕大尹最有机变的人，看见开着许多金银，未免垂涎之意。眉头一皱，计上心来，差人“密拿倪善继来见我，自有话说”。①

小说的叙事不留痕迹地写出腾大尹的微妙变化。面对只有自己解开的画轴之谜，他不仅仅要公正地审案，还要神鬼不知地捞当事人一把。于是接下来他到原告家中，装神弄鬼一番，假装与死去的倪太守对话，并认真地告诉当事人，他已得死者的口述遗嘱，如果地下挖出金银，他们的老父亲答应给他千两黄金作为酬劳。在善继诸人的将信将疑之下，腾大尹派人将倪太守生前埋藏的数万两金银挖出，酬劳自然不是遗嘱中所云“白金三百量”，而是整整一千两黄金!

腾大尹不是中国文学中最具知名度的法官，却是最有开放性的法官形象。他没有包公那样被无限拔高，同时他也不是被丑化的能力低下的赃官。换言之，他既不是理想的司法偶像，也不是让人憎恨的司法败类。他具备了一个合格法官的基本素质，也充满了人性的弱点。腾大尹成为在道德与技术之间游走的人类生存状态的一种想象。在特定的情形下，我们每个人可能都会是腾大尹。

上述诸种法律想象既贴合民众心理，也传递出民间文艺的审美惯性。公案戏曲本属口头表演艺术，公案小说与中国民间口头艺术——“说话”有着密切的关联。这些都使公案故事不仅仅是文人的书斋之作，而是民众性消费艺术。在长期发展中逐渐形成了固定的题材类型，每一种类型都有固定的叙述套路。这样既便于师徒之间的口耳传授，也便于形成固定的审美习惯。“必须借助民众中通过其他途径已经熟悉的故事、习惯遵守的社会道德常规以及与之相伴的‘天然的’艺术欣赏惯习和趣味来逐渐培养和创造自己的观众，这是一种艺术欣赏所必须有的预先的社会格式化”；②不可否认，民间的公案故事并没有提供一种破坏性或颠覆性的社会模式。我们看到的常常是重复性的人物形象、借用梦来破案的荒唐叙述。很多地方经不起法理的严格推敲。口头表演的程式化、城市表演的消费本质、听众的审美水平等决定了它要适合、迎合最一般的艺术、道德、政治的口味，最多也只能边际性地挑战传统社会

① [明] 冯梦龙：《喻世明言》，济南：齐鲁书社 2010 年版，第 67 页。

② 苏力：《法律与文学——以中国传统戏剧为材料》，北京：生活·读书·新知三联书店 2006 年版，第 253 页。

及其政治意识形态培养起来的这种艺术趣味。"而在任何时候，真正的大众文学的底线就是不冒犯他人"。[①] 应该说，民间公案的叙述模式顺应了观众的接受心理与承受能力。模式化的情节与人物便于戏曲听众、小说读者及时辨清真假、理出头绪。同时，叙述中偶然"逸出"的情节也使观众在欣赏过程中从主流道德规训中偶尔"挣脱"出来，享受社会秩序暂时颠倒的乐趣（如化妆私访）。檀板轻敲、歌喉初启，一段段熟悉而新奇的故事汩汩而出。在起承转合、如斯响应的过程中，承载了民众的喧嚣与期盼。

（崔蕴华，中国政法大学人文学院教授）

① 参见朱光荣：《论元杂剧繁荣的原因》，张月中主编：《元曲通融》，太原：山西古籍出版社1999年版，第383页。

天人合一与环境保护

杨　源

随着环境问题的日趋严重，人们开始反思环境问题的根源。早在19世纪末20世纪初，西方许多有识之士就开始重新审视人与自然的关系，他们质疑西方近代哲学以来的人与自然的主客二分，即人是主体，自然是客体，人是自然的主宰，可以任意开发利用自然。他们认为正是这种错误的主客二分观念导致了环境问题的发生。他们提出了主客合一的观念，认为人类要尊重自然爱护自然，要建立一种全新的环境伦理观。这种思想的深入发展最终形成了多种流派的环境伦理学，其中动物权利论、整体主义的环境伦理学影响深远。这种环境伦理学已成为环境与生态保护立法的重要思想资源。

这种整体性的环境伦理观在我国古代思想早已有之，中国传统文化十分强调人与自然的和谐发展，强调人不可对立于自然而必须尊崇自然。有的学者认为，这种思想来自作为中国传统文化的基本精神和基本要素之一的"天人合一"观念。如季羡林先生曾言："东方人对大自然的态度是同自然交朋友，了解自然，认识自然；在这个基础上再向自然有所索取。'天人合一'这个命题，就是这种态度在哲学上的凝炼的表达。"①

张岱年先生在《中国哲学史大纲》中，对"天人合一"的含义进行了辨析，认为它有两层含义：一是"天人相通"。这种观念发端于孟子，大成于宋代道学。这种天人合一的思想，在中国哲学中占主流地位。"天人相通"是说天之道与人之道实为一个。这就是说，人的道德伦理出于天之根本法则。所以孟子说："尽其心者，知其性（朱熹释"性"为人所具之理）也；知其性，则知天矣。"（《孟子·尽心上》）宋明理学中，程颐说："道未始有天人之别，但在天则为天道，在地则为地道，在人则为人道。"（《语录》卷二上）二是"天人相类"。这是董仲舒提出的观点，认为天与人在形体性质上相似："天亦有喜怒之气，哀乐之心，与人相副。以类合之，天人一也。"（《春秋繁露·阴阳义》这具有明显的牵强附会。

张先生主要在儒学中来谈"天人合一"。季羡林先生在《"天人合一"新

①《季羡林文集》第14卷，南昌：江西教育出版社1998年版，第289页。

解》中，则对“天人合一”作了广义的理解。他说，“谈到‘天人合一’这个命题的来源，大多数学者一般的解释都是说源于儒家的思孟学派。我觉得这是一个相当狭隘的理解。《中华思想大辞典》说：‘主张天人合一，强调天与人的和谐一致是中国古代哲学的主要基调’。这是很有见地的话，这是比较广义的理解，是符合实际情况的”[①]。国内学界推崇的“天人合一”，主要是从广义的理解上来讲的。如果从广义上来理解，老庄哲学中的“天人相合”的思想就应纳入其中。老子曾说：“人法地，地法天，天法道，道法自然。”（《老子》第二十五章）人来源于自然，并统一于自然，这是强调人与天在“实然”上的合一。庄子也分人与天：“牛马四足，是谓天；落马首，穿牛鼻，是谓人。”（《庄子·秋水》）牛马四足，这是自然的，给马罩上笼头，给牛鼻穿上绳子就是人为了，这是强调人与天在“应然”上的合一。在庄子看来，尊重自然，爱惜自然之所予的生命才是最重要的，因此，只有认识到这一点的人才是能够担负起治理天下的人。这些思想，也是当今动物保护者立论的思想资源。庄子强调，“人”与“天”之别，也只是人的主观所造成的，而从“道”的角度来看，万物都是齐一的：“以道观之，物无贵贱；以物观之，自贵而相贱；以俗观之，贵贱不在己。”（《庄子·秋水》）人只是万物中的一物而已，“人”与“天”并无差别，所以庄子又说：“天地与我并生，而万物与我为一。”（《庄子·齐物论》）老庄哲学把人生的最终目的不是看成满足一切欲望，而是达到与整个宇宙的合而为一的体验。东汉道家的重要典籍《太平经》卷三十五《分别贫富法》还提出了这样的重要思想：“富之为言，乃毕备足也。天以万物悉生出为富足。”这即是说，所谓“富”，是指万物备足，生命各尽其年，物种延续发展下去而不绝。这种尊重生命、强调保护物种的思想，早在1800余年前就被提出，不能不说是道教对于维护生态平衡、保护环境的一大思想贡献。

明确提出“天人合一”概念的思想家是北宋的张载。他说：“儒者则因明致诚，因诚致明，故天人合一。”（《正蒙·诚明》）张载虽与孟子一样，把“天”视为心性的本原和道德的根本，但已受老庄的影响，将“天”也视为“自然”[②]，所以他又说：“造化所成，无一物相肖者，以是知万物虽多，其实一物；无无阴阳者，以是知天地变化，二端而已。”（《正蒙·太和》）

在现代化的进程中，在那种“天人相分”、“人定胜天”、“征服自然、改造自然”思想指导下，人的主体地位得以无限膨胀，人们仅仅把自然作为客体，视为可以恣意开发利用的对象。在各种欲望伴生下盲目追求经济发展，致使环境问题全面爆发，严重影响到人类的生存和发展，人类正在承受环境

① 《季羡林文集》第14卷，南昌：江西教育出版社1998年版，第278页。
② 张岱年：《中国哲学史大纲》，北京：中国社会科学出版社1982年版，第177页。

破坏带来的灾难。今天，“天人合一”观念又被重拾，而且被扩展到人与自然之间的关系来加以思考，也正是环境资源生态这一系列问题突显所致。

当然，对于中国文化强调的“天人合一”，我们应进行具体分析。一方面，它强调“人”与“天”的亲缘关系，自然成为人们可亲的对象，以至于中国古代的山水画、山水诗特别丰富，文人学士多把自然视为一种比德、畅情的对象。但是另一方面，这种“天人合一”的观念，至少在老庄哲学中，是建立在取消主体地位与作用基础上的人天的冥合，人只能消极地适应自然，实际上是把人降低到动物的水平。

传统思想中就人与自然关系来理解的“天人合一”的观念，是中国漫长的封建社会那种自给自足的自然经济在人们头脑中的反映。马克思在《不列颠在印度的统治》中曾对古代东方的农业文明及其思维方式作过这样的描述，他说：“这些田园风味的农村公社不管看起来怎样祥和和无害，却始终是东方专制制度的牢固基础，它们使人的头脑局限在极小的范围内，成为迷信的驯服工具，成为传统规则的奴隶，表现不出任何伟大的作为和历史首创精神。”[①]这种“天人合一”观念，被人认为甚至是要落后于西方在近代发展起来的“天人分离”的观念。

事实上，“天人合一”不能只是人被动的顺从，而是应该建立在“人”与“天”的动态平衡关系之上。在人类的历史上，由于纯粹自然的原因引发的生态、环境的灾难也屡有发生。在当代，我们有了先进的科学技术，可以为环境的保护提供更好的手段。人类可以发挥应有的主体作用，积极有为，如利用风能水能、治理水土流失、预防洪涝灾害等。这些方面，也可以说是对自然的改造，但是这种“改造”应该遵循自然自身的规律。“人”对于“天”，是依赖的关系，也是利用的关系，这种对立统一构成了“可持续发展”的重要内涵。“可持续发展”已是全世界达成的共识。可持续发展要求我们要保护环境，合理利用自然，以保障发展的可持续，但并非要停止发展。人类社会要发展，就必须利用自然、改造自然，这就要发挥人的能动性，而不能消极地顺应自然，只是人在发挥主体能动性的同时应该遵循自然规律，爱护自然，合理利用自然。

我们应看到环境问题的复杂性，看到生态建设的艰巨性。环境问题产生的原因十分复杂，除了观念上的原因，还有认知上的原因。由于一定的科技背景所导致的决策，在若干年以后带来环境危害，这已是不争的事实。当然，更多的还是利益上的原因。环境问题更多的还体现了利益的冲突，如个人利益与他人利益，眼前利益与长远利益、隔代之间的利益，甚至还有不同国家之间的利益关系，等等。解决这些利益的冲突还需要完善的法制，需要依法

---

①《马克思恩格斯选集》第1卷，北京：人民出版社2012年版，第853—854页。

治理环境。改革开放以来，伴随着经济的飞速发展，我国生态环境恶化问题日益严重，虽然环境保护工作一直受到重视，但取得的成绩与公众的预期存在很大差距。究其根底，制度观念淡薄、法治精神不彰应是一个重要原因。立法不完善、有法不依、执法不严、违法不究，这些情况并非个例。因此，要继续推进生态文明建设，首先要加强制度文明建设，要树立法律制度的权威，“把权力关进制度的笼子里”，依法治理环境，这是我国环境保护工作的必由之路。

党的十八大报告中，对于生态建设确定了一个非常明确的方向。报告中指出“把生态文明建设放在突出地位，融入经济建设、政治建设、文化建设、社会建设各方面和全过程，努力建设美丽中国，实现中华民族永续发展”，将生态文明建设提高到新的高度，列为建设中国特色社会主义“五位一体”的总布局之一。十八届三中全会进一步指出：“建设生态文明，必须建立系统完整的生态文明制度体系”，“用制度保护生态环境”。可以说，“天人合一”的观念在今天获得了制度的支持，也将获得新的丰富的内涵。

（杨源，中国政法大学民商经济法学院教授）

从正派社会到法治社会

——读玛格利特《正派社会》①

王金霞

以色列学者阿尔维·玛格利特（Avishai Margalit）曾在1996年出版《正派社会》（The Decent Society）一书，原是为以色列的读者所写，并用希伯来文写成，后被翻译成英文出版，逐渐在国际社会产生较为广泛的影响，甚至被誉为是可以和罗尔斯《正义论》比肩的著作。如英国学者查勒斯·里德比尔特（Charles Leadbeater）在一篇书评中指出，《正派社会》是继罗尔斯《正义论》出版25年之后在社会正义领域最为重要的一部著作。② 本文所说的正派社会即是在玛格利特的意义上使用的，并试图对正派社会理论进行某种深度检视，尝试把正派社会理论引入到法学的讨论中。③ 如果以普通人的视角小心谨慎地进入正派社会的讨论语境，一些基本问题是必须要回答的：为什么要提出正派社会这个新概念？提出正派社会理论具有何种必然性？作者用一种什么样的方法得出整个正派社会理论？怎样理解正派社会中的“正派”一词？或其核心观念是什么？下文试图回答这些问题。

一、何谓正派社会

概要而言，玛格利特的正派社会即是指不在制度上羞辱人的社会。正派

---

① 感谢《北大法律评论》编辑部给本文提出的很好的修改意见，为本文进一步修改凝练提供了契机，当然，文责自负。

② 参见Avishai Margalit. The Decent Society. Trans. Naomi Goldblum. Cambridge, Ma: Harvard University Press, 1996, 封底介绍。

③ 玛格利特在以色列是和约瑟夫·拉兹（Joseph Raz）等齐名的哲学家或政治哲学家，早年在以色列的希伯来大学任教，并曾在哈佛、牛津、普林斯顿等世界著名高校访学，先后涉及语言哲学、逻辑学、分析哲学、理性概念等领域，后来研究转向于政治哲学、宗教和文化哲学、社会应用哲学和认知哲学等，在哲学界享有世界声誉。《正派社会》一书尚未被翻译成中文，在国内已有学者对正派社会的基本观点进行了介绍，如徐贲:《正派社会和不羞辱》，载《读书》2005年第1期；应奇主编:《当代政治哲学名著导读》，南京：江苏人民出版社2010年版，第401—422页；等。然而在国内的影响局限在政治哲学等极为有限的范围内，并缺少对正派社会理论进行的深度检视。在国内法学界更少有人问津，这使得本文从法学的角度对正派社会的再考察具有十分积极的意义。

社会和文明社会相区分，文明社会是一个社会的成员不相互羞辱，正派社会则是指不从制度上羞辱人。尽管全书对正派社会的概念进行了十分精致的语义分析，对两个核心概念羞辱和尊重做了很多精细的阐释，然而全书的整体结构并不复杂，可以用如下的图示来做概要的介绍。

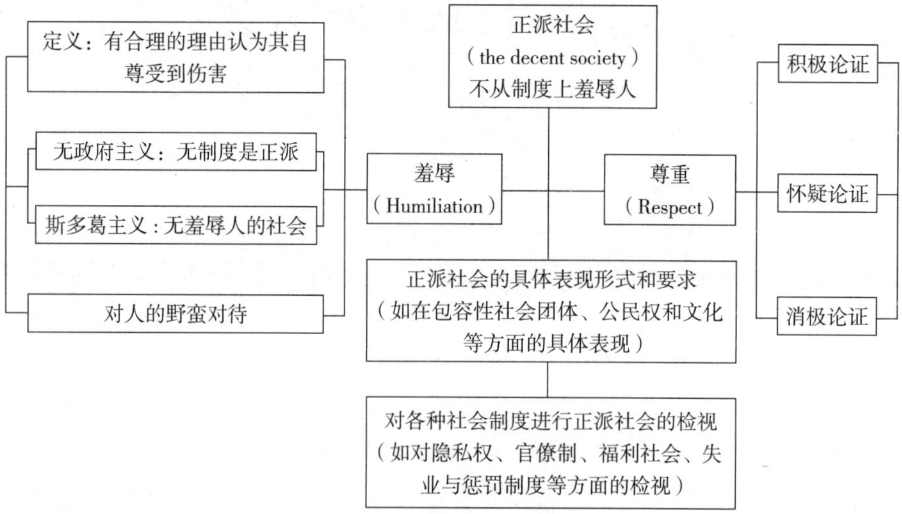

《正派社会》一书的核心论证结构图示[①]

可以看出，玛格利特的正派社会是从消极的角度进行定义的，正派社会即是不从制度上羞辱人，不羞辱人处于这个定义的核心。其中，羞辱是指任何行为或生活条件包含了使得一个人能够有合理的理由认为其自尊受到了伤害。[②] 这是一个规范性的定义而非一个心理学的定义，因为其并不要求事实上感受到了羞辱，强调的是有正当理由，并且这些正当理由都是由人为因素造成，玛格利特的正派社会明显排除了那些自然生活条件造成的羞辱（如年老、残疾、丑陋等）。只要一个社会的制度给了人们以正当的理由觉得其受到了羞辱，这个社会就不是一个正派社会。为理解这种制度的羞辱，玛格利特建立起了两个比较的维度，即无政府主义（anarchism）的观点和斯多葛主义（stoicism）的观点。在无政府主义的观点看来，任何社会只要成立了统治人

---

① 本图示系本文作者根据玛格利特《正派社会》（Avishai Margalit. The Decent Society. Trans. Naomi Goldblum. Cambridge, Ma: Harvard University Press, 1996.）一书整理。图示“羞辱”一部分即为书中的第一部分（羞辱的概念）加上第二部分的第 6 章（因此部分提出了对羞辱人的三种具体情况的总结）。图示“尊重”部分为书中的第二部分，即对尊重的三种证明。图示“正派社会的具体表现形式和要求”即为书中的第三部分（正派作为社会概念）。图示对各种社会制度进行正派社会的检视即为书中的第四部分。前三部分作者建构了一种正派社会理论，第四部分即是正派社会理论在核心制度层面的应用。

② Avishai Margalit. The Decent Society. Trans. Naomi Goldblum. Cambridge, Ma: Harvard University Press, 1996:9.

的制度就是一个羞辱人的社会。因为没有制度是正派的，永久性的制度必然包括了统治者和被统治者，而被统治即是一个合理的理由被认为遭到了羞辱。在斯多葛主义者看来，没有社会是能够羞辱人的，羞辱人伤害的是人的自尊，而自尊是来自于他们自身而并不需要他人的观点，自尊是独立于他人的行为和评价的，不管其是处于什么样的社会地位，每个人都可以拥有自尊。正派社会正是处于这两个维度之间，存在羞辱人的制度，但不是每一个制度都是羞辱人的，也不是任何制度都是不羞辱人的。[①]

不羞辱尽管是从消极的角度来进行定义的，而对羞辱本身也需要某种积极和全面的论述。在玛格利特看来，羞辱人即是不把人当人，即对人的野蛮对待，因而对羞辱人也可以做出更为精致的区分。羞辱可以进一步细分为三类，第一类是把人看成好像他们不是人，即把人当成物体、机器、野兽（动物）、次等人（如把成年人当成儿童）看待，如历史上的奴隶。这里必须用“好像”一词是因为并不是真的相信其就不是人，而只是简单地把他们不当成人对待。看人（seeing human）也是一个关键的语词，因为很多时候我们容易得“人盲症”（human-blindness），眼里看不到人，看不到人的细节；第二类是对实行自己的行为丧失基本的控制，因为把人当人来尊重包含着让人自由地做出决定并承担他们自己的生活，而丧失基本控制的人就像一个牵线木偶人一样，其所有行为都受人操控；第三类是把人拒绝在一个人类共同体（The human commonwealth）或人类群体之外，如纳粹把犹太民族排除在人类共同体之外，将其妖魔化（demonization）。另一种容易被忽视的情况，把人神化（deification），在玛格利特看来，同样是一种将人排除在人类共同体之外的情形，同样是对人的一种羞辱。[②]

正派社会定义的核心是不从制度上羞辱人，然而从论证上仅仅从不羞辱的角度论证是不够的，不羞辱人对应的正是尊重人，正派社会另一个最为核心的概念是尊重，这两个概念组成了正派社会最为核心的概念。玛格利特在对尊重进行证成的时候区分了三种论证方式即积极论证（Positive Justification）、怀疑论证（Skeptical Justification）和消极论证（Negative Justification）的方式。玛氏指出，积极论证意味着找出某个或某些属于全体人类的特征，依据这个或这些特征每一个人就值得获取其基本尊严或尊重。这种论证事实上具有一定宗教背景，此时人们相信造物和启示，人类值得尊重是因为人是按照上帝的形象创造的。人值得尊重是因为人类分有了上帝的形象，尊重人就是尊重上帝，荣耀上帝。上帝面前是人人平等的，所以每个

---

① Avishai margalit. The Decent Society. Trans. Naomi Goldblum. Cambridge, Ma: Harvard University Press, 1996:12–27.

② Avishai margalit. The Decent Society. Trans. Naomi Goldblum. Cambridge, Ma: Harvard University Press, 1996:89, 144.

人都值得拥有同样的尊严。另一种具有普遍性的积极论证则是由康德完成的，康德指出，人类是具有某些普遍特征的，这些普遍特征包括人是规定目的、赋予意义的物种；人是具有自我立法能力的物种；人具有自我完善的能力；人具有先天的道德能力；人是理性的；人是唯一具有超越自然因果关系的物种。[①]尽管这几个特征并不是一个完整的目录，但在康德看来，这已是足以作为证成人的尊严的基础。而在玛格利特看来，康德的论证依然是不能令人满意的，更为关键的积极论证是基于一种人的能力，这种人的能力可以使得其在任何情况下重新评价自己的生活，也是一种能力去重新改变个体的生活。这种能力用玛格利特的话说即是人会后悔自己的罪行，并抛弃邪恶方式的能力。康德的弱点正是在于其忽视了一个经验性的人的维度，而玛格利特的人概念则是指某种历史和现实的人。在玛格利特的主张中，人是基本自由（radical freedom）的就是值得尊重的。基本自由意味着即使一个人已经有了以前的行为、性格和环境条件等，会限制其未来的行为，然而这依然没有决定其未来行为，人依然可以做出不同于以前行为的行为，在这个意义上，人是无本质的。[②]

怀疑论证则认为，并不存在那种证成人的尊严的普遍特征，也不存在优先于尊重态度的普遍特征，相反，尊重的态度本身是一个起点，唤起尊重的特征来源于这些态度本身。怀疑论证的解决方案基于这样的事实，即我们的生活当中人们相信每一个人都值得尊重，这个事实和态度就成了把人当人一样尊重的最终论证。举例来说，人们之所以愿意用纸币来交易商品，一般认为是由于纸币的价值由黄金所支撑，任何时候都可以用纸币交易黄金。然而，从怀疑论证的角度看来，真正的原因即是在于人们愿意去接受纸币这个事实，现今很多经济体系中已经抛弃了黄金标准（纸币与黄金之间的联系）。相似的，人类的价值同样由于其他人愿意去尊重人，而不是由于更为优先的特征来证明它，我们的生活形式事实上把价值分配给了人。怀疑主义的论证正是把证明关系进行转换了，并不是普遍性的人类特征证成了尊重人的态度，而是尊重人的态度给人的普遍性特征以价值。玛格利特对怀疑主义者的论证基本持否定的态度，他指出，尊重人的态度难以作为一个最终的论证，而只能作为一个论证的开始，尊重人这个事实依然是需要解释的，这个事实并不蕴含它本身的证明。如从宗教的观点看，尊重人的事实是来源于人们是按照上帝的形象来创造的。而尽管现在存在着接受纸币进行交易的事实，但是依然需要历史的来看这个事实，黄金标准依然在人们心中占有地位。另一条理由

① 参见玛格利特对康德的总结，Avishai Margalit. The Decent Society. Trans. Naomi Goldblum. Cambridge, Ma: Harvard University Press, 1996:12–27。

② Avishai Margalit. The Decent Society. Trans. Naomi Goldblum. Cambridge, Ma: Harvard University Press,1996: 62–75.

是，这个存在尊重人或正派社会的事实难以应对诸多不正派或践踏人尊严的诸多事实，这个事实并不能保卫对人的尊重，这样怀疑论证本身就是空的，甚至是毫无意义的。更为关键之处可能是，这里存在着事实与规范之间的鸿沟，从"是"什么难以推出"应当"做什么，"休谟问题"难以像怀疑论证一样作如此简单的解答。①

消极论证在玛格利特论证尊重人时并不作为重点，然而在全书的意义上，消极论证则具有整体和全局的意义。消极论证同样放弃寻找普遍特征对人的尊严进行论证的方式，而是取向于提问为什么羞辱人是错误的。消极论证基于对人的如此假定，即人拥有感受到痛苦和苦难的能力，不仅仅是身体上的疼痛，而且包括符号性意义的维度，这两者加起来可以构成证成不羞辱的普遍特征。残暴是最终的邪恶，消除残暴则是最高的道德命令。羞辱则是残暴从身体到心理折磨的扩张，羞辱是一种精神残暴，并且从长远来看，精神残暴比对人身体施加的残暴更为可怕。因而，正派社会就必须把消除这种制度上的身体残暴和心理（精神）残暴作为自己的第一要务，这一正派要求对每个人来说都是平等的。②从全局来看，玛格利特为其消极论证方式提供了三个重要的理由，一个伦理的理由，一个逻辑的理由，一个认知的理由。伦理上的理由来源于我们的确信，即在消除邪恶和创造恩惠之间存在某种不对称，我们更愿意去除让人痛苦的邪恶事物而不是去创造令人愉悦的恩惠。羞辱即是这样一种使人痛苦的邪恶事物，尊重则是令人愉悦的恩惠。因此消除对人的羞辱比尊重人更具有优先性。逻辑上的理由基于直接目标和间接目标之间的区分，尊重人只是人们交往的某种副产品而非直接目标，并没有什么行为可以被识别为延展的尊重（extending respect），具体的行为只能证成尊重的某一个维度，如在军队当中士兵向长官敬礼，敬礼是被程式化或符号化的，敬礼可能并不是尊重本身，士兵内心当中则可能并不是真正尊重长官，尊重和敬礼之间可能并没有直接的联系。然而，羞辱则更为直接，如向某人脸上吐痰则表达直接的羞辱目的。从认知上的理由来看，识别羞辱行为比尊重行为更为容易，正如识别疾病比识别健康更为容易一样。每一种疾病都可能具有某些明显的或鲜明的症状，我们只需要发现这些症状就可以判断是否患有某病，而是否健康则需要做一个系统而全面的检查。健康和荣誉需要某种防御，疾病和羞辱则是直接的进攻，识别攻击状态要比识别防御状态更为容易。③

---

① 玛格利特对怀疑论证的论述，参见 Avishai Margalit. The Decent Society. Trans. Naomi Goldblum. Cambridge, Ma: Harvard University Press, 1996:76–84。

② Avishai Margalit. The Decent Society. Trans. Naomi Goldblum. Cambridge, Ma: Harvard University Press, 1996:84–88.

③ Avishai Margalit. The Decent Society. Trans. Naomi Goldblum. Cambridge, Ma: Harvard University Press, 1996:4–5.

消极论证的重要意义就在于这种论证可能会承担最小的论证负担。通过消极论证，对尊重的证成也就和前面的对羞辱的论述连接了起来，使得消极论证具有一种贯通的意义，也组成了一个论证的链条。这三种论证在全书中具有整体的意义，从中也可以一探玛格利特的全书的论证策略。整体来看正派社会从消极的角度进行定义，而具体策略上不羞辱则需要搭配对尊重的积极论证。然而需要补充的是，尽管玛格丽特更倾向于进行消极论证，但是，玛格利特在书中对正派社会同样进行了很多的积极论证。正派作为一个社会概念，除了不能羞辱人之外，还应该在公民权利和文化环境等方面做更为积极的描绘。在公民权利方面，除了不羞辱人外（如把特定的群体定位为二等公民或次等公民），还应该享有法律上的权利、政治上的权利和社会权利。① 此外，玛格利特还提出象征性公民权利的概念，如少数民族有权利把其语言作为官方语言的权利。正派社会还具有一定的文化表现形式，在主导文化体系中需要保持正派，需要存在各种次级团体，要有一定的文化宽容，必须允许批判和多元的声音存在等等。总体来看，融入了积极论证的正派社会概念似乎变得更为丰满。至此，本文已经从核心概念入手初步展现了《正派社会》一书的核心观点和论证理路。

二、正派社会概念的再检视

应该说，玛格利特的正派社会概念作为一种原创性极强的理论，是对现代正义理论的某种极为有益的补充，玛格利特本人也是把正派社会看成是正义社会的必要基础，认为一个正义社会必须首先是一个正派社会。② 然而，正派社会概念尽管产生了广泛影响，但这种影响也不能被高估。③ 我们可以从如下两个角度对玛格利特的正派社会概念进行适度的检视。

（一）正派社会的元规范何以应对具体问题

玛格利特借以建立正派社会的基础性概念，如不羞辱或不从制度上羞辱

---

① 在此，玛格利特借鉴了 T H Marshall 的分类，法律的公民权利指总体权利或和法律相关的权利。政治的公民权利包括选举权和被选举权等。社会的公民权利包括社会福利，如医疗、教育、就业环境、社会保障等等方面。参见 Avishai Margalit. The Decent Society. Trans. Naomi Goldblum. Cambridge, Ma: Harvard University Press,1996:158—159。

② See Avishai Margalit. The Decent Society. Trans. Naomi Goldblum. Cambridge, Ma: Harvard University Press, 1996:271.

③ 如在西文过刊数据库（JSTOR）的检索结果显示，只有有限的 6 篇书评或文章牵涉到玛格利特的正派社会概念，这些文章都发表在 2001 年之前并且这些书评几乎是对全书内容的简单介绍，并没有什么严肃的评论和引申。最后检索时间，2015 年 12 月 23 日。在美国法律期刊全文数据（heinonline）中则并没有检索到使用正派社会概念的法律类文章。检索时间 12 月 23 日。正派社会概念可能并没有书封上所说强大的或持续的国际影响力，目前来看也远不能和罗尔斯的《正义论》相提并论。

可能并不是清晰的。羞辱作为人们日常生活中的语词，其本身可能是一个具有争议的概念，什么是羞辱，什么不是羞辱，这似乎是随着时间、地点、场合（语境）等改变而改变的。语言的意义在于其使用，不羞辱更多的是作为一个历史和实践的概念，人们会不断赋予其内在的含义，作为一个社会概念的不羞辱同样受到日常生活中不羞辱概念的影响。不羞辱还可能作为一个具有主体差异的概念，特定的事件在某些人看来是羞辱，在另外的人们看来则可能不是羞辱，“你”的羞辱可能并不是“我”的羞辱。那么，不羞辱人何以成为所有正派社会的普遍性规则？或者说为什么不羞辱具有公共性？中国古代按照中国古代的羞辱标准，可能是一个正派社会，因为他们的制度上可能并没有让人们感受到一种普遍的羞辱。不羞辱的意义是由历史和实践提供，不羞辱只能是用来检视现在的实践，那么，怎么样来界定一项制度的羞辱？

举例来说，如在法国《查理周刊》事件中，《查理周刊》的编辑主张言论自由甚至是戏弄伊斯兰教先知穆罕默德的自由，伊斯兰教教众则可能感受到一种羞辱。此时，法国的言论自由制度是否是在制度上侮辱人？这个具体判断的作出（羞辱还是不羞辱人）难以直接从不羞辱人或尊重人之为人这个元规则之中推导出来。尽管存在一级的规则如尊重人和不羞辱人，在二级、三级、四级规则或更为细微的规则处，不羞辱则可能会处于诸多争议之中。也就是说，不羞辱作为一个元规则始终会面临具体问题困境，而在解决具体问题时不可避免地需要引入法律规则进行具体地判断或解决存在的具体问题，而且需要在特定语境下引入历史和实践判断，在二级、三级、四级等规则处，历史和实践则可能发挥更为关键性的作用。在《查理周刊》事件中，依据某种法律规则进行考虑，《查理周刊》的戏弄先知的言论是否触发限制言论自由原则，如触犯了国家安全、公共利益和其他私人权益，需要法院依据本国现行法律作出判决。戏弄先知的言论是否需要做出限制则需要依据二级、三级甚至是四级规则作出，并且需要在经历司法的正当程序后作出。这里，玛格利特正派社会存在的缺陷可能在于，其试图从不羞辱出发，借助人的自尊或基本尊严等概念，建立某种一劳永逸的正派社会概念，使其成为所有社会的基础。试图通过不同概念之间的比较和分析，用一个预先设定好的正派社会概念去检视现实社会中存在的种种不正派现象。这样的正派社会建立的基础并不牢靠，也难以深入到具体的微观实践当中。玛格利特在书中较少提及法律制度，正派社会本身则必须输入法律的维度，法律是制度的一种典型展现形式，法律的实践开展远较正派社会的元规则更为微观细致，缺少法律制度讨论的正派社会则可能流于抽象和宏观，而只能具有某种宣言性或理想性的意义。

（二）消极论证 VS 积极论证，谁更为根本

玛格利特指出了正派社会论证的三种方式，即积极论证、逻辑论证和消

极论证。玛格利特则主要采取消极论证的方式，并辅之以积极论证方式。已经有西方学者指出，玛格利特对三种论证方式之间的区分标准并不是十分清晰的，是否存在三种论证方式值得怀疑。[①]我们可以首先从积极论证的角度出发来展开讨论，正派社会从公民权利方面来看，所有公民都应该享有法律权利、政治权利和社会权利。否定公民享有特定的权利，则是对公民本身的一种羞辱。可见，在玛格利特这里，积极论证和消极论证本身也不是截然分离的，积极论证和消极论证是结合在一起的，然而，消极论证和积极论证谁更为根本呢？向前追溯一下，有没有正当性的理由认为其自尊受到了一个社会制度的伤害，这个正派社会的规范是否具有了最为初始的元规则含义？元规则是否仅仅只从消极的方面进行定义？而在我看来，一个社会的元规则只能从积极的意义上进行定义，消极论证只能具有某种补充的意义。放在玛格利特的理论框架之下，积极的正派社会概念可以指一个社会的制度尊重了人的自尊和基本尊严。享有基本权利也就具有了人的基本尊严，才能达到不被羞辱的目的。人的自尊和基本尊严依然是需要更多的积极论证和消极论证的结合才可以证成，并且需要回归到人的生活实践的现实当中才能最终证成。前述问题更为复杂，在此不能深究，然而消极论证是否具有这种整体和全局的意义是值得怀疑的。具体从玛格利特为消极论证所提供的理由来看，有伦理上的理由、逻辑上的理由、认知上的理由。逻辑上的理由可能难以成立，羞辱同样可以成为某种间接目的或副产品，上文所举向人吐痰是主动羞辱人的情形可能容易归结为直接羞辱。然而，羞辱可能也会存在无意识羞辱即羞辱人并不是有意为之，此时同样可以作为某种其他行为的副产品存在。伦理上的理由和认知上的理由则可能是连接起来的理由或一个理由，即相较于创造美好事物或识别尊重行为，人们更愿意消除邪恶事物或更容易识别羞辱行为。但这里我们并没有否认消极论证本身，只是说消极论证本身的理由并不像玛格利特所主张的有三种理由。

我们可以另举一个消极论证的例子来做说明，如邓小平在论证什么是社会主义的时候，同样借助了消极论证的方式。即要论证什么是社会主义的时候，先论证什么不是社会主义。这在理论上更容易说明，具有更小的论证负担，也更容易获得大家的接受。邓小平主张，贫穷不是社会主义。[②]进而，邓小平从这个消极论证中引申出社会主义的本质，即解放和发展生产力，消灭剥削，消除两极分化，最终达到共同富裕。这里，贫穷和解放、发展生产力是连接在一起的，消极论证背后一定会隐藏着积极论证，消极论证和积极论证并不能分离。然而，“什么不是社会主义”这个句式只能直接否定某一种不

① Avishai Margalit. The Decent Society. Review by: Bruce M. Landesman,Ethics, Vol. 107, No. 4 (Jul., 1997) , 729-731.

②《邓小平文选》第 3 卷，北京：人民出版社 1993 年版，第 64、255 页。

是社会主义的情形，并不是一个全面的论证。在我们的时代则可以说，不民主不法治不是社会主义，从制度上羞辱人不是社会主义。这里可以指出消极论证可能存在的缺陷所在，它本身并不是一个系统和全面的论证，也不能直接说明某个消极的特点就是根本的特征，消极的特点是否具有根本性要看消极的特点本身所代表的积极特点是否具有这样的特点。如玛格利特的消极论证，从“不羞辱”到“把人当人”，再到“发现人的自尊或基本尊严”的论证理路当中，其不羞辱的根本性则是来自于人的自尊或基本尊严所具有的根本意义。消极论证本身最终需要借助积极论证才能最终实现论证的目的，要实现全面的论证则需要进行更多的消极论证和积极论证。如正派社会同样需要保障人的安全，正派社会需要给人们提供必要的社会福利等等。

总体来看，玛格利特的正派社会概念试图借助不羞辱和发现人的自尊等概念实现对人类社会的某种底线论证或最低限度的论证，使得所有人类社会具有在正派社会层面的可通约性或基础性，这种尝试是一种极为有益的尝试，是对正义理论的重要补充。然而玛格利特自己也指出，他只是讲了一个关于正派社会的故事而非建立了一种正派社会理论，这个故事当中的英雄都是一些概念。[①] 其理论所建立的基础可能并不牢靠，这些“概念英雄”在现实当中摸爬滚打，会面临诸多具体问题困境。正派社会的论证本身也存在一定的缺陷，其理论要成立，可能需要进行更多的补充论证。

三、从正派社会到法治社会

“从……到……”句式往往容易隐藏一定的陷阱，成为某种简单的线性归纳而忽视现实的丰富性。从正派社会到法治社会则并不表示某种历史的演进顺序，而只表明本文的逻辑顺序。这里需要首先回答，为什么本文要在正派社会的理论中引入“法治社会”一词？正派社会最为核心的观念是不从制度上羞辱人，在玛格利特的书中，尽管他也对制度的羞辱有所论及（他使用的概念是制度的羞辱 institutional humiliation[②]），但制度和羞辱在书中一直是作为两个概念。对“制度”和“羞辱”合二为一即“制度性羞辱”所具有的普遍涵义，玛格利特并没有做过多的论述，其“正派社会故事”的“概念英雄”当中并不包括“制度性羞辱”这个概念。这使得他在对诸多社会制度进行正

---

① Avishai Margalit. The Decent Society. Trans. Naomi Goldblum. Cambridge, Ma: Harvard University Press, 1996:289.

② 玛格利特在全书多处地方都有讨论具体的制度的羞辱，如其指出制度的羞辱和由个人造成的羞辱之间的不一样；拒绝包容性次级团体（encompassing subgroup）的制度是一项制度的羞辱；强制性地从制度上要求个体剪什么样的头发可能构成一项羞辱；制度羞辱经常是一种系统性的羞辱；等等。参见 Avishai Margalit. The Decent Society. Trans. Naomi Goldblum. Cambridge, Ma: Harvard University Press, 1996:105, 171, 196, 213。

派社会的检视时，需要直接用是否有制度伤害了人的自尊，是否从制度上羞辱了人这些更为上层的命题来进行，导致前述的具体问题困境。其理论过多的依赖羞辱和尊重这两个概念，而次级概念如“制度性羞辱”则缺少界定，中层（次级）概念的缺乏导致了正派社会理论流于抽象和宏观，而难以深入具体的生活实践。因此，对正派社会的补充论证需要对“制度性羞辱”有明确的概念界定。

“制度性羞辱”适合放在法理学的维度上进行讨论。法律是制度最为典型的表现形式，要衡量一个社会正不正派，首先要衡量一个社会的法律正不正派，衡量法律是否从制度上羞辱人。由此，我们对一个社会是否正派的检视就进一步表现为衡量一个社会的法律是否正派。对这个问题的回答不仅仅是来源人的自尊这样抽象的标准，更为具体的标准要由历史和实践提供，而且还需要从法律的整体体系中才能获得答案。一方面，正派社会正好可以对应法学上的法治社会这一概念，并为法治社会的讨论提供参考，可以为法治社会提供最低限度的标准即不从制度上羞辱人，为此同样需要界定“制度性羞辱”这一最为关键的概念。另一方面，法理学当中对法律是什么、法治是什么等讨论已经进展到极为精深的层面，法理学的理论资源也为进一步推进“制度性羞辱”的讨论提供了重要条件。通过“制度性羞辱”这个概念，我们也就建立从正派社会通向法治社会的桥梁，同时也为法治社会注入了正派社会的维度，使得我们把正派社会的理论从一种政治哲学理论引入到法学的讨论中来成为可能。

法律或法治由形式和内容两方面构成，不从制度上羞辱人就包括了不从法律的形式上羞辱人和不从法律的内容上羞辱人。在迄今为止的历史条件下，形式上的“制度性羞辱”主要包括了如下的方面：首先，制定规则的人本身应受到规则的约束，并不存在不受规则约束的主权者，规则需要具有普遍性，平等的适用规则之下的所有人。适用于少数人的制度则是对人的普遍性羞辱，这种羞辱的普遍性还来自于规则的制定机关或主权者的层次和范围。因此，即使一部分人没有受到这种适用于少数人的制度的羞辱（如处于某种特权地位或不在此规则的适用范围之内），也同样可以感受到这种普遍性的羞辱，因为这是在一定主权者范围内的羞辱，只要是在此主权者范围之下的公民，随时具有成为此规则适用对象的可能性。其他形式上的要求如法律必须公布，法律不能溯及既往，法律必须清晰明确等，它们的反面如不公布、溯及既往和不清晰等都可能构成对公民的羞辱。其次，制定规则的程序是否经过一定的民主程序。程序上同样存在一种羞辱的可能性，如涉及公民切身利益的重大法律或行政调整或改变，都应该经历一定的公众参与程序（如听证程序），在这些情况下完全进行部门立法而不考虑公众参与立法，则有可能是对公众的一次羞辱。即公民作为政策或法律的直接相对人，却没有权力影响政策和法律的制定，这是对公民权利的剥夺和羞辱。法律内容上的“制度性羞辱”则可能包括了更为广泛的意义，法律内容上的羞辱标准则是由历史和实践提供。历史演进到我们的时代，如在当代中国的实践当中，每一个部门法的体系中在内容上都可能具有了一些实质性的不羞辱标准。如在宪法中不保障公民的某些基本人权（生命权、自由权、财产权、表达权等）；在民法中假如只允许对侵权主张物质赔偿而不能主张精神赔偿；在刑法中还实行株连制度、允许极端刑罚（如宫刑）等存在；在行政法领域不允许公民具有“民告官”的权利；在刑事诉讼法中不适用无罪推定或允许刑讯逼供；在刑事或民事案件中不允许辩护；等等；这些都可能构成对公民的制度性羞辱。

法律体系整体和法律具体的个别规范同样是一个重要的讨论制度性羞辱的重要维度。对个别规范从制度上羞辱人前述从法律的形式和内容上羞辱人已经有所论述，在此不再赘述。从法律的内在体系来看，法律内在的体系是否具有一种系统的完整性也可能构成羞不羞辱人的重要方面。法律体系中需要设置内在的反思机制，如违宪审查制度。如果把法律看成有机体，把僵化坏死的部分排出体外，是保持其生机和活力的重要方面。因此，法律羞不羞辱人还需要看法律内在是否具有这样的自净能力，即法律体系本身是否具有把羞辱人的制度清除出法律体系之外的能力。如孙志刚事件中，国务院对《收容审查条例》的废除则并没有激活中国现行法律体系中的内在反思机制，内在反思机制的缺乏或是实际的无效都可能构成一种制度性羞辱，而且构成的正是玛格利特所说的系统性羞辱。如果一个社会的法律体系根本不作正确性宣称，或者法律体系从整体上并不追求正义，构成正义之核心的平等在制定实在法时有意被否定，法律就有可能从整体上就缺乏法的性质，或者说就是在体系上羞辱人的。[①]

法学是一门实践的技艺，法律本身的效力和其实效并不能分离，法律本身的效力较为依赖法律的实效，整体缺乏实效的法律体系同样可能构成对一国公民的制度性羞辱。实践层面上的制度性羞辱还可能表现在具体的执行层面，如果在法律执行过程中选择性执法或运动执法，也意味着在实践层面上的制度性羞辱。又如司法体系中如果司法不独立同样可能存在对民众的羞辱，如果让“打招呼”、“批条子”左右司法判决的结果，则不仅是对普通民众的羞辱，也是对办案法官的羞辱，对法律职业共同体的羞辱。

至此，我们已经简要讨论了制度性羞辱在制度的形式与内容、整体与个别以及实践等方面的具体展现。总体而言，法律上的羞辱可作为典型的制度性羞辱。这种羞辱首先是一种普遍、公共的羞辱；它是一种系统性的羞辱；

---

① 在此借用罗伯特·阿列克西的正确性宣称这一概念，其认为法律概念当中必然包括正确性宣称，而正确性宣称必然包含道德因素。参见［德］罗伯特·阿列克西：《法概念与法效力》，王鹏翔译，北京：商务印书馆 2015 年版，第 36—41 页。

它还是具有一定稳定性的羞辱，因为一旦存在这种羞辱则意味着在一定时空范围内难以改变，是一种持续的羞辱。这种羞辱方式还可能使得人们对其彻底麻木，失去对羞辱的敏感性，使得人们成为某种奴性的存在物。对法治社会来说，不从制度上羞辱人的条件只是某种底线的条件。虽然法治社会不仅需要这一点，还需要为人们生成个体的更高程度的尊严创造条件，但是，要谋求建立一个法治社会，必须首先谋求建立一个不从法律制度上羞辱人的社会，这是最低限度的法治社会标准。中国的法治建设同样需要这种最低限度的法治社会概念，它是对现行法治理论的重要补充。现实来看，消除中国语境下存在的某些制度性羞辱对法治中国建设的开展具有急迫性，甚至是刻不容缓。

（王金霞，西北政法大学刑事法学院法理学讲师，
文章原载《北大法律评论》第 18 卷第 1 辑）

后 记

“建构中国特色社会主义法治理论体系”汕头研讨会综述

丁 宁 李 璐

2017年8月26日，由中国政法大学法治与文化研究中心主办，汕头市仲裁委员会、汕头市龙湖区政协委员会、汕头创展投资有限公司协办的“建构中国特色社会主义法治理论体系”研讨会在“海滨邹鲁”汕头召开。中国政法大学党委副书记高浣月出席会议并致开幕辞，中国政法大学终身教授李德顺、国家2011司法文明协同创新中心中国政法大学联席主任张保生教授、中国政法大学学位委员会副主席舒国滢教授作大会主旨发言，会议由人文学院院长文兵教授主持。潮汕校友会校友及我校部分师生共八十余人参加了研讨会。

高浣月副书记在开幕致辞中传达了时年5月3日习近平总书记在中国政法大学考察时发表讲话的重要精神：一是关于全面依法治国的重要讲话；二是对法学教育提出的几点要求；三是对青年的寄语；最后是对高校思想政治工作所作的几点解释。高书记在致辞中还高度肯定了法治文化汕头研究基地近五年来的工作成就，并感谢汕头地方政府、企业家和校友会对中心建设的大力支持，然后对中心的发展提了两个期望：一是要一如既往地加强理论研究；二是要深入调研“潮汕文化”与法治建设的关系，增加师生近距离了解中国国情、社情的机会，将“传统”与“现代化”的探索考察紧密结合起来。

文兵教授在主持会议时指出，在全面推进“依法治国”的进程中，法治与文化研究中心的研究与中国的法治建设是同步的，通过召开本次研讨会，希望各学科研究背景的专家学者共同为“中国特色社会主义法治理论体系”的建构添砖加瓦。与会学者紧密围绕会议主题，从多个视角与维度展开讨论，思想碰撞精彩而丰富，启发良多，对全面推进“依法治国”进程具有重要的理论和实践意义。

一、困惑与思辨：建构“中国特色社会主义法治理论体系”的思想根源及有关问题

李德顺教授立足当前形势，认为全面推进“依法治国”需要解决思想理论上的困惑，建设“法治中国”也是每个公民的权利和责任。他阐述了“构建中国特色社会主义法治理论体系”的思想资源——中华传统法文化、西方法治建设经验、马克思主义法治理论。其中，中华传统法文化作为土壤、根基；学习吸收西方法治建设的重要经验和教训，思考怎样适合中国；而最重要的来源是马克思主义中国化的历史经验和教训。传统的马克思主义法学属于维辛斯基的法律理论传统，其理论核心是法是阶级斗争不可调和的产物，是国家专政的暴力工具。这种主张违背了马克思主义，人为地把国家和法的定义混为一谈。法是人类一般生活规律的体现，在阶级斗争之前已然存在，也将持续存在于阶级和国家消灭后的历史阶段。因此，马克思的法学应该与时俱进地探讨人类社会生活，如果一说马克思主义法学，就是阶级斗争为纲，就是无产阶级专政的工具，那么我们法治建设的很多内容就进不去了。

张保生教授从“世界法治指数”带来的启示，探讨了“中国特色社会主义法治理论体系”的要素构成，认为其必须反映法治的一般原则或基本要素。“世界法治指数”的设计思路是避免依据西方或者说英美法系、大陆法系等的特殊原则，而是依据世界各国普遍接受的法治原则。这是因为“法治”作为一种生活方式，影响着我们所有人的生活，法治关系到每一个人的切身利益。“世界法治指数”运用 9 个一级指标、47 个二级指标来解释说明“法治”的相关问题。从此前的调研数据来看，目前宪法规定的公民基本权利是中国法治建设的“短板”或弱项，必须大力加强建设；司法文明是法治文明的重要组成部分，2010 年我们立法的基本任务完成之后，中国法治建设的任务主要转向了司法，因此建设更高水平的社会主义司法文明是中国法治建设的重要任务。

舒国滢教授则从理论的独立观察者角度，就“法治与合法性资源”作了深入探讨。

来自人文学院哲学系的李璐老师从“法治”概念入手，阐述了自己对“法治”的理解。当代主流法治观念可粗略区分为形式版本和实质版本，形式法治观针对的是法律公布的方式，并不对法律本身的实际内容作出判断。而实质法治观则在形式属性之上进一步添加公民的实体权利。她支持的是“民主 + 形式合法性”的版本，即法律只需符合富勒和拉兹等人提出的形式要求，然后以民主合意的方式决定法律的内容，而并不要求法律必须保障某种特定的

实质价值，如尊严权。

人文学院逻辑学研究所所长孔红教授则从法律逻辑的研究角度，以“实践理性视野中的法律规范——兼议拉兹的规范理由论”为题，阐述了她学术上的一些思考。她认为，程序理性不足以保证对论证正确性的要求，论证理由更为重要。因为根本来讲，论证的质量取决于理由的质量。理由是语境化、主体化的。强调理由的主观性，重视规范向判决理由的转化，为一些基本的法哲学问题提供了一种思路，例如：不道德的法律是不是法律。从规范向判决理由转化的角度看，不道德的法律仍然可称为法律，但它在每个案件中都不具有可适用性。由于不能及于实践，这样的法律将处于悬空状态。

二、回溯与观照：建构“中国特色社会主义法治理论体系”的历史考察

来自中国社会科学院的高汉成老师从“传统中国是否存在法治”的问题出发提出：法治有好坏，但没有有无的问题。按照这种观念，在中国的历史上，法治有两个高峰，一个是公元前 5 世纪到公元前 3 世纪——春秋战国到西汉汉武帝；另一个是 20 世纪初的 20 年，大概就是 1906 年到 1925 年这一个时期，中国有法统和国会的时期。

人文学院副院长、宗教与法律研究中心主任俞学明教授分享了她关于当代中国宗教法治的一些探索研究体会。中国的宗教治理面临诸多具体复杂的问题，而传统中国在处理宗教与社会的问题上，有着各种精彩有效的手段，可供中国特色社会主义法治理论体系的建设事业借鉴和参考。几千年的治国理政经验的积淀，应该成为有利的资源，它对于现代法治体系是非常有价值的补充。

中国政法大学国际儒学院常务副院长王心竹教授从中国政治思想史的角度，阐述了董仲舒王道思想带来的启示。董仲舒将王道之依据上溯于天，认为是圣人承天意以从事的结果，并将人间的统治者确定为天之子，由此论证了现实政权的合法性；同时，他又通过“天立王以为民也”的设定，将人间统治者的统治置于以天道为依据的王道的规制之下。在此基础之上，董仲舒结合现实，对儒家视域中与王道相对的霸道进行了论述，认为王霸皆本于仁，将儒法结合，并在治道层面主张德主刑辅，大德小刑，从而把儒法结合后的政治行动力楔入儒家，使其主张具有非常强烈的现实感和可操作性。

中国政法大学人文学院副院长赵晓华教授以“清代救灾立法的特点及历史借鉴”为题，阐述了她的一些思考。清朝救灾立法给今人的启示如下：一是构建独立的救灾立法体系的必要性；二是尽量消除行政体制对救灾的影响，比如法条与法条之间的冲突、“两专冲突”等；三是救灾应与反腐败工作相结

合，历史上的“甘肃捏灾冒赈案”和透明的信息监督机制可以借鉴；四是救灾文化机制的建设，例如从减灾到防灾，“活民无算”与奢侈型救灾理念的转换。

来自中国政法大学人文学院历史研究所的邓庆平副教授从一起案例入手，从更为微观的角度探讨了“清代直隶的旗地圈补与地方社会结构的变动——以清代卫所变革为中心”这个议题。从百姓角度理解制度史是非常必要的新角度：百姓面临的实际问题是如何在制度下求生存，即在制度中合理地拿到资源，更大程度地保存自己的利益，如获得土地、合法经营，并能够取得地租交给国家。此种研究路径对于现在构建中国特色社会主义法治理论体系是有益的思考。

人文学院中文教研室的罗世琴副教授从古代文学研究的角度，以“唐代《踏摇娘》‘笑乐’接受及其律法背景”为议题，更为细致地为大家铺开了一幅社会生活画卷。《踏摇娘》一方面体现了大多数人对法律的一个要求；但另一方面它对当时法律的突破，满足了人们艺术化的需求。

三、对话与传播：在世界视域下建构“中国特色社会主义法治理论体系”

当今世界已然成为“地球村”。世界每天都在急剧变化，每个国家也都在自觉不自觉地融入这个世界。作为世界共同体的一员，我们在构建“中国特色社会主义法治理论体系”时，应有一种“放眼世界、走向大国”的胸怀，积极与世界对话。

中国政法大学外国语学院的田力男教授强调了“翻译对建构中国特色社会主义法治理论体系的重要意义”。如何把中国的法治思想——包括我们法治建设的成果、中国特色社会主义法治理论体系的建设情况——及时地让世界知道，是现在我们面临的任务。首先，翻译应该是多区域、多法性、多领域的。其次，翻译的主体可以是法学家、外语专业人才，以及既通晓外语学科又懂法学的复合型人才。最理想的情况是建设一支由多种人才组成的翻译团队，集众者之长去促进、参与“中国特色社会主义法治理论体系”翻译体系的建构。

来自外交部法治工作办公室的张丽清分享了自己关于“外交法治”的思考。外交行为不应视为单纯的国家行为，需受到法治的规范。十八届四中全会提出了“涉外法律法规体系”，外交部法治办现在力推“外交外事法律法规体系”，但“外交法治”的内在内容更为广泛，一是相对完善的外交外事法律法规体系；二是要有与中国特色相适应的大国外交的国际法的顶级理念；三是国际法和国内法的互动问题；四是怎么样用法律手段和机制去解决问题的思维方式的问题；五是队伍建设的问题。

四、融汇与碰撞：建构“中国特色社会主义法治理论体系”的有益探索

在民主与法治的关系上，与会学者展开了引人入胜且激烈的探讨。

李德顺教授认为，民主和法治不可分，我们要搞社会主义的法治，就是人民民主的法治，以全体人民为主体。提到民主很多人总是用“多数人暴政”来加以反对，民主是会犯错误，但民主犯错误，只有民主才能改正它。民主的一条重要原则便是“程序化原则”，就是你怎么让多数决定，这正体现了法治的要求。如果真正实行法治，真正以人民的利益为主，按照民主的原则——多数决定，保护少数，把它程序化拿来执行、维护民主，这样的法治，才是我们追求的理想的社会主义法治。

舒国滢老师部分赞同李老师关于民主与法治的看法，但是他认为民主与法治并不总是互相促进的，二者之间可能存在紧张关系，坏的民主可能会制约法治的发展。

张保生教授基于数据的解读，阐述了自己的理解：在世界法治指数中，中国人自己的评价显示出对于宪法权利的不满意，这些基本权利主要是民主权利。虽然说秩序安全通过法治可以实现，通过专制也可以实现，但是rights和power之间是有竞争关系的，民主的规则化应该是法治的。

回顾此前的发言，人文学院哲学系的倪寿鹏老师认为：虽然围绕法治问题，大家的观点不尽一致。但共识是主要的，分歧是次要的。在“要法治还是要人治”这个根本问题上，各位都是支持法治的。接下来，倪寿鹏老师以“孔子、马克思与法治——论法治话语的两种非典型构境”为题，分享了自己的心得体会。建设中国特色社会主义法治理论应将孔子的礼治思想和马克思的法治思想结合起来。孔子强调规范之治，并将规范立足于人的理性化的情感，注重道德教化和性情陶冶的重要性。马克思则强调规范的历史背景，探索规范演变的一般规律和趋势，注重生产关系结构的变革和完善，从而现实地推进规范建设。从历史唯物主义看来，孔子关注的是法治作为上层建筑的能动作用，马克思关注的是法治在经济基础层面的前提条件，这二者是可以通过创造性诠释而取长补短的。孔子和马克思的思想决不是支持人治的，而是中国特色社会主义法治理论体系的建设性理论资源。

（文中部分学者观点仅根据研讨发言整理提炼，发稿时未经本人审阅。丁宁，中国政法大学法治与文化研究中心秘书；李璐，中国政法大学哲学系讲师）